KB120209

자원봉사론

나남
nanam

남기철

서울대학교 사회복지학과 및 동 대학원 졸업(사회복지학 박사)
서울대학교 학생생활연구소 자원봉사센터 이웃사랑 코디네이터
서울대학교 사회복지연구소 상근연구원
현재 동덕여자대학교 사회복지학과 교수
참여연대 사회복지위원회 위원

저서《노숙인과 사회복지실천》,《빈곤정책의 전환모색》(공저)
《사회복지실천 기법과 지침》(공역) 외

나남신서 · 1203

자원봉사론

2007년 3월 15일 발행
2011년 9월 15일 2쇄

저자_ 남기철
발행자_ 趙相浩
발행처_ (주) 나남출판
주소_ 413-756 경기도 파주시 교하읍
출판도시 518-4
전화_ 031) 955-4600 (代)
FAX_ 031) 955-4555
등록_ 제 1-71호(1979. 5. 12)
홈페이지_ www.nanam.net
전자우편_ post@nanam.net

ISBN 978-89-300-8203-7
ISBN 978-89-300-8001-9 (세트)
책값은 뒤표지에 있습니다.

나남신서 · 1203

# 자원봉사론

남 기 철

나남
nanam

# Volunteerism

*by*

Nam, Ki-Cheol

# 머리말

급변하는 사회경제적 상황에 맞추어 사회복지의 중요성 역시 크게 부각되고 있다. 사회복지는 정책과 제도, 법률 등의 거시적 체계와 실천기술의 미시적 전문성이 중요한 구성요소가 된다. 또한 이에 못지않게 중요한 부분이 시민의 참여이다. 사회복지학 전공에서 자원봉사 관련 교과목을 전공교과로 편성하는 것도 이와 관련될 것이다.

최근 들어 자원봉사활동이 양적으로 성장하였고 학생이나 기업 등의 참여가 조직화되었다. 하지만 자원봉사활동에 대한 사회적 인식은 왜곡되거나 편중된 것이 아직도 많다. 또한 많은 자원봉사자가 활동하고 있거나 활동하려 하지만 안타깝게도 이들에 대한 관리는 거의 없다시피 한 실정이다.

대학에서 수년간 사회복지전공에서 자원봉사론을 강의하면서 자원봉사관리의 중요성과 방법에 대해 예비 사회복지사인 학생들에게 가르치고 함께 의논해왔다. 자원봉사론 강좌에서 자원봉사라는 현상에 대한 사회학적 분석, 그 당위성에 대한 윤리적 접근이나 활성화 대책도 중요하지만 보다 본질적인 것은 자원봉사관리의 부분이라고 믿는다. 자원봉사론 강좌의 교재도 가급적 자원봉사관리의 측면에 초점을 두어야 한다고 느껴왔지만 적절한 것을 발견하지 못하였다. 때문에 그간

자원봉사론을 강의하면서 강의교재로 활용하던 자료들을 모으고 정리하여 이 책을 발간하게 되었다.

이 책은 제1부에서는 총론으로 자원봉사의 개념과 역사, 그리고 현황을 다루었다. 제2부에서는 자원봉사관리에 대한 개요와 그 절차에 따른 자원봉사관리의 영역들을 소개하였다. 자원봉사 프로그램 기획, 자원봉사자 모집, 선발과 면접, 교육훈련, 슈퍼비전, 평가와 승인 등이 그것이다. 제3부는 자원봉사관리의 실제이다. 학교의 자원봉사, 기업의 자원봉사, 노인의 자원봉사, 가족단위 자원봉사, 사회복지시설에서의 자원봉사활동과 그 관리를 다루고 있다.

마땅히 포함되어야 할 중요한 사안을 충분히 다루지 못하거나 적절하게 취급하지 못한 부분이 있을 것이다. 내용에서 부적절한 모자람이나 과함이 있다면 모두 필자의 탓이다. 독자 여러분의 너그러운 양해를 바란다.

이 책은 처음 기획할 당시에 비추어 무척 뒤늦게 발간되었다. 처음에 공저로 계획하였다가 다시 바뀌는 등 우여곡절을 거쳐 출간하게 되었다. 책자 발간이 지연되다보니 여러 사람들에게 폐를 끼쳤다. 서울대학교 사회복지연구소에서 내용을 주관해주신 김혜란 교수님과 안재진, 정소희, 김세원 선생님들께도 불편함을 끼쳐 죄송한 마음이다. 원고가 적절한 수준을 갖추지 못하여 난처함을 느끼셨을 전북대학교의 최원규 교수님께도 사죄의 말씀을 올린다.

대단치 않은 원고이지만 감사의 말씀을 드려야 할 다른 분들도 많다. 자원봉사와 관련된 그간의 논의에 여러 가지로 많은 도움을 주신 좌현숙 선생님, 안재진 선생님, 장연진 선생님, 은정혁 선생님, 김승아, 김지애 사회복지사님께 감사를 드린다. 이 책이 출판될 수 있도록 지원해 주신 나남출판에 감사의 말씀을 전한다. 자료의 수집과 아울러 전체 원고를 마지막까지 검토해 주신 권영혜 사회복지사님께 특별한 감사를 드린다. 부모님과 가족은 이 책을 집필하는 동안 늘 바쁘다는 핑계로 대소사를 소홀히 한 나를 너그러이 보아주셨다. 각별한 감사의 말씀을 드릴 수밖에 없다. 끝으로 가현이가 훌륭한 시민으로 자라주기를 바란다.

2007년 2월
월곡동 연구실에서
남 기 철

나남신서 · 1203

# 자원봉사론

## 차 례

## 제 3 부 자원봉사관리의 실제

제 1 부

# 사회복지와 자원봉사

자원봉사는 현대사회에서 보편화되고 있는 시민참여활동이다. 특히 자원봉사활동은 사회복지와 많은 관계를 가지고 있다. 전문직종으로서 사회복지사의 활동은 자원봉사자의 활동과는 다르다. 하지만 자원봉사활동의 가장 대표적인 현장이 사회복지 영역이며 사회복지와 자원봉사는 그 개념적, 역사적인 면에서도 관련성을 가지고 있다. 제1부에서는 자원봉사의 개념과 역사, 그리고 그 현대적 동향에 대해서 살펴본다.

# 자원봉사의 개념 제1장

## 1. 자원봉사의 정의

보통 자원봉사활동 혹은 자원봉사자라는 말에서 많은 사람들이 선(善)한 행동, 종교적 의미와 같은 이미지를 연상하곤 한다. 혹은 조금은 부정적 의미에서 '무보수의 공짜로 하는 일'을 일컬을 때 자원봉사라는 용어를 사용하기도 한다. 결국 이러한 의미들은 '대등한 대가 없이 이루어지는 일방적 시혜'라는 측면에 초점을 두고 자원봉사를 바라보는 관점과 관련된다. 그러나 이는 자원봉사에 대해 일반적으로 가지고 있는 선입견을 나타낸 것으로서 정확한 인식이라고 할 수는 없다.

어의적 면에서 볼 때, 자원봉사자를 의미하는 단어 'volunteer'의 어원은 'voluntas' 혹은 'volo'와 관련되는데 이는 "자유의지"라는 의미이다. 이에서 사실상 무보수나 공짜라는 의미보다는 자발성이라는 측면이 자원봉사라는 개념에서 보다 더 본질적이라는 점을 유추해 볼 수 있다.

최근 우리사회에 자원봉사활동 참여가 과거보다 많아졌다. 그리고 교육기관, 기업, 사회복지기관, 여러 자원봉사관련 시민단체 등에서 자원봉사에 대한 관심도 높아지고 있다. 하지만 자원봉사라는 개념에 대해 공통적 합의 정도는 낮다.

사실상 학술적 측면에서도 자원봉사활동의 개념에 대해 모두가 동의하는 단일한 정의를 찾기는 쉽지 않다. 사회마다 그리고 사람마다 조금씩 다르게 정의하고 있는 것이 현실이다.

1990년대 3차례에 걸쳐 물난리를 겪었던 경기도 파주시 주민들이 강원도 평창군, 인제군 등 수해지역 자원봉사활동에 발벗고 나섰다. 24일 파주시에 따르면 파주시 주민 3천여 명이 파주시자원봉사센터에 이번 폭우 때 가장 피해가 컸던 강원지역 수해복구 자원봉사를 신청했으며 각종 구호품이 수해지역에 전달됐다. 이날 파주시새마을회 회원 120명은 평창군 방림면을 방문, 쌀과 라면 등 구호물품을 전달하고 침수된 주택 정리작업 등 수재민들을 도왔다. 또 지난 23일에는 파주시 민간자율방범기동순찰대 회원 65명이, 지난 22일에는 적성면 이장단 등 3개 단체 154명이 각각 평창군 수해지역을 찾아 구슬땀을 흘렸다. 25일부터는 파주지역 10여 개 시민사회단체 500여 명이 역시 평창군과 인제군 등에서 수해복구작업을 도울 예정이다.

예전과 달리 이번 장마 때 농경지 침수 외에 별 비피해가 없었던 파주 주민들이 강원지역 수해복구 활동에 발 벗고 나선 데는 지난 1996, 98, 99년 3차례에 걸친 파주수해 때 전국의 자원봉사자로부터 큰 도움을 받은 바 있기 때문이다.

주민 이○○(41) 씨는 "파주시 주민들은 수해의 아픔을 누구보다 잘 알고 있을 뿐만 아니라 당시 전국 각지에서 와준 자원봉사자에 대한 고마움을 잊지 못하고 있다"며 "그때 고마움을 일부라도 갚기 위해 자원봉사를 신청했다"고 말했다.

파주시도 주민들의 자발적 수해복구 지원활동에 부응하기 위해 자원봉사자에 대한 상해보험 가입과 예방접종 실시, 차량과 복구용 장비지원 등 행정적 뒷받침을 아끼지 않고 있다.

연합뉴스 2006년 7월 24일

한국사회복지협의회(1997)에서는 자원봉사활동에 대해 "사회문제의 예방 및 해결 또는 국가의 공익사업을 수행하고 있는 공사의 공식조직에 자발적으로 참여하여 영리적 반대급부를 받지 않고서도 인간존중의 정신과 민주주의 원칙에 입각하여 낯선 타인들을 상대로 필요한 서비스를 제공함으로써 사회의 공동선을 높이고 동시에 각 개인의 이타심의 표현을 통해 자기실현을 성취하고자 하는 활동"으로 정의하고 있다. 또한 미국의 *Encyclopedia of Social Work* 에서는 자원봉사활동에 대해 "사회복지기관이나 공사의 여러 기관에서 개인, 집단, 지역사회의 여러 가지 사회문제를 예방·통제하며 개선하는 일에 보수 없이 자발적으로 참여하는 활동"으로 이야기하고 있다.

2005년 법률 7669호로 제정된 우리나라의 자원봉사활동 기본법에서는 "자원봉사활동"을 "개인 또는 단체가 지역사회, 국가 및 인류사회를 위하여 대가 없이 자발적으로 시간과 노력을 제공하는 행위를 말한다"고 정의하고 있다. 또한 "자원봉사자"는 자원봉사활동을 행하는 자, "자원봉사단체"는 자원봉사활동을 주된 사업으로 행하거나 이를 지원하기 위하여 설립된 비영리 법인 또는 단체로 규정하고 있다.

엘리스와 노일리스는 자원봉사의 개념을 명확히 하기 위해 자원봉사활동의 구성요소를 자발적 선택, 사회적 책임, 경제적 이익의 배제, 기본적 의무의 초월이라는 네 가지로 설명하고 있다(Ellys & Noyles, 1990, 류기형 외, 2002에서 재인용). 그리고 이와 유사하게 한국사회복지협의회(1997)에서는 자원봉사란 특정한 사회적 요구의 인식 하에 사회적 책임감의 태도를 가지고 금전적 이득에 대한 관심 없이 또한 기본적 의무감으로부터 벗어나서 자발적으로 행동할 것을 선택해서 이루어지는 활동이라고 정의하고 있다.

자원봉사는 시민사회에 능동적으로 참여하여 사회문제를 해결하고 지역사회 삶의 질을 증진하고자 하는 자발적 활동을 의미하는 것이다. 이는 선한 행동, 무보수의 행동, 자기희생, 이타적 행동이라는

〈그림 1-1〉 금융기관의 수해복구활동

의미를 넘어서는 것이다. 자원봉사활동을 종교적이거나 특별한 사람의 행동으로 볼 것이 아니라 한 사회의 구성원으로 사회참여와 책임의식을 자각함으로써 나타나는 성숙한 시민의식의 발로라 할 것이다.

따라서 자원봉사자를 특별히 착한 사람, 어려운 이웃을 도와주는 사람으로 인식할 것이 아니라 시민의식과 공동체의식에 기반하여 자신의 사회적 책임을 다하려는 사람으로 보아야 한다. 더 나아가 자원봉사자와 활동대상자 간의 관계를 도와주는 사람과 도움을 받는 사람이라는 일방적 관계로 여겨 '자원봉사자가 불쌍한 사람을 내려다보는 관점'을 조장해서는 곤란하다.

유사한 맥락에서 김영호(1997)는 자원봉사라는 용어가 특수한 사람이 특수한 사람에게 시혜를 주는 일방적 봉사라는 느낌을 주는 것이 현실이므로 이를 '자원복지'(*voluntarism*)의 개념으로 대치할 것을 주장하기도 하였다. 그리고 자원복지(*voluntarism*)는 민주복지시민의 능력함양과 복지공동체문화 형성이라는 미래지향적 가치를 전제로 하여 인류와 공동체의 문제를 함께 해결해야 한다는 정신과 활동이라 하였다(김영호, 1997: 43). 그러나 우리사회에서는 자원복지보다는 자원봉사의 개념이 더 보편적으로 사용된다. 대신 자원봉사의 개념이 가지는 진정한 속성을 자선적 희생이 아닌 시민적 참여와 책임으로 초점화하려는 노력이 경주되고 있다.

결국 자원봉사와 자원봉사자의 개념에는 개인적 선(善) 의지의 속성도 중요한 것이지만 이보다는 사회적 존재로서 시민의식의 발현이라는 속성이 더 본질적 내용을 구성한다고 할 수 있다. 또한 한편으로 이는 자본주의 경제체제 하에서 인간활동의 교환가치에 대한 고려를 최소화하고 그 사용가치 측면에 관심이 집중된 독특한 것이라 할 수 있다.

… 외국에서는 자원봉사자가 자신의 활동에 대해 관련 기관으로부터 마일리지 형식으로 활동기록을 승인받아 두면 이후 자신이 다른 사람의 자원봉사활동을 필요로 할 때, 우선적으로 자원봉사자를 배치받는다. 이러한 교환형식은 자원봉사활동이 시민활동의 하나로 활동자와 대상자가 서로 대등한 관계로 인식되도록 하는 것이다. 자원봉사활동에 대한 보상에 연연해서도 곤란하지만 자원봉사자를 일방적으로 자신보다 못한 사람을 돕는 착한 사람이라는 식으로 인식하는 것도 불평등한 태도이기 때문에 부적절한 것이다. …

교보생명 기업자원봉사활동 매뉴얼에서

자원봉사와 사회봉사

자원봉사 개념과 아울러 사회봉사라는 용어도 많이 사용되고 있다. 사회봉사명령제도와 같은 공식적인 법적 용어나 혹은 기업의 봉사와 같은 영역에서도 자원봉사보다는 사회봉사라는 용어를 사용한다. 자원봉사의 개념이 '활동주체의 동기와 자발성'에 초점을 두고 있다면 사회봉사 용어는 이유나 동기보다는 활동의 내용이 '사회적 기여'를 담고 있음에 초점을 두고 사용된다. 그러나 아직까지는 실제에서 두 용어가 명확한 구별 없이 혼용되고 있다.

## 2. 자원봉사의 특성

### 1) 자원봉사의 철학적 배경

한국사회복지협의회(1997)에서는 자원봉사의 철학적 배경을 통해 자원봉사활동의 특성을 유추하고 있다.

첫째는 종교적 윤리의 속성이다. 대부분의 종교에서 자선, 혹은 상호부조활동에 대한 강조와 긍정적 가치부여가 두드러지게 나타난다. 그리고 많은 사람들이 이러한 종교적 윤리를 통해 자원봉사활동에 가까워지곤 한다. 둘째는 박애정신(*philanthropy*)이다. 박애정신은 비종교적인 것으로 개화된 인도주의적 도덕과 윤리에 기초하여 어려움에 빠진 사람을 원조하는 민간인의 활동으로 볼 수 있다. 셋째는 상호부조(*mutual aid*) 정신이다. '우리'라는 공동체 의식이나 연대의식의 바탕 위에서 서로 돕는 행위와 정신을 나타내며 사회적·공동체적 존재로서 인간에게 자연스럽게 나타나는 상호적 행동양식이다. 넷째는 시민참여(*citizen participation*) 정신이다. 책임을 분담하기 원하는 지역사회 내 개인이 경제적 보상 없이 자발적으로 하는 노력을 말한다. 이러한 시민참여 기회는 모든 시민의 권리이며 의무가 된다. 모든 사회적 문제의 해결은 시민참여의 질적 정도로 좌우되기 때문이다. 다섯째는 자발적 참여주의(*voluntarism*)이다. 이는 말 그대로 자유의사 또는 선택에 의해 어떤 행위를 하는 것을 말한다. 즉, 비상형(非常形) 조직체의 각종 활동에 자발적으로 기부, 시간, 또는 노력을 무료로 제공하여 사회의 공익에 이바지하는 것을 말한다. 자발적 참여주의에서 자원봉사주의(*volunteerism*)가 파생되었다고 볼 수 있다. 자발적 참여주의는 인간복지서비스 체계에서 자발적 참여의 철학 및 원칙을 의미하는 데 비해 자원봉사주의는 추상적 원칙에만 관여하기보다는 자원봉사자 개인과 그들이 제공하는 실제적 서비스 그리고 그들이 관련을 맺고 있는 전문직에까지 초점을 넓히는 것이다.

### 2) 현대사회에서 자원봉사활동의 필요성

현대사회에서 자원봉사활동의 사회적 의미는 매우 크다. 현대사회의 특징이라고 할 수 있듯이 자본주의체제에 의한 시장경제가 전일화되면서 전통사회에서 일반적이었던 집단적 부조망이나 원조체계는 시장경제의 위력 속에서 거의 소멸되었다. 따라서 엄청난 생산력의 향상에도 불구하고 시장에서 필요한 욕구를 충족할 만한 경제력이 없는 사람들은 생활유지에 심각한 문제를 겪게 되었다. 이러한 경제적 측면뿐만 아니라 공동체적 생활양식이나 부조체계가 사라지면서 개인들의 소외현상이나 의지할 곳 없는 사람들의 심리적 고립감은 심각한 문제가 되고 있다. 이는 국가나 여타 조직의 제도적 개입만으로는 결코 해결될 수 없으며 사회구성원 각자의 공동체에 대한 관심과 자발적 노력을 필요로 한다.

한편, 개인의 입장에서 이를 바라본다면, 우리가 자아를 실현하고 자신의 행복을 추구하는 사회적 현장이라고 할 수 있는 직장에서의 활동 즉, 직업도 개인의 경제적 이유에 제약을 받기 때문에 자신의 사회적 책임 완수라는 자기만족을 충족시키는 데 어려움이 있다. 그리고 현대사회에서는 주로 경제적 생산성에 따라 직업의 내용이 편성되어 이것만으로는 사회적으로 필요한 활동이나 공공선을 모두 달성하기 어렵다. 그러므로 이러한 부분은 어느 정도 현대국가의 역할로 이루어져야 할 일이지만 한편으로 시민 각자의 비경제적이지만 공공선을 달성하기 위한 활동을 필요로 하기도 하는데 이는 각자의 자기행복 추구의 방편이 되기도 한다. 자발적 공동체 지향 활동을 통해 현대사회가 가지는 비복지 문제에 대해 접근하고, 각 개인생활에서의 자기성장이 이루어질 수 있다. 이러한 점에 비추어 볼 때 자원봉사활동의 필요성을 다음과 같이 살펴볼 수 있다(신혜섭·남기철, 2001: 5~6).

(1) 개인의 자기발견

산업사회의 복잡화와 조직의 거대화에 따라 개인은 점차 무력해지고 자아정체감을 상실하게 된다. 또한 경제발전에 따른 급속한 사회변화는 전통적 제도교육만으로는 그 사회에서 요구하고 필요로 하는 각종 지식과 기술을 습득하고 적용하는 데 한계가 있다. 따라서 자원봉사활동은 사회에 대해서 자신이 가지고 있는 능력과 자원의 일부를 서비스하는 것인 동시에 그 사회에서 현재 나타나고 있는 다양하고 새로운 인간관계를 경험하고 새로운 기술을 배울 수 있게 해준다. 그럼으로써 각 개인이 살아가는 데 필요한 인지적이고 정의적인 능력과 재능을 키워준다.

(2) 사회적 책임의 공유

현대사회의 도시화·산업화에 따라 개인의 원자화와 함께 인간관계가 익명화되면서 사회의 정상적 유지를 저해하는 여러 가지 사회문제가 점차 증가하고 있다. 하지만 사회문제 해결을 위한 국가나 정부의 조직적 노력은 한계가 있으므로 시민들의 다양하고 자발적이며 적극적인 참여를 통해 사회적 책임을 공유해야 할 필요에 직면하였다. 그러므로 제3영역으로서 비정부조직의 활동이 성공적이기 위해서는 이를 지원할 다양한 자원봉사자들의 역할이 중요하다. 어떤 의미에서는 자원봉사자들의 양과 질이 현대사회가 직면한 여러 문제해결의 잠재적 지표가 될 수 있다.

### (3) 사회적 생산성 강화

자원봉사는 단순히 있는 자가 없는 자를 돕거나, 경제적 혹은 시간적으로 여유 있는 사람이 지역사회를 위해 봉사하는 것만은 아니다. 국민적 가용자원을 충분히 활용할 수 있는 중요한 사회적 기제이다. 즉, 사회구성원 각자가 가진 능력 중 최소한의 부분을 사회에 환원함으로써 사회발전의 총체적 에너지가 증가할 수 있다. 또한 경제적 풍요와 노인인구의 증가 및 정년제도와 최근 부각되는 조기퇴직 등 현상에 비추어볼 때 전문적 능력을 가진 유휴인력이 자신의 지식과 기술을 살려 자원봉사활동을 할 경우에 사회의 전체적 생산력을 향상시킬 수도 있다.

### (4) 지역사회 공동체 건설

현대사회는 사회적 응집력이 약화되고 지역사회 공동체의 의미가 상실되어 가며 개인이익에 충실한 자본주의적 삶의 양식이 지배하면서 인간소외와 물질만능주의 등 다양한 사회문제들이 나타나고 있다. 또한 모든 사람들이 보다 나은 생활을 추구하고 있지만 사회구성원간에는 서로에 대한 불신과 대립이 계속적으로 생겨나 세대·계층·지역간 갈등이 나타나고 있다. 한 지역사회 안에서도 서로에 대한 무관심으로 지역사회에 대한 개념이 현저하게 줄어드는 추세이다. 그러나 자원봉사활동을 통해 다양한 사회구성원간에 지역사회문제에 대한 공통된 인식을 형성하고, 그 해결을 위한 노력을 통해 모두 한 지역사회의 구성원임을 인식하고 협조적 태도를 길러 지역사회의 유대를 강화할 수 있다.

### 3) 자원봉사활동의 특성

자원봉사활동이 가지는 특성은 사람에 따라 여러 가지로 서로 다르게 분류되거나 나열된다. 대개 이러한 분류나 나열은 상식적 통찰에 기초하여 이루어진다. 이와 관련된 기존의 여러 견해를 종합하여 양참삼은 다음과 같이 전형적 자원봉사활동의 특징을 나열하고 있다(양참삼, 1995).

첫째, 자원봉사활동은 각 개인이 사회적으로 자신의 존재를 자각하고 타인을 위해 또는 타인과 함께 봉사활동을 경험함으로써 인격적 성장을 가져옴과 동시에 자신의 잠재능력을 발휘하는 자아실현성의 특징을 가지고 있다.

둘째, 자원봉사활동은 자발성과 자주성이라는 특징을 가지고 있다. 자발성이나 자주성이란 자원봉사가 자신의 의사로 활동을 하는 것이지 권력이나 외부세력 등 타의에 의해 강제로 활동하는 것이 아니라는 것이다. 따라서 자원봉사활동은 개인의 자유의지에 따라 자발적으로 이루어지는 활동이어야 하며, 이웃이라는 연대감 속에서 자발적으로 도움을 주고받아야 한다.

셋째, 자원봉사활동은 돈이나 대가를 목적으로 삼지 않고 순수한 의미에서의 봉사활동이라는 무보수의 특징을 가진다. 즉, 이것은 직업으로서가 아니라 비영리적 행위로서 금전적 보수를 기대하지 않고 행하는 활동을 말한다.

넷째, 자원봉사활동은 타인의 생명을 존중하며 이웃과 더불어 사는 가치관에 바탕을 두는 이타성을 전제로 하고 있다.

다섯째, 자원봉사활동은 사회에 영향을 주고 사회적 책임을 다하는 사회성을 특징으로 한다. 사회성이란 각 개인이 집단의 다른 구성원들과 공통성을 가졌다고 의식하고 집단에 소속감을 느낄 때 발생한다. 그러므로 자원봉사활동을 통해 자기발전과 성숙의 기반이 되는 사회성을 강화할 수 있다.

여섯째, 자원봉사활동의 특징으로 공동체성을 들 수 있다. 자원봉사활동은 공동체 의식을 높일 뿐만 아니라 그러한 생활을 실현하는 장이다. 공동체성은 사회에 대한 소속감, 주인의식, 적극적 참여 없이는 불가능하기 때문에 자원봉사활동은 이러한 특징을 기초로 하고 있다.

일곱째, 자발성에 바탕을 둔 행위가 자신만의 이익이 아니고 지역사회의 구성원이나 욕구를 지닌 사람들의 복지향상과 관련된 복지성을 특징으로 한다. 이는 자원봉사활동이 자신의 영리나 어느 특정 종교의 포교를 목적으로, 혹은 특정 집단의 이익이나 특권을 지지하는 목적 하에서 수행되어서는 안 된다는 것을 의미한다.

여덟째, 자원봉사활동은 영리적 보상을 받지 않고 인간존중의 정신과 민주주의 정신에 입각하여 필요한 서비스를 제공함으로써 사회의 공동선을 실현하는 것이다. 따라서 자원봉사활동은 민주주의 철학과 밀접한 관계가 있다.

아홉째, 자원봉사활동은 개척성과 지속성을 갖는다. 자원봉사활동에서는 모두가 공동체 건설에 헌신한다는 개척적 사명의식이 동반되며 이러한 자원봉사활동은 우연한 일회성 활동이 아니라 계획적인 일정기간의 지속적인 프로그램을 가지고 있어야 하며 활동 자체가 임의로 단절되거나 왜곡되어서는 안 된다.

한편, 기업 직원들을 대상으로 작성된 자원봉사활동 지침서에서는 다음과 같이 자원봉사활동의 기본특성을 제시하고 있다(교보다솜이사회봉사단, 2006).

- 자발성: 자신의 자발적 결정으로 참여
- 무보수성: 경제적 이득을 활동의 목적으로 삼지 않음
- 지속성: 일회적, 우연적 활동이 아닌 지속적 활동

- 복지성: 사람들의 생활상 복지수준을 향상시키는 활동
- 자아실현성: 참여자 스스로의 성장과 실현을 도모함
- 민주성: 인권존중, 자유 등 민주적 원리와 방법으로 활동

자원봉사활동이 가지는 특성은 이처럼 다양하게 논의될 수 있다. 이 중 지나치게 무보수성과 이타성 측면에서만 조망하다 보면 자원봉사활동을 자원봉사자의 '자기희생'에만 초점을 두고 생각하게 되어 일반시민의 참여활동이라는 점이 간과될 수 있다.

또한 자원봉사활동의 특성은 실제 활동과 관련지어 중요한 몇 가지 쟁점을 유발한다.

### (1) 자발성과 유도된 자발성

자원봉사활동의 가장 중요한 속성은 자발성 혹은 자주성과 관련된 것이다. 이것이 없다면 자원봉사활동이 강제적인 것이 되어 도저히 자원봉사라고 할 수 없다. 그러나 실제 자원봉사활동은 순수한 자발성만으로 이루어지지 않는 경우도 있다.

> 우리나라의 대학 중 상당수는 졸업을 위해 한두 개의 자원봉사 프로그램을 이수해야 하는 학제를 운영하고 있다. 이에 따라 학생들은 본인이 의사가 없어도 대학졸업 전까지 정해진 수십 시간의 자원봉사활동 참여가 의무화되어 있다. 같은 대학 내의 자원봉사 동아리 활동 등과는 달리 졸업을 위한 프로그램 이수의 경우 참여자의 순수한 자발성이라기보다는 봉사활동을 의무화하는 제도로 봉사활동이 이루어진다고 할 수도 있다. 대학과 인접한 봉사활동 현장에서도 졸업학점 이수를 위한 자원봉사자를 기피하고 같은 대학 내의 봉사동아리나 '순수 자발'적 자원봉사학생을 선호하여 이를 모집조건으로 삼기도 한다.

사회봉사명령제, 교육기관에서 교과활동으로 자원봉사를 편성하는 경우, 졸업을 위해서는 필수학점으로 자원봉사학점을 이수해야 하는 경우 등 여러 가지 경우에 이를 자발성에 기초한 자원봉사활동이라고 할 수 있느냐 하는 논란의 여지가 있다. 혹자는 이러한 활동에는 강제성이 있으므로 자원봉사로 볼 수 없다고 주장하기도 한다.

그러나 자원봉사활동이 가지는 긍정적 효과나 가치는 큰 의미가 있기 때문에 많은 사회에서 자원봉사를 활성화하기 위한 제도를 채택하고 있다. 그리고 자원봉사 활성화를 위한 제도에 참여한 경우 이를 '유도된 자발성'이라 하여 자원봉사의 범주에 포함시키는 것이 일반적이다. 이를 강제적이라는 것과 동일시하지는 않는다. 단, 유도된 자발성에 기초한 자원봉사 프로그램에서도 자원봉사의 가장 중요한 속성이 자발성인 만큼 이 특징이 퇴색되지 않도록 해야 한다. 그러므로 프로그램 운영에서 참여자의 자발성과 자주성을 최대한 보장하도록 하는 노력이 필요하다.

### (2) 이타성과 자아실현성

자원봉사활동은 다른 사람을 돕는다는 이타성을 가진다. 그러나 실제로는 이타적 측면만 있는 것이 아니라 이기적 측면도 있다. 자원봉사활동을 통해 해당분야의 실제에 대한 지식을 얻고자 하는 욕구가 있다거나 나중에 직업을 얻기 위해 경력(*career*)을 쌓고자 하는 것들은 분명히 이기적 측면에 해당한다. 혹은 자원봉사활동을 통해 남을 도왔다는 '자기만족'을 추구하고 이를 얻었다면 이 역시 이기적 측면에 해당하는 것이다.

다른 사람을 이롭게 해야 한다는 이타성은 자원봉사활동의 기본적 특징에 해당한다. 하지만 그렇다고 해서 이기적 속성이 반드시 배제되어야 함을 의미하는 것은 아니다. 자원봉사활동은 그 철학과 활동 내용에서 이타성을 기본으로 하지만 이는 활동참여자(자원봉사자)의 자아실현과 관련되기 때문이다. 자아실현성은 궁극적으로 이기적 측면이라고 할 수 있다. 따라서 모든 자원봉사활동은 이타적 측면과 이기적 측면이 동전의 양면처럼 함께 존재한다.

이타적 활동은 긍정적인 것이고 이기적 활동은 부정적이라는 이분법은 자원봉사활동의 실제를 잘 반영한 것이 아니다. 자원봉사활동이 이타성과 자아실현성(이기성)을 동시에 가지고 있는 만큼 이 양쪽의 가치를 모두 충족시킬 수 있는 활동이 이루어질 수 있도록 하는 것이 중요하다.

### (3) 무보수성과 보상

자원봉사활동은 기본적으로 보수를 받는 활동이 아니지만 경우에 따라 자원봉사자에게 여러 가지 직간접적 형태의 보상이 이루어지기도 한다. 심지어는 '유료 자원봉사'라 하여 활동에 대해 금전적으로 직접 보상해 주기도 한다. 최근에는 아무 보상이 없는 자원봉사활동이 오히려 드문 경우도 있다.

대학생인 A는 여름방학 동안 특정 기업에서 운영하는 자원봉사활동 프로그램에 참여하였다. 이 프로그램에서 A는 시각장애인의 이동을 일주일간 동행하며 보조해주는 역할을 담당하였다. 그리고 활동일마다 일정한 액수에 해당하는 활동비를 지급받았다.

A의 친구인 B는 같은 여름방학 동안 패스트푸드 식당에서 일하며 시급을 받았다. B는 A에게 어차피 일당을 받았다면 자원봉사활동이 아니라 B가 했던 것과 마찬가지인 아르바이트가 아니냐고 질문하였다. 그러나 이를 동일시할 수는 없다.

자원봉사활동에 참여하는 사람은 보상을 원하지 않고 자신의 시간을 할애하여 참여한다. 그런데 활동을 위해서는 이동을 위한 교통비나 활동을 위한 실비 등이 소요되는 경우가 많다. 이런 경우 자원봉사자가 활동을 위해 필요한 비용까지 동시에 부담하기는 어렵다. 따라서 활동에 필요한 실비는 봉사처에서 자원봉사자에게 지급하는 것이 원칙이다. 어떤 경우에는 활동시간중에 식사시간이 있는 경우가 있어 자원봉사자에게 식사를 제공하는 경우도 있다.

최근에는 자원봉사자의 활동만족도를 높이기 위한 방편으로 다양한 승인과 보상방법을 강구하고 있다. 그리고 이 중에는 물질적 보상도 포함된다. 이러한 보상이 무조건 자원봉사활동의 순수성을 떨어뜨리는 것은 아니다. 자원봉사자의 무보수성은 자원봉사활동의 기본적 특징이다. 그러나 이는 아무런 보상이나 승인을 받아서는 안 된다는 의미보다는 '보수를 추구하는 것'이 활동 참여동기가 되지 않는다는 것으로 받아들여야 할 것이다. 따라서 일정한 활동비를 보상으로 받는 유료 자원봉사활동의 경우에도 그 보상내용이 기본적으로 급여나 보수처럼 활동 참여동기가 될 만한 속성이나 금액에 이르지 않는 한 자원봉사활동으로 인정하는 데 무리가 없다. 다만 지나친 보상의 확대가 순수한 자원봉사의 본질을 왜곡하지 않도록 유의하여야 한다.

### (4) 조직성

현대의 자원봉사활동은 모두 '조직'(*organization*)을 매개체로 이루어진다. 혼자서 우발적으로 한 활동에 대해서는 선행(善行)이라고 할 수는 있어도 자원봉사활동이라고 하지는 않는다. 조직적 결정과 계획으로 휴지를 줍는 것은 자원봉사활동의 일환일 수 있다. 하지만 길에 버려진 휴지가 지저분해 보여서 누군가가 갑자기 혼자 그 근처를 청소했다고 해도 이는 자원봉사활동이라고 부르기 어렵다.

자원봉사활동이 일정한 조직을 통해 이루어지는 것은 궁극적으로 대학생 A는 학교의 자원봉사담당 관리부서에서 장애학생이 교내에 편의시설이 없는 특정 건물로 이동할 때 그 통행을 지원해주는 자원봉사활동을 하도록 부여받았다. 다른 자원봉사자들과 교대해가며 일주일에 일정한 시간대를 담당하는 활동이다. 그런데 A의 담당시간대에는 장애학생이 아무도 해당 건물로 이동하는 경우가 없어 실제로 도움을 준 경우는 없다.

같은 대학의 B는 같은 강좌를 듣는 학생 중에 지체장애 학생이 있어서 수시로 장애학생의 휠체어를 들어주는 등 우연적이지만 실제로 도움을 주는 경우가 많다.

이 경우 A는 실제로 장애인에게 도움을 준 것이 없고 B는 도움을 주었지만 통상 A에 대해서만 '자원봉사활동'을 했다고 한다. 이는 자원봉사활동의 조직성과 관련된다.

는 활동의 책임성(*responsibility*)을 고양시키고자 하는 시도로 볼 수 있다. 개인적이고 우연적인 활동은 전체적으로 보아 활동대상자에게 도움이 되지 못할 수 있으며 부적절한 활동이 이루어질 가능성도 높다.

따라서 현대사회에서의 모든 자원봉사활동은 조직적으로 이루어진다. 이 조직은 학교, 기업, 자원봉사관련단체, 사회복지기관, 공공단체 등 여러 가지 유형이 있다. 자원봉사자는 자신이 소속한 조직의 일원 혹은 위임받은 대리인으로서 자원봉사활동을 하는 것이다. 동시에 이 자원봉사자의 활동과 그 환경에 대해서는 관련 조직체가 책임과 보장을 수행한다. '무보수로 원해서 하는 활동이므로 아무런 구속을 받지 않고 자유롭게 활동하고 싶다'는 욕구가 나타날 수 있으나 아무런 소속이나 조직체 없이 활동한다는 것은 사실상 자기만족 이외에 아무 의미가 없다.

(5) 인권존중

자원봉사활동은 그 활동내용과 방법에서 인권을 존중하고 옹호하는 민주적 성격을 견지해야 한다. 신나치나 KKK 같은 인종차별주의 활동에 참여한다거나 특정 정치적 입장 혹은 종교의 선교목적으로 활동하는 경우는 자원봉사활동이라 하기 어렵다.

어느 종교단체에서 종교적 목적을 가지는 행사에 사람들이 참여하도록 하는 경우 이는 종교활동(해당 종교단체에서 이를 신도들의 자원봉사활동이라 부르더라도)이지 자원봉사활동은 아니다. 특정 정치적 입장이나 특정한 종교적 입장을 초월하는 보편적 인권증진이 자원봉사활동의 기본적 특징이다.

## 3. 자원봉사와 사회복지

자원봉사활동은 초기에는 자선적이고 박애적인 활동으로 출발하였으나 현대사회에서는 각종 사회문제나 비복지 현상을 해결하기 위한 자발적 시민참여를 포괄하는 것으로 그 의미가 점차 넓어지고 적극적으로 변하고 있다. 이러한 측면에서 자원봉사활동은 사회복지의 주요 관심사가 되고 있다. 물론 자원봉사활동의 실천영역은 사회복지 영역 이외에 다른 부분도 포괄할 수 있다. 그러나 자원봉사활동의 대상영역을 생각할 때 가장 우선적으로 떠올리는 것은 사회복지 영역이다. 이는 자원봉사와 사회복지의 관련성에 대한 인식을 보여준다.

### 1) 자원봉사활동의 역할과 사회복지

자원봉사활동을 사회복지와의 연관성 속에서 생각해보면 다음과 같은 역할을 하는 것을 알 수 있다.

〈그림 1-2〉 자원봉사대축제 공군참여 홍보물

첫째, 자원봉사활동은 사회복지 증진을 위한 전 시민적 참여의 방편이 된다. 한 사회의 전체적 생활의 질을 향상시키는 것은 정부제도나 전문적인 공공, 민간의 사회복지기관의 노력만으로 이루어지는 것은 아니다. 시민 전체의 다양한 참여 자체가 사회적으로 복지수준을 높이는 기본전제가 된다.

둘째, 자원봉사활동은 참여하는 개개인에게 성장효과라는 교육적 측면을 가진다. 자원봉사활동을 통해 사회적 상황에 대한 생생한 정보를 접할 기회가 된다. 또한 자신이 사회적으로 필요한 역할을 수행한다는 자기존중감과 생활의 가치발견에 기여하게 된다. 이는 개인의 심리사회적 성장에 중요한 역할을 하는 것이다.

셋째, 자원봉사활동의 활성화는 시민사회운동과 사회개혁운동의 토대가 된다. 시민들의 자원봉사활동은 시민들로 하여금 관료제적 비효율성이나 비복지의 원인을 깨우치게 하고 이는 자생적 시민운동의 촉매제로 작용하여 사회개혁을 위한 활동을 불러온다.

넷째, 자원봉사활동은 지역사회의 공동체성을 강화하는 좋은 매개

역할을 한다. 다양한 자조적 활동에의 참여는 사회적 책임의 완수라는 의식을 강화하고 지역사회에 대한 자발적 참여와 책임의식을 고취한다. 따라서 이는 지역사회의 건강성과 공동체성을 강화하는 것으로 지역사회의 복지증진에 자원봉사활동의 성과로 얻어지는 결과 이상으로 참여과정적 면에서 큰 역할을 한다.

다섯째, 자원봉사활동은 사회복지에 대한 국민적 공감대를 형성하고 복지증진을 위한 노력의 확대전략으로서도 유용하다. 시민들의 자원봉사활동 참여는 현실에서의 경험을 통해 사회복지에 대한 교육적 파급효과를 가지고 올 수 있다. 즉, 복지제공의 주체로서 국민이 국가, 기업, 각종 민간기구 등 기존 조직체의 활동뿐만 아니라 개별적으로 사회복지와 관련된 활동에 참여하는 것은 기존 공공복지의 확충 필요성이나 그 밖에 간과되어온 비복지 현상을 발견하게 한다. 이는 공공의 여론을 형성하는 등 '사회복지 요구'를 위한 단초가 될 수 있다.

마지막으로 자원봉사활동은 자원이 부족한 공공 혹은 민간복지기관과 사회공익단체들의 인력을 보충해준다. 대개의 사회복지기관은 서비스 대상자의 욕구충족을 위한 충분한 인적·물적 자원을 확보하지 못하고 있다. 때문에 자원봉사자는 사회복지전문 유급인력만으로는 수행할 수 없는 서비스의 제공에 필수적 요소가 되고 있다.

자원봉사활동은 그 활동현장에서의 측면만이 아니라 활동참여 자체가 가지는 과정적 속성과 역할이 사회복지증진에 주는 의미를 중요시하여야 한다. 따라서 자원봉사활동은 사회복지서비스 제공을 위해 부족한 인력을 보충한다는 것 이상의 면에서 고려되어야 한다.

### 2) 사회복지에서 공공과 민간의 관계에 대한 논의

자원봉사활동의 의미에 대해 논의할 때 공공과 민간의 역할에 대한 이론적 개념들이 활용되곤 한다. 엄밀히 말해 공식적 사회복지체계와 자원봉사활동의 관계는 공공과 민간의 관계와는 다르다. 사회복지서비스 자체가 이미 민간영역을 주요한 요소로 삼고 있기 때문이다. 그러나 자원봉사활동과 이에 의한 서비스가 전체 국가의 사회복지관련 서비스체계에서 차지하는 위치에 대해 모색하기 위해서는 기존의 공공-민간 관계에 대한 논의들이 시사점을 줄 수 있다.

공공과 민간, 양자의 관계유형에 있어 순수한 정부지배모형과 순수한 민간지배모형을 제외한다면 4가지 형태의 공공과 민간의 파트너십 관계를 상정할 수 있다(Gidron, Kramer and Salamon, 2000, 이태수 외, 2005: 32~40에서 재인용).

첫 번째 모형은 병행보완모형(*Parallel Supplement Model*)으로 공공과 민간이 각각 재원을 조달하고 급여의 대상은 다른 경우이다. 이 경우 공공과 민간의 파트너십은 결국 급여대상자를 결정하는 과정에서 이루어진다. 가령 민간은 공공급여의 사각지대에 위치한 수요자에게 급여를 제공하는 역할을 수행하는 것이다.

두 번째 모형은 병행보충모형(*Parallel Complement Model*)인데, 공공과 민간이 각각 재원을 조달하고 급여대상도 같지만 서로 상이한 급여를 제공하는 것이다. 동일한 복지수요자에게 민간은 사회복지서비스를, 공공은 현금 같은 것을 제공하는 경우가 여기에 해당한다. 공공과 민간의 파트너십은 결국 급여내용을 결정하는 과정에서 이루어진다.

세 번째 모형은 협동대리모형(*Collaborative Vendor Model*)이다. 여기에서 공공은 재원조달 책임을 맡고 민간은 급여 책임을 맡는다. 다만 공공과 민간의 관계가 일방적이라는 특성을 가진다. 즉, 이 모형에서 민간은 정부 대리인으로 기능하며 정부는 민간의 역할을 세세하게 평가 감독한다. 이 모형에서 정부와 민간의 파트너십은 재원을 배분하는 과정에서 이루어진다.

네 번째의 모형은 협동동반모형(*Collaborative Partnership Model*)이다. 공공이 재원조달 책임을 맡고 민간이 급여를 맡는다는 점은 앞의 협동대리모형과 동일하지만, 공공과 민간의 관계가 쌍방적이라는 점에서 다르다. 즉, 이 모형에서 민간은 프로그램 관리나 정책개발에서 상당한 재량권을 가질 뿐만 아니라 공공의 정책결정과정에도 영향을 미친다.

그러나 이상의 네 가지 모형과 관련하여 공공과 민간의 역학관계는 하나의 모형에서 다른 모형으로 쉽게 변화될 수 있다. 가령 협동대리모형에 기초한 파트너십은 민간조직의 역량강화에 따라 협동동반모형으로 전환될 수 있다. 반대로 협동동반모형에 따라 파트너십에 참여한 민간조직이 공공재원 활용을 위해 조직의 목표를 변화시키면 공공과 민간의 파트너십은 협동대리모형에 더 가까운 것이 된다.

우리나라의 현실에서는 사회복지서비스를 둘러싼 상황을 감안하여 병행보충모형과 협동동반모형의 장점이 크게 부각될 수 있다. 그러나 이는 구체적 상황에 따라 달라질 수 있다.

### 3) 자원봉사활동과 공공복지활동과의 관계

흔히 나타나는 자원봉사활동에 관한 잘못된 시각 중 하나가 바로 자원봉사활동 혹은 자원봉사자가 공공책임 혹은 국가의 사회복지활동의 대행자로 치환되는 것이다. 시민의 자원봉사활동은 시민사회 차원에서 공공선과 복지를 증진하기 위한 자발적 참여활동으로 이해되어야 할 뿐, 이의 활성화가 국가책임의 공공복지를 대신하는 것은 아니다.

자원봉사활동은 국가책임의 공공서비스에 대한 비용절감을 위해 이루어지는 것이 아니다. 무급으로 인력을 운영함으로써 자원봉사활동의 활성화가 사회복지 관련활동에 지출되는 국가비용을 절감하기 위한 목적을 가진다는 것은 잘못된 인식이다. 일반적으로 자원봉사활동 참여가 활성화되어 있는 사회가 국가의 공공복지서비스에 대한 지출수준도 높다. 오히려 공공복지제도와 서비스가 어느 정도 구비되어야 자원봉사활동을 활용한 프로그램들이 다양하게 기획되고 참여가 활성화될 수 있다. 실제로 현재 수행되는 자원봉사활동의 많은 내용은 적절한 공공복지의 제도적 기반 하에서 이루어지고 있는 것이다. 예를 들어 지역사회복지관은 지역사회의 사회복지 욕구충족을 위한 종합센터로서의 기능을 수행하는 공적 복지시스템이고 이의 건립과 운영을 위해 국가는 많은 재원을 투입하고 있다. 그리고 현재 지역사회복지관은 자원봉사활동의 대표적 활동현장으로 활용되고 있다. 즉, 사회복지 증진을 위한 공공기관과 서비스확충을 통해 이를 활용하기 위한 다양한 자원봉사활동이 생겨나게 되는 것이다. 또한 자원봉사활동은 사회복지에 대한 국민적 공감대 형성과 복지요구를 증대시키는 역할을 하기도 한다.

따라서 자원봉사활동이 사회복지에 있어 비용절감과 효율성 제고 측면에서만 고려되는 것은 아니다. 그러한 취지로 자원봉사활동을 활용하려 한다면 자원봉사활동 본래의 역할을 수행하지 못하고 단기에 활동에서 탈락되는 현상만을 낳게 할 것이다. 하지만 자원봉사활동은 오히려 공공복지서비스의 내용과 질을 풍부하게 하고 시민적 활동을 통해 이를 실현 혹은 감독하게 하는 것이다. 국가에 의한 공공복지서비스의 확충은 자원봉사활동 활성화의 전제조건이 되고, 자원봉사에의 활발한 참여는 공공복지서비스를 다양화하는 원동력이 된다.

# 자원봉사의 역사와 동향 제2장

## 1. 상부상조와 자원봉사의 전통

자원봉사활동의 역사적 기원에 대해 어느 하나로 정리하여 단언하기는 어렵다. 이는 사회적 존재로서 인간이 나타내는 생활양식 자체가 공동체성을 지향하고 있다는 점과 관련된다. 이러한 점은 사회복지 일반의 역사에서 나타나는 점과 유사하다.

우리나라에서도 과거 농촌사회의 특성상 서로 상부상조하는 전통이 강하게 나타난다. 이는 품앗이, 두레, 향약 등 우리에게 익숙한 전통풍습을 통해 확인할 수 있다. 또한 이러한 상부상조의 전통은 자연스럽게 직업적이지 않은 '자원봉사'의 성격을 띤 참여활동들로 구체화되었다.

서구에서도 노예와 나병환자 혹은 극빈자 등 도움을 절실하게 필요로 하는 사람들의 고통을 줄여주고자 하는 동기에서 봉사활동을 시작했던 로마교회의 프란시스(St. Fransis Acceici)를 공식적 자료에서 찾아볼 수 있다. 또한 로마교회의 베네딕트(St. Benedict)가 부유한 계층의 젊은이들을 동원하여 저개발지역인 북부의 여러 지방으로 봉사활동을 위한 여행을 하였다는 기록도 찾아볼 수 있다. 이러한 기록을 통해 중세시대의 로마 가톨릭 교회활동에서 자원봉사활동의 기원을 찾아보기도 한다(조휘일, 1997).

이민 후의 신대륙 역사가 구대륙에 비해 상대적으로 짧은 미국의 경우에도 개척시대의 상부상조활동이 자원봉사활동 정착에 직접적 계기가 되었다. 주로 유럽으로부터 건너온 이민자들은 생존을 위해 부딪히는 문제를 이웃과 공동으로 해결하고 돕지 않을 수 없었다. 그리고 독립혁명 이후 이민의 급속한 증가에 따라 이러한 활동들을 조직화하였고, 이는 사회적 기관을 통해 지역사회에 확대되었다.

근대 산업사회가 역사적으로 일반화되기 이전에는 주로 이러한 상부상조의 전통이 자원봉사활동의 맹아적 모습을 나타내었다. 이는 '스스로의 생존을 위한 경제사회적 활동에서의 협력'이라는 속성과 '곤궁한 자에 대한 자선적 베풂'이라는 속성을 가지는 것이었다. 그리고 형태는 다르지만 이러한 활동은 어느 사회에서나 보편화된 활동이라 할 수 있다.

반면, 이와는 약간 다르게 스스로를 지키기 위한 집단적 노력의 일환으로 자원봉사활동과 유사한 모습이 나타나기도 하였다. 영국에서는 1600년대 역사적 혼란시기에 스스로 자신들의 마을과 나라를 지키고자 자발적으로 활동한 '자경단'이 많았다. 그리고 '자원봉사자'라는 용어를 이들을 가리키는 용어로 사용하기도 하였다.

우리나라에서도 외적의 침입이나 난리가 발생하였을 때, 정부가 조직한 군대 이외에도 자발적 활동들이 많이 나타났다. 역사적으로 어려웠던 여러 시기에 나타난 '의병활동'이 대표적 예이다.

근대 이전의 상부상조적 협력활동, 특권계층에 의한 자선활동, 외부로부터의 방위를 위한 자생적 집단활동들을 현대적 의미에서 자원봉사활동이라고 부르기에는 다소 비체계적이고 비조직적인 면도 있다. 그러나 과거의 이러한 활동은 사회복지 일반의 역사와 마찬가지로 자원봉사활동이 전문화되기 이전에 인간사회에 나타났던 보편적 전통으로서 자원봉사주의(*volunteerism*)를 형성하는 자원봉사 역사 초기의 맹아적 모습으로 볼 수 있다.

## 2. 근대적 사회복지와 자원봉사

사회복지는 근대의 산업사회화 이후 자선조직화협회, 인보관활동, 산업사회 사회문제에 대한 국가적 프로그램들을 통해 차츰 체계적 모습을 찾아갔다. 이 시기 자원봉사의 역사도 이러한 사회복지의 역사 일반과 깊은 관련성을 가지며 전개되었다. 이는 이전 시기의 맹아적 전통과는 달라 '근대적 의미에서 자원봉사활동의 초기단계'라 할 수 있다.

18세기부터 영국을 비롯한 서구사회에서는 산업혁명과 근대화로 인한 많은 사회문제가 나타났다. 구체제의 신분제 및 특권계급이 무너지고 새롭게 재편되면서 경제적으로는 농촌중심의 전통경제가 붕괴되고 새로운 자본주의 경제구조로의 전환이 나타났다. 따라서 이 시기에는 자본주의 확립으로 도시화와 저임금 노동이 전일화되며 도시지역의 보건과 빈곤문제를 중심으로 많은 새로운 사회문제가 발생하였다.

영국에서는 이 시기 도시빈민가의 아동을 대상으로 만들어진 빈민학교 활동에서 근대적 자원봉사활동의 유래를 찾곤 한다. 이 빈민학교에 관심을 가진 사람들이 무료로 야간과 휴일에 아동들을 가르치기 시작한 빈민학교 운동을 조직적 자원봉사활동의 시발로 보는 것이다. 많은 시민들이 이 문제의 해결과 사회개선을 목표로 활동을 전개했는데 당시의 자원봉사자는 주로 신흥 중산계급의 기독교인이 많았다(조휘일, 1997).

근대 산업사회의 문제에 대응하기 위해서 사회복지체계가 과거의 전통과는 조금 다른 형태로 나타나기 시작하였다. 그리고 시민의 자원봉사활동도 사회복지활동 변화와 밀접히 관련되어 전개되었다. 그 대표적인 것이 자선조직화협회(COS: Community Organization Society)와 인보관 운동(*Settlement House Movement*)이다.

1869년에 영국에서 최초로 설립된 자선조직화협회는 그간 산발적으로 나타난 자선활동들이 무계획적이고 비체계적으로 행해져 사회적 욕구와 민간활동과의 무관련성, 노력의 중복과 자원낭비 등의 문제점이 초래되었고, 이러한 비조직적 자선활동이 오히려 빈민에게 해를 끼칠 수 있으므로 자선활동을 합리적으로 조직화하는 노력이 필요하다고 보았다. 이 자선조직화협회의 활동에서 구제대상자의 판별은 지구위원회의 임무였지만 일단 구제대상자로 승인된 빈민에 대해서는 우애방문원(*friendly visitor*)이 활동을 전개하였다. 우애방문원은 중상류계층의 여성이 많이 참여하였는데 이들은 자발적으로 활동에 참여한 자원봉사자들이었다. 이들은 활동을 통해 가부장적 사회에서 잠시나마 벗어날 수 있는 기회를 부여받았으며 상당한 영향력도 가질 수 있었다. 이들은 상당한 책임감과 열정으로 활동하였는데 1886년 런던의 자선조직화협회는 1년에 2만 5천 사례를 다루었다(류기형, 1999).

자선조직화협회의 활동은 미국 등 다른 사회에서도 나타났다. 1877년 버팔로에 미국 최초의 자선조직화협회가 설립되었고, 이후 미국 전역에 퍼져 1890년대에는 100여 도시에 자선조직화협회가 결성되었다. 자선조직화협회의 활동은 기본적으로 개인적 관점에서 빈곤과 사회문제에 접근하는 것이었기 때문에 영국보다 개인주의 사조가 강한 미국에서 더 활발한 활동을 나타내었다. 19세기 말 미국의 대도시에는 4천 명 이상의 우애방문원이 활동하였다.

한편 같은 시기에 개인적 변화에 초점을 둔 자선조직화협회의 활동만이 아니라 환경변화에 초점을 둔 인보관 운동도 활발하게 나타났다. 1880년대 빈민지역에 보조교사로 근무하면서 주민의 빈곤과 불결한 환경문제에 관심을 가졌던 바네트(Barnett, Cannon)는 주민의 정서적·지적·문화적 빈곤을 발견하고 주민들로 하여금 자존심과 독립심을 갖도록 격려해주고 또한 그들의 취미를 살리는 음악, 미술 등을 즐길 수 있는 기회뿐 아니라 교육의 기회까지 마련해주는 운동을 벌이기 시작했다. 이러한 인보관 운동은 여러 시민들의 관심을 끌게 되었으며 지식인층, 특히 대학사회에 많은 영향을 끼쳐 많은 교수와 학생들이 이 운동에 가담하게 되었다. 그리고 이 인보관 운동에 많은 자원봉사자들이 활동하여 자원봉사활동이 활성화되는 주요한 계기가 되었다(조휘일, 1997).

미국에서도 1887년 뉴욕 동부에 근린조직(*Neighborhood Guide*)과 시카고 헐 하우스(Hull House)가 설립되어 인보관 운동이 본격적으로 나타났다. 미국의 인보관 운동은 영국과는 조금 다르게 이민자들을 대상으로 영어교육, 탁아소운영, 직업훈련, 학교의 환경문제 등을 주로 다루었다.

미국에서는 자선조직화협회와 인보관뿐 아니라 남북전쟁시기부터 1930년대에 이르기까지 많은 단체들이 소집단으로 임시적 자원봉사활동을 진행하였다. 이에는 적십자사, YMCA, 구세군, 미국공중보건협회, 미국결핵협회, 보이스카웃 등이 있다.

초기에 이러한 민간보건 및 사회단체의 대부분의 업무는 유능한 자원봉사자에 의해 이루어졌다. 그러나 이들이 충분한 활동시간을 가질 수 없게 되자 유급직원이 이를 보충하였고, 자선조직협회(COS), 인보관(Settlement House) 등 조직화된 사회복지단체가 창설되고 사회복지를 교육하기 위한 전문 교육기관이 설립되면서 사회복지분야가 전문직종으로 전문화된다. 이에 따라 기존 활동내용이 교육받은 전문직종의 직업활동으로 재편되었다.

이는 인간사회에서 보편적 상부상조의 전통이 현대 산업사회에서 제도화되는 것과 관련된다. 이 제도화 과정에서 직업적 전문화 과정은 전문 사회복지 영역으로 발전해 가는 한편 대중화되는 과정은 점차 현대적 조직적 자원봉사활동 영역으로 전개되어 갔다.

우리나라의 경우에는 근대 이전의 상부상조와 관련된 맹아적 자원봉사의 흐름이 근대적 초기 자원봉사활동으로 발전할 자생적 기회를 별로 갖지 못하였다. 이는 구한말 이후 자생적 자본주의화 과정이 외세의 침탈과 식민지 역사를 거치면서 왜곡되었기 때문이다. 하지만 개항 이후 기독교 전파에 따른 교회나 YMCA가 자선적이고 박애적 활동을 시작했다. 1903년 한국기독교청년회(YMCA)의 창립을 계기로 지역사회활동이 조직적으로 이루어지면서 자원봉사활동도 일부 나타났다. 1921년 마이어스 선교사는 태화기독교여자관을 설립하여 여성계몽 및 교육, 아동보건사업 등 복지를 위한 사업을 실시하였다.

식민지 일제시대의 자원봉사활동 형태는 일제와 총독부에 의한 식민지 통제를 위한 구호사업이 일부 나타났고, 반대의 민족진영에서는 구국계몽운동이나 농촌계몽운동의 형태가 나타났다. 구국운동으로 시작한 학생운동이 봉사활동으로 전환되어 광복 후에는 사회개량적 성격을 띠고 문맹퇴치를 위한 야학이나 농촌봉사활동, 질병구제 등의 사회봉사활동을 전개하였다. 그러나 이러한 흐름은 같은 시기 서구사회에서의 일반적 자원봉사활동 전개와는 다른 것으로 역시 역사적 특수성에 의한 것이라 할 수 있다.

## 3. 현대 자원봉사의 체계화

20세기 이후 자원봉사활동은 공공 사회복지영역이 전문화·제도화되는 흐름 속에서 조직화된 시민참여활동으로 발전되어 갔다. 이전 시기 전문적 사회복지활동과의 미분화 상황이 극복되면서 보다 다양한 활동영역으로 확대되었다.

영국의 경우 2차 대전 이후 베버리지보고서 등에 의한 복지국가 수립은 복지에 관한 국가책임 의식을 정착시켰다. 또한 동시에 폭넓은 사회적 서비스의 확충은 시민참여에 의한 자원봉사활동의 필요성도 부각시켰다. 1960년에는 민간 사회복지관련 기관과 단체를 육성하는 자선법(*Charity Act*)과 지방 차원에서 자원봉사활동을 육성하기 위한 지방정부사회복지서비스법(*Local Authority Social Service Act*)이 제정되었다. 이후 1970년대부터는 자원봉사활동을 지원하는 조직이 중앙정부와 지방정부에 편성되고 담당자가 배치되었다. 이와 아울러 특히 청소년 자원봉사자를 육성하고자 하는 많은 프로그램이 나타나기 시작하였다. 그러나 기본적으로 1970년대까지는 복지에 대한 국가책임 원칙이 강하여 민간의 자원봉사활동은 국가의 공공복지활동에 대해 부차적 성격을 가지는 것이었다.

1990년대에 접어들어서는 지역사회보호, 복지다원주의 등 새로운 역사적 경향에 따라 민간 자원봉사활동의 중요성이 다시금 부각되었다. 공공주도 시기를 넘어 새로운 민관협력시기가 나타난 것이다. 1992년에 자선법이 개정되어 자원봉사활동의 진흥을 위한 다양한 법적 노력이 경주되었으며 정부의 재정적 보조에 힘입어 새로운 기관이 설립되었다. 특히 지방정부로부터의 보조금은 새로 구성되는 자원봉사조직들이 좀더 견고한 기반 위에서 설립될 수 있는 여건을 만들어 주었다(류기형 외, 1999). 최근에는 매우 큰 규모의 새천년자원봉사단(Millenium Volunteers)이 청소년 자원봉사활동을 집중 육성하기 위한 조직으로 만들어지는 등 다양한 자원봉사조직들이 육성되고 있다.

미국은 서구국가 중 개인주의와 자유주의 사조가 강한 사회이기 때문에 유럽국가들에 비해서 공공복지의 비중이 작은 편이었다. 이는 상대적으로 민간 자원봉사조직이 보다 다양한 형태로 육성될 수 있는 조건이 되었다.

제1차 세계대전 중 미국 적십자협회는 전국에 3천 개의 지부를 설치하여 군인을 전장에 보낸 가정을 중심으로 봉사활동과 이에 필요한 훈련을 실시하였다. 그 후 전후의 구조사업과 국가문제 해결을 위한 활동으로서 상이군인을 위한 활동분야에서 전문직원과 협력하여 공헌하였고 이러한 활동 속에서 자원봉사자의 지위가 신장되었다(조휘일, 1997).

1926년에는 보스턴에서 최초의 자원봉사자 사무국이 세워져 자원봉사자를 필요로 하는 각 민간보건 및 사회단체를 조사하고, 인종과 신앙에 관계없이 모든 시민을 모집·훈련하여 이러한 기관에 배치하였다. 이는 지역사회 전체에 대한 헌신이었다. 1933년은 사회사업 자원봉사자 전국위원회가 생겨 전 분야에 따른 자원봉사자의 업무와 훈련원칙 및 방법 등이 명확하게 제시된 시기이기도 하다.

1938년 소아마비환자 구호모금운동(*March of Dimes*)을 거점으로 시민참여가 활발히 이루어졌는데, 제2차 세계대전에는 연방정부가 시민방위청(Office of Civilian Defence)을 조직하여 청년, 부녀, 노인, 장애인, 그 밖에 전쟁으로 피해를 입은 시민들을 구조할 목적으로 봉사활동을 전개하였다. 여기에는 당시 약 1,100만 명의 자원봉사자가 참여했는데 이는 전쟁이라는 특수상황을 배경으로 경제적으로 여유가 있는 사람들만이 자원봉사자가 된다는 이전의 경향을 극복한 것이었다(조휘일, 1997).

이러한 방위계획이 진전됨에 따라 자원봉사자사무국이 각지에 설치되었다. 또한, 1945년에는 시민협력자문위원회가 세워져 자원봉사자사무국의 운영을 돕고 자원봉사자를 모집, 훈련, 배치, 지도하여 표창하는 등의 방법개선에 힘을 기울이는 한편 봉사활동에 대한 제 원칙을 결정하고 기타 간행물을 발행하기도 했다. 1950년에는 자원봉사자 사무국협회가 조직되어 회원단체의 기능강화를 위해 활동했으며, 두 달에 한 번씩 간행물을 내기도 했다.

1960년대에는 국가발전과 직접 관련된 연방정부에 의한 자원봉사 활동이 역사상 새로운 변혁을 가져왔다. 1961년에는 케네디 대통령이 국제평화에 공헌하기 위한 평화봉사단(Peace Corps)을 창설하여 여러 후진국의 경제와 사회발전을 도와주는 대규모 조직적 봉사활동을 시작하였다.

1963년에는 존슨 대통령이 VISTA(Volunteers in Service to America)를 조직하여 미국 국내의 빈부격차를 좁히려는 봉사활동을 전개했다. VISTA는 1950년대의 고도 지속성장 부산물로서 나타난 빈부격차문제를 해결하기 위해 이에 관심이 있는 시민을 동원하고 훈련하여 그들의 정력과 잠재력을 빈민을 돕는 사업에 연결시키고 지원하기 위한 인력관리기구이다. 종래 무급의 단기근무봉사자와 1년간 최소한의 생활비를 지급받으면서 해당지역에 주재하여 봉사하는 전일제 정규 자원봉사자를 병행하여 활용하였다.

1969년에는 행정부에 봉사활동부를 세웠는데 여기에서 자원봉사활동을 조장하기 위한 비정부조직이 필요하다는 결론을 내려 1970년에 전국자원봉사센터(NCVA: National Center of Voluntary Action)를 창설하게 되었다. NCVA는 1950년 자원봉사사무국의 기능을 확대시킨 기구로 모든 사회문제를 자원봉사자가 해결할 것을 강화하고, 회원단체의 사업을 도와주는 비영리조직이다.

1960년대의 미국은 자원봉사 프로그램이 다양하게 개발되면서 민간자원봉사조직에 대한 연방지원이 급격하게 증가된 시기이다. 이러한 움직임은 1970년대 닉슨 행정부시대에 보다 정비된다. 1971년

VISTA와 평화봉사단을 포함하여 그동안 3개 부처로 나누어 운영되어 오던 7개의 연방 자원봉사 프로그램을 하나의 독립기구가 맡아서 관장하도록 하고 민간 자원봉사 프로그램을 지원하기 위해 '정부 내의 독립기관'인 ACTION을 창설하였다(류기형 외, 1999).

한편 닉슨 행정부는 자원봉사활동을 법적으로 더욱 보장하고 지원하기 위해 국내자원봉사활동법(*Domestic Volunteer Service Act*)을 특별법으로 만들었다. 이는 자원봉사자에 대한 연방정부의 각종 지원활동을 규정하고 정부의 직접적 공공자원봉사단 운영에 관한 내용을 담고 있었다. 1979년에는 전국자원봉사활동정보센터(NICV: National Information Center on Volunteerism)와 전국자원봉사센터(NCVA)를 통합해 자원봉사센터를 민간수준에서 네트워크화한 VOLUNTEER가 창설되었다.

1980년대에는 미국의 대학 등 각종 교육기관에서 봉사학습(*service-learning*)의 원리 하에 교육과 자원봉사활동을 연결하는 프로그램들이 활성화되었다. 한편으로는 기업의 사회공헌과 관련된 자원봉사활동도 활성화되기 시작하였다.

1990년대에 들어서는 미국 전역의 약 5백여 개에 이르는 자원봉사센터에 기술적 원조를 하는, 촛불재단(Points of Light Foundation)이라는 정부지원의 민간 자원봉사전문기관이 설립되어 자원봉사의 전문화를 위해 노력하고 있다. 법적으로는 전국지역사회봉사법(*National and Community Service Act*), 전국자원봉사트러스트법(*National Service Trust Act*) 등이 만들어지기도 하였다. 그리고 이러한 법률들을 중심으로 현재 미 정부의 공식적 자원봉사지원조직인 미국전국봉사단(CNS: Corporation for National Service-AmeriCorps)이 조직되어 활동하고 있다.

일본의 경우 제2차 세계대전 이후 정부에 의한 민생위원제도, 사회복지협의회의 자원봉사활동 지원 등을 통해 현대적 자원봉사활동이 정착되어갔다. 1962년 이후 사회복지협의회에 선의은행이 설치되었다. 또한 비슷한 시기에 민간 주도의 자원봉사사무국이 활발하게 개설되어 운영되기 시작하였다. 이는 1960년대 말에 전국적 연결망을 가지게 되어 보다 체계적 활동을 전개했다. 1990년대 이후 최근에는 교육과 자원봉사활동의 접맥, 기업의 자원봉사활동 참여가 두드러지고 있으며 1995년 한신 대지진 이후 일반시민의 자발적 참여가 다양하게 확산되어가고 있는 추세이다.

우리나라는 1960년대까지는 산발적으로 종교인이나 학생 등의 선의에 의한 특별한 활동으로서 자원봉사활동이 이루어졌다. 적십자운동을 중심으로 인도주의적 활동이 보다 조직화되기도 하였다. 본격적인 조직적 활동의 모습은 1970년대 새마을운동 등을 통해 관변단체를 중심으로 나타났으나 이는 지속적이고 민주적 자원봉사활동으로서 한계가 있었다.

1978년부터는 한국사회복지협의회가 자원봉사자교육훈련을 실시하여 자원봉사자들을 사회복지분야에 배치하기 시작하였으며, 각종 사회복지단체를 중심으로 자원봉사활동이 더 활성화되었다.

1980년대에 들어 아시안 게임과 올림픽 등 국가적 행사에 자발적이고 거국적 자원봉사자 활용이 이루어지면서 우리나라의 현대적 자원봉사활동은 큰 전환점을 마련하였다. 이 시기부터 경제수준의 향상, 국민의식의 고양, 가족구조의 변화 등 사회·경제적 변화로 자원봉사활동은 시민들 사이에서 자발적으로 팽창되기 시작하였다. 1984년 한국여성개발원에 자원봉사인력은행이 설치되었다. 1985년에는 올림픽 조직위원회에 자원봉사단이 구성되었다. 이후 한국자원봉사능력개발연구회, 생명의 전화, 사랑의 전화, 각종 사회복지단체와 시설 등에서 자원봉사자교육을 받고 자원봉사활동을 하는 자원봉사자 수가 증가하였다.

1991년에는 한국자원봉사연합회가 창립되어 전문적 민간 자원봉사단체가 활성화되기 시작하였다. 1992년 보건복지부는 한국사회복지관협회에 전국 사회복지관 부설 재가복지봉사센터의 관리업무를 위탁하였는데 이는 많은 자원봉사자의 활동무대가 되고 있다. 1994년에는 자원봉사관련 전산정보체계 구축, 자원봉사자 지도자 교육, 자원봉사활동 조사연구와 교재발간, 홍보와 정책건의 등을 위한 활동이 활발해졌다. 1994년에 한국자원봉사단체협의회가 조직되었고 1995년에는 학계·정부·기업·사회복지관 등 각계 자원봉사 전문가들이 한국자원봉사포럼을 구성하였다.

이 밖에도 1990년대에는 언론사와 기업들의 자원봉사활동에 대한 적극적 움직임과 아울러 교육과정에 자원봉사활동을 포함시키는 교육개혁 조치가 나타났다. 1994년 중앙일보에 의한 자원봉사캠페인은 사회적 여건과 맞물려 큰 반향을 불러일으켰다. 또한 1995년 교육개혁조치에 따른 중고등학교의 학생봉사활동, 1996년의 한국대학사회봉사협의회 발족 등은 교육계와 자원봉사활동의 연결을 잘 보여준다.

이후 자원봉사활동에 대한 시민의 관심은 매우 고양되어 이 시기 이후 민간과 공공의 자원봉사 관련조직과 기관이 우후죽순처럼 나타났으나 아직 그 숫자의 증가만큼 체계적으로 정비 및 관리되지 못하고 있는 상황이다.

한편 2005년 자원봉사활동기본법, 2006년에 동 시행령이 제정되어 우리나라도 자원봉사활동 진흥에 대한 독립적 법안을 가지게 되었다.

## 4. 자원봉사활동의 조직동향

자원봉사활동의 역사적 전개를 살펴보면 최근의 현대적 자원봉사 흐름은 몇 가지 특성이 있다. 첫째는 자원봉사관련 조직의 증가이다. 대부분의 나라들은 민간 자원봉사단과 공공 자원봉사단을 다양하게 육성하여 일반시민들의 자원봉사활동을 체계화하고자 노력하고 있다. 둘째는 자원봉사활동 진흥과 관련된 법제적 노력이다. 자원봉사활동은 기본적으로 무보수라는 특성을 가지기 때문에 보수가 아닌 다른 형태로 자원봉사활동에 대한 유인을 높이기 위한 행정적 조치들에 법적 지위를 부여하고 있다. 셋째는 교육과정과 자원봉사활동과의 접맥이다. 이는 자원봉사자의 양적 확충만이 아니라 미래 시민에 대한 자원봉사교육의 의미도 가지고 있다. 넷째는 기업과 언론 등의 적극적 자원봉사활동 참여와 시민적 캠페인이다. 이는 과거 기부에 의한 사회공헌을 넘어서는 적극적 활동으로 전 시민적 자원봉사활동 활성화에 중요한 역할을 담당하고 있다.

최근 세계 각국의 자원봉사활동 동향에서는 자원봉사활동과 관련된 다양한 조직들의 활성화가 두드러진다. 물론 자원봉사활동 자체를 조직의 주 목적으로 하지 않는 교육기관이나 기업, 종교단체의 자원봉사활동도 중요한 의미를 가진다. 그러나 자원봉사활동의 조직화와 활성화 자체를 목적으로 하는 관련조직들의 확장은 특히 자원봉사활동의 현대적 동향을 잘 나타내는 것이다.

### 1) 미국의 주요 자원봉사조직

미국은 공공과 민간의 자원봉사조직이 가장 활성화되어 있는 나라다. 앞의 역사에서 살펴본 바와 같이 1930년대 초기에는 시민자원보존단(Civilian Conservation Corps), 1960년대에는 평화봉사단(Peace

Corps)과 VISTA, 1970년대의 ACTION, 1990년대 이후의 촛불재단과 미국봉사단(Corporation for National Service-AmeriCorps) 등을 대표적 자원봉사조직으로 들 수 있다(김범수 외, 2004; 류기형 외, 1999; 성민선, 1997; 이강현 외 역, 2002; 최일섭 외, 1996).

(1) 시민자원보존단(CCC: Civilian Conservation Corps)

1933년 루스벨트 대통령이 뉴딜정책의 일환으로 창설하였다. 미국 청년들을 동원하여 캠프에 수용하고 나무심기, 삼림개발, 하천공사 등의 일을 하게 하고 급료를 지급하는 국가재건 프로그램의 일환이었다. 정규직 일자리의 형태와 아울러 유료 자원봉사활동의 일도 병행되었다.

(2) 평화봉사단(Peace Corps)

1961년 케네디 대통령이 국제평화에 이바지하고 저개발국의 교육, 의료, 기술개발 등의 분야에서 활동할 수 있는 기회를 미국 청년들에게 제공하고자 창설한 프로그램이다. 주로 해외활동을 하였으며 저개발국가의 문맹퇴치운동, 빈곤추방 등의 활동을 전개하였다. 직접적 접촉을 통한 대인관계에 기반하는 것을 원칙으로 하였다. 대부분의 자원봉사자는 전임제로 활동하였고 이들에 대한 훈련도 보통 해당 해외국가에서 이루어졌다.

(3) VISTA(Volunteers in Service to America)

1964년 존슨 대통령이 창설하였다. 이는 평화봉사단과 대조적으로 주로 미국 국내문제에 초점을 두어 활동하는 국내봉사단이었다. 1950년대의 지속적 경제성장과 함께 나타나고 있는 미국 국내의 빈부격차를 해소하기 위해 창설되었고 VISTA에서는 이러한 빈곤문제에 관심을 가진 시민들을 교육하여 빈민을 돕도록 지원하였다. VISTA의 자원봉사자들은 지방정부, 지역사회 서비스단체, 농촌조직, 교회 및 이와 관련된 프로그램, 대학과 기타 교육기관 등에서 주로 활동하였다.

(4) ACTION

1960년대 해외와 미국 국내에서 활동해오던 평화봉사단과 VISTA를 통합한 조직으로 닉슨 대통령이 1971년 자원봉사자 프로그램을 관리하기 위한 독립적 주요 자원봉사기관으로 조직하였다. 이 조직은 모금, 회비, 기타 프로그램 참여비용으로 기금을 조성하였으며 정부로부터 활동비를 지원받았다. 연방조직으로서 ACTION은 각각의 주정부에 지부를 두고 프로그램별로 여러 부처에서 관리해오던 자원봉사자들을 통합관리 운영하였다. 각 주의 ACTION 지부는 자원봉사자들과 1~2년씩 계약을 맺고 지정된 장소에서 자원봉사활동을 하게 하였다.

(5) VOLUNTEER

1979년 전국자원봉사활동정보센터(National Information Center on Volunteerism)와 전국자원봉사센터(NCVA)가 통합되어 전국시민참여센터(National Center for Citizen Involvement)인 VOLUNTEER를 창립하였다. 평화봉사단, VISTA, ACTION 등이 공공봉사단의 형태라면 이는 민간봉사조직체 연합으로서의 성격을 가진다.

VOLUNTEER는 촛불재단과 통합하기 이전까지 50여 개의 자원봉사센터와 자원봉사자활동센터(*Volunteer Action Center*)를 기초로 하여 4백 개에 이르는 자원봉사센터를 네트워크화하였다.

(6) 학생 자원봉사 조직[1)]

1980년대 이후 미국에서는 다양한 학생 자원봉사 프로그램이 출현하였다. 이는 교육과 봉사의 접목이라는 봉사학습(*service-learning*)의 사조가 사회적으로 넓게 퍼진 것과 관련된다. 학생자원봉사 프로그램(NSVP: *National Student Volunteer Program*), 대학생자원봉사단(University Year for Action), Campus Compact, COOL(Campus Outreach Opportunity League) 등이 이에 해당하며 각 대학별로도 사회봉사센터가 활동하고 있다.

(7) 촛불재단(POLE: Point of Light Foundation)

촛불재단은 전국 및 지역사회봉사법이 제정된 이후에 1990년 부시 대통령의 선거공약으로 설립되었으며 당시 자원봉사전국협의회인 VOLUNTEER와 통합하여 자원봉사활동의 중요성을 전파하고 자원봉사자를 확산시키는 업무를 담당하였다. 촛불재단은 56개 기업자원봉사협의회(Corporate Volunteer Council)와 1,200여 명의 회원을 가진 전국자원봉사센터(National Volunteer Center)를 합병해서 조직되었기 때문에 창립 초부터 탄탄한 지역구성체를 가진 전국적 기구이며 국회로부터 독립적 예산편성을 받는 민간기구이다. 기본적으로 지역자원봉사센터를 지원하는 임무를 맡고 있으며 자원봉사 진흥을 위해 다음과 같은 사업을 실행한다.

- 지역 자원봉사센터의 신규설립 지원
- 기존 센터의 육성
- 자원봉사활동 활성화를 위한 프로그램 개발과 상담교육, 훈련
- 매년 National and Community Conference 주최

1) 자세한 내용은 이 책 제10장 "학교의 사회봉사" 참조.

- 매년 전국 자원봉사주간(*National Volunteer Week*) 주최
- 해외 자원봉사 지원사업
- 국제자원봉사운동협회(IAVE)와 공동업무 진행

(8) **미국전국봉사단**(CNS: Corporation for National Service AmeriCorps)

1990년 전국 및 지역 사회봉사법이 제정된 이후 클린턴 정부가 백악관의 National Service와 1971년 창설된 ACTION을 통합하여 창설한 것이다. 1993년 미국봉사단(AmeriCorps)이 결성되었다. 국내평화봉사단인 AmeriCorps는 미국의 도시와 농촌지역에서 활동을 활성화하기 위한 새로운 전국적 서비스 운동이다. 이의 관리와 운영은 Corporation for National Service라는 연방기구가 담당한다.

미 정부는 CNS를 위해 별도의 전담기구를 두고 예산지원 및 운영전반을 관장하고 있으며 이 기구는 정치적으로 다양한 견해를 반영할 수 있는 이사회와 경영팀이 운영한다.

미국전국봉사단(CNS)은 현재 대표적 미국정부 내의 자원봉사활동 전담기구라고 할 수 있다. 350개 이상의 조직과 AmeriCorps · VISTA와 AmeriCorps · NCCC라는 2개의 전국적 프로그램을 포함하여 모든 주에서 활동중인 프로그램 연결망이다. 주된 프로그램은 다음과 같다.

- AmeriCorps-NCCC: 10개월 이상 봉사할 수 있는 18~24세의 젊은이들이 훈련받고 활동하는 프로그램
- AmeriCorps-VISTA: 18세 이상의 성인과 노인들이 전임제로 장기간 활동하는 프로그램
- National Senior Service Corps(NSSC): 노인자원봉사 활동을 위해 RSVP, FGP, SCP[2] 등의 프로그램을 운영

2) 이 프로그램의 자세한 내용은 이 책 제13장 "노인의 자원봉사" 참조.

〈그림 2-1〉 미국전국봉사단의 홈페이지 (www.cns.gov)

### 2) 영국의 주요 자원봉사조직

영국은 복지국가 수립 이후 복지에 대한 국가책임 우선의 전통이 강하여 자원봉사활동 조직화를 위한 활동은 미국에 비해서는 미약한 편이다. 그러나 1991년 조사에 의하면 전체 영국인구의 51%가 공식적 자원봉사활동에 참여했다고 응답한 것과 같이 기본적으로 탄탄한 시민참여 의식을 나타내고 있다. 영국의 주요한 자원봉사조직과 프로그램으로는 새천년 자원봉사단을 들 수 있다(김범수 외, 2004; 성민선, 1997; 이강현 외 역, 2002).

#### (1) 영국자원봉사센터(Volunteer Center UK)

영국의 대표적 자원봉사조직으로 정부의 재정지원을 80% 가량 받고 있으며 전국에 250개의 산하단체가 있다. 1973년 설립된 후 영국 내의 자원봉사활동을 전국적 차원에서 지원하고 있다. 대정부 로비활동, 학술연구, 활동개발, 전문서적 발간, 자조집단 육성, 홍보간행물 발간 등과 서비스 통합 기능을 수행하고 있다.

#### (2) 새천년 자원봉사단(Millenium Volunteers)

새천년 자원봉사단은 영국에서 전국적 규모로 시작된 가장 큰 청년 자원봉사 프로그램의 하나이다. 16세에서 24세의 청년들이 지역사회에 이바지하는 자원봉사활동에 참여하도록 영국 정부가 장려하고 인정하기 위해 시작되었다. 이는 청년 자원봉사자 수와 자원봉사 활동기회를 늘리려는 목적이었다. 1998년부터 시범사업을 거쳐 프로그램이 진행되었다. 자원봉사자들 스스로 봉사활동 계획을 세우거나 지역단체에서 제공하는 활동업무를 택하기도 한다. 이 프로그램에서는 100시간 이상 자원봉사활동을 수행하면 인증서를 제공하고, 200시간 이상 활동하면 표창하는 두 단계의 평가를 통해 참여자들을 격려하고 있다.

(3) 기타 자원봉사 지원체계

잉글랜드 지역은 전국자원봉사센터(National Center for Volunteering), 스코틀랜드 지역은 자원봉사개발원(Volunteer Development), 북아일랜드는 국립개발원(National Development Agency), 웨일스는 자원봉사활동협회(Wales Council for Volunteer Action)가 각기 전국자원봉사센터 역할을 담당하며 자원봉사 진흥과 모델사업 개발, 여러 부문의 연계를 위해 노력하고 있다.

지역단위로는 자원봉사센터(Volunteer Bureaux)와 같은 지역자원봉사개발 기관의 네트워크가 형성되어 있다. 많은 자원봉사센터들은 전국자원봉사센터연합(NAVB: National Association of Volunteer Bureaux)의 회원이기도 하다. 한편 영국박물관친구협회(British Association of Friends of Museum)와 같이 협회 차원에서 자원봉사활동을 지원하는 분야별 전국단체들도 있다.

### 3) 일본의 주요 자원봉사조직

일본은 역사적 경험이 서구와는 달라 독특한 자원봉사조직 형태를 보인다. 특히 일본은 민간의 자발적이고 자주적인 자원봉사활동 참여 전통이 짧아 1995년 지진을 주요한 전환점으로 보곤 한다(김범수 외, 2004; 성민선, 1997; 와타도이치로 외, 1997; 이강현 외 역, 2002).

(1) 선의은행

1962년에 도쿠시마현 사회복지협의회가 금품과 서비스 제공기관으로 설치했던 '선의은행'이 도도부현, 시구정촌 사회복지협의회로 확대되면서 자원봉사 개발과 수급조정 기능을 담당하는 역할을 하였다.

1970년대 후반부터 1980년대 전반에는 중앙정부와 지방정부의 보조로 사회복지협의회를 중심으로 자원봉사활동체계가 조직되었다. 1962년 설립된 선의은행은 1975년 이후 사회복지협의회 조직 내의 '볼런티어 센터'로 개편되었다.

(2) 자원봉사센터

1975년 이후 사회복지협의회 내에는 자원봉사센터가 자리잡게 되었는데 여기에서는 서비스제공프로그램을 실시하고 있으며 많은 부분이 정부와 관련되어 있다. 자원봉사관리에 관한 자문을 해주는 지원센터의 기능을 하는 것은 물론 자원봉사에 관한 모든 문제를 해결할 수 있는 두뇌집단(*think tank*)의 역할도 한다. 예산은 정부가 사회복지협의회를 통해 지원하고 있다.

(3) 볼런토피아(*voluntopia*) 사업

1980년대 이후 사회문제와 사회적 필요가 다양해짐에 따라 민간활동과 자원봉사활동도 다양한 영역으로 확대되었다. 1986년부터 후생성은 볼런토피아 사업을 진행하여 자원봉사센터를 강화함과 동시에 지방자치단체를 중심으로 행정기관의 위촉을 받은 유급자원봉사자가 나타났다.

(4) 기타 자원봉사활동 지원

한신-아와지 대지진 이후 많은 학생들이 자원봉사활동에 참여하면서 대학 자원봉사센터가 활성화되기 시작하였다. 한편 기업의 자원봉사 유급휴가, 사회공헌활동 등을 통해 자원봉사활동 지원이 다양해지고 있다.

### 4) 주요 국제 자원봉사조직

특정 국가의 차원을 넘어선 국제적 자원봉사활동 조직도 다양하게 나타나고 있다. 대표적인 것으로는 UN의 국제연합봉사단(UNV), 민간기구로서 세계자원봉사연합회(IAVE) 등을 들 수 있다.

#### (1) 국제연합봉사단(UNV: United Nations Volunteers)

1968년 국제연합총회의 결의로 1970년 12월 7일 UNDP(United Nations Development Program: 국제연합개발계획) 산하에 발족된, 국제연합 내의 유일한 국제봉사기구이다. 개발도상국에 실제적 도움을 줄 뿐만 아니라, 세계 각국 청년들의 교류를 통한 다양한 문화체험, 국제연합 회원국들의 이해증진 등을 목적으로 하며 전세계의 UNDP 사무소를 통해 일한다.

파견분야는 경제·사회·과학·의학·정보 등 각 분야의 150여 개 직종이며, 중간수준의 기술원조(*middle level technical assistance*)를 제공하여 봉사대상지역의 국민을 훈련시키고 기술개발계획을 지원한다. 봉사자 파견은 UNV 등록자 명부에 개별적으로 등록한 자 가운데서 수용국의 요청에 따라 본부의 지역담당관이 검토하여 3, 4명의 후보자를 통보하고, 수용국 정부는 적임자를 지명한다. 계약은 동일한 지역에서 2년을 원칙으로 하나 1년 이내의 연장계약이 가능하다.

매년 150개국 이상에서 지원한 각 분야의 능력과 경험이 있는 5천여 명의 남녀가 전문봉사원 또는 현장봉사원으로서 임무를 수행한다. 창설이래 150개 개발도상국 및 선진국 출신 봉사자 약 3만여 명이 140여 개국에서 일해 왔다. 일반적으로 봉사원의 70%는 개발도상국 출신이며, 나머지 30%는 선진국 출신이다.

재원의 일부는 관리기관인 UNDP가 부담하며, 나머지 예산은 국제연합기관들의 정규 프로그램 예산과 봉사자를 보내는 국가 또는 받

〈그림 2-2〉 국제연합봉사단의 홈페이지 (www.unv.org)

Sitemap Search Contact Home

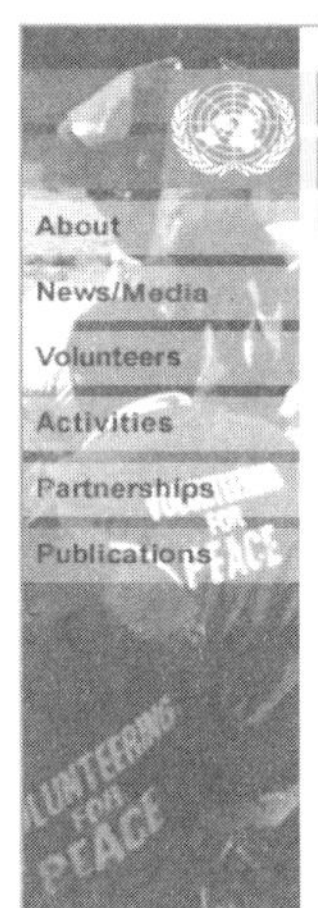

*For Peace and Development*

UNV Screensaver

Put UNV on your desktop to show how UN Volunteers make a difference.

**What's New...**

**UNV role in Pakistan's post-quake recovery recognized**

UNV Programme Officer Naoko Takasu (centre) displays the commendation shield that UNDP and UNV recently received from the Prime Minister of Pakistan for their outstanding services in earthquake-affected areas. She is flanked by Haoliang Xu (left), UNDP Country Director in Pakistan and Muhammad Zafar Iqbal, Chief of UNDP's Crisis Prevention and Recovery Unit. In response to the October 2005 earthquake, UNV has mobilized 45 UNV volunteers, established a national UNV programme and supported the development of the country's National Volunteer Movement.

AVI and UNV to jointly promote volunteerism

**11 Oct 2006:** The United Nations Volunteers (UNV) programme and the Australian Volunteers International (AVI) have agreed to work together to further promote awareness of the volunteers' contribution and the value of volunteering for society. UNV's Executive Coordinator Ad de Raad and AVI's Chief Executive Officer Dimity Fifer recently signed a memorandum of understanding signifying the partnership. Read more

Deutsche Post and UNV join hands for development

**28 Sept 2006:** A Memorandum of Understanding on the deployment of corporate volunteers between the UN Volunteers (UNV) programme and Deutsche Post AG, a global mail and logistics provider, was signed on 25 September by Monica Wulf-Mathies, Executive Vice President of corporate public policy and sustainability at Deutsche Post AG, and UNV Executive Coordinator Ad de Raad. Read more (*en français*)

Life gets better in Pakistan earthquake villages

**27 September 2006:** Welcome to Camp Kodarbala, district Mansehra, Pakistan. An area deprived of life's basic necessities. You will not find any health facility, electricity, transportation or mode of communication here. What you will find is a group of dedicated, enthusiastic students working for the National Volunteer Movement (NVM), led by a UNV volunteer. Read more

The United Nations Volunteers is the UN organization that supports sustainable human development globally through the promotion of volunteerism, including the mobilization of volunteers. It is administered by the United Nations Development Programme.
Read more about us

**Annual Report 2005/ 06**

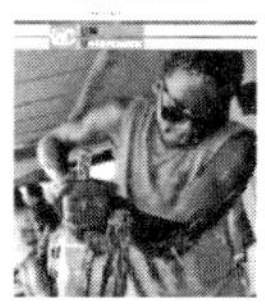

**Making distinctive contributions**

*in English*
*en français*
*en español*

**UNDP Executive Board 2006**

At the recent annual session of the UNDP Executive Board in Geneva, UNV presented its report covering the period 2004-2005.

Find out more.

*in English*
*en français*
*en español*

**UNV and the MDGs**

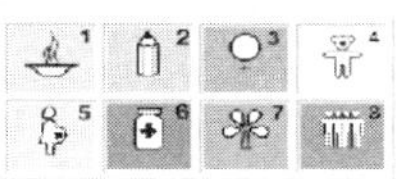

日本語 View our Japanese web site: **http://www.unv.or.jp**

This site is maintained by the United Nations Volunteers (UNV). © 1999 - 2006 UNV · Disclaimer

아들이는 국가의 기부금으로 충당한다. 한국은 1990년부터 소수인원을 파견하기 시작했고, 1996년에 UNV와 협력양해각서를 체결했다. 본부는 독일 본에 있다.

#### (2) 세계자원봉사연합회(IAVE: International Association for Volunteer Efforts)

세계자원봉사연합회 IAVE는 1970년 창립된 이래 국제간 자원봉사활동의 활성화와 자원봉사센터 설립지원 등을 추진하는 대표적 민간협의체로 자리잡았다. IAVE는 자원봉사대회개최, 자원봉사센터 지원, 교육 및 훈련, 공보, 청년참여, 회원관리 등의 사업을 진행하고 있으며 현재 전 세계 100여 개 국가에 회원 및 회원단체를 가지고 있다(류기형 외, 1999).

### 5) 우리나라의 주요 자원봉사조직

우리나라는 자원봉사활동에 대한 조직화의 흐름이 다른 나라보다 늦은 1990년대 중반 이후부터 사회적으로 활성화되었다. 이에 따라 자원봉사 관련조직들도 아직 혼란스러운 양상을 보이고 있다.[3]

#### (1) 사회복지 자원봉사정보 안내센터

보건복지부의 예산지원을 받는 민간조직인 사회복지협의회에는 사회복지 자원봉사정보 안내센터가 부설되어 있다. 이는 전국단위 및 광역시도 단위에는 모두 설치되어 있으며 기초자치단체에는 임의기구로 설치되어 있다. 이 기구는 자원봉사활동에서 주요한 현장인 사회복지분야의 자원봉사활동 관리와 수급조절, 자원봉사자 교육 등의

---

3) 우리나라 자원봉사 관련조직의 자세한 현황은 이 책 제3장 "자원봉사의 현황"과 제4장 "자원봉사관리의 개요"를 참조.

역할을 담당하고 있다.

(2) 정부 공공조직의 자원봉사센터

현재 행정자치부 행정체계를 따라 시·군·구청에는 자원봉사센터가 설치되어 있다. 그러나 활동 정도는 센터마다 편차가 큰 실정이다. 이외에도 정부 여러 부처의 행정체계나 관련산하 민간조직체를 통해 여성, 청소년, 학생, 노인 등에 대한 별도의 자원봉사센터를 운영하고 있다.

(3) 한국자원봉사협의회와 민간 자원봉사조직

민간의 각종 자원봉사단체나 조직들도 여러 가지가 활동하고 있다. 대표적인 것으로는 볼런티어 21, 곰두리 봉사단, 한국자원봉사

〈그림 2-3〉 한국자원봉사협의회 홈페이지 (www.kcv.or.kr)

단체협의회, 자원봉사포럼 등이 있다. 2003년에는 99개 NGO와 자원봉사 관련단체들이 모여 한국자원봉사협의회를 결성하여 대표적 민간 네트워크로서 활동하고 있다. 한국자원봉사협의회는 자원봉사기본법 제17조에 명시된 법적 기구로서 존재하고 있다.

(4) 국제자원봉사 관련조직

우리나라의 국제자원봉사 관련조직으로는 한국국제협력단과 그 산하에 한국청년해외봉사단이 정부출연으로 활동하고 있다. 또한 국제협력봉사요원제도가 있어 병역기간동안 해외봉사활동으로 대신할 수 있는 제도도 운영되고 있다. 민간조직으로는 한국국제봉사기구(KVO International), 세계청년봉사단(KOPION), 한국해외원조단체협의회(KCOC), 굿네이버스나 월드비전의 해외봉사 프로그램 등이 있다.

# 자원봉사의 현황 제3장

## 1. 자원봉사의 보편화와 체계화

자원봉사의 최근 현황을 살펴보면 과거에 비해 자원봉사활동 참가율이 높아져 보편화되고 있다는 점을 알 수 있다. 또한 이와 관련하여 자원봉사활동을 조직하고 후원하기 위한 조직적이고 체계적 노력이 공공·민간의 각 영역에서 활발하게 나타나고 있음을 볼 수 있다.

### 1) 자원봉사활동 참여현황

최근 우리 사회에서는 사회문제 해결과 공공선의 달성을 위해 자원봉사활동을 활성화하기 위한 다양한 노력들을 경주하고 있다. 사회구성원들이 자원봉사활동에 참여하는 비율이 높아지는 것은 자원봉사활동이 점점 보편화되고 있음을 의미한다. 우리나라는 1990년대 이후 자원봉사활동의 비약적 성장을 경험했다. 이를 단적으로 나타내는 것은 활동 참여율이다.

자원봉사활동의 참여현황에 대한 정확한 집계는 쉽지 않으나 1991년 통계청의 표본조사에서 15세 이상 인구의 5.4%만이 자원봉사활동에 참여하고 있다고 응답했다. 그러나 최근의 조사에 따르면 2003년을 기준으로 〈표 3-1〉에서 볼 수 있는 바와 같이 전체 인구의 14.6%가 자원봉사활동에 참여하고 있다. 물론 이는 50%선의 참여율을 보이는 구미국가들에 비하면 여전히 낮은 수치이다. 그러나 우리사회의 자원봉사활동 참여율이 최근 지속적으로 높아지고 있음은 분명한 사실이다.

이 기간 학생자원봉사활동의 제도화가 자원봉사활동 참여율의 전반적 향상에 기여하고 있음은 15세에서 19세 사이의 인구층에서 자원봉사활동 참여율이 50% 이상으로 가장 높게 나타난 점에서 드러난다.

활동현장의 종류에서는 사회복지시설과 관련된 자원봉사활동이 가장 많이 이루어지고 있다. 한편으로 지역의 환경보전활동이 높게 나

〈표 3-1〉 자원봉사활동 참여율

(단위: %, 활동영역은 중복응답)

| 구분 | | 자원봉사 참여율 | 활동영역 | | | | | |
|---|---|---|---|---|---|---|---|---|
| | | | 지역환경 보전 | 국가 및 지역행사 | 자녀교육 관련 | 복지 시설 | 재해지역 돕기 | 기타 |
| 전체 | | 14.6 | 38.0 | 10.4 | 8.7 | 38.4 | 10.0 | 14.9 |
| 성별 | 남 | 15.1 | 44.5 | 12.2 | 3.4 | 29.9 | 14.4 | 18.3 |
| | 여 | 14.1 | 31.4 | 8.6 | 14.1 | 46.9 | 5.4 | 11.4 |
| 연령 | 15~19 | 52.4 | 44.4 | 10.5 | — | 43.2 | 2.9 | 16.9 |
| | 10~29 | 10.3 | 18.9 | 11.8 | 1.3 | 43.3 | 13.2 | 31.8 |
| | 30~39 | 11.6 | 27.4 | 9.1 | 28.7 | 32.3 | 12.6 | 13.1 |
| | 40~49 | 14.2 | 38.0 | 11.5 | 14.4 | 36.2 | 14.3 | 9.3 |
| | 50~59 | 12.2 | 47.1 | 11.3 | 2.8 | 39.3 | 15.7 | 7.9 |
| | 60세 이상 | 6.7 | 61.0 | 6.8 | 1.4 | 28.8 | 6.2 | 5.0 |

자료: 통계청, 〈2003 사회통계조사보고서〉.

타나고 있음은 한 번 생각해 보아야 할 점이다. 물론 환경관련 활동도 중요한 자원봉사활동 영역의 하나이기는 하지만, 실제로 이 활동은 특별한 관리프로그램 없이 인근지역의 청소활동 등으로 이루어지는 경우가 많다. 이를 통해 효과적 자원봉사 프로그램이 여전히 부족하고 자원봉사 관리에 있어 개선의 여지가 많음을 알 수 있다. 특히 그 중요성이 커지고 있는 노인 자원봉사활동에서 지역 환경보전 영역의 자원봉사활동이 전체의 61%나 된다는 사실은 한 번쯤 생각해 보아야 할 점이다.

자원봉사활동 영역 중 가장 대표적 영역이라 할 수 있는 사회복지 영역에서의 자원봉사활동 현황을 《사회복지자원봉사 통계연보》를 통해 살펴볼 수 있다. 이를 보면 2005년 기준으로 연간 총 345,064명의 자원봉사자가 활동한 것으로 나타나고 있다(보건복지부, 2006). 이는 2004년에 비해 약 1.5배 증가한 수치로 역시 최근 자원봉사활동의 참여가 증가하고 있음을 나타내어 주고 있다.

이 자료에 따르면 사회복지분야 자원봉사자로 등록되어 있는 사람의 수는 누적집계로 총 835,019명이며 이 중 40%에 해당하는 사람이 2005년에 1회 이상 봉사활동을 실행한 것으로 나타나고 있다. 물론 이는 인증사업 결과에 따른 통계수치이므로 실제로는 이보다 훨씬 더 많은 자원봉사자가 해당영역에서 활동했다고 보아야 할 것이다.

이 통계수치에서는 여성이 전체의 65%를 차지하여 남성보다 높은 활동참여를 보이고 있다. 연령대는 10대와 20대가 59%로 학생자원봉사 의무화 혹은 활성화에 따른 자원봉사 참여가 많은 점도 볼 수 있다. 이는 자원봉사자의 직업구성에서도 학생과 주부가 전체의 3분의 2를 넘는 점을 보아서도 알 수 있다. 자원봉사자 1인이 한 해 동안 활동한 평균봉사시간은 21.45시간, 평균봉사횟수는 6.05회로 봉사자는 평균 두 달에 한 번 3.5시간씩 활동한 셈이다.

사회복지영역에서의 주요 봉사활동 내용은 식사보조, 목욕, 청소,

간병, 이·미용 등 생활지원서비스가 전체의 45%로 가장 높은 비중을 나타냈다. 그 밖에는 학습지도, 상담과 말벗 등 정서지원서비스가 많이 나타나고 있다.

2) 자원봉사활동의 조직화와 체계화

우리나라에서는 자원봉사활동 참여율의 증가와 아울러 1990년대 중반 이후로 자원봉사활동의 조직화와 체계화가 크게 두드러졌다. 기업과 학교 등 단체들의 체계적 자원봉사 조직활동이 증가한 것이다. 특히 학생들의 자원봉사활동이 이전의 산발적 모습에서 벗어나 정규교육과정으로 편성되면서 중·고등학교와 대학에서 중요한 교육활동의 일환으로 활용되고 있다. 또한 기업도 자원봉사활동의 조직화에 나서고 있으며, 각종 자원봉사 관련조직도 늘어났다.

한편, 자원봉사활동의 활성화를 위한 각종 법적·행정적 조치나 지원체계들도 정비되고 있다. 이러한 조직화와 체계화 경향은 외국의 자원봉사활동 발전경향에서도 유사하게 나타났던 경험으로, 이를 다음과 같은 다섯 가지 경향으로 파악하곤 한다(한국사회복지협의회, 1995: 97~110).

① 자원봉사 진흥입법과 정부지원
② 공공자원봉사단의 조직화
③ 민간자원봉사단의 조직화
④ 교육과 자원봉사활동의 접목
⑤ 기업의 사원 자원봉사 육성

우선 정부의 자원봉사활동에 관한 진흥 및 지원의 정책적 태도는 법적 측면에서 나타난다. 1996년 7월 이후 〈사회보장기본법시행령〉

제 14조 "사회보장제도에 대한 민간의 참여보장"에 민간자원동원과 관련하여 자원봉사활동 육성에 관한 조항이 나타났다. 또한 〈사회복지사업법〉 제 9조 "사회복지 자원봉사활동의 지원육성"에서는 '사회복지 자원봉사활동의 지원 · 육성' 조항을 두어 정부의 책임을 규정하고 있다. 1995년에는 당시 내무부에서 자원봉사활동 지원법안을 별도의 독립법안으로 입법추진했으나 선거와의 관련성 등 정치적 이슈와 맞물려 통과되지는 못했다.

지난 2005년 자원봉사활동 기본법이 제정되었고 2006년 자원봉사활동 기본법 시행령이 제정되어 우리나라도 자원봉사활동에 대한 독립법을 가지게 되었다. 그러나 아직까지는 이 법률 내용의 적절성 등에 대한 논란이 일고 있는 상황이다.

법제적 측면만이 아니라 행정적 지원도 다양하게 나타났다. 행정자치부는 1995년 이후 지속적으로 지역단위별로 자원봉사센터의 설립과 운영을 늘리고 있다. 보건복지부에서는 사회복지협의회 부설로 '사회복지자원봉사정보 안내센터' 설립을 지원하여 자원봉사자와 중간지도자 교육, 조사업무, 자원봉사전산망 운영, 자원봉사자와 사회복지현장 연결 등의 업무를 수행하고 있다. 문화관광부는 청소년자원봉사센터를 설립하여 운영하고 있으며, 법무부에서는 '범죄예방자원봉사단체협의회'의 결성 지원과 사회봉사명령제 및 퇴소원생 자원봉사 등의 활동을, 그리고 여성가족부(과거 정무 2장관실)에서는 여성자원활동센터를 개설하였다.

이처럼 1990년대 이후 많은 정부관련 부처가 해당분야에 대한 자원봉사센터의 건립, 관련법에 자원봉사조항 신설, 자원봉사활동에 대한 지원 등의 활동을 펴서 외형적 측면에서는 자원봉사활동에 대한 다양한 지원체계를 마련하고 있으며, 어느 정도 자원봉사활동의 양적 성장에 기여하고 있다.

특히 교육인적자원부의 활동은 우리나라의 자원봉사자 확충에 엄청난 파급효과를 가져왔다. 1995년 이른바 5·31 교육개혁조치에 따라 중·고등학생들은 내신성적과 관련하여 자원봉사활동에 의무적으로 참여하게 되었다. 이는 학생들의 인성교육을 강화하고 다양한 실천학습의 경험을 제공함으로써 사회에 대한 봉사효과와 봉사경험을 통한 학습효과를 동시에 높이기 위한 취지에서 이루어졌다. 학생들의 사회봉사활동을 생활기록부에 기록하고 이를 입시에 반영하는 자료로 삼은 것이다. 이는 상급학교에 진학하기 위해서는 자원봉사활동이 의무화된 것이나 마찬가지로, 특히 대학진학을 앞둔 고등학생들의 자원봉사활동은 전면화되었다. 그 후 각 시·도에 청소년자원봉사센터와 시·군·구에 종합자원봉사센터가 설립되면서 이에 대한 지원을 강화하고 있다.

중·고등학교뿐만 아니라 대학에서도 자원봉사활동을 정규교육과정에 포함시키면서 대학생들의 자원봉사활동을 활성화하고 있다. 1996년 7월에는 총장들의 모임인 '한국대학사회봉사협의회'가 창립되어 대학별로 운영되던 자원봉사 프로그램이 상호연계하며 정보교환을 할 수 있도록 조직화되었다. 현재 대부분의 대학에서는 자원봉사활동 혹은 사회봉사과정에 교양학점을 부여하거나 혹은 학점을 부여하지는 않더라도 졸업을 위한 필수과정으로 개설하고 있다.

정부나 교육계에서의 활동 이외에도 자원봉사활동의 조직화를 위한 흐름은 다양하게 나타나고 있다. 1990년대 중반부터 전문 자원봉사단체나 지원연구모임 등의 결성이 두드러지고 있다. '한국자원봉사단체협의회', '한국자원봉사연합회', '한국자원봉사포럼', '한국사회복지프로그램연구회', '대학사회봉사협의회', '볼런티어 21', 'V타운 21세기운동' 등이 있어 각기 독특한 지원활동이나 혹은 시범적인 지역의 조직활동 등을 펼치고 있다. 2003년 6월에는 99개의 NGO 및 자원봉사단체들이 모여 '한국자원봉사협의회'를 창립하였다.

기업과 언론 역시 우리나라에서 1990년대 이후의 자원봉사활동 활성화에 많은 영향을 끼치고 있다. 기업들은 종래의 단순한 기부나 협찬 수준에서 벗어나 직원들이 직접적으로 지역사회에 존재하는 각종 문제의 해결노력에 동참하도록 유도하고 있다. 일부 기업은 신입사원 채용이나 인사고과에 자원봉사경력을 반영하기 시작했고, 임직원들의 교육과 훈련에 자원봉사내용을 포함시켰다. 또한 사회공헌팀이나 혹은 자원봉사팀을 기업 내에 상설하여 사회봉사와 직원개발의 일환으로 활용하는 움직임도 보이고 있다. 언론에서도 자원봉사 캠페인이나 자원봉사활동에 관한 특집기획 등을 활용하여 사회 내에 자원봉사활동의 분위기가 확산될 수 있도록 단초를 마련하였다.

## 2. 자원봉사활동의 다양성

자원봉사활동의 내용과 현황을 일괄적으로 제한하여 말하기는 어렵다. 자원봉사활동에 참여하는 사람들도 학생, 주부, 은퇴한 노인, 기업의 직원 등으로 다양하다. 또 이들은 개별적으로 참여하기도 하고 동아리나 특정 조직체를 통해 집단적으로 참여하기도 한다. 자원봉사활동의 대상이 되는 대상자도 장애인, 독거노인, 보호아동 등 매우 다양하다. 뿐만 아니라 올림픽이나 월드컵과 같은 행사를 지원하거나, 홍수나 대형사고 등의 재해발생시에 이를 복구하기 위한 자원봉사활동도 활발하게 나타난다. 한편으로는 자원봉사활동 대상자를 대면하여 서비스를 제공하는 직접적 봉사활동과 대상자를 직접 대면하지 않고 기관이나 현장에 대한 활동을 수행하는 간접적 봉사활동도 서로 다른 성격을 드러낸다. 때문에 자원봉사활동을 구분하여 이야기할 때는 활동의 주체, 활동의 대상영역, 활동방법 등 여러 기준이 활용된다. 이는 자원봉사활동이 가지는 다양성에 의한 것이다.

### 1) 자원봉사활동 참여자의 다양성

과거에 자원봉사활동은 종교적 신념이 강하거나 매우 강한 선의지를 가진 유별난 사람들이 하는 일이었다. 그러나 최근에는 자원봉사활동의 참여율이 증가하면서 많은 시민들의 일상적 사회참여활동의 하나가 되고 있다. 이에 따라 다양한 주체가 자원봉사활동의 참여자가 되고 있다. 특히 개인적 참여가 아닌 조직적 참여가 부각되는 것도 최근 자원봉사활동 참여의 중요한 특징이다. 자원봉사활동 참여자는 개인적으로도 모두 다양한 동기나 욕구로 활동에 참여하고 있지만 한편으로는 인구층이나 참여형태별로 독특한 특징을 지니기도 한다.

#### (1) 학생 · 청소년

학생과 청소년의 자원봉사활동은 교육과정에서의 자원봉사제도화로 인해 비약적으로 성장하였다. 현재는 모든 연령층 중에서 이들의 자원봉사활동 참여가 가장 많으며 자원봉사활동 수요처에서는 빼놓을 수 없는 주요한 자원이 되고 있다. 이들의 자원봉사활동은 수요처에 대한 직접적 도움과 아울러 자원봉사활동을 통한 성장과 학습이라는 교육적 측면이 큰 의의를 가지고 있는 것으로 볼 수 있다. 이에 따라 봉사학습(*service learning*)이라는 용어가 강조되고 있다. 그러나 한편으로는 자원봉사활동에 대한 관리가 부실하여 동기화가 잘 되지 않은 채 입시나 성적을 위해 거쳐야 하는 반강제적이고 형식적 활동으로 부작용을 낳고 있기도 하다.

#### (2) 대학생

대학생은 과거부터 전통적으로 중요한 자원봉사자층으로 사회문제에 대한 자연스러운 관심과 동아리활동 등을 통해 자원봉사활동에 참여해 왔다. 또한 1990년대 이후로는 대학교에서도 '사회봉사'과정을 학점제 교과목으로 운영하거나 학점을 부여하지 않더라도 졸업을 위해 이수해야 하는 필수과정으로 개설하여 참여가 늘고 있다. 이 역시 경우에 따라 관리소홀로 인해 형식적 자원봉사활동 참여에만 머무르는 부작용이 나타나기도 한다.

(3) 여성

과거에는 전통적으로 여성이 남성보다 자원봉사활동 참여가 많았다. 이는 봉사활동이 이른바 '여성적'인 일이라는 인식과 여성이 직업을 가지고 있는 경우가 드물거나 사회적 활동이 적어서 자원봉사활동 기회가 많았다는 부정적 측면이 함께 했던 것이 사실이다. 그러나 지금도 여성의 자원봉사활동은 우리사회에서 잠재된 유휴인력의 활용, 여성의 적극적 사회활동 증가라는 측면에서 중요한 비중을 차지하고 있다. 특히 사회복지시설에서의 자원봉사활동 참여는 남성보다 여성이 훨씬 많아 클라이언트에 대한 돌봄(*care*)의 측면에서 남성보다 훨씬 큰 역할을 담당하고 있다. 현재 여성가족부(과거 정무 제 2장관실)의 여성자원활동센터 등 공식·비공식적 지원체계가 여성의 자원봉사활동 참여를 지원하고 있다.

(4) 노인

평균수명의 연장과 산업화에 따른 정년제도의 보편화로 인해 사회적 활동의 능력과 경험이 있는 많은 노인들이 일선의 경제활동에서 물러나게 되었다. 이는 사회적으로도 심각한 낭비이며 동시에 노인 개인적으로도 보람있고 자아를 실현할 수 있는 활동의 기회가 제약되는 문제를 발생시킨다. 이에 따라 노인들의 자원봉사활동 참여가 부각되고 있다. 외국의 경우에도 'RSVP' 같은 노인자원봉사단의 활동이 두드러지게 나타나고 있으며, 정년준비 프로그램의 일환으로 자원봉사 관련내용이 나타나곤 한다. 우리나라에서도 아직 충분하지는 않지만 '대한노인회'를 비롯한 노인단체 등의 조직체에서 자원봉사활동 조직화가 나타나고 있으며, 기업의 퇴직자에 대한 프로그램이나 지역사회 단위의 노인 프로그램 등에서 시니어봉사단 조직이 점점 늘어나고 있다.

#### (5) 종교계

예전부터 종교계의 자원봉사활동은 자원봉사에서 가장 중요한 자원이었다. 이는 지금도 마찬가지로 종교인의 자원봉사활동 참여는 비종교인의 그것보다 더 활성화되어 있다. 대부분의 종교가 가지고 있는 가치나 사상적 기반으로 인해 종교계의 자원봉사활동은 매우 헌신적이고 지속적 특징을 보인다. 특히 최근에는 각 종교단체에서 사회문제에 대한 보다 조직적 접근을 통해 자원봉사활동 참여가 조직적 양상을 보이고 있다. 그러나 한편으로는 자원봉사활동이 가지는 '사회적 속성'에 대해 지나치게 종교적 자선의 관점에서 해석하여 다른 자원봉사활동 영역과 조화되지 못하는 부정적 모습도 나타나고 있다.

#### (6) 전문직

전문직의 자원봉사활동은 예전부터 있었다. 그러나 최근 들어 과거보다 조직적 형태의 전문직 자원봉사활동이 많아지고 있다. 자신이 가진 전문성을 자원봉사활동에 활용하고자 하는 것으로 '인도주의 실천을 위한 의사협의회'나 '건강사회실현을 위한 약사모임'과 같은 보건의료인 단체나 법조인 단체, 교육전문가 등 전문직의 조직적 자원봉사활동 참여는 매우 중요한 자원이 되고 있다. 전문직의 자원봉사활동은 대개의 경우 시장경제 속에서 비용 문제 때문에 전문적 서비스를 이용하지 못하는 클라이언트층에게 큰 도움이 되고 있다. 또한 자원봉사활동을 실행하는 조직체가 보유하지 못한 전문성 때문에 아마추어리즘의 한계를 보일 때 이를 극복하는 데 중요한 동력이 되고 있다.

(7) 기 업

기업의 자원봉사활동 조직화는 과거에는 찾아보기 어려웠던 것으로 미국에서는 1970년대 이후, 우리나라에서는 1990년대 이후에 두드러지고 있다. 이는 기업홍보 차원과 기업의 사회적 책임완수가 강조되는 사회분위기 속에서 점점 보편화되고 있다. 기업이 단지 임직원에 대한 자원봉사활동 참여를 장려하는 것에서 벗어나 인사고과 반영, 자체 자원봉사팀과 직원 운영, 자원봉사활동에 대한 유급휴가 인정 등의 프로그램을 운영하기 시작했다. 우리나라에서는 삼성그룹의 사회봉사단 활동 이후 큰 규모의 기업체들이 자원봉사활동 관련 조직을 갖추기 시작하였으며 언론의 자원봉사캠페인 등도 큰 역할을 하고 있다.

(8) 장애인

많은 경우 장애인은 자원봉사활동의 주체라기보다는 대상으로만 여겨져 온 것이 사실이다. 그러나 장애인이 자원봉사활동에 참여하는 경우도 적지 않으며 장애인단체 등에서 이를 조직화하고 있다. 특히 비장애인과 차별 없는 사회참여가 장애인복지의 주요 이념이라는 점을 감안한다면 장애인의 자원봉사활동 참여는 앞으로 더욱 확대될 것으로 전망된다. 또한 장애인 상호간의 자조활동이라는 측면에서 보다 수요자의 욕구에 맞는 독특한 자원봉사활동 프로그램이 될 수 있는 장점도 가지고 있다.

〈표 3-2〉 장기 자원봉사자와 단기 자원봉사자

| 장기 자원봉사자 | 단기 자원봉사자 |
|---|---|
| ▪ 활동의 목적과 동기에 대해 헌신<br>▪ 자기모집과 체계 내 성장<br>▪ 활동에 있어 일반주의자<br>▪ 성취와 연대에 관심<br>▪ 함께 한다는 사고(*think with them*) | ▪ 아주 깊이 있는 동조가 아닌 참여자<br>▪ 특정 업무나 이벤트, 강요된 선택에 의한 모집<br>▪ 특정 업무에 국한된 스페셜리스트<br>▪ 개인적 활동 성취에 관심<br>▪ 돕는다는 사고(*think for them*) |

(9) 기타

이 밖에도 지역공동체 실현을 위해 지역사회단위의 자원봉사조직체를 운영하는 경우, 각종 시민단체운영에서 조직적 자원봉사활동이 나타나는 경우, 가족단위의 자원봉사활동 프로그램 조직화 등 자원봉사활동의 주체는 매우 다양한 형태로 나타나고 있다.

(10) 장기 자원봉사자와 단기 자원봉사자

맥컬리(McCurley)와 린치(Lynch)는 최근 자원봉사활동 참여가 점점 더 조직화되면서 자원봉사자의 스타일에 변화가 나타나고 있음을 지적하고 장기 자원봉사자와 단기 자원봉사자의 두 가지 유형을 〈표 3-2〉와 같이 제시하였다(McCurley & Lynch, 1989: 9~11).

여기서 말하는 장기 자원봉사자(*long-term volunteer*)와 단기 자원봉사자(*short-term volunteer*)의 구분은 단지 자원봉사활동 기간만을 의미하는 것은 아니다. 장기 자원봉사자는 전통적 유형으로 자신이 활동하는 영역의 문제에 대해 주인의식을 가지고 헌신하며 관련되는 모든 일에 참여하는 양상을 보인다. 반면 단기 자원봉사자는 여러 가지 시스템이나 프로그램으로 활동에 참여하게 되며 자신이 맡은 부분의 활동만 정확히 수행하려는 경향을 보이는 외부참여자적 속성을 보인다.

최근 장기 자원봉사자에 비해 단기 자원봉사자가 늘어나는 추세인데, 장기 자원봉사자와 단기 자원봉사자를 무계획·무작위로 함께 업무에 배치하는 것은 둘 사이의 갈등을 야기할 수 있다. 따라서 자원봉사자의 유형이나 특성을 감안한 자원봉사 관리노력이 이루어질 필요가 있다.

### 2) 자원봉사활동 영역의 다양성

전통적으로 자원봉사활동의 여러 가지 내용을 분류할 때는 활동의 대상영역을 기초로 하는 것이 일반적이다. 원칙적으로는 자원봉사활동의 기본적 성격에 해당하는 공익성, 복지성에 해당하는 문제와 욕구(*needs*)를 가진 모든 영역은 자원봉사활동의 활동대상이 된다.

한국사회복지협의회(1997)에서는 자원봉사의 주요 활동영역을 다음과 같이 구분하고 있다.

① 아동·청소년 관련 사회복지활동
② 노인 관련 사회복지활동
③ 장애인 관련 사회복지활동
④ 여성 관련 사회복지활동
⑤ 지역사회
⑥ 보건·의료
⑦ 환경·교통
⑧ 문화·예술
⑨ 생활체육·스포츠 이벤트
⑩ 국제협력

법적 규정으로 영역을 살펴본다면 자원봉사활동기본법 제7조에서 자원봉사활동의 범위를 다음과 같이 규정하고 있다.

① 사회복지 및 보건증진에 관한 활동
② 지역사회개발 및 발전에 관한 활동
③ 환경보전 및 자연보호에 관한 활동
④ 사회적 취약계층의 권익증진 및 청소년의 육성보호에 관한 활동
⑤ 교육 및 상담에 관한 활동
⑥ 인권옹호 및 평화구현에 관한 활동
⑦ 범죄예방 및 선도에 관한 활동
⑧ 교통 및 질서계도에 관한 활동
⑨ 재난관리 및 재해구호에 관한 활동
⑩ 문화관광예술 및 체육진흥에 관한 활동
⑪ 부패방지 및 소비자보호에 관한 활동
⑫ 공명선거에 관한 활동
⑬ 국제협력 및 해외봉사활동
⑭ 공공행정분야 사무지원에 관한 활동
⑮ 그 밖에 공익사업의 수행 또는 주민복리의 증진에 필요한 활동

한편, 대한적십자사에서는 봉사활동 내용을 구호·복지·보건·환경·국제협력의 5개 분야로 나누며, 구호에는 재해구호와 일반구호 활동을 포함시킨다. 복지관련 봉사활동에는 청소년복지, 노인복지, 장애인복지, 지역사회봉사, 시설봉사활동을 포함시킨다. 보건활동은 병원봉사활동, 혈액원봉사활동, 보건교육, 건강상담, 건강증진, 보건의료봉사, 안전교육활동 등이 있다. 환경관련 활동으로는 환경보호활동, 환경교육이 제시되고 있으며, 마지막으로 국제구호, 친선교류, 해외이산가족봉사 등의 국제협력활동이 있다.

외국에서의 자원봉사활동 영역을 살펴보자. 우선 미국의 은퇴자협회(AARP)는 예술과 문화, 경영, 소비자 관련업무, 교육, 환경·동물보호, 보건, 주택, 법적 보호, 입법지원, 레크리에이션, 안전, 과

학・공학, 사회적 서비스 및 대인서비스, 특별서비스, 노동관련 활동과 기타 16가지 영역으로 나누어 봉사활동을 장려하고 있다.

일본 오사카자원봉사협회의 자원봉사 분류에서는 자원봉사활동을 노인대상 활동, 아동대상 활동, 장애인・환자대상 활동, 기타 대인활동, 환경・제도 등의 정비와 개발활동, 기타의 기능적 활동을 제시하고 있다.

자원봉사활동의 내용과 영역은 관련단체마다 약간씩 다르게 분류하거나 서로 다른 용어로 이야기하고 있으나 공통적으로 매우 넓은 분야를 포괄하고 있다. 현대사회가 과거의 전통사회에 비해 복잡해지고 고도로 분화되면서 자원봉사활동을 필요로 하는 영역도 다양해지고 필요한 활동내용도 다양해졌기 때문이다. 이에 따라 각 분야별로 활동내용과 자원봉사자가 알아두어야 할 내용들도 매우 상이하여 자원봉사활동에 참여하겠다는 '착한 마음'만으로는 활동대상자와 사회의 공익에 기여하는 진정한 자원봉사활동을 수행하기에 충분하지 못하게 되었다. 어떠한 자원봉사자도 자원봉사활동의 다양한 영역과 분야에 필요한 지식과 기술을 다 숙지하고 있을 수는 없기 때문이다.

### 3) 자원봉사활동 현장의 다양성

엄밀히 말해 자원봉사활동 영역은 자원봉사활동 현장과는 다르다. 영역의 다양성은 자원봉사활동 내용이 여러 사회문제 분야에 넓게 분포되어 있음을 나타내는 것이고 자원봉사활동 현장의 다양성은 자원봉사활동이 관심을 가지는 문제영역뿐만 아니라 직접 활동하는 현장이 여러 종류가 있음을 나타내는 것이다. 같은 문제영역 내에서도 서로 다른 여러 가지 유형의 현장과 기관이 있을 수 있다. 예를 들어, 아동관련 사회복지영역에서 자원봉사활동을 수행한다고 해도 보육시설, 학대아동 일시보호시설, 학교, 경찰서나 공공기관, 상담소, 아동옹호단체 등 다양한 현장에서 활동할 수 있다.

(1) 사회복지시설

자원봉사활동의 현장으로 가장 많이 활용되는 곳은 사회복지시설이다. 사회복지시설 및 기관은 사회구성원 전체 혹은 특정 일부집단의 기본적 욕구미충족 문제나 사회문제로 인한 비복지문제를 직접적으로 다루는 조직이라는 점에서 자원봉사활동의 일차적 관심의 표적이 되기 때문이다.

사회복지시설은 다시 생활시설과 이용시설로 크게 나누어볼 수 있다. 생활시설은 특정 대상자가 사회복지시설에서 숙식하며 서비스를 받는 곳이고 이용시설은 대상자들이 자신의 집에 기거하면서 특정프로그램이나 서비스를 받기 위해 방문하여 이용하는 곳이다. 그러나 통상 사회복지시설이라고 할 때 사회복지생활시설을 의미하는 것이 보통이다.

사회복지시설은 대상인구층에 따라 아동복지시설 · 노인복지시설 · 장애인복지시설 · 모부자복지시설 · 정신요양시설 · 부랑인 및 노숙인 보호시설 등으로 나눌 수 있고, 각각의 시설 고유성격에 따라 다양한 모습을 가지게 된다.

사회복지시설, 특히 생활시설에서 자원봉사활동을 수행하는 사람들은 그곳이 생활공간인 사람들을 대상으로 활동하는 것이므로 대상자의 사생활을 존중하며, 타인의 집을 방문한 것과 마찬가지로 예의에 어긋나는 행동을 하지 않도록 매우 주의해야 한다.

(2) 지역사회복지관

지역사회복지관은 각종 복지프로그램을 통해 지역사회의 주민들에게 사회복지서비스를 제공하거나 자립능력 배양을 위한 교육훈련의 기회제공 등 각종 복지서비스를 제공하며, 지역사회문제의 예방치료 및 지역주민의 연대감을 조성하는 사회복지시설이다. 지역주민의 복지증진을 위한 종합복지센터의 역할을 수행하는 곳이다.

지역사회복지관은 일단 사회복지 대상자들을 수용보호하는 곳이 아니라는 점에서 사회복지생활시설과는 구별되는 이용시설이다. 또한 장애인복지관이나 노인복지관 등 다른 사회복지 이용시설과는 달리 특수한 인구층을 대상으로 하여 서비스를 편성하기보다는 지역성을 중심으로 하는 시설이다. 또한 많은 사람들이 주변에서 가장 쉽게 볼 수 있는 사회복지시설이기도 하다.

지역사회복지관의 프로그램 내용은 지역사회 특성 등에 따라 일부 편차가 있으나 가정복지사업, 아동복지사업, 청소년복지사업, 노인복지사업, 장애인복지사업, 지역복지사업과 그 하위범주에 해당하는 다양한 프로그램을 전개하고 있다. 자원봉사자들도 이 중의 어느 한 프로그램에서 활동하는 것이 일반적이다. 지역사회복지관은 현재 우리나라에서 가장 대표적 자원봉사활동 현장이라고 할 수 있다.

또한 최근에는 '재가복지봉사센터'가 지역사회복지관에 부설로 설립되어 운영되는데, 자원봉사자들이 매우 많이 활동하는 영역이다. 재가복지봉사센터는 사회복지관과 같은 이용시설을 이용하기 어렵고 가정에서의 보호를 필요로 하는 장애인·노인·소년소녀가장·결손가정 등 가족기능이 취약한 주민과 공간적으로 지역사회 내 자신의 가정에서 복지서비스를 필요로 하는 가정에 자원봉사자들이 방문하여 가사·간병·정서·의료·결연 등의 서비스를 제공하는 것이다. 사업 특성상 많은 주민들을 방문해야 하므로 자원봉사자 활용이 많은 현장이다.

### (3) 공공기관

자원봉사활동이 모두 사회복지 관련영역의 현장에서만 이루어지는 것은 아니다. 사회구성원 전반에게 이득이 돌아갈 수 있도록 비영리

공공기관에서의 자원봉사활동도 많이 이루어지고 있다. 많은 경우 공공기관은 양질의 서비스를 제공하기에는 인력이 충분하지 않아 자원봉사활동을 통해 공공기관을 이용하는 일반인들의 편익을 도모할 수 있다. 공공기관에서의 자원봉사활동에 대한 정보는 각 공공기관에 직접 접촉하거나 각 구별로 조직되어 있는 지역별 자원봉사센터를 통해서 알선이 가능하다. 자원봉사활동의 현장으로 활용될 수 있는 대표적 공공기관은 다음과 같다.

① 구청 등 관공서
② 학교
③ 병원
④ 도서관
⑤ 체육시설
⑥ 문화예술시설
⑦ 경찰서
⑧ 소방서
⑨ 우체국
⑩ 법원
⑪ 교정시설
⑫ 직업보도시설
⑬ 공항
⑭ 관광시설

(4) 시민단체

오늘날 공해문제, 유해식품문제, 청소년유해환경문제 등 새로운 사회문제들이 꼬리에 꼬리를 물고 발생하고 있으며 그 심각성도 날로 더해가고 있다. 따라서 이에 대한 시민들의 자체적 운동도 활발해지고 있다. 이러한 시민운동이 활발해지는 것은 매우 바람직한 현상으로 볼 수 있으며 이는 자원봉사활동의 중요한 영역이 되고 있다.

얼마 전까지만 해도 일부 관변단체를 제외하고는 이러한 영역에서의 활동은 자원봉사활동의 영역보다는 하나의 사회운동으로 인식되었으나, 시민단체에서의 활동은 중요한 자원봉사활동 영역이 될 수 있다. 또한 시민단체의 활동은 시민의 기본권을 스스로 옹호하고 동시에 지역사회의 공익과 발전을 위해 시민들간의 공통된 욕구와 의사를 집약하고 주장하기 위해 조직되는 것이므로 자발적 참여를 통해 사회병리현상의 확산을 막는다는 의미에서 시민단체에서의 활동은 본질적으로 자원봉사활동이 추구하는 바와 동일하다.

각종 소비자단체, 환경운동단체, 외국인노동자상담소, 지역별 주민연대모임 등 다양한 시민단체들이 이미 자원봉사활동의 현장으로 널리 활용되고 있다. 이러한 시민단체는 그 수가 매우 많으며 단체마다 가지고 있는 성격도 매우 다양하다. 따라서 시민단체를 자원봉사활동의 현장기관으로 활용하고자 할 경우에는 특정한 종교에 기반하고 있는지, 정치적 성격은 어떤지 등 해당단체의 특성에 대해 사전에 잘 알아보는 것이 필요하다. 또 한 가지 유의해야 할 점은 시민단체의 경우 사회복지시설이나 공공기관 등과는 달리 특정분야에 대해 활동하고 있는 시민단체의 현황을 일괄적으로 확인할 만한 정보체계가 취약하다는 점이다. 이는 시민단체의 속성상 불가피한 것이기도 하다. 비교적 많은 자료를 확보할 수 있는 곳으로는 시민운동정보센터(http://www.kngo.net) 등의 정보망을 활용하는 것이 유용하다.

#### (5) 기타

이상의 범주에 포함되지 않는 자원봉사활동 현장이나 기관들도 매우 많다. 국제화, 세계화에 발맞춰 국제사회를 위한 자원봉사활동이 점차 활발해져 가고 있는 추세이다. 1991년 외무부산하 정부출연기관으로 한국국제협력단이 설립되었고 그 산하단체인 한국청년해외봉사단은 개발도상국 주민들과 함께 생활하면서 자원봉사활동을 펴고 있다. 이 경우에는 외국 혹은 국제단체를 활동의 현장기관으로 활용하는 것이다. 이 밖에도 각종 민간단체와 종교기관 등을 통한 해외봉사활동도 이루어지고 있으며 국내의 외국인들을 대상으로 한 자원봉사활동도 있다.

특정한 대규모의 행사나 사건과 관련되어 자원봉사활동이 이루어질 수도 있다. 이 경우에도 대개는 공공기관이든 시민단체든 어느 한 기관, 혹은 복수의 기관이 상호 협력하는 가운데 이들과 관련을 맺으면서 활동하기도 하지만, 그렇지 않고 개인적으로 혹은 비공식적으로 활동하는 경우도 있다. 월드컵, 올림픽, 아시안게임 등의 개최와 관련된 자원봉사활동, 대규모 붕괴사고나 홍수와 같은 재해시의 자원봉사활동 등도 그러한 경우이다.

〈그림 3-1〉 시민운동정보센터 홈페이지 (www.kngo.net)

## 3. 자원봉사기관과 구성체계

### 1) 자원봉사활동기관

기관(*agency*)은 일반적으로 특정활동을 목적으로 일정한 공식적 근거와 규정에 따라 체계화된 조직체를 말한다. 자원봉사활동과 관련된 기관은 크게 세 가지 종류로 나누어 살펴볼 수 있다.

먼저 첫 번째는 자원봉사활동의 수요를 가진 기관이다. 많은 경우 이러한 기관은 사회구성원들에게 일정한 사회적 서비스를 제공하고 있으며, 그 서비스 제공을 위해 자원봉사자를 필요로 하는 기관이다. 이는 특히 자원봉사자가 자원봉사활동을 하는 직접적 현장(*field*)이 되는 것이 일반적이다. 예를 들어, 장애인복지시설이나 보육원 등에서는 장애인이나 보호자가 없는 아동들에게 각종 서비스를 제공하고 있는데, 보다 풍부한 서비스 제공을 위해 지역사회로부터 자원봉사자들을 제공받아 활용한다. 대개 자원봉사활동기관이라고 이야기할 때는 이러한 자원봉사활동 현장의 조직체를 의미하는 것이 보통이다.

두 번째는 자원봉사활동, 즉 자원봉사자를 공급하는 기관이다. 물론 개인적으로 관심이 있어 자원봉사활동에 참여하는 사람들도 있으나 자원봉사활동의 참여가 활발해지면서 최근에는 기업체나 학교와 같은 많은 기관이나 단체에서 성원들의 자원봉사활동을 집단적 형태로 조직화하는 경우가 많다.

세 번째는 자원봉사활동의 수요와 공급을 연결하며 자원봉사활동을 활성화하고자 하는 '자원봉사활동 자체를 목적으로 조직된 기관'이다. 과거에는 자원봉사활동 동아리 등의 활동이 여기에 해당되었으나 최근에는 공식적 기관에서 이러한 활동을 하는 경우가 많다. 우리나라에도 각 지역별로 자원봉사센터와 사회복지자원봉사정보센터 등이 운영되고 있으며, 외국에서도 촛불재단·VISTA 등의 자원봉사조직체 활동이 매우 활발하게 이루어지고 있다.

자원봉사자가 활동에 참여하는 경로는 매우 다양하다. 예를 들어, 대학생의 자원봉사활동 참여는 학교에서 운영하는 사회봉사과정이나 교과목을 통한 경우가 많은데, 이는 두 번째 기관 유형에 해당하는 학교가 첫 번째 유형에 해당하는 자원봉사수요기관과 접촉하여 필요한 활동을 알선하는 경우이다. 이때 참여학생들은 필요한 기초교육 이수 후 자신이 원하는 활동내용을 선택하게 되는 것이 일반적이므로, 특히 첫 번째의 기관유형에 해당하는 자원봉사활동 현장기관에 대해 잘 이해하는 일이 중요하다.

자원봉사자들은 자신의 시간과 노력을 무보수로 투자해서 사회적으로 이익이 되는 활동을 하고자 하는데 왜 '기관'이라는 조직체에 소속되거나 관련되어 일정한 규제나 통제를 받아야 하는가 의문을 가질 수 있고 이에 대해 불만을 토로하기도 한다. 그러나 한 가지 영역에서 오랫동안 자원봉사활동을 해온 자원봉사자도 그 활동영역에서의 활동에 대해 직업적 전문성이나 책임성을 가지기는 어렵다. 따라서 현대사회에서의 자원봉사활동은 특정한 기관을 매개로 하여 전개되는 것이 이미 보편화되어 있다.

현대의 자원봉사활동은 개인적으로 그리고 임의로 이루어지는 것이 아니라 어떠한 형태로든 조직체와 관련을 맺고 지속적으로 이루어진다. 우리가 길을 가다 우연히 길을 묻는 노인을 만나 길을 가르쳐 주었다고 해서 이를 자원봉사활동이라고 하지는 않는다. 하지만 노인복지관에서 주관하는 "지역 무의탁노인 나들이 행사" 프로그램에 보조인력으로 참여하는 경우는 자원봉사 프로그램에서 흔히 볼 수 있는데 이 경우는 두말할 나위 없이 자원봉사활동에 해당하는 것이다. 이는 단지 자원봉사활동이라고 부르느냐 그렇지 않느냐 하는 호칭구분의 문제가 아니다. 일단 자원봉사자가 활동을 필요로 하는 대상자를 만나게 되는 것은 기관을 통해서 가능한 경우가 대부분이다.

현대사회의 국가는 사회적으로 불리한 위치에 있는 취약계층이나 혹은 사회문제에 대해서 공공이나 민간 조직체계를 이용한 서비스를 제공하고 있다. 따라서 자원봉사활동의 대상자들은 대부분 특정한 공공기관으로부터 일정한 사회적 서비스를 받고 있기 때문에 자원봉사자들은 이러한 기관을 통해 대상자들을 접촉하고 활동을 시작할 수 있다. 이처럼 자원봉사기관은 자원봉사자들에게 활동의 현장을 제공해주는 역할을 하고 있다.

자원봉사활동 기관이 필요한 이유는 '자원봉사활동의 사회적 책임성'과 관련지어서도 생각해볼 수 있다. 만약 자원봉사자가 자신의 활동에 필요한 충분한 지식과 기술이 없다면, 선의에도 불구하고 활동 대상자에게 나쁜 결과를 낳는 행동을 할 수도 있다. 그리고 자원봉사활동 대상자들의 현황에 대한 정확한 정보가 없다면 보다 긴급한 욕구를 가지고 심각한 문제에 처해 있는 대상자가 아닌 사람들에게 우선적 활동이 이루어져 공정성을 잃게 될 수도 있다. 가장 필요한 대상자들에게 자원봉사자의 노력이 제공되고 실질적으로 도움이 되는 활동이 이루어지기 위해서는 욕구(*needs*)와 자원(*resource*)에 대한 정보와 관리가 필요하다. 이러한 것들은 자원봉사활동과 관련된 여러 기관을 통해서 조정되고 있다. 자원봉사자들의 활동에 필요한 교육이나 유의사항 그리고 활동에 대한 책임을 기관이 지게 되는 것이다. 따라서 자원봉사자는 보수를 받지 않더라도 기관의 통제 하에 활동하는 것이 자원봉사 대상자에게는 궁극적으로 더 도움이 되므로 자신이 활동하게 되는 기관과 좋은 관계를 맺고 책임 있는 활동을 전개해야 한다. 그리고 자원봉사활동 기관은 사회적 욕구와 자원봉사활동이라는 자원의 연결에 대해 충분한 전문성을 가져야 할 사회적 책임이 있다.

### 2) 자원봉사활동 구성체계의 현황

자원봉사활동은 자원봉사수요기관, 자원봉사공급기관, 자원봉사조정기관 그리고 이들을 둘러싼 외부환경과의 상호작용 속에서 이루어진다. 따라서 자원봉사활동의 조직화와 체계화를 통해 사회적 활성화를 도모하는 역할이 나타난다. 이를 체계의 관점에서 자원봉사 추진체계, 관리체계, 지원체계로 구별하여 살펴볼 수 있다(류기형 외, 1999: 43~50, 130~156).

#### (1) 추진체계

추진체계는 자원봉사활동 육성 및 추진을 주목적으로 하는 기관이나 단체들로 구성된다. 잠재적 자원봉사자와 자원봉사수요기관을 원활하게 연결하여 자원봉사활동에의 접근성이 용이하도록 네트워크를 구축하고, 자원봉사활동을 조직화하기 위한 노력이 추진체계의 역할이 된다. 가장 전형적 자원봉사추진체계는 자원봉사센터이다.

현재 우리나라의 자원봉사활동 추진체계는 1990년대 이후 급속하게 확장되었다. 사회복지영역에서 사회복지협의회에 부설되어 설치된 '사회복지 자원봉사정보 안내센터', 행정자치부를 통해 지방자치단체별로 설치된 '자원봉사센터', 그 밖에 '여성자원활동센터', '청소년자원봉사센터'나 민간의 'V타운 21세기운동 전국협의회' 등이 대표적 추진체계로 볼 수 있다.

#### (2) 관리체계

관리체계는 자원봉사자를 효과적으로 관리하고 활용하기 위해 시설이나 기관이 행하는 활동 중에서 자원봉사자의 모집, 홍보, 교육, 배치, 평가, 인정과 승인 등 관리과정과 이 과정을 다루는 인력을 포함하는 것이다. 따라서 여기서는 자원봉사관리자와 관리과정이 가장 핵심적 요소가 된다. 이는 추진체계에 비교한다면 보다 자원봉사자와 근접하여 미시적 직접관리활동을 전개하는 것이라 할 수 있다.

우리나라에서는 1990년대 중반 이후에야 자원봉사관리체계의 중요성이 부각되었다. 자원봉사자가 급증했지만 체계적으로 관리되지 못하여 활동의 조기탈락이나 형식적 활동에 그침으로써 자원봉사자나 수요기관의 상호불만족 등의 문제가 많이 나타났기 때문이다. 아직까지도 우리나라의 공공 혹은 공익조직에서 자원봉사자를 활용하고 있으나 전담의 전문 자원봉사관리자나 체계적 자원봉사 관리과정을 갖추지 못한 곳이 많은 실정이다.

#### (3) 지원체계

지원체계란 자원봉사활동을 둘러싼 외부환경으로 물질적, 재정적, 인적 지원을 행하는 기관이나 단체들을 뜻한다. 이는 지원주체에 따라 공적 지원체계와 민간 지원체계로 구분이 가능하다. 지원체계는 추진체계나 관리체계와는 달리 그 조직 자체가 자원봉사활동을 지원하기 위한 목적에서 조직된 것은 아니다. 그러나 자원봉사활동이 발전하기 위해서는 자원봉사자, 자원봉사수요기관, 자원봉사센터 등에 대한 사회적 지원과 이들의 상호작용이 활발하게 이루어질 수 있는 환경의 정비가 필요하고, 이러한 지지환경을 만들어가는 것이 지원체계라고 할 수 있다.

가장 기본적 지원체계는 법적 체계가 우선적이다. 우리나라는 2005년에 자원봉사 지원을 위한 독립법안을 마련하였다. 지원조직으로는 중앙정부와 지방자치단체, 사회복지 관련기관, 기업, 언론, 학교 등이 지원체계에 해당한다.

## 4. 자원봉사의 현황과 과제

우리나라에서는 1990년대 이후 자원봉사활동 참여가 확대되고 조직화와 체계화 노력이 다양하게 경주되고 있다. 이에 따라 자원봉사활동 참여율이 크게 높아졌으며 다양한 계층의 시민들이 자원봉사활동에 나서고 있다. 또한 이를 조직화하는 여러 기관과 체계의 활동도 활성화되고 있다. 그러나 내용 측면에서 몇 가지 문제점과 개선과제를 가지고 있다.

### 1) 자원봉사활동 현황의 문제점

본질적으로는 자원봉사활동 참여가 보다 더 보편화되어야 한다는 것을 가장 큰 문제 혹은 개선과제로 볼 수 있다. 자원봉사활동의 참여율이 꾸준히 증가하고 있으나 아직 서구만큼 충분하지는 않다. 특히 자원봉사활동을 정규과정에 포함한 학교나 기업의 참여를 제외한다면 일반시민들의 자원봉사활동 참여는 아직 충분하지 않다. 그러나 이는 바로 해결될 수 없는 것으로 다음의 문제점들과 맥락을 함께 한다.

#### (1) 자원봉사활동 참여의 지속성과 정기성 결여

참여율 문제보다도 실제적 면에서 더 큰 문제는 자원봉사활동의 지속기간이 짧다는 것이다. 이는 단지 지속기간의 문제뿐만 아니라 조기탈락 혹은 중도탈락의 문제와 관련된다. 많은 경우에 자원봉사활동은 6개월 이상의 정기적 활동을 필요로 한다. 그러나 우리나라의 자원봉사활동은 단기적 활동, 비정기적 활동에 그치는 경우가 많다.

한국의 자원봉사활동은 그 존재의의 및 필요성이 막중한데도 지속성이 부족하고 중도탈락이라는 심각한 문제 때문에 자원봉사자 개인은 물론 자원봉사자 활용기관이 추구하는 목적을 달성하지 못하고 있다(한국사회복지협의회, 1997: 63). 이러한 자원봉사활동의 단기성과 비정기성의 문제는 자원봉사활동이 자발적 시민참여를 통한 공동체성과 복지욕구 충족이라는 본래의 목적을 달성하는 데 저해요인으로 작용하고 있다. 자원봉사활동에 대한 적절한 관리가 강화되어야 할 필요성을 낳고 있다.

### (2) 형식적 자원봉사활동

우리나라의 자원봉사활동 참여가 늘어난 결정적 요인은 학생 자원봉사활동의 제도화와 관련된다. 그리고 현재 학생 자원봉사활동은 대개 학교의 교육과정과 연계되면서 필수적으로 참여해야 하는 형태로 '유도된 자발성'에 기초하는 모습을 띠고 있다. 이러한 방식이 자원봉사활동 참여자에게는 강제적인 것으로 인식되어 자원봉사활동이 맡은 분량을 억지로 채우는 형식적 모습을 나타내곤 한다. 유도된 자발성이 강제성이 아니라 자발성과 교육적 효과를 가지기 위해서는 적절한 관리조정 프로그램을 필요로 한다.

### (3) 자원봉사자 활용 프로그램 내용의 취약성

현재 자원봉사자는 사회복지기관과 시설 그리고 많은 공공기관과 단체에서 필수적 인력이다. 자원봉사활동 참여율이 증가하면서 이 중요성은 더욱 부각되고 있다. 그러나 자원봉사자를 활용하여 프로그램을 운영하고 있지만 자원봉사자의 활동욕구를 반영한 프로그램의 개발은 미흡하다. 이는 또한 자원봉사자의 조기탈락과 관련된다. 현재 자원봉사자 인원이 증가하면서 부분적으로 '자원봉사활동을 할 곳을 못 찾는' 현상이 나타나기도 한다. 그러나 우리나라보다 자원봉사활동 참여율이 높은 다른 나라와 비교해 본다면 이는 자원봉사자 공급의 수가 절대적으로 많아서라기보다는 자원봉사자를 활용하는 적절한 프로그램 개발이 미흡한 것으로 볼 수 있다. 자원봉사 수요를 더 개발하고 잠재적 자원봉사자의 욕구에 맞도록 프로그램을 다양화하는 것이 자원봉사활동을 활성화하는 데 필수적이다.

(4) 보상과 유인의 실제성 결여

자원봉사활동은 무보수성의 특성을 지니지만 자원봉사자에 대한 승인과 보상은 만족도를 높이고 지속적 활동을 할 수 있도록 하는 중요한 과정이다. 이는 활동의 지속성을 담보하기 위한 유인이 될 수 있다. 자원봉사활동이 자발성과 무보수성을 가진다는 것과 자원봉사활동에 대해 적절한 승인과 보상을 한다는 것은 별개의 문제이다. 현재 자원봉사자에 대한 승인은 과거보다 다양화되었으나 대개는 분절적이고 형식적이다. 보상이나 승인이 각 현장에서 개별적으로 이루어지기보다는 기관과 현장 간에 상호연계성을 가지고 실제성을 띨 수 있도록 해야 한다.

(5) 관리체계의 취약성

자원봉사자에 대한 관리는 앞에서 언급한 자원봉사활동 현황의 여러 문제점을 개선하는 데 필수적이다. 그러나 과거보다 이에 대한 관심이 높아지기는 했지만 아직도 자원봉사관리를 위한 전문인력의 양성과 활용, 그리고 관리조정 프로그램의 개발은 취약하다. 특히 학생자원봉사의 주체인 학교나 일부 기업에서는 사회복지사나 전문성을 지닌 자원봉사관리자 없이 자원봉사 프로그램을 실행하는 경우가 많아서 개선이 필요하다. 자원봉사자를 활용하는 일선현장에서는 특정 조직이나 단체에 소속된 자원봉사자를 기피하거나 또는 선호하는 등의 양상을 보이기도 한다. 이도 역시 관리의 취약성과 관련되는 문제라 하겠다.

따라서 기본적 자원봉사관리가 필수적으로 이루어질 수 있도록 자원봉사관리체계가 일관성과 체계성을 갖추어야 한다.

(6) 추진체계 · 지원체계의 혼재

1990년대 이후 여러 가지 형태로 자원봉사활동 지원체계의 구축과 활동이 활발해졌다. 그러나 일반 시민이 지원체계 혹은 추진체계를 활용하여 자원봉사활동에 쉽게 참여할 수 있을 만큼 접근성이 좋아진 것은 아니다. 특히 공공체계의 경우 정부의 소관부처별로 자원봉사센터나 지원체계들이 혼란스럽게 중복과 누락의 문제를 낳고 있다. 일반인들로 하여금 그 차이를 구별하여 적절히 이용할 수 있게 하기보다는 난립되어 있다는 느낌을 갖게 한다. 또 이는 자원봉사자의 욕구에 적절히 활용되기보다는 자원봉사자를 더 확보하기 위한 경쟁적 쟁탈전이 될 우려가 있다. 지역사회에서 자원봉사활동에 관심을 가진 사람이나 조직체가 개별적으로 쉽게 접근할 수 있고 통합적 정보와 관리를 받을 수 있게끔 추진체계와 지원체계가 상호연계성과 접근성을 높여야 한다.

2) 자원봉사관리의 강화

앞서 살펴보았던 우리나라 자원봉사활동의 문제점은 대부분 자원봉사자에 대한 관리과정이 적절히 작동하지 못하고 있는 현실과 관련된다. 우리나라의 자원봉사활동의 현황과 과제를 평가하면서 '양적 팽창과 관리조정의 혼돈' 상태로 묘사하곤 한다(남기철, 1998: 402).

자원봉사자의 활동욕구와 자원봉사자 활용기관의 욕구 및 필요성을 적절히 조절하여 자원봉사활동이 가지는 본래의 취지와 효과를 극대화하고 참여를 내실 있게 활성화하는 것이 자원봉사관리의 역할이다. 현재와 같이 자원봉사자가 늘어나기는 했지만 형식적 활동과 중도탈락이 두드러진 상황에서는 이러한 자원봉사관리의 중요성이 매

〈표 3-3〉 자원봉사관리의 실태 평가[1)]

| 내 용 | 모 집 | 홍 보 | 업무배치 | 교육훈련 | 영역개발 | 정보체계 | 평 균 |
|---|---|---|---|---|---|---|---|
| 평균점수 | 58.3 | 53.3 | 58.3 | 56.7 | 45.0 | 31.7 | 51.4 |

자료: 김동배 외, 1998.

우 크다. 그러나 현재의 자원봉사관리에 대한 평가는 부정적이다.

자원봉사담당직원이 있는 기관에 대한 실태조사결과를 〈표 3-3〉과 같이 100점 만점으로 표시했을 때, 현재의 자원봉사관리는 51.4점으로 극히 낮은 점수를 주고 있다(김동배 외, 1998: 43).

자원봉사관리를 강화하기 위해서는 내적, 외적으로 몇 가지 과제가 제기된다. 먼저 자원봉사관리체계의 내부적 측면에서는 첫째, 자원봉사관리자의 전문성이 강화되어야 한다. 자원봉사관리를 담당하는 직원의 전문성을 고양하기 위해 자원봉사관리에 대한 교육이 이루어져야 하고 전문 자원봉사관리자들로 자원봉사 프로그램이 운영되도록 해야 한다. 둘째, 자원봉사관리 프로그램의 체계화와 보급이 필요하다. 자원봉사 프로그램 기획과 모집부터 승인과 보상에 이르는 자원봉사관리 프로그램이 체계화되어 자원봉사자가 존재하는 기관에 보급되어야 한다. 셋째, 자원봉사자 승인과 보상 등 유인책이 체계화되어야 한다. 자원봉사자의 동기와 욕구에 기반하여 자원봉사활동 참여를 지속적으로 동기화할 수 있게끔 해야 한다.

다음으로 외부환경적 측면에서는 첫째, 자원봉사관련 행정체계나 추진체계의 중복과 혼란을 방지하고 상호통합성을 높여야 한다. 지

1) 사회복지 관련 기관, 시민운동단체, 정부 관련 단체 등 382개소를 대상으로 한 조사에서 정부의 제도적 지원이나 자원봉사 관련 기관에 대한 관리조정지원에 대한 필요성 응답에서는 모두 90점 가량의 점수를 나타내고 있어 자원봉사관리의 필요성은 높으나 실제로 적절히 실행되고 있지는 못하다는 현실 인식을 잘 나타내고 있다.

원체계나 추진체계 간의 분절성을 극복할 수 있도록 자원봉사 수요처와 공급처에 대한 정보공유와 관리지원이 통합적으로 이루어지도록 지원할 수 있어야 한다. 둘째, 자원봉사 추진체계의 접근성을 높여야 한다. 자원봉사활동에 관심을 가진 사람이라면 누구나 지역사회에서 쉽게 자원봉사 추진체계에 접근할 수 있도록 홍보하고 접근성을 높여야 한다. 셋째, 자원봉사활동에 대한 실제적 지원내용을 제도화하여야 한다. 자원봉사자에 대한 자동적 보험가입, 기금확보, 법적 안전조치, 경력인정이나 포상제도 등 개별 관리체계에서 실행할 수 없거나 모든 현장에서 필수적 지원방법에 대해서는 폭넓은 법제화나 제도적 노력이 필요하다.

제2부

# 자원봉사관리조정

자원봉사는 자원봉사자의 선의와 참여에 의해서 저절로 이루어지는 것이 아니다. 시민들의 자원봉사활동에 대한 관심과 선의는 이에 대한 적절한 관리조정 노력을 통해서 효과적인 자원봉사활동으로 이어질 수 있다. 제2부에서는 자원봉사 프로그램의 기획, 직무개발, 자원봉사자 모집, 자원봉사자 선발, 교육과 훈련, 관리감독과 능력고취, 승인과 보상, 평가와 종료에 이르는 자원봉사관리조정의 과정에 대해 살펴본다.
이는 자원봉사자를 활용하기 전에 관리자나 사회복지사에 의해 이미 숙지되어 있어야 하는 사항이다.

# 자원봉사관리의 개요 제4장

## 1. 자원봉사활동의 수요와 공급

현대사회에서는 자원봉사자의 활동을 필요로 하는 사회적 욕구와 현장이 매우 많으며, 무보수의 자발적 참여인 자원봉사활동을 수행하고자 하는 잠재적 자원봉사자들도 많다. 이것이 바로 자원봉사활동의 수요처와 공급처이며, 자원봉사관리란 이 수요와 공급을 원만히 연결하는 활동이라는 측면에서 고려해 볼 수 있다. 그러나 자원봉사관리는 단지 '연결'의 기능 이상을 필요로 한다. 자원봉사 수요처의 욕구와 공급처의 욕구에 맞도록 적절한 조정을 필요로 하는 것이다. 이는 자원봉사활동이 금전적 보상을 전제로 하지 않는 속성을 가지는 것이므로 더욱 중요한 의미를 가지는 것이며, 어느 한 쪽의 욕구에 맞지 않는 관리가 이루어질 경우 지속적이고 효과적 자원봉사활동이 나타날 수 없다. 자원봉사활동이 효과적 결과를 낳는다는 것은 비단 수요처에 도움이 되는 활동, 즉 수요처의 욕구에 부합하는 활동만을 의미하는 것이 아니라 자원봉사활동 공급자도 자신이 원하는 바에 부합하는 활동을 통해 내면적 성장을 기할 수 있도록 자원봉사활동 공급자의 욕구에도 적절히 반응하는 것을 의미한다.

우리나라보다 자원봉사활동의 체계적 활용경험이 앞선 외국의 경우에도 자원봉사활동 관리의 필요성이 크게 강조되고 있다. 이러한 의미에서 자원봉사활동의 적절한 참여가 자원봉사자의 자발성으로 저절로 이루어진다는 '자동창출'(*spontaneous creation*)의 환상을 경계해야 한다고 지적하며 자원봉사자 관리(*volunteer management*)의 필요성을 강조한 바 있다(McCurley & Lynch, 1989: 14). 특히 교육프로그램의 일환으로 자원봉사활동을 운영하는 경우에는 자원봉사활동이 단순히 누군가를 돕는 것에 그치지 않고 이 활동의 경험이 가지는 교육적 효과를 극대화하고자 하는 것이므로, 적절한 자원봉사관리 활동의 필요성은 더욱 크다고 할 수 있다.

결국 자원봉사관리는 자원봉사활동의 수요처와 공급처 간의 적절한 연계와 조정을 의미하는 것이며, 대학 등 교육기관에서 학생들에 대한 자원봉사 교과목을 편성하여 운영하는 것도 대학생 자원봉사관리 프로그램의 일환이다.

### 1) 자원봉사활동의 수요

자원봉사활동의 수요자는 사회복지기관과 시설, 시민운동단체, 특정 가정이나 개인, 학교·병원이나 공공기관, 지역사회 등 다양하다. 이 수요처는 결국 사회문제나 사회적 욕구(*social needs*)와 관련되는데, 이를 활동영역과 관련지어 세분화할 수도 있다. 그러나 자원봉사활동의 수요처는 엄밀히 말해 현재 자원봉사활동 영역이나 현장으로 활용되는 것과는 다를 수 있고, 굳이 기존의 현장에 국한될 필요는 없다. 즉, 현재의 수요처뿐만 아니라 잠재적 자원봉사활동 현장의 발굴도 중요하다. 자원봉사활동의 잠재적 수요처는 지역사회 내에 있는 다양한 사회문제의 해결, 혹은 공공선을 증진하기 위해서 시민의

〈표 4-1〉 자원봉사자 유형별 활동분야

| 유 형 | 활동분야 |
|---|---|
| 학령 전 아동 | 시설방문: 재롱잔치<br>오물과 휴지 줍기<br>놀고 난 자리의 정리<br>식사 등 함께 나누기 |
| 초등학생 | 소외계층에 대한 체험적 이해와 도움<br>학교나 집 주변의 청소<br>재활용품 수집<br>교통질서 지키기와 계도 |
| 중·고등학생 | 집단 활동을 통한 규칙 습득<br>입원환자 방문과 위문<br>장애인의 친구되기<br>불우이웃돕기 등 바자회<br>집회장이나 공연장에서 어린이 돌보기<br>환경미화, 환경감시단, 환경캠페인 참여<br>병동 및 병실 안내, 차트정리, 방문객 안내 |
| 대학생 | 유초등학생 학습 및 생활지도<br>중고생 상담 및 집단 활동 지도<br>사회복지시설의 수리와 청소<br>사회복지시설 정기적 방문 및 교류<br>사회문제해결을 위한 캠페인, 계몽운동<br>재가노인 및 장애인 방문 및 보조역할<br>모금: 바자회, 기금마련을 위한 음악회 |
| 주 부 | 지역탁아보조<br>학부모회참여<br>지역사회 가꾸기<br>불우노인, 소년소녀가장돌보기<br>자선바자회<br>시설방문: 부엌일, 청소, 피복 및 이부자리정리 |
| 직장인 | 시설방문: 업무특성을 살린 활동<br>정기적 재정지원과 후원 및 결연<br>교통서비스 제공<br>지역 및 직장 환경보호운동 |
| 노 인 | 환자노인방문 및 말벗 상대<br>노인클럽 활동<br>청소년 선도<br>학교 앞 교통장려 |

자료: 정무성, 1996, 〈자원봉사자 유형에 따른 효율적인 활용 및 관리방안〉에서 재편집.

자발적 참여행동을 필요로 하는 모든 개인·조직·기관·지역사회 현장이 될 수 있다.

이 자원봉사활동 수요는 크게 두 가지로 나누어 살펴볼 수 있다. 첫째는 특별한 욕구를 가진 개인을 직접 접촉하여 대면하는 활동을 필요로 하는 것이고, 둘째는 공공이익을 위해 불특정 다수를 대상으로 혹은 특정 조직체에서의 활동을 필요로 하는 것이다. 전자를 흔히 직접적(대면적) 자원봉사활동, 후자를 간접적 자원봉사활동이라고 한다.

특정영역에서 공공선을 증진하기 위한 기존의 조직이나 노력이 있을 경우에는 이 활동에 대한 참여로 자원봉사활동이 이루어질 수 있다. 이때는 공공이든 민간이든 해당영역의 문제를 해결하기 위해 자원봉사활동을 필요로 하는 기존의 조직이 자원봉사활동의 수요처가 된다. 공공의 혹은 민간의 해결노력이 없는 경우에는 인식된 문제 그 자체가 자원봉사활동의 수요처가 된다. 후자의 경우는 관련성 있는 기관이나 기구를 통해 자원봉사활동을 조직할 수도 있고 혹은 그 문제에 대한 별도의 자원봉사활동 기구나 조직이 편제될 수도 있다.

수요처의 시각에서 본다면, 자원봉사활동은 각종 유급직원과 채용인력만으로 해결할 수 없는 지역사회 문제나 현안에 대해 그 해결을 위한 인적자원을 제공한다. 혹은 일부 공식체계에 의한 작업보다 광범위한 시민의 자발적 참여를 필요로 하는 일에서 사회의 공공선을 달성하는 데 결정적 역할을 한다.

### 2) 자원봉사활동의 공급

자원봉사활동의 공급자, 즉 자원봉사활동 참여자는 과거에는 '특별한 신념을 가진 사람들'로 인식되었다. 하지만 현재는 성·연령·계층의 구별 없이 누구나 자원봉사활동에 참여할 수 있다는 인식의 폭이 넓어지고 있다. 이에 따라 자원봉사활동의 잠재적 공급자는 기본적으로 전 국민이 된다.

자원봉사활동 공급자는 각 개인이 가지는 연령적·성적·인구학적·교육적 특성에 따라 분류가 가능하고, 활동욕구·특기나 전문기술·활동할 수 있는 여건들이 각기 다르다. 중·고등학생, 회사원, 가정주부, 노인, 그리고 대학생 등과 같은 다양한 자원봉사 공급자들이 존재한다. 또한 참여경로 면에서 특정 프로그램에 의한 단체적 활동일 수도 있고 개인적 참여일 수도 있다.

자원봉사활동 참여자의 욕구나 특성에 관계없이 무차별적 교육과 업무배치, 관리가 이루어진다면 자원봉사자는 의무감만으로 활동하게 된다. 사회적 책임을 완수한다는 의무감도 자원봉사활동 참여의 중요한 의미이지만 이것만으로는 충분하지 않다. 이는 결국 조기탈락이나 자원봉사활동 참여에서의 장애요인으로 작용한다. 따라서 활동 참여자의 특성에 맞추어 자원봉사활동이 이루어져야 한다. 특히 특정 인구층을 자원봉사활동에 참여하도록 하는 경우에는 활동동기나 활동 시간대, 특기, 욕구 등 활동자층의 특성에 대한 면밀한 고려가 필요하다.

정무성(1996)은 자원봉사에의 지속적 참여를 결정하는 요인을 크게 세 가지로 구별할 수 있다고 보고 개인적 특성 요인, 동기적 특성 요인, 조직기관 요인을 제시하였다. 개인적 요인은 연령, 성별, 직업 등의 개인적 배경과 성격, 속성 및 사회문화적 영향으로서의 가족 및 친족의식이 해당된다. 동기적 요인은 사회복지 등 자원봉사활동 분야에서의 활동을 자극하는 동기나 욕구인데 이는 다양하게 나타나며 성취지향적, 권력지향적, 친교지향적 스타일로 구분하기도 한다. 조직기관요인은 업무만족과 지도감독 등을 일컫는다. 특히 개인적 요인과 동기적 요인은 자원봉사 공급자의 특성과 관련되는 것으로 자원봉사자 관리를 위한 유형적 요소로 큰 의미를 준다. 이러한 측면에서 자원봉사자의 개인적 특성 유형별로 어떠한 분야에서의 활동이 더 적절한가에 대한 논의가 이루어지기도 하였다. 그러나 자원봉사관리 실제에서 자원봉사자 유형별로 특정분야의 업무를 연결하는 것이 도식적으로 활용되어서는 곤란하다. 한편으로는 활동분야만이 아니라 다양한 과정상의 관리에서도 자원봉사공급의 요소들을 고려하여야 한다.

자원봉사활동 공급자의 시각에서 본다면, 자원봉사활동은 참여자들에게 시민의식의 함양과 사회적 책임의 완수 등 교육적 효과를 가지고 지역사회의 문제에 대한 자발적 참여를 통해 리더십과 공동체 의식을 형성한다는 점에서 그 필요성을 가진다. 타인을 돕는다는 만족감이나 자기존중감의 향상도 이의 한 형태로 볼 수 있다.

### 3) 자원봉사관리

자원봉사관리 혹은 관리조정[1]은 자원봉사활동을 지원하는 사람과 자원봉사활동을 요청 혹은 필요로 하는 사람이나 기관, 현장에 적절하게 대응하고 자원봉사활동이 효과적으로 이루어지도록 이 양자를 조정하는 역할이다.

자원봉사활동은 결국 자원봉사활동의 수요와 공급이 만나서 이루어지는 활동이다. 자원봉사활동이 지역사회에 기여하고 활동자들에게 긍정적 경험을 제공하기 위해서는 앞에서 밝힌 수요와 공급에서의 욕구가 부합해야 하고, 수요와 공급 상호간의 욕구연결이 실제적으로 많이 이루어지면 자원봉사활동은 자연스럽게 활성화된다. 이러한 역할을 하는 것이 바로 자원봉사활동 관리이다.

---

1) 자원봉사관리나 관리조정에 대해서는 현재 management 혹은 coordination의 용어가 혼용되고 있다. 또한 실제 업무현장에서도 이 용어에 따른 업무의 차별성이 일반화되고 있지 않다.

자원봉사관리를 담당하는 기구 혹은 체계는 세 가지 형태이다. 첫째, 지역사회를 기반으로 하는 자원봉사센터와 같은 기구의 직원에 의해서 수행될 수 있다. 둘째, 자원봉사활동 현장(수요처)인 기관이나 시설에서 자원봉사 관리업무를 맡은 직원에 의해서 수행될 수 있다. 셋째, 학교나 기업과 같이 조직적이고 집단적 자원봉사활동의 공급자측에서 설립한 자원봉사 관련부서나 기구의 직원에 의해 수행될 수도 있다. 즉, 자원봉사활동의 공급과 수요처 중 어느 쪽에 더 가까운가 하는 점에서 차별성을 가진다. 공급과 수요를 조절하는 역할을 하지만, 관리조정기구가 공급측과 수요측의 어느 쪽에 가까운가에 따라 각각 필요성에 부합하는 관리활동이 위주가 되는 것이다.

이는 실제 자원봉사 관리조정자 업무의 구체적 내용에서는 큰 차이를 나타낸다. 예를 들어, 대학에서의 사회봉사 관리조정업무는 공급자 조직에서의 관리조정의 한 형태이므로 대학생이라는 특수한 자원봉사활동 참여자의 욕구에 대한 고려와 이들에 대한 공동체 의식, 시민의식 함양이라는 교육적 측면에 초점을 둔 자원봉사 프로그램의 개발과 관리에 역점을 둔다.

## 2. 자원봉사자의 동기와 만족도

자원봉사활동은 경제적 이윤추구나 대가를 전제로 하지 않는 활동이다. 따라서 그만큼 자원봉사자의 활동동기나 만족도의 중요성이 높게 부각되며, 이를 적절히 유지하는 것은 자원봉사 관리업무에서 큰 중요성을 가진다. 특히 이는 자원봉사 수요측면보다는 공급측면의 관리업무에서 큰 의미를 가지는 것이다.

### 1) 자원봉사활동의 동기

자원봉사활동의 동기를 파악하는 것은 자원봉사활동의 적절한 유지와 관리를 위해 다음과 같은 이론적·실천적 의미를 가진다(조휘일, 1995: 516~517).

① 자원봉사자들이 실제적으로 자원봉사활동 내지 일에 참여하는 것은 그들이 활동 내지 일에서 충족될 수 있는 욕구(*need*)를 가지고 있기 때문이다.
② 만약 활동 내지 일을 통해 자원봉사자들의 욕구(주관적)를 충족시킬 수 있다면 그들은 만족감 내지 보상을 받았다는 감정을 가지게 될 것이다.
③ 만약 자원봉사자가 나름대로 만족감 내지 보상의 감정을 가지게 된다면, 자신에게 배정된 업무에 계속 머무르게 될 것이다.
④ 따라서 개인의 욕구가 실제 업무상황에 잘 부합된 자원봉사자는 잘 부합되지 못한 자원봉사자보다 그렇게 빨리 자원봉사활동을 중간에 그만두지는 않을 것이다.

자원봉사동기는 다양한 요인에 근원을 가지고 있다. 이러한 동기는 항상 변화하는 역동적인 것이며 자원봉사활동의 진행에 따라 새로운 동기가 첨가되곤 한다. 자원봉사동기란 극히 개인적인 것으로, 각 개인의 흥미와 욕구를 반영하는 것이다. 이는 이타주의로부터 이기주의로 볼 수 있는 '계발된 자기이익'(*enlightened self-interest*)의 연속선상 어느 한 지점에 위치할 수 있으며, 흔히 양자의 혼합이라는 성격을 띠기도 한다. 여기서 계발된 자기이익이란 이웃 또는 지역사회 문제에 중요한 영향을 주겠다는 욕구 또는 개인의 장래경험에 관련해서 의미 있는 경험을 해보겠다는 욕구를 의미한다. 이러한 의미에서 다양한 자원봉사활동의 동기는 흔히 크게 이타적 동기(타인지향적 동기)와 이기적 동기(자기지향적 동기)로 구분하곤 한다. 이타적 동기는 오랫동안 사람들이 자원봉사에 참여하는 주된 원인으로 간주되어 왔으나 절대적 이타주의는 극히 드물며 대부분의 경우 이타성과 이기성의 구별은 상대적이다.

자원봉사자들의 참여동기에 대한 논의에서는 과거의 이타적 선행욕구라는 측면보다 최근에는 여가선용, 자기발전, 새로운 경험과 전문지식의 활용, 친교 및 사교 등 이기적 경험추구의 동기라고 볼 수 있는 부분들이 중요시되고 있다. 이러한 참여동기의 변화는 사회참여를 통해 자아실현의 욕구를 충족하는 현대인의 특성을 시사하고 있는 것이기도 하다. 특히 처음 자원봉사활동에 임하는 자원봉사자의 욕구는 경험추구의 욕구가 높은 경우가 많다. 그런데 이 경험추구의 욕구는 다른 욕구들보다 지속성 면에서 떨어지는 것이 보통이다. 따라서 일정기간 이상 지속적 자원봉사활동을 유지하도록 하려면 자원봉사 시작 전이나 혹은 시작 후에라도 단순한 경험욕구 이상으로 사회적 욕구를 개발하려는 노력이 있어야 한다.

한편 자원봉사자가 처음에 이기적 동기로 자원봉사에 참여했다고 해도 봉사활동중 사회적 책임감과 이타적 동기가 발생할 수 있다. 장기간 봉사활동을 하는 사람은 가장 중요한 요인으로서 봉사자의 개인적 책임감 및 참여욕구를 지적했고, 이와 함께 자원봉사에 대한 만족감, 지역사회에 대한 참여의식, 자율적 봉사기회가 제공되었던 것 등의 요인을 이야기하고 있다(김미숙, 1998).

종교 내지 도덕적 이유들도 자원봉사 동기의 다른 하나의 범주가 될 수 있다. 인류의 역사적 기록을 통해서 볼 때에 보살핌, 동정 그리고 희생 등의 자발적 행동은 정의 내지 자비 등을 포함한 시간을 초월하는 윤리적 원칙에 기반을 두고 진행되어 왔다. 도움의 형태가 어려운 이웃을 직접 돕는 것이든 또는 기관이나 조직을 통해 돕는 것이든 간에 화폐적 보상은 염두에 두지 않고 자기로부터 타인들의 요구에 방향을 돌리는 충동은 인간성의 가장 고귀한 측면의 하나라고 할 수 있다.

또한 사람들은 자조(*self-help*)의 욕구인 상부상조(*mutual aid*)로도 동기화될 수 있다. 이는 역사를 통해 발전되어 온 어려운 시기에 서로 돕는다는 것과, 문제를 경험해 본 사람들은 같은 문제로 인해 고통받는 다른 사람들을 가장 잘 도와줄 수 있다는 생각에 기초한다.

이와 관련하여 프란시스(Francies)가 개발한 자원봉사자 욕구-동기의 프로파일을 살펴보면 다음의 일곱 가지로 구분된다(조휘일, 1997: 65).

① 경험추구의 욕구(*need to experience*): 실제적 이득 및 자아성장
② 사회적 책임감 표현 욕구(*need to express social responsibility*): 이타적 동기
③ 타인기대 부응 욕구(*need to meet other's expectation*): 의미 있는 주위 사람들의 압력이나 영향
④ 사회적 인정 욕구(*need for social approval*): 사회의 존경
⑤ 사회적 접촉 욕구(*need for social contract*): 친교 및 사교경험
⑥ 사회적 교환 욕구(*need to provide future returns*): 미래의 보상에 대한 욕구
⑦ 성취욕구(*need for achievement*): 개인적 성취

자원봉사활동을 지속하기 위해서는 이상에서 언급한 욕구 중에서 어떤 욕구가 특정 자원봉사자의 행동동기와 잘 부합하는가를 분석하는 것이 필요하다. 예를 들면, 경험추구의 욕구가 지배적 자원봉사자의 경우 다른 사회적 욕구를 지닌 자원봉사자보다 지속성의 측면에서 떨어질 수도 있다. 이럴 경우엔 경험추구의 욕구 이상으로 동기화시킴으로써 자원봉사자의 중도탈락을 방지할 수 있다.

또한 맥컬리(McCurley)와 린치(Lynch)는 자원봉사자의 동기에 부합하는 승인과 보상의 중요성을 강조하면서 자원봉사자의 기본적 활동동기를 다음과 같은 욕구로 구분하고 있다(McCurley & Lynch, 1989: 108~110).

① 인정(*recognition*)의 욕구
② 성취(*achievement*)의 욕구
③ 통제(*control*)의 욕구
④ 다양성(*variety*)의 욕구
⑤ 성장(*growth*)의 욕구
⑥ 연계성(*affiliation*)의 욕구
⑦ 영향력(*power*)의 욕구
⑧ 즐거움(*fun*)의 욕구
⑨ 독특성(*uniqueness*)의 욕구

중요한 것은 자원봉사자의 활동동기는 어느 하나만 있는 것이 아니라 여러 가지 동기가 사람마다 서로 다르게 혼합적으로 나타나고 있다는 점이며, 이와 아울러 자원봉사 동기는 활동의 전 과정을 통해 고정된 것이 아니라 변화한다는 점을 인식해야 한다.

자원봉사자들이 흔히 나타낼 수 있는 구체적 참여동기로서 〈표 4-2〉와 같은 것이 이야기되곤 한다.

〈표 4-2〉 자원봉사자의 참여동기

- 필요를 느꼈기 때문에
- 알고 있는 기술을 나누기 위해
- 지역사회를 알기 위해
- 대의/신념을 따르고 있음을 보여주기 위해
- 리더십 기술을 배우기 위해
- 생각을 행동으로 옮기기 위해
- 시민으로서 의무를 다하기 위해
- 친구나 친척의 권유로
- 성취감을 맛보기 위해
- 바쁘게 살아가기 위해
- 인정받기 위해
- 빚(신세)을 갚기 위해
- 전문기술을 발휘하기 위해
- 그 일을 할 만한 다른 사람이 없기 때문에
- 자극을 받기 위해
- 새로운 것을 배우기 위해
- 일상생활에서 벗어나기 위해
- 친구나 친척을 돕기 위해
- 회원이 되기 위해
- 양심의 가책으로
- 감시자가 되기 위해
- 자부심을 느끼기 위해
- 새 친구를 사귀기 위해
- 경력을 쌓기 위해
- 누군가를 돕기 위해
- 현재 하는 일과 다른 것을 해보기 위해
- 즐기기 위해
- 종교적 이유 때문에
- 교과목 이수를 위해
- 현재의 기술을 살리기 위해
- 시설이 지리적으로 가까이 있기 때문에
- 비판하기 위해
- 향상되고 있음을 확신하기 위해
- 선의를 느끼기 위해
- 팀의 일원이 되기 위해
- 지위를 얻기 위해
- 요청받았기 때문에
- 자신을 시험하기 위해
- 문제·질병 등에 대한 개인적 경험 때문에

자료: Impact Online, 1998, *Why Volunteer*?(http://www.impactonline.org/)

### 2) 자원봉사활동의 만족도

자원봉사활동의 동기가 자원봉사활동의 투입과 관련된 초기의 심리적 요인이라면 만족도는 자원봉사활동의 과정과 결과를 통해 드러나는 심리적 요인이다. 또한 자원봉사활동의 만족도는 활동참여 결정에 중요한 영향을 미쳤던 자원봉사 동기가 활동과정에서 얼마나 잘 충족되는가와 밀접하게 관련된다.

한편으로 자원봉사활동 만족도는 자원봉사활동의 효과성을 평가하는 지표로도 많이 활용되어 왔다. 이는 자원봉사활동을 통해서 자원봉사자 개인에게 주어지는 결과 또는 보상에서 물질적 측면보다는 심리적·정서적 측면이 강조된다는 사실에서도 유추할 수 있다.

최근 자원봉사활동에 대한 인정과 보상방법들이 다양하게 개발되고 있다. 하지만 여전히 많은 자원봉사자들은 보상을 필요로 하지 않거나, 보상방법 중에서는 물질적 보상보다는 심리적·사회적 보상을 보다 선호한다(서울시정개발연구원, 1995). 따라서 자원봉사자 개인에게 자원봉사활동의 효과는 심리적·정서적 측면에서 측정하는 것이 바람직하다.

이러한 심리적 측면의 효과를 측정하기 위해 많이 사용되는 개념이 '만족'이다. 만족은 개인이 사회체계 또는 조직에 대해 갖는 감정적 반응 또는 상태라고 할 수 있으며, 이는 개인의 가치나 욕구와 관련된다(윤익수, 1981). 따라서 만족은 욕구충족의 정도로 측정할 수 있으며, 자원봉사활동에서도 자원봉사자가 자원봉사활동을 통해서 달성하려고 하는 욕구충족의 정도로 만족도를 측정할 수 있다.

자원봉사활동의 만족도는 단순히 자원봉사활동의 효과측면이 아니라 자원봉사자를 관리하기 위한 측면에서도 중요한 의미를 가진다. 즉, 자원봉사자들의 이기적 동기화, 만족과 지속 간의 관계, 단기적 자원봉사자의 증가 등으로 인해 자원봉사자의 만족을 높이기 위한 노력이 더 중요하게 된 것이다.

자원봉사자의 만족은 해당 자원봉사자를 활용하는 기관이나 활동대상자에게도 중요하다. 사회복지조직에서 자원봉사자는 대상자에 서비스를 제공하는 서비스 제공자, 전문가를 보조하는 보조자, 클라이언트의 권익을 옹호하는 옹호자, 사회복지조직을 지역사회에 알리는 홍보자 등의 다양한 역할을 수행하고 있다(정병오, 1997). 따라서 자원봉사자가 활동에 만족하지 않을 경우, 기관의 업무에 차질이 생기거나 대상자에게 서비스가 제대로 전달되지 않을 수 있으며, 결과적으로 기관과 대상자와의 관계에서 갈등이 생길 수 있다. 이러한 갈등은 자원봉사활동 당사자 모두에게 해를 주는 것이다.

따라서 자원봉사자의 불만족을 예방하고 만족도를 높일 수 있는 자원봉사 관리조정방법들이 필수적이며, 자원봉사자의 만족도를 증진하기 위한 노력을 기울여야 한다.

기존 연구들에서 밝혀진 자원봉사활동의 만족도에 영향을 미치는 요인들은 크게 활동내용에 관련된 요인들과 활동에 관련된 대인관계 요인, 자원봉사활동 참여형태 요인들로 구분할 수 있다(Gidron, 1985; 이성록, 1993; 홍승혜, 1995; 권지성, 1999). 활동내용과 관련된 요인은 업무인식도·기대합치도·업무적절성 등을 말하는 것이다. 이 각각이 높을수록 만족도에 긍정적 영향을 미치는 것으로 알려지고 있다(권지성, 1999). 자원봉사자의 활동에 관련된 대인관계 요인은 기관의 담당직원과 동료 자원봉사자, 활동대상자와의 관계, 그리고 활동과 관련된 사회적 지지가 만족도에 영향을 주는 요인으로 밝혀지고 있다. 그러나 한편으로는 자원봉사활동 참여형태 요인과 관련해서는 개인, 학교의 사회봉사과정, 동아리 형태 등 특정 자원봉사 참여형태가 자원봉사자의 만족도와 직접 관련된다는 일관된 경험적 증거는 아직 확인되지 않았다(권지성, 1999).

〈표 4-3〉 자원봉사활동 결과에 대한 만족도 평가 체크리스트

| 내 용 | 전혀 그렇지 않다 | 그렇지 않은 편이다 | 그저 그렇다 | 그런 편이다 | 매우 그렇다 |
|---|---|---|---|---|---|
| 새로운 경험 내지 새로운 것을 배우는 기회가 되었다 | | | | | |
| 다른 사람들에게 관심과 배려를 보일 기회가 되었다 | | | | | |
| 다른 사람과 사귈 수 있는 기회가 되었다 | | | | | |
| 자원봉사활동으로 다른 사람들의 기대에 부응할 수 있었다 | | | | | |
| 대상자와 기관의 직원들은 나의 활동에 대해 고마워했다 | | | | | |
| 그동안 수행한 자원봉사활동으로 언젠가 보상을 받을 수 있을 것 같다 | | | | | |
| 나의 노력으로 현재 상황에 변화를 가져올 수 있었다 | | | | | |
| 개인적으로 성장할 수 있는 기회가 되었다 | | | | | |
| 지역사회의 문제를 해결하는데 참여할 수 있었다 | | | | | |
| 누군가에게 필요한 존재라는 것을 느낄 수 있었다 | | | | | |
| 내 주위사람들은 내가 하는 자원봉사활동을 인정해 주었다 | | | | | |
| 내가 수행한 업무에 대해 어느 정도 인정을 받았다 | | | | | |
| 내가 하는 선행은 언젠가 보답을 받을 수 있을 것이다 | | | | | |
| 내가 맡은 자원봉사업무를 통해 실질적 성과가 있었다 | | | | | |
| 자원봉사활동을 통해 새로운 지식이나 기술을 습득했다 | | | | | |
| 다른 사람의 삶에 변화를 가져올 수 있는 기회가 되었다 | | | | | |

〈표 4-3〉 계속

| 내 용 | 전혀 그렇지 않다 | 그렇지 않은 편이다 | 그저 그렇다 | 그런 편이다 | 매우 그렇다 |
|---|---|---|---|---|---|
| 내가 가치 있는 사람이라는 것을 느낄 수 있었다 | | | | | |
| 나의 노력으로 다른 사람의 기대를 충족시킬 수 있었다 | | | | | |
| 내가 하는 활동으로 인해 다른 사람들로부터 존중을 받았다 | | | | | |
| 자원봉사활동을 통해 실질적 보상을 받았다 | | | | | |
| 자원봉사활동을 통해 성취감을 느낄 수 있었다 | | | | | |

자료: 권지성, 1999, "대학생 자원봉사자의 유형에 따른 만족도".

주: 권지성(1999)의 연구에서 사용된 만족도 체크리스트로 한국의 대학생 207명을 대상으로 조사한 결과, 평균 75.36의 만족도를 나타내고 있다. 자원봉사활동 결과에 대한 만족도 체크리스트(1점~5점)에 표시한 점수의 합계가 65점 이하이면 낮은 수준, 66점에서 75점까지는 보통수준, 76점에서 85점까지는 높은 수준, 86점 이상은 매우 높은 수준의 만족으로 분류하고 있다.

## 3. 자원봉사활동의 기본수칙

자원봉사관리는 단지 자원봉사공급에서의 효과만을 증진하기 위한 것이 아니라 동시에 자원봉사수요처인 클라이언트나 활동 대상이 되는 기관 측면에서의 효과나 욕구충족과도 관련된다. 따라서 자원봉사관리과정에서는 자원봉사자들이 기본적으로 지녀야 할 자세나 활동 수칙의 준수를 강조하는 것도 중요한 의미를 가진다. 활동내용의 다양성에 따라 활동수칙과 강조되어야 할 기본자세도 달라지겠지만 통상 다음과 같은 내용들이 강조된다(김명철 외, 1995; 서울대학교 학생생활연구소, 1998; 신혜섭·남기철, 2001). 이는 단지 자원봉사관리자가 자원봉사자에 대한 교육내용의 의미로서만이 아니라 자원봉사관리과정 전반에서 관철되어야 할 원칙이기도 하다.

### 1) 인권존중을 위한 자원봉사자의 윤리적 지침

자원봉사활동은 대상자를 직접 접촉하는 대면적 · 직접적 활동이든 그렇지 않은 간접적 활동이든 간에 '인간에 대한 관심과 사랑'을 전제로 하기 때문에 다음의 윤리적 지침이 강조되어야 한다.

① 인간은 누구나 존엄함을 믿고 개인에게 관심을 가지며 관계를 맺음에서도 존엄을 바탕으로 해야 한다.
② 인간은 상호간에 책임을 느끼며, 개인과 사회는 상호간의 책임을 지고 보살펴야 할 사회적 · 연대적 책임이 있다.
③ 인간은 자아실현능력을 가지고 있으며, 개인의 자주성 · 독립성을 옹호해야 한다.
④ 모든 사람은 평등하고, 존중받아야 한다.
⑤ 인간은 자신의 문제를 해결할 잠재능력을 가지고 있으며, 이러한 잠재력을 개발하여 자신이 문제를 해결하도록 해야 한다.
⑥ 비밀을 보장하는 것은 기본적 인간행동의 원리에 기초를 두고 있다. 비밀을 누설하지 않는 것은 의무이며 타인의 사생활을 존중한다는 의미이다.

이와 같은 윤리적 지침은 자원봉사활동이 대상자에 대한 '시혜'로서 불평등한 관계가 아니라 사회적 책임에 기반하여 서로 대등한 인격체로서 존중한다는 전제에 기초한다는 의미이다.

### 2) 활동에 대한 책임감

자원봉사활동은 활동현장이나 활동대상자와의 관계 속에서 이루어진다. 그러므로 활동이 일단 시작되면 타인과의 약속에 대한 책임감을 가지고 임해야 한다. 자신의 시간과 노력을 무보수로 투자한다는 생각에서 활동에 대한 책임감 없이 임의적으로 활동하는 경우가 종종 있다. 예를 들어, 시간을 지키지 않거나, 활동을 임의로 종료하거나, 활동현장 수칙을 준수하지 않는 것 등의 경우이다. 이러한 경우 자원봉사자가 아무리 많이 노력해도 결국 서로에게 좋지 않은 경험과 인상으로 활동이 끝나고 만다.

자원봉사활동 현장에서 그리고 자원봉사의 수요자들은 늘 자원봉사자의 행동을 관심을 가지고 보고 있다. 자원봉사자에 대한 대표적인 부정적 견해가 "자원봉사자는 책임감이 없어 일을 맡길 수가 없다"는 것이다. 일단 활동이 시작되면 처음에 약속된 사항에 대해서는 철저히 준수하는 자세를 가져야 한다. 자원봉사활동 본래의 취지를 충분히 살리기 위해서는 자원봉사자가 타인과의 약속, 그리고 자신과의 약속에 충실해야 한다는 생각을 가지고 활동에서의 책임감을 가지는 것이 매우 중요하다.

### 3) 자신의 편견 인정

흔히 편견이나 선입관은 좋지 않은 것이며, 벗어나야 한다고 말한다. 그러나 때로는 자신은 편견을 갖지 않는다는 생각이 자신이 가진 선입견을 지속적으로 강화하는 요인이 된다. 자신이 가진 편견에 대해 깊이 숙고하고 이를 인정하는 것이 중요하다.

특히 힘든 여건에 있는 이웃을 접할 기회가 많은 자원봉사활동의 현장에서는 자신의 편견을 인정하는 것이 매우 중요하다. 우리사회는 아직도 '보통사람과 다르게 생긴 사람' 혹은 '치열한 경쟁에 끼어들지 않는 사람'에 대한 편견이 존재하며, 사회적 배제가 심한 문화가 팽배해있다. 예를 들어, 정신장애인에게 이질감을 느끼는 것은 당연할 수 있다. 왜냐하면 우리 사회 대부분의 사람들이 정신장애인 친구가 있거나 가까이에서 함께 생활해 본 경험이 없기 때문이다. 이럴 경우, 자신이 정신장애인에 대한 내면적 두려움이나 거리감 등 편견을 가지고 있다는 사실을 우선 인정하고 자신의 심리적 반응을 솔직하게 파악한 후, 이러한 편견을 어떻게 극복하는가의 과제를 해결해 나가는 지혜를 가져야 한다. 자원봉사자가 자신의 편견을 거부하거나 혹은 얄팍한 지식으로 자신이 가진 편견을 합리화한다면 자신이 가진 편견은 극복될 수 없을 것이다.

### 4) 지식의 개발

인간의 태도와 행동에 관한 지식은 봉사활동에 힘이 된다. 계속적 자원봉사활동을 위해서는 이러한 지식이 필수적이므로 지식의 폭을 넓히는 것은 효과적 자원봉사활동을 위해 중요하다. 또한 역으로 자원봉사활동은 자신이 가지고 있는 인간과 사회에 관한 지식을 넓히고 이를 실천적으로 검증할 수 있는 좋은 기회가 되기도 한다.

공동체에 대해 선의를 가지고 있다는 것은 실제로 이웃들에게 도움을 줄 수 있는 봉사활동의 중요한 필요조건이지만 충분조건은 아니다. 자원봉사활동은 다양한 인간행동에 관한 지식의 뒷받침이 필요하다. 일반적으로 인간행동과 사회 환경의 영향, 개인의 발달과정, 아동기, 청소년기, 노년기의 특성에 대한 지식, 그리고 인간 심리와 대화법에 관한 기초지식을 필요로 한다. 예를 들어, 청소년들을 대상으로 하는 상담이나 교육 등의 분야에서 자원봉사활동을 한다면 청소년들의 육체적·정서적 특성에 관한 지식을 통해서 청소년들이 현재 느끼는 문제와 상태에 대해 이해할 수 있으며, 이러한 이해를 기반으로 청소년과 공감대를 형성하며 그들을 도울 수 있을 것이다.

자원봉사자는 자신이 활동하고 있는 분야와 관련된 지식을 쌓고 발전시키려는 자세가 필요하며, 자원봉사관리자는 자원봉사자에게 이러한 지식습득의 기회를 충분히 제공하는 교사로서의 역할을 수행할 수 있어야 한다. 지식은 자원봉사활동에서 중요한 하나의 도구이며 많은 도구를 가질수록 기여할 수 있는 부분이 넓어질 것이다.

### 5) 자원봉사활동기관과의 관계

자원봉사활동은 조직적 활동이기 때문에 특정 기관과의 관계를 통해서 활동이 이루어진다. 자원봉사자가 활동기관과 적절한 관계를 유지하는 것은 활동에서 나타나는 부적절한 실천(*malpractice*)을 예방하고 활동의 효과성을 높이기 위해 중요하다. 따라서 자원봉사관리 과정에서 자원봉사자와 활동기관과의 관계에 대한 강조가 필요하다. 자원봉사자가 기관과의 관계에서 다음 사항들을 숙지하도록 안내해야 한다.

#### (1) 기관에 대한 이해

기관의 목적, 연혁, 활동분야, 재정상태, 서비스 대상자 등과 같은 기관에 관한 기초적 정보를 숙지하도록 해야 한다. 이는 대부분의 기관에서 활동초기에 자원봉사자들에게 설명해주기 마련이다. 그런데 많은 자원봉사자들이 이러한 소개와 교육을 별 의미가 없는 첫인사 정도로 여기고 잘 숙지하지 않곤 한다. 그러나 이런 기초적인 기관의 내용에 대해 잘 알아야 자신의 활동이 그 기관의 전체활동과 어떤 연관이 있으며 자신이 활동을 어떤 방향으로 추진해야 할지를 결정할 수 있다. 또한 기관에 근무하는 여러 직원들은 각각의 고유 업무가 있으므로 가능하면 누가 어떤 일을 담당하고 있는지를 알아두는 것이 좋다. 자원봉사활동 실제에서는 지침을 명확하게 받지 않은 상황이 발생할 수 있고, 이러한 상황에서 기관에 대한 전반적 이해는 자원봉사자가 무난하고 올바른 방향으로 일을 처리할 수 있는 원동력이 된다.

(2) 기관의 수칙 준수

모든 기관에는 공식적·비공식적 수칙이 있다. 그리고 자원봉사자에게 해당하는 수칙이 별도로 있는 경우도 많다. 이에는 활동일지의 작성과 제출, 활동시간과 책임성, 복장규정 등이 포함된다. 이 수칙은 일방적으로 전달되는 것이 아니라 가급적 이해와 동의의 과정을 거쳐야 할 부분이다.

(3) 기관과 자원봉사자 간의 명확한 계약

자원봉사자는 자신의 자원봉사활동에 대해 기관과 명확하게 계약(약속)할 필요가 있다. 활동기간, 업무시간, 업무내용 등에 대해 구체적이고 명확한 계약을 해야 한다. 자원봉사활동을 단순히 돕는 일이라고 생각하고 이런 내용을 막연하게 처리한다면 자기업무의 한계를 모르게 되고 더 많은 어려움에 봉착하게 될 것이다. 상호기대와 명확한 계약내용은 기관과 자원봉사자뿐만 아니라 활동의 대상이 되는 사람들을 위해서도 중요하다.

## 4. 자원봉사활동 팀 조직의 유형

자원봉사자는 혼자서 활동하기도 하지만 대개는 특정한 형태의 팀으로 활동하게 된다. 자원봉사자들의 욕구와 활동내용에 비추어 적절한 팀으로 편성하여 활동하도록 하는 것은 자원봉사 관리업무에서 중요한 의미를 가진다. 자원봉사활동 팀 조직의 유형으로는 확산형, 서클형, 피라미드형, 순환형의 4가지 유형이 흔히 언급된다(이창호, 1997: 99~104).

### 1) 확산형

확산형은 〈그림 4-1〉과 같이 자원봉사자를 '문제나 욕구'에 따라 팀으로 편성하는 것이다. 특정한 영역의 문제에 기반하여 가능한 활동의 내용별로 팀이 조직되어 활동하는 방식이다. 이 형태에서는 자원봉사자들이 특정한 문제영역에서 활동이 필요한 부분을 스스로 발굴하면서 주체적으로 활동하기에 용이하다. 새로운 자원봉사활동의 영역이 사회적 관심사로 부각되고 많은 사람들이 자원봉사자로 나서기 시작한 상황에서 많이 쓰일 수 있는 방법이다.

### 2) 서클형

서클형은 자원봉사자들을 기능(*function*)별로 조직하는 것이다. 이는 〈그림 4-2〉와 같이 한 가지 과업목표를 가지고 그 과업에 필요한 하위의 업무별로 팀이 조직된다. 서클형과 확산형은 모든 하위 팀들이 하나의 주제 아래 묶일 수 있다는 점에서는 동일하다. 그러나 서클형은 확산형보다 팀간 관계에서 훨씬 강한 유기적 관계를 필요로 한다. 왜냐하면 하나의 팀 업무가 이루어지지 않을 경우 전체적 활동에 결정적 지장을 초래하기 때문이다.

〈그림 4-1〉 확산형 팀 조직

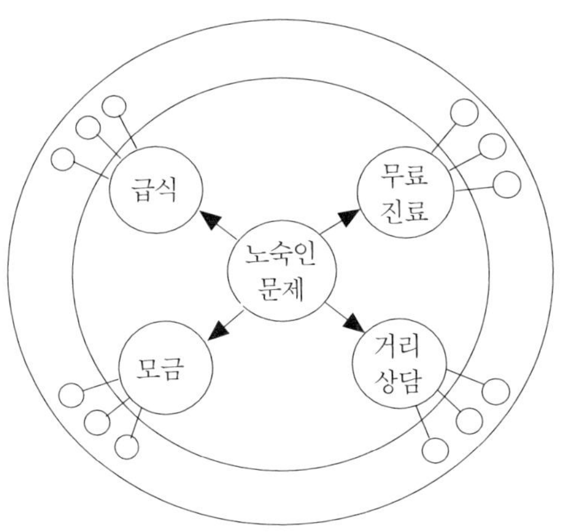


〈그림 4-2〉 서클형 팀 조직

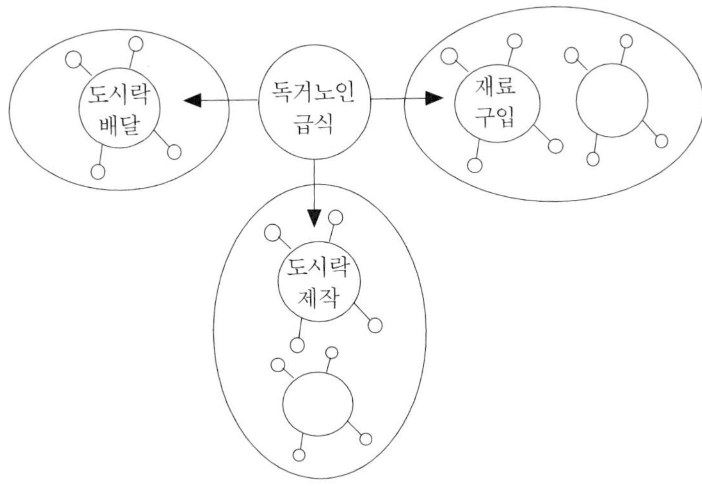

### 3) 피라미드형

이는 전체 자원봉사자들에게 하나의 문제영역이나 기능이라는 활동내용상의 공통점이 나타나기 어려울 때, 〈그림 4-3〉과 같이 자원봉사관리자나 활동참여자들의 위계나 역할에 따라 팀을 편성하여 관리하는 방식이다. 자원봉사팀이 대규모이거나 위계적 질서를 가지고 있을 때 적절한 형태이다.

〈그림 4-3〉 피라미드형 팀 조직

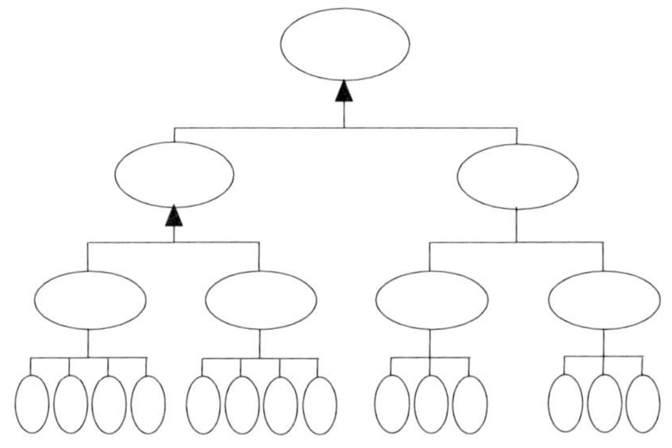

### 4) 순환형

순환형은 활동자 혹은 활동내용이 번갈아 가며 나타나는 상황에 적절한 팀 조직방법이다. 순환형은 두 가지로 나누어 살펴볼 수 있다. 그 하나는 시간적으로 지속적 활동이 필요하고 자원봉사자들이 매일 활동할 수는 없는 상황에서 여러 팀이 시간적으로 번갈아 가며 활동할 때 나타나는 것으로 〈그림 4-4〉와 같은 형태이다.

다른 하나는 〈그림 4-5〉와 같이 하나의 팀이 여러 가지 일을 번갈아 가며 경험하기 위해 활용되는 두 번째 유형의 순환형 팀 조직방법이다.

〈그림 4-4〉 순환형 팀 조직 1

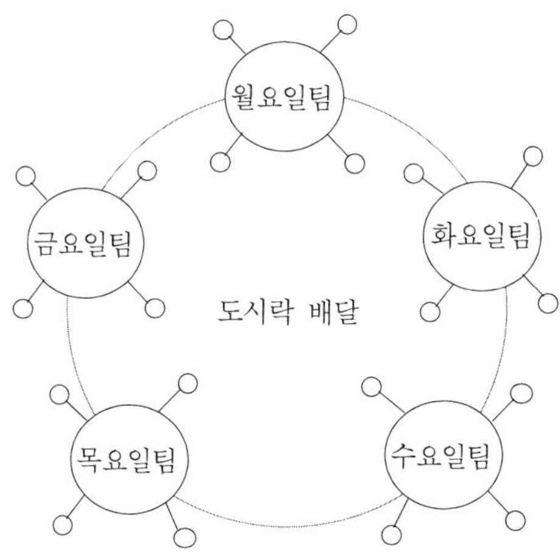


〈그림 4-5〉 순환형 팀 조직 2

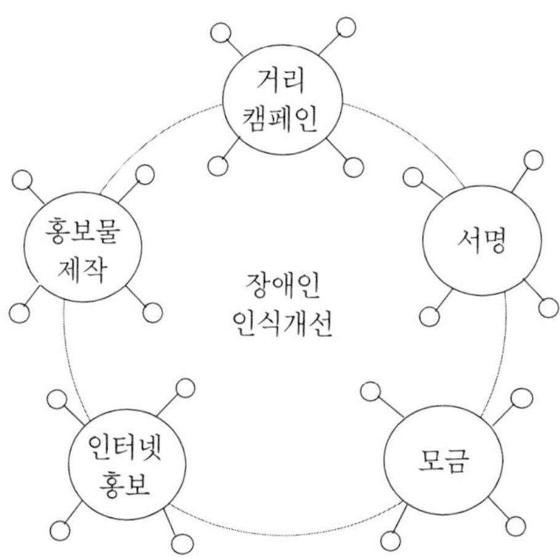

## 5. 자원봉사관리 프로그램

### 1) 자원봉사관리자

자원봉사관리에서 주체가 되는 핵심은 자원봉사관리자(*volunteer manager* 혹은 *volunteer coordinator*)이다.[2] 자원봉사관리자는 자원봉사조정자 혹은 자원봉사관리조정자라고 불리기도 한다. 자원봉사활동을 지원하는 사람의 욕구와 자원봉사활동을 요청하는 사람 혹은 기관의 욕구를 연계하고 자원봉사활동이 효과적으로 이루어지도록 양자를 조정하는 역할을 담당하는 사람이다. 자원봉사 프로그램의 운영은 행정절차로서만 이루어질 수 있는 것이 아니다. 자원봉사활동이 실제로 이루어지는 실무내용과 관련체계 등을 이해하고 조정할 수 있는 능력이 필요하다. 이에 따라 관련된 기술을 보유하고 있는 사회복지사가 자원봉사관리자의 역할을 담당하는 경우가 많다.

자원봉사 프로그램의 책임성을 수행하고 정책을 실행하기 위해서 관련기관이나 조직체는 전담직원을 고용하는데 이 직책이 자원봉사관리자 혹은 조정자이다. 일반적으로 자원봉사관리자는 조직 내의 자원봉사 프로그램에 대해 기획, 개발, 실행, 슈퍼비전의 책임을 진다. 그리고 자원봉사자의 모집, 면접, 선발, 교육훈련, 배치, 슈퍼비전, 동기화, 평가, 승인 등의 업무를 한다. 이와 아울러 공공홍보, 예산확보, 기록유지 등의 활동이 병행되기도 한다(Jacobson, 1990: 4).

현재 자원봉사자의 중도탈락률이 높고, 교육기관에서의 자원봉사

---

2) 자원봉사관리의 개념과 마찬가지로 관리자의 개념도 혼용되고 있다. 외국에서의 문헌에는 coordinator의 개념이 더 선호되고 있으나 우리나라에서는 조정자의 용어가 익숙하지 않아 관리자라는 용어를 현장에서 더 많이 사용하고 있다.

활동 의무화가 형식적 자원봉사활동의 문제를 낳곤 한다. 이는 자원봉사관리의 업무를 담당하는 자원봉사조정자의 중요성이 부각되는 상황이라고 할 수 있다.

자원봉사관리자는 자원봉사 관리조정기구가 어디인가에 따라 사회복지기관 시설과 같이 자원봉사수요처에 근무할 수도 있고 학교나 기업 등 자원봉사공급처에 근무할 수도 있다. 또한 직접적 공급처나 수요처가 아니더라도 자원봉사 추진체계에서 근무할 수도 있다. 현재 자원봉사수요처의 가장 중요한 부분을 차지하는 사회복지기관이나 시설에서 사회복지사가 자신의 담당업무 중 하나로 겸직하는 경우와 학생사회봉사 과정을 주관하는 교육기관에서 담당업무를 수행하는 경우가 많다.

자원봉사관리자의 역할로는 다음과 같은 것을 들 수 있다(김성이, 1996: 29).

① 자원봉사자 프로그램을 계획하고, 보충하고, 관리하며, 평가한다.
② 자원봉사에 관한 정책개발을 보조한다.
③ 자원봉사자를 모집하고 선정하며 배치한다.
④ 자원봉사자의 오리엔테이션과 훈련을 담당한다.
⑤ 자원봉사 서비스의 제공을 관리한다.
⑥ 기관의 정규 유급직원과 긴밀하게 협력한다.
⑦ 자원봉사활동 참여자들의 모임을 주관하고 참석한다.
⑧ 의사소통체계를 제공하고 유지한다.
⑨ 지역사회모임, 대중연설, 매체접촉 등을 통하여 자원봉사에 대한 인식을 확대한다.
⑩ 자원봉사자 근무당번표를 배정하고 각종 기록과 통계자료를 유지 및 보관한다.

⑪ 보고서와 기안서를 작성한다.
⑫ 회보를 발간한다.
⑬ 예산을 수립하고 집행 및 관리한다.
⑭ 자원봉사 분야의 대행업체를 대표한다.
⑮ 지역사회와의 연계역할을 담당한다.

우리나라에는 아직까지 자원봉사활동을 조정하는 전문가인 관리자나 조정자의 활동영역과 입지가 충분하지 못하다. 대개는 부수적 과업으로 겸직하여 수행하는 것이 보통이다. 그러나 최근에는 자원봉사활동의 중요성에 대한 인식이 전반적으로 확산되면서 관리자의 관리조정업무 기능이 부각되고 있다. 가장 대표적 기능으로 계획수립, 직무설계, 요원구성, 교육 및 훈련, 지도감독, 자원동원, 평가 등이 자주 언급되고 있다.

### (1) 계획수립 (*planning*)

자원봉사활동의 기획은 자원봉사활동 목표를 수립하고 이 목표에 맞추어 자원봉사활동의 직무분야를 설정하며, 목표와 직무를 고려하여 적정한 자원봉사자를 모집선발하고 교육훈련시키며, 활동의 지속성을 위해 지도감독하고 최종적으로는 이 활동을 평가하는 다양한 내용을 포함하는 것이다. 이 다양한 활동에 대해 사전적으로 기본적 골격을 제공하는 것이 계획수립이다. 잘못된 계획 혹은 계획이 없는 상태에서의 활동노력은 그 과정과 결과에서 자신과 주변 사람들을 실망시키고 예산을 낭비하게 한다.

### (2) 직무설계 (*job design*)

직무설계란 자원봉사 업무에 대한 개요를 마련하는 것이다. 자원봉사활동이 이루어질 구체적 업무마다 목표, 활동시간, 활동의 구체적 내용, 활동위치 등에 대해 명시화하는 것이다. 구체적 업무에 대한 내용이 사전에 설계되지 못하면 불필요한 자원봉사자를 선발할 수 있으며 여러 갈등을 유발하는 요인이 된다. 자원봉사활동의 구체적 직무에 대한 설명과 지침이 준비되어야 하며 이는 문서화하여 보관하는 것이 필요하다.

### (3) 요원구성

요원구성은 설계된 직무를 실행할 적절한 자원봉사자를 결정하는 것이다. 여기에는 자원봉사자 모집, 선발, 면접 등의 절차가 해당된다. 설계된 직무내용을 잠재적 자원봉사자 군(群)에 알려 희망자를 지원받는 과정이 모집이다. 그리고 지원자 중에서 적절한 지원자를 골라내는 과정이 선발이며 이를 위해 가장 일반적으로 사용되는 방법이 면접이다.

### (4) 교육 및 훈련 (*education and training*)

선발된 자원봉사자는 자신의 활동현장이나 업무내용에 비추어 필요한 교육과 훈련을 이수하도록 해야 한다. 이는 단순한 지식전달이 아니라 자원봉사자의 자원을 효과적으로 발휘할 수 있도록 촉진하는 복합적 과정이다. 여기에는 지식과 정보전달, 가치관의 변화, 흥미유발, 대인관계기술의 개발 등 다양한 측면이 포함된다.

### (5) 지도감독 (*supervision*)

자원봉사자가 선발 배치되어 활동업무를 진행하는 동안 자원봉사관리자는 지속적으로 지도감독을 수행하게 된다. 지도감독은 자원봉사자의 능력을 최대화하기 위한 것이다. 즉, 자원봉사자가 자신에게 내재되어 있는 자원을 동원하여 활동하는 과정에서 최대한 만족하고 욕구가 충족될 수 있도록 지원하는 것이다.

(6) 자원동원

자원봉사 프로그램의 운영과 기관의 목적을 위해 필요한 자원을 조직 내외에서 그리고 지역사회로부터 발굴하고 동원하는 업무를 진행한다.

(7) 평가

자원봉사자의 활동이 원래 프로그램의 목표를 얼마나 달성하였는지에 대해 전문적, 객관적으로 자료를 수집하고 판단하여야 한다. 이는 단순한 만족도 조사를 넘어서는 것으로 자료수집과 분석을 위한 지식과 기술이 필요하다.

### 2) 자원봉사관리 프로그램의 절차

자원봉사관리 혹은 자원봉사관리 프로그램은 일련의 절차에 따라 이루어진다. 자원봉사관리 프로그램은 세부적으로는 다소 차이가 있겠지만 기본적으로 유사한 내용이다. 기획을 거쳐 프로그램을 설계하고, 봉사자를 모집하고, 교육훈련을 실시하며, 자원봉사활동을 수행한 후 이들에 대한 승인과 평가를 거쳐 프로그램에 대한 환류자료를 모아 다시 기획하는 식으로 이루어진다.

(1) PAR 절차

이는 자원봉사활동의 준비(*preparation*), 활동(*action*), 반성(*reflection*)이라는 일련의 과정이 다시 새로운 자원봉사활동에 대한 환류로 작용되는 과정을 묘사하는 것이다. 이 절차는 특히 자원봉사자들에 대한 교육적 측면의 강조가 두드러지는 봉사학습(*service learning*)의 과정에서 유용하게 활용되는 모형이다.

〈그림 4-6〉 PAR 절차

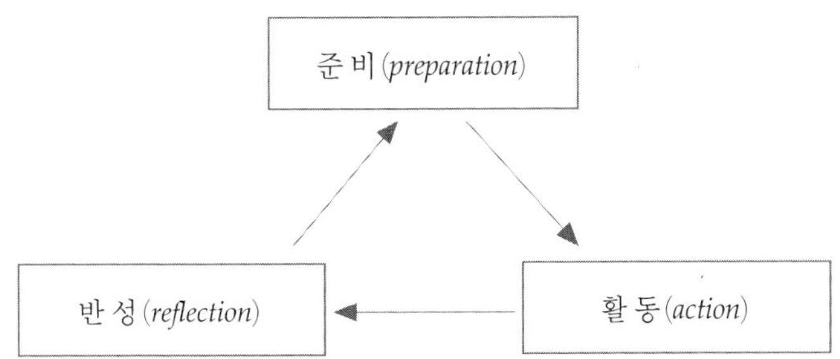


(2) 제이콥슨의 자원봉사 관리차트

이는 PAR의 단순한 절차모형보다는 자원봉사조정자가 수행하는 관리과정에서 구체적 업무의 흐름을 중심으로 내용을 〈그림 4-7〉과 같이 도식화한 것이다. 제이콥슨(Jacobson)은 각 단계별로 자원봉사 관리차트(*volunteer management chart*)를 형성하고, 단계별 기능에 대해 목적·업무내용·기법·필요 자원의 항목을 격자식의 도표로 구성하여 활용할 것을 제안하고 있다(Jacobson, 1990: 6~7).

(3) 맥컬리와 린치의 자원봉사 관리과정

맥컬리(McCurley)와 린치(Lynch)는 자원봉사 관리과정이 〈그림 4-8〉과 같은 작동과정을 포함하는 것이라고 보았다(McCurley & Lynch, 1989: 12). 통상 일련의 흐름으로 이루어지지만 특정시점에서 하나 혹은 두 단계의 과업이 공존할 수 있음을 지적하면서, 특히 자원봉사 수요처인 기관에 초점을 두어 직원 전체의 참여와 지지를 얻는 과정의 중요성을 강조했다. 그리고 각 단계에서 자원봉사 조정자의 구체적 업무원칙을 제시하고 있다.

〈그림 4-7〉 제이콥슨의 자원봉사 프로그램 운영절차

|  | |  |
|---|---|---|
| 직원교육 | ⇒ | 자원봉사자 활용을 위한 준비<br>자원봉사자에 대한 존중과 수용<br>직원의 참여와 헌신 유도 |
| ↓ | | |
| 직무기술서의 작성 | ⇒ | 기관에서 수행하게 될 업무의 묘사<br>구체적 직무, 자격, 시간 등 확정 |
| ↓ | | |
| 자원봉사자 모집 | ⇒ | 가장 적절한 자원봉사자를 선정<br>대면적 접촉<br>매체의 활용 |
| ↓ | | |
| 자원봉사자의<br>할당과 배치 | ⇒ | 자원봉사자 개인이나 집단을<br>각각의 욕구와 기관의 욕구가<br>부합하는 곳에 배정 |
| ↓ | | |
| 오리엔테이션 | ⇒ | 전반적 기관의 작동에 대한 안내 |
| ↓ | | |
| 훈련/슈퍼비전 | ⇒ | 특정업무에 자원봉사자가<br>잘 적응하도록 지원하고 유지함 |
| ↓ | | |
| 프로그램 평가 | ⇒ | 자원봉사 프로그램 기획과<br>관리의 효과성 확인<br>미래를 위해 변화되어야 할 요소 확인 |
| ↓ | | |
| 자원봉사자 인정 | ⇒ | 사기진작<br>자원봉사자의 활동에 대한 보상<br>승인의 제공 |

〈그림 4-8〉 맥컬리와 린치의 자원봉사 관리과정 차트

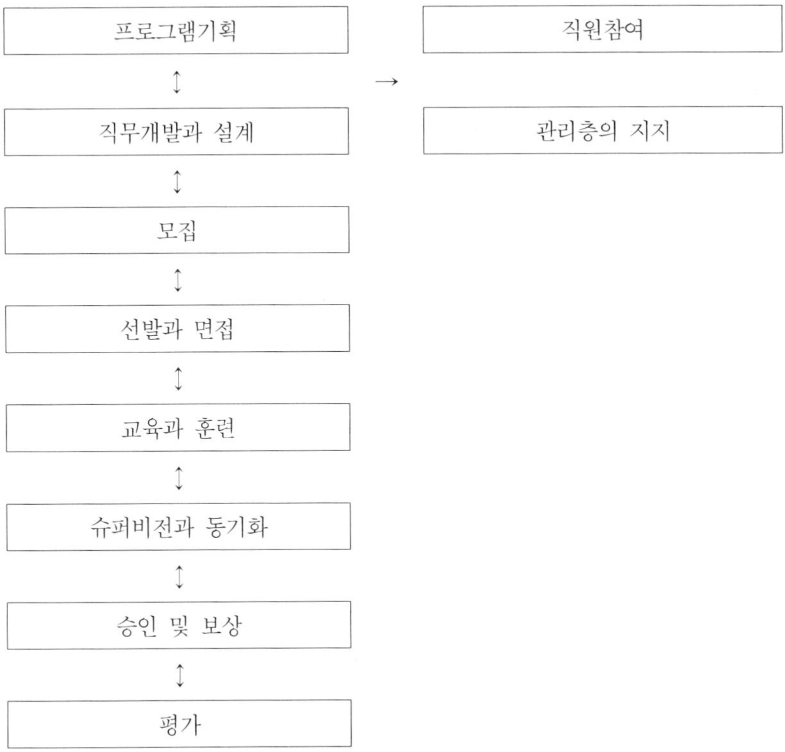

| | | |
|---|---|---|
| 프로그램기획 | | 직원참여 |
| ↕ | → | |
| 직무개발과 설계 | | 관리층의 지지 |
| ↕ | | |
| 모집 | | |
| ↕ | | |
| 선발과 면접 | | |
| ↕ | | |
| 교육과 훈련 | | |
| ↕ | | |
| 슈퍼비전과 동기화 | | |
| ↕ | | |
| 승인 및 보상 | | |
| ↕ | | |
| 평가 | | |

# 자원봉사 프로그램 기획과 모집 제5장

자원봉사관리와 자원봉사자 활용과정은 자원봉사자 모집으로 시작된다고 보는 경우가 많다. 실제적으로 활동에 참여할 수 있는 자원봉사자 모집은 가장 중요한 의미를 갖는다. 그러나 원칙적으로 자원봉사자를 모집하기 전에 준비해야 할 과정들이 있다. 우선 자원봉사활동을 통해서 어떠한 일을 하고자 하는지에 대한 내용을 포함해서 현장발굴과 자원봉사 프로그램 기획이 완전히 이루어져야 한다. 자원봉사 모집 전에 준비되어야 할 프로그램 기획과 직무개발에 대해 살펴보고 이어 자원봉사자 모집에 대해 살펴보도록 한다.

## 1. 자원봉사 프로그램의 기획

자원봉사활동 프로그램의 기획과정은 전체 프로그램의 목적과 운영에 관한 제반사항을 결정하는 과정이다. 특히 자원봉사활동 관련 프로그램이 최초로 기획되거나 혹은 이전 결과에 기반하여 상당한 수정을 필요로 하는 경우에 이것은 더욱 중요한 과정이 된다. 자원봉사자를 활용하여 우리 기관이 어떤 목적을 달성하고자 하는지, 이를 위한 예산과 사업계획은 어떻게 되는지, 어떠한 자격을 갖춘 자원봉사자를 활용할 것인지, 자원봉사자들은 어떠한 일을 하게 되는지, 슈퍼비전과 책임한계는 어떻게 되는지 등 명확한 계획이 있어야만 자원봉사자를 모집하여 이들을 활용할 준비를 할 수 있다. 일단 자원봉사자를 확보해놓고 일을 준비한다는 식의 생각은 효과적 자원봉사 프로그램을 저해하는 요인이 된다.

효과적 자원봉사 프로그램은 절대 저절로 우연히 만들어지는 것이 아니다. 잘 설계된 프로그램은 매우 많은 요인을 고려하여 자원봉사자 모집 전에 이미 여러 가지 결정이 되어있어야 한다. 즉, 주의해야 할 것은 자원봉사 관리조정 프로그램의 시작은 자원봉사자 모집이 아니라 자원봉사 프로그램을 면밀히 '기획'(*planning*) 하는 것에서 출발한다는 점이다. 자원봉사 프로그램에 대한 평가와 승인방법 등 자원봉사 프로그램의 가장 후반부 활동에 대한 내용도 초반부 활동이 시작되기 전에 이미 기획이 완료되어 있어야 한다.

### 1) 자원봉사자 활용 이유

자원봉사 프로그램의 기획과 설계에서 가장 먼저 확인해야 할 것은 기관이 자원봉사자를 활용하려는 이유가 무엇인가를 명확히 결정하는 것이다. 이러한 결정이 명확하면 기관이 자원봉사자에게 위임하게 될 일과 책임이 분명해지고, 자원봉사자에 대한 확실한 교육과 다른 직원에 대한 설명 등에서 장점을 가지며, 자원봉사자의 활용이 효과적인지를 판단할 수 있는 기준을 만들 수 있다.

자원봉사자를 활용하려는 이유는 매우 다양하다. 그동안 단지 비용을 절감하기 위해서 자원봉사자를 활용한다는 인식이 팽배해 있었던 것도 사실이지만 이것은 여러 가지 이유 중 하나에 불과하다. 자원봉사자를 활용하는 이유에는 대략 다음과 같은 것들이 포함될 수 있다(McCurley & Lynch, 1989: 19).

① 지역사회에 대한 아웃리치기능, 혹은 지역사회 자원의 투입(*input*) 기능
② 기관 직원의 자원과 경험을 보충
③ 부가적 전문성의 확보
④ 클라이언트에 대한 서비스에서 개인적 접촉을 보다 증진
⑤ 기금모금을 위한 노력을 지원
⑥ 비용의 절감

이와 유사하게 제이콥슨(1990)은 자원봉사자를 참여시킬 때 도움이 되는 점에 대해 다음과 같이 이야기하고 있다(Jacobson, 1990: 9).

① 현존하는 프로그램과 서비스가 강화된다
② 서비스가 새로운 대상인구층에게 확장된다
③ 새로운 혹은 특별 프로그램이 추가될 수 있다
④ 특별한 기술, 재능이나 새로운 지식이 추가된다
⑤ 유급 직원의 일이 보완되고 보충될 수 있다
⑥ 기금과 자원이 도입된다
⑦ 서비스에 대한 공공의 관심과 인식이 증대된다
⑧ 유급직원이 자신의 전문적 업무에 집중할 수 있도록 지원한다

자원봉사자를 활용하려는 이유는 이 중 어느 하나에 집중될 수도 있고 두 가지 이상의 목적이 병행될 수도 있다. 그러나 본질적으로 중요한 것은 왜 자원봉사자를 활용(혹은 자원봉사 프로그램을 운영)해야 하는가에 대한 대답은 사전에 분명하게 결정되어야 한다는 점이다.

### 2) 자원봉사 프로그램의 정책적 내용

자원봉사자를 활용하는 이유가 분명하게 확인되면 이 자원봉사 프로그램이 가지는 내용들을 결정해야 한다. 자원봉사 프로그램 개발 내용에는 일련의 단계가 있는데 이러한 단계는 여러 가지로 표현되고 있지만 대체로 다음과 같은 내용을 포함하는 것으로 볼 수 있다(류기형 외, 1999: 212~222).

〈표 5-1〉 자원봉사 프로그램 개발의 단계

| |
|---|
| ① 문제의 진단<br>② 프로그램의 조직<br>▪ 목적과 목표 설정<br>▪ 문제해결책의 선택: 브레인스토밍, 대안의 선택, 실천계획 수립<br>▪ 활동업무 분담<br>③ 오리엔테이션과 훈련<br>④ 프로그램의 실행<br>⑤ 평가<br>▪ 프로그램 초기평가<br>▪ 프로그램 중간평가<br>▪ 프로그램 최종평가 |

#### (1) 문제의 진단

자원봉사 프로그램은 본질적으로 특정한 사회문제에 대응하는 것이다. 사회문제를 인식하여 이를 변화시킬 계획을 수립하고, 그것을 실천하여 바람직한 상태나 환경을 만들어내려는 노력이다. 따라서 가장 선행되어야 할 것은 문제를 발견하고 그것에 대한 논의를 통하여 그 원인을 규명하고 관련되는 근본적 문제들을 진단하는 것이다. 여기서 특히 현상보다 이면에 있는 문제에 대해 접근할 수 있어야 하며 동일한 문제에 대해서도 다양하게 존재하는 여러 각도에서의 설명에 관심을 가져야 한다.

### (2) 프로그램의 조직

문제에 대응하는 현실적 프로그램 조직단계에 들어가면 목적과 목표의 설정, 문제해결책의 선택, 활동업무의 분담이 이루어져야 한다.

• 목적과 목표의 설정

목적과 목표는 문제에 적절하게 연결되는 것이어야 한다. 또한 목적과 목표, 그리고 하위목표가 서로 논리적으로 연결되고 동시에 달성 가능한 것이어야 한다.

• 문제해결책의 선택

목적과 목표를 달성하여 진단된 문제를 해결하기 위한 수단을 강구하여야 한다. 이를 위해서는 자유롭게 다양한 대안을 모색하는 브레인스토밍(*brainstorming*), 대안 중 최선의 것을 선택하기 위한 대안선택 기법, 선택된 대안을 실제적으로 실천하기 위한 실천계획의 수립이 필요하다.

• 활동업무분담

의미와 가치가 있는 일인지, 팀 구성원이 수행가능한 일인지, 상호협력체계가 갖추어질 수 있는지 등을 감안하여 해결책으로 선정된 대안 내에서 업무를 추출해야 한다.

### (3) 오리엔테이션과 훈련

기관과 활동 전반에 대한 오리엔테이션과 구체적 직무에 대한 훈련을 누가, 언제, 어디서, 어떻게 실행할 것인지에 대한 방안이 마련되어야 한다. 훈련은 한편으로 사전훈련, 현직훈련, 직무전환훈련 등으로 구분되기도 한다.

(4) 프로그램의 실행

적절한 이벤트 등을 통하여 공식적으로 프로그램을 실행하고 융통성을 발휘하여 프로그램을 실행한다. 이 과정에서 지속적 모니터링과 관리가 이루어져야 한다.

(5) 평가

기획단계부터 평가방법과 시기, 절차 등이 결정되어야 한다. 평가는 프로그램 수정과 환류의 기본적 전제가 된다. 프로그램 평가는 갈수록 과학적이고 객관적 기법의 사용을 권장하고 있으므로 정량화된 지표를 포함하는 것이 좋다. 또한 자원봉사 프로그램 평가는 그 평가의 시점에 따라 프로그램 초기평가, 프로그램 중간평가, 프로그램 최종평가로 구분된다.

자원봉사 프로그램의 내용은 위와 같은 일련의 개발단계에 의한 내용과 아울러 정책적 규정과 관련된 내용을 포함하고 있어야 한다. 이것은 자원봉사자와 관리조정자 간의 관계를 보다 명료하게 만들어 현장에서 흔히 발생하는 오해의 소지를 없애고 감정적 대응을 피할 수 있다는 점에서 중요하다. 따라서 적어도 다음과 같은 규정들이 프로그램의 정책적 내용으로서 마련되어야 한다(McCurley & Lynch, 1989: 22~23).

첫째, 출석과 결석에 대한 규정이다. 자원봉사활동을 규칙적인 것으로 만들기 위해서는 이에 대한 규정이 필요하다. 가령 일정기간 이상의 무단결석에 대해서는 정해진 규제가 뒤따른다는 것이다. 이때 병이나 휴가 등에 의한 결석은 허용한다는 등의 구체적 방침을 아울러 정해야 할 것이다.

둘째, 자원봉사활동 수행을 점검하고 검토하는 절차가 결정되어야 한다. 즉, 자원봉사자의 활동에 대해 누가 어떤 방식과 주기로 점검

한다는 내용과 관련된다. 자원봉사활동의 대부분은 기관업무에 대해 기관의 직원이 자원봉사자에게 활동을 위임하는 것에 해당하므로, 본래 업무에 대한 기술과 책임을 가지는 사람이 점검하는 것이 필요하다.

셋째, 자원봉사자를 위한 혜택(*benefits*)에 대한 규정이 필요하다. 이와 관련된 것으로는 보험, 주차, 지속적 교육혜택 등이 있을 수 있다. 특히 보험은 매우 중요한 사항이다. 이는 자원봉사활동 중에 불의의 사고로 사망하거나 상해를 입을 경우에 대비하는 것이다. 우리나라에서도 최근 자원봉사자에 대한 보험제도가 일부 실시되고 있다. 한편 기관은 보험에 가입하기 전에 다음과 같은 사항을 고려해야 한다.

① 뚜렷한 위험의 유무
② 잠재적 손해(*damage*)의 중요성
③ 위험의 발생 가능성
④ 위험한 사태에 대한 대처능력 개발(자질 있는 자원봉사자 선택, 자원봉사자 훈련 강화)
⑤ 자원봉사자의 보험가입 유무
⑥ 보상범위의 한계
⑦ 자원봉사자가 보호받고 싶어하는 장소
⑧ 다른 기관들과의 연계성 등

넷째, 불만사항에 대한 처리방침도 정해두어야 한다. 자원봉사자가 활동 중에 생기는 불만사항을 전달할 수 있는 통로와 이에 대한 해결 권한의 소재 등을 명료화해야 한다. 이것은 자원봉사자가 자신의 불만을 빨리 해소할 수 있게 함으로써 자원봉사자의 만족감을 증대시킬 수 있다.

다섯째, 경비의 상환이나 지급에 대한 방침도 필요하다. 활동에 소요된 경비를 상환 또는 미리 지급해 줄 것인지, 상환하거나 미리 지급해 준다면 어떤 용도로 한정할 것인지, 그리고 모든 자원봉사자에게 실경비를 지급할 것인지 등을 정해야 한다. 자원봉사활동은 무급성이라는 비경제적 동기의 특징을 가지기는 하지만 활동에 소요될 수 있는 비용을 자원봉사자가 부담하도록 하는 것은 불필요한 문제와 갈등을 유발할 수 있다.

여섯째, 기관의 장비와 시설이용에 대한 안내와 규정이다. 자원봉사자들이 사용할 수 있는 장비와 시설에 대해서도 정해진 규칙이 있어야 한다. 그렇지 않을 경우 자원봉사자들이 충분히 효과적 활동을 하지 못하거나 혹은 무분별한 시설 및 장비의 이용이 나타날 수 있다.

일곱째, 비밀유지와 관련된 규정이 필요하다. 자원봉사자들이 활동하는 기관의 업무와 관련된 내용을 비밀로 한다는 원칙을 정해두어야 한다. 이것은 기관의 활동을 보호한다는 측면도 있지만 클라이언트의 사생활을 보호한다는 사회복지실천에서의 원리적 측면이 더 중요하다.

여덟째, 수습기간의 보호규정이다. 자원봉사활동 초기에는 자신의 활동에 대해 충분히 책임질 수 있는 능력을 갖추지 못할 수 있다. 따라서 보다 경험 있는 직원이나 동료로부터 도움을 받아 배워가며 업무를 처리하며 그에 대한 책임이 임시적으로 면제되는 수습기간에 대한 설정이 필요하다.

아홉째, 활동의 종결에 대한 내용이다. 자원봉사활동이 어느 시점 어떠한 조건에서 종결되는지에 대한 사전결정이 있어야 보다 효과적이고 책임 있는 자원봉사활동과 관리가 가능해진다.

마지막으로 기록에 대한 규정이다. 많은 경우 자원봉사자들은 자원봉사업무일지 등 여러 가지 기록을 유지하게 된다. 자원봉사사를 효과적으로 관리조정하기 위해서는 자원봉사활동에 대한 기록이 있어야 한다. 이 기록은 평가와 개선을 위한 기본적 자료가 된다. 한편으로는 자원봉사자에 의해 서비스를 받는 대상자에게 책임 있는 서비스를 제공하도록 잘못된 실천(*malpractice*)을 방지하는 기능도 갖는다.

### 3) 직원과의 관계

자원봉사 프로그램 기획은 대개 자원봉사 관리자들이 한다. 그런데 이 기획과정에서 기관의 유급직원과의 관계가 특히 중요하다. 통상 자원봉사활동 과정 중에는 직원과 자원봉사자의 갈등이 주 관심사가 된다. 하지만 기획과정에서는 기획에서 주체적 역할을 수행하는 관리자와 기관 직원과의 참여관계가 중요하다.[1)]

#### (1) 자원봉사 프로그램에 대한 직원의 태도

자원봉사자를 활용하는 것에 대해 유급직원이 항상 긍정적 인식을 가지고 있는 것은 아니다. 인력의 보충, 전문적 업무에 집중할 기회 증가 등과 같은 긍정적 효과도 있으나, 오히려 이런 이득보다 관리에 소요되는 어려움이 더 클 것이라는 인식이나 제공하는 서비스의 품질통제가 잘 이루어지지 못할 것이라는 걱정이 나타나기도 한다.

맥컬리(McCurley)와 린치(Lynch)(1989)는 자원봉사 프로그램에 대한 기관 직원의 부정적 염려를 조직적인 것과 개인적인 것, 두 가지로 나누어 설명하였다. 조직적인 것에는 통제력 상실, 서비스의 품질저하, 자원봉사자를 신뢰하기 어렵다는 인식, 법적 문제가 발생할지 모른다는 걱정 등이 해당한다. 또한 개인적인 것에는 자원봉사자 관

---

1) 이러한 의미에서 맥컬리(McCurley)와 린치(Lynch)는 자원봉사 프로그램에서 중요한 관계는 관리자와 자원봉사자 간의 단선적 관계가 아니라 관리자와 직원, 자원봉사자 간의 삼각관계임을 지적하고 이를 eternal triangle이라는 용어를 사용하여 강조하고 있다.

리 때문에 오히려 업무량이 증가하는 것, 자원봉사자 직무대체로 인한 실직의 두려움, 자원봉사자를 활용해본 경험의 부재 등으로 인한 걱정이 포함된다.

자원봉사자 활용에 대한 직원의 태도를 사정하기 위해서는 면접이나 필답 등 여러 방법을 이용하여 조사를 실행하는 것이 좋다. 조사에서 이루어져야 할 영역으로 다음 세 가지를 생각할 수 있다(McCurley & Lynch, 1989: 20).

① 직원이 자원봉사자와 함께 일해 본 경험 정도: 과거에 자원봉사자를 지도감독해 본 적이 있는가? 자원봉사자를 활용하는 기관이나 프로그램에서 일해 본 적이 있는가?
② 자원봉사자 활용에 대해 편안하게 느끼는 정도: 직원들이 자원봉사자가 해야 한다고 느끼거나 아니면 자원봉사자가 하면 안 된다고 느끼는 일들이 있는가?
③ 자원봉사자 활용에 대해 직원이 가지고 있는 우려: 법적 문제가 제기될 가능성이 있거나 직원업무의 상실 등 잠재적 걱정거리가 될 수 있는 것이 있는가?

### (2) 직원의 참여와 협력 구축

자원봉사관리자는 유급직원이 가지고 있는 자원봉사자 활용에 대한 태도를 감안하여 자원봉사 프로그램을 활성화하기 위한 노력을 경주하게 된다. 이 과정에서 유급직원의 반대가 있는 경우 이를 누르고 프로그램을 기획하고 실행하기 위해 상급자와의 관계를 통해 프로그램을 채택하도록 하는 '정치적 게임'을 활용하거나 강압적으로 직원을 '비난'해서는 안 된다.

자원봉사 프로그램이 제대로 기획되고 실행되기 위해서는 업무를 담당하는 유급직원의 협력이 필수적이다. 따라서 기본적으로 직원과의 상담과 자문을 통해 실질적 협력관계가 형성되도록 하는 것이 가장 중요하다. 이를 위해서는 자원봉사관리자의 다음과 같은 활동이 필요하다(McCurley & Lynch, 1989: 123~125).

① 자원봉사자 활용 가능성과 장점을 발견할 수 있도록 직원을 대상으로 한 '자문가'(*consultant*)로 활동한다.
② 기관의 연간계획 등 전반적 계획에 자원봉사자 활용사업을 포함하도록 한다.
③ 자원봉사 프로그램 전반에 직원이 참여하는 방안을 사전에 강구한다.
④ 자원봉사자 직무개발과정을 해당업무 유관직원과 함께 한다.
⑤ 자원봉사 프로그램에 대해 기관직원에게 오리엔테이션과 필요한 교육훈련을 실시한다.
⑥ 최고위 관리직원의 이해와 프로그램 참여방안을 마련한다.
⑦ 자원봉사 프로그램에 대한 피드백과 평가를 함께 한다.

기본적으로 자원봉사관리자는 자원봉사자들과 일하는 시간만큼 기관 직원들과 일해야 한다. 그리고 현실적으로 자원봉사자 관리업무의 상당부분은 자원봉사자들과 직접 접촉하며 일하는 기관 직원이 수행할 수밖에 없다. 이를 감안하여 기관 직원과 자원봉사관리에 대한 협력관계를 구축하는 것이 중요하다.

### 4) 자원봉사 프로그램 기획의 검토

자원봉사 프로그램 기획은 기관이 자원봉사자를 왜, 어떻게 활용하려고 하는가에 대한 구체적 결정이다. 그리고 이 결정은 자원봉사관리자뿐만 아니라 기관의 일반 직원이나 핵심 관리층과 충분히 논의

〈표 5-2〉 기획내용 체크리스트

- 자원봉사자와 함께 일하게 될 직원과 상의했는가?
- 자원봉사자와 함께 일할 직원은 자신의 역할을 분명히 인식하고 있는가?
- 각각의 위치에 맞추어 정확한 직무설명이 이루어졌는가?
- 직위별 직무설명은 각 직무에 필요한 자질과 일치하는가?
- 자원봉사자의 작업환경은 적절한지 확인되었는가?
- 각 직무에 적절한 자질을 갖춘 지원자를 찾기 위한 계획이 마련되었는가?
- 적절한 지원자와 그렇지 않은 지원자를 구별하기 위한 선발방법이 마련되었는가?
- 자원봉사자를 교육, 훈련시킬 방법과 계획이 마련되었는가?

하여 이루어지는 것이 중요하다.

어느 정도 프로그램의 기획이 완결되었다고 판단되는 경우에는 〈표 5-2〉의 체크리스트로 기획내용이 충분한가 검토해 볼 필요가 있다(McCurley & Lynch, 1989: 24~26).

## 2. 직무설계

### 1) 직무설계의 의미

직무설계란 자원봉사자가 수행할 업무에 대해 개요를 정리하는 것이다. 즉, 자원봉사가 필요한 업무를 설정하고 각 업무의 목표 및 활동시간, 활동의 구체적 내용, 활동위치 등에 대해서 명시하는 것이다.

직무설계는 자원봉사자를 모집하고자 할 때 직무에 적당한 인성과 자질을 갖춘 자원봉사자를 체계적으로 선발할 수 있도록 해주며, 자원봉사자가 자신의 활동에 대해 가질 수 있는 불필요한 오해를 방지하는 역할을 한다. 또한 설계된 직무에 따라 자원봉사자를 지도 및 감독할 수 있도록 해주며, 이후 자원봉사활동에 대해 평가하고자 할 경우 그 기준을 제공해주기 때문에 반드시 필요한 것이다.

자원봉사활동의 구체적 직무에 대한 내용이 결여되어 있을 경우 부적합한 자원봉사자를 선발할 수도 있으며, 자원봉사자와 관리조정자 나아가서는 기관간의 갈등을 불러일으킬 수도 있다. 따라서 자원봉사활동의 구체적 직무에 대한 명확한 지침이 있어야 한다. 이러한 의미에서 자원봉사자의 직무설계에 대해 다음의 전제가 이야기된다(이성록, 1995: 147).

① 대부분의 직무는 지금보다 개선될 수 있다.
② 직무내용은 직무만족과 관련성이 있다.
③ 동기부여는 직무만족과 직무를 수행하는 개인적 자유의 함수관계이다.
④ 직무설계는 개인 및 조직의 성장을 위한 수단이다.
⑤ 동기부여와 생산성은 필연적 관련성이 있다.
⑥ 인간은 창조적 표현을 위한 기회와 의미 있는 일을 추구한다.

직무를 개발하고 설계하는 가장 좋은 방법은 자원봉사자가 활동하게 될 기관의 직원과 협의과정을 통해서이다. 이때 단순히 자원봉사자들을 위해 어떤 직무를 제공할 수 있느냐는 질문은 좋지 않다. 왜냐하면 자원봉사자와 함께 활동한 경험이 없는 직원은 창조적 대답을 못할 것이기 때문이다. 따라서 다음과 같은 질문을 통해 협의하는 것이 좋다(McCurley & Lynch, 1989: 27~28).

- 당신의 직무 중 가장 좋아하는 일은 무엇인가?
- 당신의 직무 중 가장 싫어하는 일은 무엇인가?
- 당신이 항상 하고 싶었지만 시간이 없어서 못했던 활동이나 계획은 무엇인가?

이와 같은 질문은 직원이 싫어하거나 하지 못했던 일의 부담을 덜어줄 수 있는 방안을 함께 모색함으로써 직원의 자원봉사활동에 대한 인식을 제고할 수 있다.

이러한 과정에서 직원이 구체적 답변을 하지 못한다면 답변을 도와줄 수 있는 도구를 사용하는 것이 유용하다. 이 도구는 직무의 여러 유형을 나열해 놓은 '메뉴'형의 도구이다. 이 도구에는 자원봉사자들이 이미 해당기관에서 수행하고 있는 직무유형의 목록, 자원봉사자들이 지역사회의 다른 기관이나 다른 지역의 유사한 프로그램에서 수행하고 있는 직무유형의 목록, 기관에서 활용할 수 있는 자원봉사자들이 가지고 있는 기술(*skills*)의 종류 등이 포함될 수 있다. 이러한 목록들은 직원들이 자원봉사에 대해 가지고 있는 시각을 넓히고 창조적이고 효과적 자원봉사직무를 개발하도록 도와줄 수 있다.

한편으로 직무의 개발과 설계과정에서 자문해야 할 원리로 〈표 5-3〉의 내용들이 중요하게 고려되어야 한다(이강현 역, 1997: 14~15).

제이콥슨(Jacobson)은 자원봉사자들이 수행할 수 있는 과업을 결정하기 위해 직원들에게 자원봉사자 직무설계를 함께 하도록 하는 것은 유용하다고 지적하였다. 예를 들어 지난주에 수행하고 싶었지만 할 수 없었던 일들을 목록으로 작성하게 한다. 또한 시간여유가 있다면 주도하고 싶은 일이나 프로젝트들을 목록화하게 한다. 그리고 나서 이 목록 중에서 자원봉사자들이 할 수 있는 일들을 확인하고 분석한다. 선택된 일들은 일반 자원봉사자가 매주 2~3시간 정도씩 자원봉

〈표 5-3〉 자원봉사 직무개발과 설계를 위한 기본원리

① 봉사자들에게 맡길 업무는 의미 있는 것인가? 또한 기관, 프로그램, 고객들에게 유용하고 중요한 것인가?
② 업무상 요구사항이 설명되는가?
③ 그 업무가 자원봉사자들도 할 수 있는 것인가? 저녁과 주말에 나누어 일해도 되는가? 파트타임으로도 가능한가? 필요한 기술이 자원봉사자들에게서 쉽게 얻을 수 있는 것인가? 혹은 필요한 지식과 배경의 이해 면에서 쉽게 훈련받을 수 있는 것인가?
④ 자원봉사자들이 하는 일이 비용 면에서 효과적인가? 직원을 활용하는 것보다 더 많은 시간과 노력을 자원봉사자 모집과 교육에 투자하는 것은 아닌가? 자원봉사자 활용에 장단기적 계획을 가지고 있는가?
⑤ 자원봉사 프로그램을 위한 지원체제가 갖추어져 있는가? 자원봉사관리자로 활동할 사람이 있는가? 자원봉사정책, 수행과정의 세부사항, 보험체계 등이 갖추어져 있는가?
⑥ 직원들은 그 일이 자원봉사자들에게 맡겨지기를 원하는가? 자원봉사자들과 함께 일해야 하는 직원들이 그들의 역할을 이해하고 있는가?
⑦ 그 일에 적합한 기술을 가진 자원봉사자들을 파악하고 있는가?
⑧ 사람들이 이 일을 자원봉사활동으로 참여하고 싶어하는 것인가? 자원봉사자에게 보람있고 재미있는 것인가?
⑨ 자원봉사자 모집 후에 해야 할 일을 알고 있는가? 업무공간 관리를 책임질 사람들을 확보하고 있는가?
⑩ 기관이 자원봉사 프로그램에 대한 확실한 의지를 가지고 있는가? 아니면 단지 과도한 업무문제의 한 해결로 생각하는가?

사활동을 통해 수행할 수 있도록 직무설계가 이루어지면 이에 맞추어 일을 구분하고 기술서(*description*)를 작성한다. 직무기술서를 작성하는 과정은 이후 자원봉사자를 감독할 해당업무 관련직원과 함께 작성하는 것이 좋다(Jacobson, 1990: 9).

### 2) 직무설계의 구성요소

자원봉사자는 경제적 보상 없이 활동에 참여하는 사람이다. 따라서 직무가 지루하거나 흥미가 없어 보이는 경우에는 자원봉사자가 잘 모집되지 않는다. 혹은 일단 모집된 자원봉사자라도 자원봉사직무가 싫증나고 불만족스러우면 쉽게 소진되거나 중도에 탈락하곤 한다. 따라서 자원봉사활동의 직무설계는 단지 해야 할 일을 규정하고 나열하는 것 이상으로 면밀히 고려해서 이루어져야 한다.

자원봉사직무를 설계할 경우 '일'(*work*)이라기보다 '게임'(*game*)을 설계한다는 마음으로 임하면 성공적일 것이다. 게임은 참여하는 사람들의 자발적 즐거움으로 진행되기 때문이다. 게임은 실제로 사람들의 참여동기를 자극하며, 게임에 참여하는 사람들은 그들이 투여한 시간과 노력에 대해 아까워하지 않는다. 마크 트웨인의 소설 《톰 소여의 모험》에서 자신에게 부과된 벽에 페인트를 칠하는 지루한 일을 재미있는 경쟁적 놀이로 포장하여 친구들이 참여하도록 유인하는 장면은 활동에 참여하는 사람들의 동기를 잘 자극한 것으로 볼 수 있다. 이러한 노력이 자원봉사활동의 직무설계에 필요하다.

자원봉사자의 참여동기를 자극하고 효과적 자원봉사활동이 이루어질 수 있도록 직무를 설계하기 위해서는 다음의 4가지 구성요소가 강조된다(McCurley & Lynch, 1989: 30~34).

### (1) 주인의식의 부여

활동에 참여하는 자원봉사자가 활동내용을 자신의 것이라고 느낄 수 있도록 직무가 설계되어야 한다. 주인의식은 자원봉사자에게 자신의 직무에 관한 권한을 높여주고, 그 업무에 대한 자부심을 느끼게 함으로써 강화될 수 있다. 자원봉사자는 전반적 통제권을 행사할 수 있는 자신의 과업을 가짐으로써 주인의식을 가질 수 있다. 반면, 자신이 극히 파편적 단순업무를 반복하고 있다고 느끼면 업무에 대한 주인의식이 약화된다.

### (2) 생각하고 기획할 수 있는 권한의 부여

자원봉사자들은 '단순히 일만 하고 있다'는 의식 대신 '일의 방법을 결정하고 자신의 역할을 한다'는 의식을 갖게 되면 자신의 직무에 대해 보다 높은 동기를 가지게 된다. 현장에서는 자원봉사자들이 직무에 대해 단순한 집행만 하도록 직무설계가 이루어지는 경우가 많다. 그 이유는 첫째, 자원봉사자들은 단지 짧은 시간 동안만 일할 뿐이고 계속하지 않을 수도 있기 때문에 업무가 진행되는 것을 파악하는 데 어려움이 있을 것이라고 생각하는 것이다. 둘째, 일을 계획하고 결정하는 것은 직원이나 관리자의 일이고 자원봉사자는 이들이 시키는 대로 일해야 한다는 생각을 가지고 있기 때문이다. 그러나 활동대상자에게 위험이 발생할 수 있는 상황이 아니라면 자원봉사자가 '어떻게' 활동하는가에 대한 스스로의 모색과 결정이 가능한 직무설계가 동기부여를 높일 수 있다.

### (3) 결과에 대한 책임의 부여

자원봉사자들이 단지 의무적인 일련의 행위나 직무를 수행한다기보다는 나타난 결과에 대해 책임을 지고 있다는 것을 분명히 하는 것이다. 만약 자원봉사자들이 활동과정에 대한 것만이 아니라 결과 또는 성과에 대하여 책임을 진다면 그들은 그들이 한 일에 대한 성과에 관심을 집중하게 되고 이를 추구하는 과정에서 보다 큰 동기부여와 만족을 얻을 수 있다. 그러나 실제로 자원봉사 직무설계에서는 자원봉사자들이 행해야 하는 일련의 활동을 나열하는 데 그치고 자원봉사자들이 가져야 할 책임에 대해서는 계획하지 못하고 있다. 책임을 규정하기 위해서는 "자원봉사자가 행하는 활동을 통해서 얻고자 하는 결과가 무엇인가", "자원봉사활동을 통해서 어떤 변화를 얻고자 하는가"와 같은 질문을 직무설계에서 해보는 것이 유용하다.

이렇게 의도한 결과는 자원봉사자들이 활동을 시작하기 전에 알 수 있도록 해야 하며, 자원봉사활동 성과에서 의도한 결과를 얻지 못했을 경우에는 자원봉사자에게 그 해결책을 강구하도록 권한과 책임을 부여하는 것이 좋다.

### (4) 평가

직무설계에서 평가기준을 개발하는 것이 중요하다. 즉, 나타난 결과를 어떻게 평가할 것인가를 결정하는 것이다. 평가기준이 없다면 자원봉사자나 관리조정자가 자원봉사활동이 얼마나 성공적이었는지를 알기 힘들며, 따라서 자원봉사활동에 대한 적극적 동기유발이 어렵다. 평가에 대해 '심판적 기능'이라 하여 부정적 견해를 가질 수도 있으나, 자원봉사자들의 직무수행이 잘 이루어졌는지 그렇지 않은지를 말하지 않는다면 활동하는 데 적절한 자극을 줄 수 없을 것이다. 평가기준을 정하는 데에는 활동하고 있는 자원봉사자들을 참여시키는 것이 좋다. 그리고 그들에게 다음과 같이 질문하여 평가기준을 쉽게 마련할 수도 있다.

- 자원봉사활동 결과가 성공적이라는 것을 무엇으로 알 수 있는가?
- 성공적인 것을 알려주는 정보를 어떻게 얻을 수 있는가?

### 3) 직무기술서의 작성

자원봉사 직무설계과정은 직무기술서(*job description*) 작성으로 완결된다. 자원봉사자의 직무를 정확하게 규정하는 것은 성공적으로 자원봉사자를 모집하는 것뿐만 아니라 추후에 그들의 일을 평가하는 데 필수적 수단이 된다. 성문화된 업무설명은 초기 오해를 피하면서 직원이 자원봉사자들을 감독하고 평가하는 데 이용되고, 자원봉사자들의 일과 활동이 성공적으로 수행되도록 도와준다.

만약에 직무기술서 작성이 잘 되지 않을 경우 다시 한번 직무의 성격과 내용에 대해서 명확히 하도록 노력해야 한다. 이 과정에는 직원과 예비 자원봉사자가 함께 참여하는 것이 좋다. 또한 직무기술서는 반복적으로 사용되는 반영구적인 것이 되어서는 곤란하다. 같은 업무가 다음 회기에 반복되는 것으로 보일지라도 직무설계는 다시 한번 이루어져야 하며 이에 따라 직무기술서도 반드시 갱신되어야 한다.

제이콥슨(Jacobson)은 자원봉사 직무기술서가 반드시 명시적으로 밝혀주어야 할 내용을 다음과 같이 지적하였다(Jacobson, 1990: 10).

① 직무의 명칭
② 활동의 목적과 목표
③ 수행해야 할 책임과 과업
④ 자격
⑤ 활동시간
⑥ 교육 및 훈련 내용
⑦ 활동장소
⑧ 관리감독
⑨ 혜택

〈표 5-4〉 제이콥슨의 자원봉사 직무기술 항목에 따른 직무기술서의 실례

① 제목: 독거노인을 위한 국배달

② 목적: 거동이 불편한 독거노인을 위해 뜨거운 국을 집으로 배달

③ 활동내용과 책임성
- 사전에 계약한 날짜에 계획된 노선으로 20명의 수혜자에게 배달
- 이전 배달시의 용기 수거
- 정해진 수혜자들에게 음식물을 배달하고, 도움을 필요로 하는 다른 사람들을 점검

④ 필요자격
- 사회복지, 관련 전공 대학(원)생
- 편안하게 대화를 나누고 돌볼 수 있으며 노인에 대한 관심을 가진 분

⑤ 활동시간
- 월, 수, 금요일 중에서 택 1
- 오전 11:30~13:00, 16:00~17:30 중 택 1
- 월 1회 자원봉사자 모임

⑥ 교육훈련
- 지역특성 및 지리에 대한 교육
- 독거노인의 특성 및 면접방법

⑦ 장소
- 서울시 성북구 월곡동 산2번지 일대지역

⑧ 관리감독담당
- ○○복지관 재가복지팀 1급 사회복지사 ○○○

⑨ 보상 및 혜택
- 자원봉사 활동 중 사고를 대비하기 위한 자원봉사자 상해보험
- 봉사시간 중 식사제공
- 자원봉사활동 증명서

〈표 5-5〉 자원봉사 직무기술서에 포함되어야 하는 항목

| | |
|---|---|
| 프로그램 이름 | • 수행하게 될 프로그램이나 활동의 이름을 적는다.<br>• 짧고 기억하기 쉬우며 말하기 쉬운 이름으로 짓는다.<br>• 활동대상자들이 거부감을 느끼고 참여를 꺼리게 되는 부정적 단어가 들어가지 않게 한다.<br>예: 정신지체아동과 함께 하는 나들이, 가출청소년 선도를 위한 거리상담 |
| 프로그램 목적 | • 활동을 통해 무엇을 성취하고자 하는가에 관한 것으로, 자원봉사활동을 통해 달성하고자 하는 최종결과이다. 쉽고 명확하게 서술한다. |
| 프로그램 목표 | • 목적이 달성되면 도달되는 상태, 얻어지는 것들이다.<br>• 간단명료하고 실행가능하며, 그 결과를 현실적으로 평가할 수 있어야 하며, 구체적이고 측정 가능하도록 설정한다. |
| 활동내용 | • 목표달성을 위해 자원봉사자가 수행해야 할 활동을 설명한다.<br>• 무슨 활동을 어떤 기술을 가진 사람이 수행하며, 누구와 함께 하는지, 구체적 활동내용을 쓴다. |
| 자격 | • 자원봉사활동을 수행하기에 요구되는 기술이나 태도 등을 명시한다. |
| 관리체계 | • 자원봉사활동과 자원봉사자를 관리하는 사람은 누구이며, 문제가 발생하거나 변동이 생겼을 때 문의하고 의논해야 할 사람은 누구인가를 적는다. |
| 훈련제공 | • 필요한 준비를 어떻게 갖출 수 있는지에 관해 설명한다. |
| 혜택 | • 자원봉사자가 얻게 되는 보상이나 이득 등 |
| 소요시간 | • 자원봉사활동을 수행하는 시간으로서 주 몇 회, 몇 시간 등으로 명시한다. |
| 활동기간 | • 자원봉사활동이 최소한 이루어져야 하는 기간 혹은 한 번의 사이클이 운영되는 기간을 말한다. |
| 평가 | • 자원봉사활동의 결과들을 관리하고 표시할 방법과 직무수행의 성공기준을 적는다.<br>• 활동의 업적을 평가하는 기준이 있다면 제시한다. |
| 담당자 | • 활동처의 담당자의 이름과 전화번호, 전자우편 등 |

자료: 김동배, 2005, 《시민사회와 자원봉사》, 학지사.
정민자 외, 2001, 《자원봉사 길라잡이》, 양지에서 재편집.

한편 국내 기업의 자원봉사활동 지침서에서는 자원봉사 직무기술서에 포함되어야 할 항목과 작성방법에 대해 〈표 5-5〉와 같이 설명하고 이에 따른 직무기술서의 실례를 〈표 5-6〉과 같이 제시하였다(교보다솜이사회봉사단, 2006: 48~49).

〈표 5-6〉 기업의 자원봉사 직무기술서 실례

| 프로그램 이름 | • Happy birthday to you! |
|---|---|
| 프로그램 목적 | • 생일을 맞은 아동에게 다함께 축하받을 수 있는 자리를 제공해주어 따뜻한 가족애와 심리 정서적 안정을 느끼게 한다. |
| 프로그램 목표 | • 매월 '○○의 집'의 생일을 맞은 아동을 위해 생일잔치를 열어준다. |
| 활동내용 | • 월 1회 '○○의 집'을 방문하여 생일을 맞은 아동들을 위해 생일잔치를 열어준다.<br>• 생일을 맞은 아동의 사진을 찍어주고 선물을 준다. |
| 자 격 | • 아동을 이해와 사랑으로 돌보아 줄 수 있는 마음이 따뜻한 사원이면 누구나 환영<br>• 월 1회 활동에 정기적으로 꾸준히 참여가능한 사람<br>• 외근 및 내근 직원 모두 가능 |
| 관리체계 | • 자원봉사활동팀 구성추진 담당자 홍길동 대리<br>(☎ 교육지원과, 888-3333) |
| 훈련제공 | • 아동에 대한 사전 교육을 이수하고, 정기적으로 교육을 받는다.<br>• 아동을 대상으로 자원봉사활동을 수행할 때 유의해야 할 점에 대해 특히 집중적 교육을 받는다. |
| 혜 택 | • 자원봉사활동인증서 발급<br>• 자원봉사활동시간을 근무시간으로 인정함<br>• 매회 활동비 지원 |
| 소요시간 | • 월 1회 3시간<br>• 매월 셋째 주 수요일 2시-5시 |
| 활동기간 | • 2006년 1월~12월 |
| 평 가 | • 연 초에 수립한 연간 계획의 목표에 근거하여 평가 |
| 담당자 | '○○의 집' 사회복지사 ○○○, ☎ 123-4567,<br>abc123@hanamail.co.kr |

자료: 교보다솜이사회봉사단, 2006.

## 3. 자원봉사자 모집

자원봉사 프로그램의 기획과 자원봉사활동을 위한 직무설계가 이루어지고 나면 본격적 자원봉사자 모집에 들어간다.

### 1) 자원봉사자 모집의 의의와 종류

모집은 영어로 'recruit'로서 이 단어의 어원은 라틴어의 recroitre이다. 이 어원의 뜻은 "다시 성장하는 것"이라는 의미를 지니고 있다. 이에 따르면 모집은 조직의 새로운 발전을 모색하는 것이라고 할 수 있다. 모집의 뜻에 대해 Webster 사전에는 "인원을 충원함으로써 힘을 강화하는 것"이라고 되어 있다. 즉, 단지 사람을 모으는 것 이상의 의미를 가지고 있다.

자원봉사자 모집(*recruitment*)은 자원봉사자와 자원봉사자를 활용하려는 조직간의 욕구를 조화시키는 과정으로, 조직이 실행하고자 하는 일을 수행할 의사가 있는 사람을 확인하고 이를 동참시키는 것이다. 여기서 중요하게 고려되어야 하는 것은 상호간 욕구의 부합성이다. 많은 자원봉사자를 모집하는 것을 관건으로 생각하기 쉽지만 중요한 것은 무조건적 자원봉사자의 양적 충분성이 아니라, 기획된 사업을 수행하기에 적절한 자원봉사자를 확보하는 질적 충분성이다. 자원봉사활동이 무보수라고 해도 활동자와 현장의 욕구가 부합하는가는 중요한 사안이기 때문이다.

이러한 의미에서 맥컬리(McCurley)와 린치(Lynch)는 자원봉사자 모집의 문제는 충분한 인원을 모집하기 어려운 것도 있지만 이보다 더 중요하게 고려해야 할 문제는 '적절한' 자원봉사자를 모집하지 못하는 것이라고 지적하고, 자원봉사자 모집과정을 깔때기에 비유하였다(McCurley & Lynch, 1989: 42).

따라서 자원봉사자 모집은 현장의 자원봉사 프로그램의 의도 및 기획내용과 부합할 수 있는 활동욕구를 가진 적절한 자원봉사자를 충분히 확보하는 것을 의미한다. 모집을 실제로 실행하기 전에 점검해야 할 사항들은 〈표 5-7〉과 같다(이강현 역, 1997: 26~27).

모집과정은 잠재적 자원봉사자의 욕구나 상황에 대해 민감해야 한다. 성공적 자원봉사자 모집에서는 적정한 모집시기 역시 중요하다. 특히, 모집시기를 결정할 때는 잠재적 자원봉사자의 생활주기를 고려해야 한다. 예를 들어, 주부의 경우 방학보다는 학기 중 시기가 좋고 고등학생이나 대학생의 경우는 학기 중보다는 방학시기가 더 적합하다. 또한 모집시기는 1년에 한 번 집중적으로 모집하는 경우, 필요한 프로그램마다 그때그때 수시로 모집하는 경우, 일정한 기간마다 정기적으로 모집하는 방법 등이 있다(류기형 외, 1999: 210).

자원봉사자 모집 프로그램은 여러 가지로 나누어질 수 있다. 스텐젤(Stenzel)과 핀니(Feeney)는 스스로 강한 동기가 있어서 자원봉사활동에 참여하는 자기모집(*self-recruitment*), 기존의 자원봉사자나 기관 직원들을 통한 비공식적 모집(*informal recruitment*), 지역사회 내에서의 공공광고를 통한 일반적 모집(*general recruitment*)으로 구분하고 있다(류기형 역, 1999: 209~210 재인용).

또한 특별한 기술이나 자격과 관련 없는 다수의 자원봉사자를 모집하는 방법인 다수모집(*warm body recruitment*), 구체적 표적인구층을 대상으로 자원봉사자를 모집하는 표적모집(*target recruitment*), 이미 관계를 맺고 있는 자원봉사자를 중심으로 확산시키며 모집하는 동심원 모집(*concentric recruitment*), 정체성과 연계성이 강한 사람이나 조직으로 이루어진 닫힌 체계로부터의 모집인 연계성 모집(*ambient recruitment*) 등으로 구분하기도 한다(김범수 외, 2004: 100~102 재인용).

모집방법은 다양하며 획일적이지 않다. 모집하고자 하는 잠재적 자원봉사자들의 특성과 욕구에 맞추어 여러 가지 창의적 방법을 활용해야 한다. 또한 자원봉사자 모집은 그 자체의 목적 이외에도 지역사회와의 교류증진 측면도 있기 때문에, 가급적 공개적이고 많은 홍보를 통해 지역사회에 기관의 활동을 알리고 개방성을 증진한다는 측면도 동시에 고려되어야 할 필요가 있다.

〈표 5-7〉 자원봉사자 모집 전에 점검해야 할 사항

1. 현재 누가 우리를 위해서 자원봉사활동을 하고 있으며, 어떠한 업무를 하고 있는가?
2. 왜 그들이 자원봉사활동을 하고 있는가?
3. 그들은 다른 기관의 자원봉사자들과 자신들을 어떻게 비교하는가?
4. 자원봉사자들이 어디서 어떻게 활용될지를 명확히 확인했는가?
5. 자원봉사자들에게 기관의 목적과 임무를 어떻게 설명할 것인가?
6. 직원은 자원봉사자와 자원봉사자 관리자의 역할 모두를 이해하는가?
7. 각각의 업무내용을 설명할 수 있는가?
8. 자원봉사자 모집계획과 달성목표를 가지고 있는가?
9. 사용될 모집캠페인 방법이 지역사회와 우리가 원하는 예비 자원봉사자들의 계층에 잘 먹혀들겠는가?
10. 우리가 모집대상으로 하는 집단과 관련되는 조직들을 활용하는가?
11. 자원봉사자를 모집하고 면접할 숙련된 사람이 있는가?
12. 모집을 위한 면접시 어떤 질문을 할 것인가?
13. 면접시의 질문이 자원봉사자의 업무기술과 관련이 있는가?
14. 위기관리 평가를 하고 있는가?
15. 지원자들을 어떻게 평가하고 비교할 것인가?
16. 모집과 면접에서 탈락된 지원자들을 어떻게 처리할 것인가?
17. 모집과정에서 자원봉사자에게 주는 혜택을 설명해줄 수 있는가?
18. 직원은 자원봉사자 관리에 대한 교육을 받았는가?
19. 자원봉사자에게 적합한 인사관리제도를 가지고 있는가?
20. 모집활동에 참가한 모든 사람들이 자신들의 역할을 이해하는가?

## 2) 다수모집

다수모집(*warm body recruitment*)은 대중모집 혹은 대중적 모집방법이라고도 불린다. 이는 특별한 기술이 필요하지 않거나 필요한 기술을 제한된 시간 내에 쉽게 습득할 수 있어 대부분의 사람들이 수행할 수 있는 업무를 담당할 자원봉사자를 모집할 때 사용될 수 있다. 특정한 행사나 이벤트에서의 안내와 같이 단시간, 간단한 임무를 위해 많은 수의 자원봉사자가 필요할 때 효과적 방법이다. 다수모집을 위한 방법으로는 전통적으로 활용되었던 모집전략이 모두 활용 가능하다.

- 기관의 팸플릿이나 소식지, 벽보나 포스터, 전단지 등 홍보문건
- 지역 언론이나 TV, Radio, 신문 등과 같은 대중매체를 이용한 모집홍보
- 각종 지역사회행사에서 자원봉사활동에 대한 소개와 모집홍보 시간 활용
- 인터넷 활용
- 자원봉사활동 홍보와 모집을 위한 행사개최
- 지역사회 유력단체들과의 접촉
- 지역사회 교육기관과의 접촉과 홍보

다수모집은 다양한 매체와 자료 그리고 접촉경로를 활용할 수 있으나 모집과 홍보비용이라는 현실적 문제를 감안하여 모집전략이 강구되어야 한다. 또한 다수모집방법이 전통적 자원봉사자 모집방법에 해당한다고 해도 구체적으로 활용되는 방법에서는 잠재적 자원봉사자의 변화나 새로운 욕구를 즉각적으로 반영할 수 있는 참신한 매체와 자료를 동원해야 한다. 최근에는 자원봉사자 모집을 위해서도 인

터넷상의 기관 홈페이지뿐만 아니라 '카페', '미니홈페이지', '블로그' 등의 가상공간들이 활용되기도 한다.

### 3) 표적모집

표적모집(*target recruitment*)은 특정 자원봉사업무를 수행할 인구층의 특성이 결정되어 조건에 만족하는 대상으로 제한하여 자원봉사자를 모집하고자 할 때 활용되는 방법이다. 현재 그 업무를 담당하고 있는 자원봉사자들의 욕구와 배경을 검토하여 공통요소를 발견하고, 공통요소를 통해 그 일을 좋아할 수 있는 사람들을 확인하여 부합하는 대상자들을 찾아낸다. 동기욕구를 충족시켜주는 업무가 자원봉사자들을 모집하는 데 있어 관건이므로 사람들의 흥미를 유발할 수 있는 특별한 업무를 강조하는 것이 중요하다. 표적모집은 특별한 기술을 가진 자원봉사자를 모집할 때 특히 효과적이며, 어떤 심리적 특성을 가진 자원봉사자를 모집할 때도 유용하다(김범수 외, 2004: 101).

표적모집도 구체적 방법에서는 매우 다양해질 수 있다. 그러나 적절한 자원봉사자의 표적모집을 위해서는 일련의 과정을 통해 모집전략이 준비되어야 한다고 보고, 이를 확인하기 위해 다음과 같은 여덟 가지의 질문을 통해 표적모집전략이 적절히 짜여졌는가를 검토해야 한다(McCurley & Lynch, 1989: 43~57).

#### (1) 행해져야 할 일은 과연 무엇인가

자원봉사자의 욕구를 충족시킬 수 있는 기회, 즉 많은 사람을 유인할 수 있는 열쇠가 직무이다. 따라서 이 직무는 자원봉사자의 욕구와 맞아야 한다. 그런데 일반적으로 기관에서는 자원봉사자가 필요하다는 내용의 일반적 메시지만을 전달하는 경우가 있다. 최근에는 자원봉사활동 참여의 양과 종류가 다양해지고 있으며, 특히 단기 자원봉사자(*short-term volunteer*)가 늘고 있는 추세이다. 따라서 표적모집을 효과적으로 수행하기 위해서는 "우리기관 재가노인봉사팀에서 독거노인을 위한 자원봉사를 모집한다"와 같은 너무 일반적 메시지보다는 그 안에서도 다양한 구체적 업무(차량운전, 도시락 배달, 말벗과 건강체크, 가사도우미, 외출보조 등)에 대한 메시지를 줄 수 있도록 준비하는 것이 좋다.

(2) 누가 이 일을 하기를 원할 것인가

모집하고자 하는 일에 적합하다고 생각되는 잠재적 자원봉사자를 명확히 해두어야 한다. 예를 들어, 다음과 같은 질문에 대한 응답이 그 예가 될 수 있다.

- 특정한 연령대의 사람이 적절하다고 보고 원하고 있는가?
- 특정 성이나 인종의 배경을 가진 사람을 원하는가?
- 어떤 전문적 기술을 가진 사람을 원하는가?
- 종교나 학력, 건강상태 등의 측면에서 이 일에 더 잘 맞는 사람들이 누구인가?

(3) 어디서 그들을 찾을 것인가

모집하고자 하는 표적이 되는 사람들을 결정했다면 어디서 그들을 찾을 수 있는지 검토해야 한다. 그들은 지역사회 모든 곳에 존재할 수 있지만 특정 인구층마다 더 용이하게 만날 수 있는 곳은 다르다. 예를 들어, 학교·지역사회의 대형 할인마트·공연장 등의 장소에서 주로 만날 수 있는 사람이 다르다. 직접 대상자를 접촉하는 물리적 공간이 아니더라도 지역사회 케이블방송 광고를 통해 접촉이 용이할 수도 있지만, 어떤 사람들은 인터넷을 통해 접촉이 더 용이할 수도 있다. 표적이 되는 인구층을 접촉할 수 있는 장소에 대한 결정이 명확해져야 한다.

(4) 우리가 그들과 어떻게 대화해야 하는가

모집표적이 되는 잠재적 자원봉사자들에게 모집메시지를 어떻게 전달할 것인가에 대한 결정을 의미한다. 가장 효과적 방법은 쌍방의 대화이고 이를 위해서 기존의 자원봉사자나 직원들과 잠재적 자원봉사자 표적집단과의 대화의 기회를 만드는 것이 좋으나 현실적 어려움이 많이 작용한다. 이럴 경우 불가피하게 일방적 의사소통 수단인 홍보 인쇄물, 보도자료 포스터, 신문광고, 손으로 나눠주는 전단, 지역사회 매체에의 출연과 같은 방식에 의지할 수밖에 없다. 하지만 이런 일방적 의사소통의 방법일 경우라도 잠재적 자원봉사자가 문의를 요청할 수 있고, 욕구와 기술에 대해 정확히 말할 수 있도록 문의를 위한 창구를 개설해 두는 것은 중요하다.

(5) 표적이 되는 사람들의 동기욕구는 무엇인가

효과적 모집이 되기 위해서는 자원봉사자들의 일반적 동기가 무엇인가, 그리고 사람들의 유형에 따라 동기가 어떻게 달라지는가 등에 대해 알고 있어야 한다. 특히 표적모집에서는 표적이 되는 잠재적 자원봉사자의 활동참여 동기에 대한 고려가 필요하다. 그럴 경우 잠재적 자원봉사자들의 동기를 자극함으로써 자원봉사에 참여하도록 하여 성공적 모집이 될 수 있기 때문이다.

자원봉사활동에 참여하는 구체적 동기는 '친교', '지역사회 기여', '어려운 사람에 대한 도움' 등과 같이 모든 사람들에게 공통적인 것들도 있으나 '집 밖에서의 활동과 생활에 대한 경험'(주부), '모험적이고 어려운 시도와 성공을 통한 주변의 인정'(청소년층), '취업이나 전문성 고양을 위한 자원봉사활동 경력'(사회복지 등 해당 활동업무 관련 전공자), '과거의 활동을 유지하고 능력을 지역사회를 위해 발휘'(퇴직노인층) 등 특정 인구층에서 두드러지게 나타나는 동기욕구들도 있음을 감안하고 잠재적 자원봉사자에게서 두드러지게 부각될 수 있는 동기욕구를 확인해야 한다.

(6) 표적모집 대상자에게 무엇을 이야기할 것인가

표적모집의 대상이 되는 잠재적 자원봉사자에게 모집홍보를 위해 어떠한 내용을 전달해야 하는가에 대한 결정이 필요하다. 접촉과 매체이용의 현실적 한계로 모든 내용을 상세히 이야기할 수 없는 경우가 많으므로 반드시 필요한 내용을 전달해야 한다. 자원봉사활동이 필요한 사회적 욕구 및 직무에 대한 간략한 설명, 자원봉사자에게 주어지는 혜택과 의의 등 세 가지에 대한 설명이 필수적이다.

먼저 욕구에 대한 설명은 기관이 왜 자원봉사자에게 특정한 업무수행을 바라는지에 대해 언급하는 것이다. 욕구에 대해 설명할 경우에는 자원봉사자들이 자신들의 봉사활동이 사회적 욕구충족과 문제해결에 도움이 될 수 있다는 방식으로 설명하는 것이 바람직하다.

두 번째로 직무설명은 잠재적 자원봉사자로 하여금 왜 그들의 활동이 중요한지를 알게 하고 그 업무에 가치 있는 시간과 노력을 투자할 사람을 쉽게 가려 낼 수 있게 한다. 잠재적 자원봉사자에게 직무설명을 할 때 모집자는 가능한 한 생생하게 잠재적 자원봉사자들이 머리에 떠올릴 수 있도록 직무설명을 할 필요가 있다. 또한 직무설명은 과장이나 미화되는 것 없이 정직하게 해야 한다.

세 번째로 혜택은 자원봉사자들이 기관과 지역사회를 돕는 활동을 함으로써 그들 자신에게 이익이 되는 것을 어떻게 찾을 것인지 도움을 준다. 여기서 혜택은 자원봉사자에게 주어지는 구체적 보상만을 의미하는 것이 아니라 잠재적 자원봉사자가 가진 욕구가 기관에 의해 충족될 수 있다는 것을 포함한다. 예를 들어, 다양한 친교의 기회가 될 수 있다는 점, 해당 직무영역의 사회문제를 직접적으로 완화시키는 데 기여한다는 점 등은 모두 혜택에 대한 설명이 될 수 있다.

### (7) 누가 표적집단에 접촉하여 모집할 것인가

자원봉사자를 모집할 모집담당자에 대한 명확한 결정과 책임선이 필요하다. 흔히 모집담당자는 당연히 자원봉사관리자가 되어야 한다고 생각할 수 있다. 그러나 전반적 담당은 관리자가 하더라도 구체적 상황에서 표적집단을 만나고 모집홍보를 수행하는 주체는 다양하게 고려될 수 있다. 예를 들어, 이미 지원봉사자로 활동하고 있는 사람이 자원봉사자 모집을 위해 활동하는 경우 표적이 되는 잠재적 자원봉사자들과 유사성이 많아 모집 대상자들에게 신뢰를 줄 수 있는 장점도 있다. 이 밖에도 업무담당직원, 기관의 책임관리자, 지역사회의 다른 외부 관련인사 등 다양한 모집자를 활용할 수 있고 상황에 맞추어 다양한 주체를 혼합하여 활용할 수 있다.

경우에 따라서는 자원봉사자 모집을 담당하는 자원봉사자를 선발하여 전담자로 활용하거나 모집만을 담당하는 직원을 편성하는 경우도 있다. 이는 표적이 되는 잠재적 자원봉사자를 접촉하고 홍보하는 것이 가지는 중요성을 나타내는 것이다.

### (8) 모집자를 어떻게 준비시킬 것인가

표적이 되는 잠재적 자원봉사자를 접촉하고 모집할 사람들이 결정되면 이들이 모집에 나설 수 있도록 교육하고 준비시키는 과정이 필요하다. 모집자가 실제 자원봉사활동 업무영역 전담자가 아닌 경우 특히 이 과정은 중요하다. 만약 모집자가 표적집단과의 접촉과정에서 충분한 지식과 정보가 모자라 설명을 잘 못하거나 질문에 적절히 대답하지 못하는 경우 기관의 신뢰성에 손상을 초래할 수도 있다.

### 4) 자원봉사자 모집활동과 매체

모집전략이 다수모집이든 표적모집이든 간에 적절하고 효과적인 모집매체를 활용하는 것은 중요하다. 또한 단일매체만을 활용하는 것이 아니라 여러 매체를 통해 모집에 대해 지역사회에 알려야 하며 지역사회의 매체활용 변화양상에 비추어 인터넷 활용과 같이 매체를 지속적으로 변화시키고 최신화(*update*)하여야 한다. 제이콥슨은 모집은 연속적 활동이라고 말하면서 기관이 자원봉사자 모집을 위해 활용하는 대표적 매체활동을 다음과 같이 제시하고 있다(Jacobson, 1990: 13).

① 대면적(혹은 일대일) 접촉
② 슬라이드쇼나 시청각 자료를 통한 연설
③ 기관 개방이나 방문
④ 편지나 우편자료
⑤ 각종 홍보자료(스티커, 포스터 등)
⑥ 대중매체를 이용한 홍보
⑦ 전시
⑧ 뉴스레터

모집을 위해 매체를 활용하여 홍보자료를 작성할 때의 일반적 유의점은 다음과 같다. 물론 모집대상층의 특성에 따라 융통성을 가지는 것은 중요하다.

① 간결하고 호소력 있는 표현을 사용하되, 짧은 표현 속에서도 자원봉사를 하고 싶은 동기를 유발시키도록 한다.
② 지나치게 많은 내용을 담기보다는 자원봉사활동 자체에 관심을

가질 수 있게 초점화한다.

③ 자원봉사활동의 내용에 치중하기보다는 활동이 가진 의미나 가치 등을 함께 전달하여 활동의 취지나 필요성에 공감하여 참여 동기를 높인다.

④ 사람들의 이기적 동기에 호소하는 것이 효과적 홍보원칙 가운데 하나이므로, 자원봉사활동 참여를 통해 사회에만 이득이 되는 것이 아니라 참여하는 당사자들에게도 여러 가지 이득이 된다는 점도 동시에 강조한다.

맥컬리(McCurley)와 빈야드(Vineyard)는 《자원봉사 프로그램을 위한 101가지의 아이디어》라는 저서를 통해 자원봉사자 모집활동에서 필요한 구체적 활동지침을 다음과 같이 35가지로 소개하고 있다(이강현 역, 1997: 30~34 재인용).

(1) 아파트주민회 또는 부녀회를 방문하여 자원봉사자와 자원봉사자에 의해 서비스를 받고 있는 클라이언트에 관한 슬라이드나 비디오를 보여준다.

(2) 자원봉사활동에 관한 교육이 대기업의 정년 퇴직자를 위한 세미나에 하나의 강좌로 채택되도록 섭외한다.

(3) 최근 자원봉사 프로그램을 지역사회의 각급 학교 및 지역 방송·신문사에 알리고 홍보를 의뢰한다.

(4) 자원봉사활동과 기관에 관하여 연설을 한 후 관심을 가진 모든 사람들의 이름과 연락처를 빠짐없이 확인하고 가능한 한 일주일 안에 그들에게 연락을 취한다.

(5) 대규모 그룹을 상대로 설명을 할 경우는 관심 있는 지원자를 접수하고 자신의 경험을 보여줄 수 있는 여러 명의 자원봉사자를 대동하여 활용한다.

(6) 홍보를 통하여 자원봉사 모집을 지원해 줄 수 있는 지역사회 단

체·조직을 찾아 섭외한다. 그리고 그들의 정기모임에 출석하여 자원봉사 프로그램을 소개하고, 회원에게 설명서를 보내주고 그들의 게시판을 활용한다.

(7) 당신의 프로그램과 유사하거나 관련되는 일을 하고 있는 기관·단체·학교 등을 조사한다. 유사한 일에 관련된 사람들은 당신의 프로그램을 위한 자원봉사자로 모집될 가능성이 매우 높다.

(8) 모집에서 중요한 것은 홍보이다. 홍보문안은 조직의 연혁 등이 아닌 지역사회의 문제점 및 욕구와 그것들을 해결하는 데 시민이 자원봉사자로서 어떻게 도울 것인지에 관한 것으로 구성한다. 그리고 홍보문안을 신문 칼럼이나 공익란에 실을 수 있도록 섭외하거나 광고주에게 부탁하여 광고에 삽입하는 방안을 모색한다.

(9) 다른 자원봉사 그룹들과 함께 지역사회 내의 백화점이나 기업체에서 후원하는 자원봉사대회 등을 열어 홍보효과를 높인다.

(10) 신문사나 지역언론의 구인광고란 등에서 일부를 자원봉사 모집안내를 위하여 할애하여 줄 것을 요청한다. 필요하다면 광고료를 지불한다. 광고내용에 자원봉사 활동을 통하여 새로운 기술을 배우게 되고 새로운 직업분야를 탐색할 수 있음을 명기한다.

(11) 종교기관, 단체에 자원봉사 모집을 알리고 주보·회보 등을 통하여 홍보해 줄 것을 부탁한다.

(12) 당신의 기관에서 하고 있는 프로그램의 목적이 각급 학교의 교과과정에 부합된다면 담당교수나 교사에게 그것이 수업의 일환으로 할당될 수 있는지 알아본다.

(13) 회사의 인사담당자에게 자원봉사활동의 의의와 기회를 설명하고 그 회사의 정년퇴직자와 현직원들에게 자원봉사활동에 참여할 수 있도록 권장해 줄 것을 섭외한다.

(14) 집단·개인·미디어·클럽·기업 등의 자원목록을 만들고 이름과 연락처, 과거 당신 기관과의 관계, 출판물 등 도움이 되는 모든 정보를 수집한다.

(15) 어떤 특정 프로젝트에 그룹 전체를 끌어들일 수 있는 기회를 모색

하라. 예를 들어, 해변의 장애인 캠프를 위하여 스킨다이버 클럽에 안전대책을 요청할 수 있으며, 레크리에이션협회에 진행을 의뢰할 수 있고, 라이온스클럽에 스폰서 요청을 할 수도 있다.

(16) 지역사회 내의 창조적 소수의 리더들을 발굴하고 자원봉사활동에 참여하도록 하여 모집 자원봉사자로 활용한다. 그들은 자신의 동료들이 자원봉사자로서 활동하도록 가장 훌륭하게 설득할 수 있는 사람이다.

(17) 교사·목사 또는 그룹의 리더를 끌어들이려고 시도할 때 그들 그룹의 회원 중 하나가 당신을 도와 그들을 설득하는 것이 좋다. 그리고 당신이 그들 그룹의 회원으로 가입해서 그들을 납득시키는 방법도 때로는 필요하다.

(18) 잠재 자원봉사자의 입장에서 모집상담이 이루어져야 한다. 그리고 그들이 관심을 갖도록 하기 위해 무엇을 할 수 있는가? 당신 스스로에게 물어보라. 이것이 모집상담에서 가장 중요한 것이다.

(19) 한 그룹 전체를 자원봉사자로 끌어들이려고 시도할 때, 그들의 신조나 강령을 미리 파악하고 상담도중 인용하고 그들 식의 말투를 사용하라. 물론 과도함은 금물이다.

(20) 다른 사람을 자원봉사자로 참여시키려고 시도하면서 개인적으로 왜 이 직무가 자신에게 부여되었는지를 설명하는 것은 바람직하지 못하다.

(21) 항상 기관·조직의 필요에 의해서가 아니라 '클라이언트에 대한 서비스'라는 입장에서 모집 캠페인을 수행해야 한다. 사람들은 기관·조직을 위해서가 아니라 클라이언트를 위해서 일하기를 희망한다.

(22) 기업체를 끌어들이려고 시도할 때는 그들의 광고 슬로건을 파악하여 그것을 이용하여 당신의 제안내용과 방법을 구성한다.

(23) 모집될 사람들에게 그들이 수행하게 될 과업의 내용과 예상되는 소요시간 및 활동기간을 알려주고 혜택을 받게 되는 대상이 있다면 그가 누구인지를 알려준다.

(24) 억지로 사람들을 끌어들이려고 할 것이 아니라 사람들이 활동참

여를 거절할 수밖에 없는 장애요인을 해결하기 위해 노력해야 한다.

(25) 모집대상자, 특히 프로그램 참여를 거절하는 잠재적 자원봉사자가 죄의식을 갖도록 해서는 안 된다. 다음에 그에게 적절한 프로그램이 분명히 제공될 수 있을 것으로 위로하고 다음을 약속해야 한다.

(26) 사람들에게 모집상담을 할 때 정직하고 진솔하게 대한다. 수행하게 될 과업의 내용을 고의적으로 쉽거나 짧은 시간 내에 처리할 수 있다고 결코 장담해서는 안 된다.

(27) 자원봉사 모집의 철칙은 아무나 환영하는 것이 아니라 적절한 사람을 찾아내는 것이다. 바람직한 사람을 구할 수 없다고 해서 아무나 받아들여서는 안 된다.

(28) 백화점, 체인점 대형 할인마트 등에서 자원봉사 프로그램을 알리는 문안이 새겨진 포장지나 종이가방을 사용하도록 요청한다.

(29) 잠재 자원봉사자들이 부담을 느끼지 않도록 가능하면 과업의 1회 단위량을 작게 나누어 구성하고 이를 잠재 자원봉사자들에게 알려준다. 과도·과소하지 않도록 적절히 편성해야 한다.

(30) 자원봉사자를 모집할 때 과업의 내용과 성격, 그리고 책임을 자세히 설명하지 않고 과업의 타이틀만 내세워서는 안 된다. 예를 들어, 비서직이라고 하면 사람마다 제각기 여러 가지 상상을 할 수 있기 때문에 혼란이 일어난다.

(31) 모집된 사람들이 수행하게 될 전반적 과업유형에 대한 일람표를 작성하여 제시해야 한다. 그것은 다른 사람들과 함께 일하는 자원봉사자들에게 각각의 개인적 역할을 명확하게 이해시킬 수 있다.

(32) 항상 직무설계서를 제공하라. 비록 직무설계서가 하나의 문장으로 된 간단한 내용일지라도 이 방법은 자원봉사 책임업무를 명확히 알 수 있게 하는 방법이 된다.

(33) 직원이나 자원봉사관리자가 할 일과 자원봉사자가 할 일이 명확히 구별되고 확인되기 전에 자원봉사자를 모집해서는 안 된다.

(34) 현재 활동하고 있는 기존의 자원봉사자들에게 그의 친구들을 자원봉사자로 모집할 것을 권유한다. 초청 다과회 등의 프로그램을 통한 회원배가운동도 좋은 방법이다.

(35) 철도역, 버스터미널, 공항이나 종합병원, 아파트 단지, 극장 등 사람이 많이 모이는 장소의 게시판에 모집광고 포스터를 부착하거나 안내 팸플릿을 상시 비치해 둔다.

다음의 〈그림 5-1〉과 〈그림 5-2〉는 각기 자원봉사자 모집 홍보문의 실제 사례이다. 〈그림 5-1〉은 기업의 자원봉사모임에서 신규회원을 모집하는 홍보문이고, 〈그림 5-2〉는 사회복지관에서 자원봉사자를 모집하는 홍보문의 사례이다.

자원봉사자 모집홍보에는 가입신청양식이 함께 준비되는 것이 일반적이다. 가입신청의 번거로움을 피하기 위해 처음 가입신청은 구두나 유선으로 간단히 하고 이후 필요한 절차로 자원봉사카드 등을 작성하기도 한다. 그러나 기본적 신청서식은 사전에 갖추어져야 한다. 〈그림 5-3〉은 자원봉사동아리에서의 가입신청서 사례이다. 〈그림 5-4〉는 사회복지관에서 활용되는 자원봉사자카드의 실례이다.

〈그림 5-1〉 기업의 자원봉사팀원 모집홍보문

**자원봉사는 재미없다? Oh, no~**
**자원봉사자는 모두 천사들이다? Oh, no~**
**자원봉사활동은 여유가 있어야 한다? Oh, no~**

**이제 곧, 당신의 고정관념이 깨집니다.**

우리 회사의 내외근직원을 대상으로 자원봉사팀을 구성하기 위해 팀원을 모집합니다. 자원봉사활동에 관심이 있었지만 선뜻 하기 어려웠거나 어디서부터 어떻게 해야 할지 몰라 망설이기만 했던 모든 분들은 이번 기회를 통해 자원봉사활동에 참여해보시기 바랍니다.

우리 주변에 있는 소외되고 어려운 이웃에게 관심과 사랑을 보내고 나눔을 실천하는 생활을 통해 '함께 하는 사회, 더불어 사는 공동체'를 만들어 나갑시다.

진정 아름다운 당신, 당신의 능력을 보여주세요!

★ 모집기간: 2006년 2월 1일 ~ 2월 28일
★ 신청방법: 아래의 담당자에게 이메일이나 전화로 신청
★ 담 당 자: ○○지점 김 ○○○
(☎ 888-8888, ○○○@○○○.net)

〈그림 5-2〉 사회복지관의 자원봉사자 모집홍보문

## 영어강사(유급자원봉사) 모집

안녕하세요
○○구 ○동에 위치한 종합사회복지관입니다.

저희 복지관에서는 지역 내 어르신들에게 영어를 배울 수 있는 기회를 드리고자 어르신 영어 초급교실을 개설합니다. 어르신들은 배우고 싶은 열정을 갖고 계시지만 영어에 대한 기본적 능력은 첫걸음을 떼는 아기와 같습니다. 저희 어르신들께 즐거운 마음과 열정으로 가족같이 영어를 가르쳐 주실 자원봉사자 분을 모집합니다.

감사합니다.

기 관 명: ○○종합사회복지관
모집기간: 2006년 8월 4일(금)~8월 11일(금)
신청: 전화 및 메일
홈페이지: http://○○○○.○○.○○
문의: 김○○ 사회복지사(02-○○○-○○○○, ○○○○@○○○○.○○○)
참고 : 자원봉사 활동 확인증 발급

〈그림 5-3〉 자원봉사동아리의 가입신청서 사례

## 자원봉사활동 신청서

| 이 름 | | 소속 | |
|---|---|---|---|
| **전화번호 및 이메일** | * 사무실: * 핸드폰:<br>* 집:<br>* 이메일: | | |
| **대상별 희망분야** (우선순위별로 2개 체크) | 영유아( ) 아 동( ) 청소년( ) 어르신( )<br>여 성( ) 장애인( ) 시민단체( )<br>기타(구체적으로: ) | | |
| **활동내용별 희망분야** (우선순위별로 2개 체크) | 아동 청소년 학습지도 ( )<br>장애인/어르신 외출보조 ( )<br>문서업무 ( ) 상담 ( ) 노력봉사 ( )<br>기타 (구체적으로: ) | | |
| **활동가능일** | 월1회 ( ) 매월 주 요일, 시 ~ 시<br>주1회 ( ) 매주 요일, 시 ~ 시 | | |
| 자원봉사활동에 활용 가능한 특기나 기술 등 | 구체적으로 : | | |
| **신청동기** | | | |
| **참여경로** | 동료 및 친구의 소개( ) 홍보매체 ( )<br>자원봉사코디네이터 ( ) 교육 ( )<br>기타: | | |
| **자원봉사활동 경험** | | | |
| **기 타** | | | |

본인은 자원봉사팀의 일원으로 자원봉사활동을 하고자 신청하며, 활동대상자를 존중하고 이해하고자 노력하며, 성실하고 책임감 있는 자세로 활동에 임할 것을 약속합니다.

200 년 월 일

신청자 (서명)

〈그림 5-4〉 사회복지관의 자원봉사자 카드 사례

## 자원봉사자 등록카드

번호 : 접수일시 : 년 월 일 접수자 :

<table>
<tr><td>대상<br>구분</td><td colspan="8">개인( ) / 단체(명 : )</td></tr>
<tr><td>성명</td><td colspan="2"></td><td>성별</td><td>남 여</td><td>연령</td><td></td><td>결혼</td><td>기혼 미혼</td></tr>
<tr><td>생년<br>월일</td><td colspan="4">년 월 일 ( 음, 양 )</td><td>주민등록<br>번호</td><td colspan="3"></td></tr>
<tr><td rowspan="2">주 소</td><td colspan="8">자택:<br>전화번호 :</td></tr>
<tr><td colspan="8">직장:<br>전화번호:</td></tr>
<tr><td>연락처</td><td>휴 대 폰</td><td colspan="3"></td><td>이 메 일</td><td colspan="3"></td></tr>
<tr><td rowspan="4">가족<br>사항</td><td>관계</td><td>성명</td><td>연령</td><td>학력</td><td>직업</td><td>동거<br>여부</td><td colspan="2">비고</td></tr>
<tr><td></td><td></td><td></td><td></td><td></td><td></td><td colspan="2"></td></tr>
<tr><td></td><td></td><td></td><td></td><td></td><td></td><td colspan="2"></td></tr>
<tr><td></td><td></td><td></td><td></td><td></td><td></td><td colspan="2"></td></tr>
<tr><td>직 업</td><td colspan="6">학생( ) 주부( ) 회사원( ) 공무원( ) 무직( )<br>기타( )</td><td>종 교</td><td></td></tr>
<tr><td rowspan="2">학 력</td><td colspan="8">(대)학교 학년(과) 반(학년) 번호(학번)</td></tr>
<tr><td colspan="8">미취학( ) 초 · 재( ) 초 · 졸( ) 중 · 재( ) 중 · 졸( ) 고 · 재( ) 고 · 졸( )<br>대 · 재( ) 대 · 졸( ) 대학원 · 재( ) 대학원 · 졸( )<br>기타( )</td></tr>
<tr><td>참여동기</td><td colspan="8">이웃봉사( ) 자기발전( ) 지역발전( ) 여가선용( ) 종교 신념( )<br>경험축적( ) 학교권유( ) 기타( )</td></tr>
<tr><td>참여경로</td><td colspan="8">직원소개( ) 개인소개( ) 소식지( ) 홍보전단지( ) 신문방송( )<br>지역신문( ) 학교( ) 종교단체( )<br>기타( )</td></tr>
<tr><td colspan="9">희 망 봉 사 활 동 프 로 그 램</td></tr>
<tr><td colspan="2">가 족 복 지</td><td colspan="3">재 가 복 지</td><td colspan="2">지 역 복 지</td><td colspan="2">기 타</td></tr>
<tr><td colspan="2"></td><td colspan="3"></td><td colspan="2"></td><td colspan="2"></td></tr>
<tr><td>봉사가능시간</td><td colspan="2">주 ( ) 회</td><td colspan="3">요일</td><td colspan="3">: - :</td></tr>
<tr><td>비고</td><td colspan="8"></td></tr>
</table>

○○종합사회복지관

# 선발과 면접 제6장

## 1. 선발과 면접의 의의

### 1) 선발과 면접, 배치

모집과정을 통해 잠재적 자원봉사자들이 자원봉사 기관에 연결되었다고 해도 이들이 아직 활동에 참여하는 자원봉사자가 된 것은 아니다. 비록 급여를 받는 직업활동이 아니라 해도 자원봉사활동은 수요자와 공급자 상호간의 욕구가 일치되었을 때 활동하는 공적인 것이므로 모집에 응한 신청이 곧장 활동과 연결된다고 할 수는 없다.

과거 사회복지현장 등에서는 자원의 절대적 부족으로 인해 많은 수의 자원봉사자를 확보하는 것만이 관심사가 되기도 하였다. 이에 따라 모집에 응한 신청자의 적절성을 검토하지 않고 모든 신청자를 자원봉사 자원으로 활용하는 경우도 있었다. 그러나 신청자가 되었다는 것은 실제 활동에 임하는 자원봉사자가 되었다는 것과는 전혀 다른 의미이다. 신청자는 잠재적 자원봉사 자원이며 이들을 실제 활동하는 자원봉사자로서 적절한지를 확인하는 절차가 이루어진다.

잠재적 자원봉사자와 기관이 가지고 있는 욕구가 서로 조화될 수 있는 것인지를 알아보고 적절한 자원봉사자를 뽑는 것이 선발(*screening*) 과정이다. 자원봉사자 모집과 신청과정에서 어느 정도 양측의 공유점에 대해 확인하여야 하지만 모집과정까지는 기관과 잠재적 자원봉사자와의 충분한 의사소통이 이루어지지 못하는 경우가 많다. 따라서 선발과정을 통해 자원봉사자와 기관의 욕구가 일치하는 부분을 최종적으로 확인하고 선발한다.

모집과정을 통해 자원봉사활동을 신청한 사람들 모두가 기관의 업무에 적절한 사람일 가능성은 드물다. 따라서 자원봉사 신청자 중 계획된 자원봉사활동에 가장 적절한 사람을 선발하는 것이 중요하다. 선발을 위해 사용되는 가장 보편적 방법이 면접(*interview*) 이다. 즉, 면접은 선발을 위해 활용되는 방법이다.[1] 면접을 통해서 적절한 사람을 선발하고 이들을 주어진 과업에 배치한다.[2]

기관이 자원봉사자들의 서비스로부터 최대의 혜택을 기대하고 자원봉사자들 역시 만족을 얻게 하려면 세심한 과정을 통해서 선발하고 그들에게 가장 잘 부합하는 업무를 부여해서 배치하는 작업을 완료해야 한다. 그리고 이때에는 면접이 가장 정확한 판단을 내리도록 도와주는 일반적 방법이다.

---

1) 물론 선발을 위해서 면접만이 유일한 방법은 아니며, 여러 다른 방법이 대신 활용될 수도 있고, 혹은 혼합되어 활용될 수도 있다. 한편에서는 면접의 기술이 자원봉사관리과정에서 선발에서만 사용되는 것이 아니라 다른 단계, 예를 들어 교육훈련이나 슈퍼비전 혹은 평가나 해고를 위해서도 사용된다. 그러나 여기서는 자원봉사 관리과정 중 하나로서의 선발(*screening*), 그리고 선발에서 가장 많이 사용되는 방법으로서 면접(*interview*) 의 용어를 사용한다.

2) 경우에 따라서는 배치가 선발과정의 다음이 아니라 교육훈련단계의 다음에 위치하는 것으로 보기도 한다. 그러나 선발과 배치가 이루어진 후에 교육훈련이 이루어지곤 하므로 선발과정에 배치를 연결지어 살펴보는 것이 무리가 없다.

〈그림 6-1〉 자원봉사자 선발

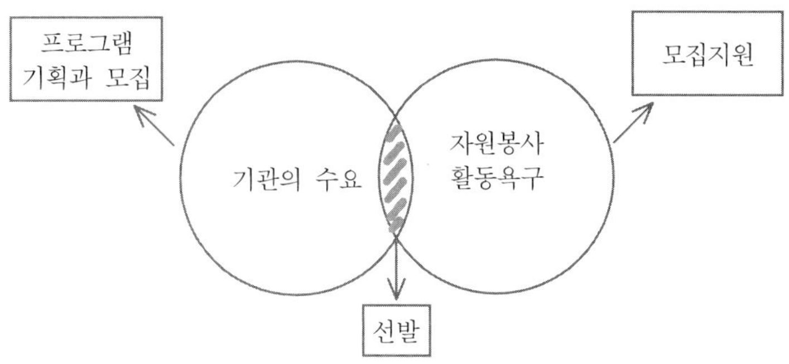


면접과정을 통해서 자원봉사자 개개인은 자원봉사 활동에 대한 자신의 기대나 목표 그리고 참여에의 진정한 동기들을 확인할 수 있어야 하고, 이에 적합한 업무가 부여되어야 한다. 적절한 사람을 적합하고 잘 계획된 업무에 배치하는 것이 자원봉사관리자에게도 가장 보람 있는 경험이 된다. 자원봉사관리자에게 가장 중요한 것은 기관을 위해서 무엇인가를 생산하는 것에만 있는 것이 아니고 이와 아울러 자원봉사자 개개인을 성장·발달시키는 경험을 통해 이들의 활동이 유용한 자원이 되게끔 하는 데 있다.

면접과정에서는 설계된 직무기술서를 통해 각 자원봉사직책의 요구조건들을 상세히 설명해주고 상호의견 및 정보교환을 통해 자원봉사자 개개인의 동기, 의욕 그리고 구체적 목표들이 결정되고 이들 정보를 바탕으로 최종적으로 업무가 배정되어야 한다. 이와 같이 각 기관의 면접은 적절한 배치를 결정할 수 있도록 구조화되어야 하며 자원봉사자들로 하여금 업무를 보다 잘 이해하고 업무가 실제로 자신들이 원하는 것인지, 그리고 자신들이 수행할 수 있는 자격이 있는지를 결정할 수 있게 해야 한다(조휘일, 1996: 36).

면접을 거쳐 선발되는 지원자는 직무로 배치되는 것이 후속조치가 되지만 선발되지 못한 지원자에 대해서는 간과하기 쉽다. 이들에 대해서도 충분히 배려하고 후속조치를 취해야 한다. 자원봉사자의 활용에는 지역사회와의 교류증진이라는 측면이 포함되기에 이는 더욱 중요하다. 선발되지 못한 자원봉사 지원자에 대해서는 선발되지 못했다는 사실을 분명하게 전달함과 동시에 정중한 태도로 신청과 관심에 대해 감사를 표명할 필요가 있다. 선발된 신청자에 대해서만 통보하는 방식은 자원봉사자 모집과 선발에서는 적절치 못하다. 또한 선발되지 못한 지원자가 관심을 보인 활동에 대해 다른 기관이나 활동처로의 의뢰(*refer*)나 추가적 정보제공 등 후속조치가 필요하다.

### 2) 선발의 의의와 필요성

선발은 하나의 협상과정(*negotiation process*)으로 볼 수 있다. 이 협상과정을 통해 기관과 자원봉사자 욕구 사이의 양립가능성을 결정하는 것이다. 선발은 계획된 자원봉사활동을 수행하는 데 필요한 자질과 기술을 갖춘 자원봉사자를 얻기 위한 과정이다. 모집 캠페인을 통해 자원봉사활동을 신청한 사람들을 모두 자원봉사자로 활용하면 좋겠지만, 모두가 적합한 사람일 수는 없다. 그리고 어떠한 지원자가 적합한가 하는 기준은 선발의 상황마다 다양하다. 따라서 선발에서 적용되는 구체적 기준은 항상 달라진다.

선발과정에서 얻어야 할 일반적 사항으로 부합성, 모집과정의 지속성, 마케팅을 들곤 한다(McCurley & Lynch, 1989: 62~63).

① 부합성(*fit*): 선발과정을 통해서 기관과 자원봉사자 욕구, 이해관계가 잘 부합하는지 명확히 해야 한다. 자원봉사자가 그 일을 하는 데 흥미와 필요한 자격을 가지고 있는지, 작업환경에 대한 적절성을 가지고 있는지 등을 확인해야 한다. 여기서 적

절성(*rightness*)은 자원봉사자의 개성, 행동, 스타일 등이 일할 환경요소와 잘 맞는 것인지를 말한다.

② 모집과정: 선발이 종결될 때까지는 모집과정이 지속되고 있음을 인식하고 모집과정의 연속선상에서 자원봉사자에 대한 선발과정을 운영해야 한다.

③ 마케팅: 선발과정의 진행을 통해서 기관의 모집노력과 운영 효과성에 대해 사정할 수 있는 마케팅 정보를 확보할 필요가 있다.

모집과정을 통해 응모한 자원봉사자 중에서 적절한 자원봉사자와 부적절한, 즉 기관의 업무와 상황에 맞지 않는 자원봉사자를 구별하는 것이 선발과정의 핵심이 되는데, 이는 적절치 못한 자원봉사자를 활용하게 될 경우의 위험성과 관련된다. 적절치 못한 자원봉사자를 활용할 경우의 위험성은 다음과 같다.

첫째, 잘못된 실천(*malpractice*)이 나타날 위험이 있다. 적절하지 못한 자원봉사자들은 기관의 클라이언트들에게 상처를 입힐 수가 있다. 클라이언트는 도움이 필요한 사람들이지만, 자원봉사자와 관련된 어떠한 일들로부터도 상처를 입어서는 곤란하다. 자질이 있고 적절한 자원봉사자만이 클라이언트에게 상처를 주지 않고 자원봉사활동을 할 수 있다.

둘째, 자질이 없고 적절치 못한 자원봉사자들은 기관의 평판을 나쁘게 만든다. 기관의 평판이나 이미지는 그 기관에 소속된 자원봉사자들로부터도 영향을 받는다. 자질 없는 자원봉사자는 기관의 평판을 나쁘게 만들며, 나쁜 평판을 듣는 기관은 클라이언트를 위한 훌륭한 서비스를 제공하기 어렵다.

셋째, 적절하지 못한 자원봉사자는 클라이언트나 기관뿐만 아니라 그 기관의 직원이나 자원봉사관리자, 그리고 더 중요하게는 자원봉사자 자신을 힘들게 한다. 자신에게 맞지 않는 활동은 스스로를 고통스럽게 할 뿐이다.

### 3) 면접의 의의

면접은 적절한 자원봉사자를 선발해내기 위한 방법 중의 하나로 상호성을 가지는 방법이라는 측면에서 특징이 있다. 일반적으로 지원자들을 선발하기 위한 방법으로는 서류전형, 필답시험, 면접 등의 방법이 사용된다. 자원봉사자를 선발하기 위한 방법으로는 면접이 가장 오래 사용되었고, 가장 보편적으로 사용되고 있다. 면접의 방법이 보편적으로 사용되는 이유는 자원봉사활동이 대인적 서비스인 경우가 많은데 이를 제공하기 위해서는 단순한 기술뿐만 아니라 인간에 대한 이해와 자질이 필요하고, 이는 표면상의 경력이나 학력 또는 지식의 정도 등으로는 정확하게 알 수 없기 때문이다.

면접(*interview*)은 '서로'(*inter*)라는 말과 '바라봄'(*view*)이라는 말의 합성어로서 '어떤 목적을 위한 상호작용'이라는 의미가 된다. 즉, 일방적 서류전형이나 필답시험보다 상호작용을 통해서 서로의 필요성과 목적성을 조절해나간다는 의미가 있는 것이다. 따라서 자원봉사자가 지니고 있는 활동의 동기나 성격이나 자질 등을 서로간의 대화를 통해서 자세히 파악하고, 이들의 특성과 자원봉사업무를 적절히 조정해 나갈 수 있게 된다. 따라서 면접 방법은 적절한 자원봉사자를 선발하는 데 가장 중요한 방법이라고 할 수 있다.

자원봉사활동 지원자와 관리자 사이의 상호작용으로 이루어지는 면접은 다음과 같은 의의가 있다. 첫째, 면접은 실제로 자원봉사활동을 하게 될 자원봉사자와 관리자의 첫 만남이 이루어지는 지점이다. 첫 만남의 인상은 이후의 활동에도 장기간 영향을 미치게 된다. 따라서 면접에서 자원봉사활동 신청자들에게 기관에 대한 좋은 인상을 심어주는 것은 중요하다. 또한, 면접과정을 통해 자원봉사활동을 거절당한 신청자들도 면접시에 가진 느낌이 좋고 이해의 정도가 깊다면 이후에 자신에게 적절한 자원봉사활동을 찾으려 할 것이다.

둘째, 면접은 자원봉사활동 지원자 개인의 목표와 자원봉사자를 육성하고 지원하는 관리자의 조직목표를 일치시키는 과정이다. 즉, 면접을 통하여 양자의 목표가 일치하는 합일점을 성공적으로 찾아내지 못한다면 자원봉사활동은 시작되지 못할 것이며, 무리하게 시작되더라고 곧 중단될 가능성이 매우 높은 것이다(이성록, 1995: 193).

## 2. 면접의 준비

### 1) 면접을 위한 준비사항

면접은 적절한 자원봉사자를 선택하는 과정에서 가장 중요한 역할을 하는 것이므로 사전에 많은 준비를 해야 한다. 서로간에 시간을 할애하여 그냥 만나는 것 이상의 의미를 가지는 것이므로 면접을 하기 전에는 다음과 같은 사항이 준비되어야 한다(Jacobson, 1990: 14).

① 면접의 목표를 구체화해야 한다.
② 자원봉사자에 대한 배경적 정보를 검토해야 한다.
③ 지원서, 자원봉사계약서, 직무설계서 등 필요한 자료들을 수집해야 한다.
④ 면접을 시작할 방법과 중요하다고 생각되는 요점이나 주제를 미리 생각해 두어야 한다.
⑤ 면접을 하는 동안 방해가 될 수 있는 요인을 미리 제거해야 한다.
⑥ 면접이 편안하게 진행되도록 적절하고 편안한 자리와 프라이버

시가 보장되어야 한다.

⑦ 개방형 질문을 사용하는 것이 좋다.

⑧ 기관, 프로그램, 클라이언트 등에 대한 정보를 제공할 수 있어야 한다.

⑨ 적절한 자원봉사 업무에 대해 함께 상호적으로 결정해야 한다.

⑩ 자원봉사자가 수행할 일의 책임성에 대해 설명해야 한다.

⑪ 자원봉사자, 기관, 클라이언트 각각의 기대에 대해 논의해야 한다.

⑫ 자원봉사활동에 할애할 수 있는 시간의 정도와 활동을 시작할 날짜를 정해야 한다.

⑬ 자원봉사 계약서를 검토하고 필요사항을 기입해야 한다.

⑭ 논의중인 프로그램이 부적합하다면 다른 기관이나 프로그램에 의뢰되어야 한다.

이상의 내용에 대한 준비가 완료된 다음에 지원자와의 접촉이 이루어져야 한다. 그렇지 않고 즉흥적으로 접촉이 이루어질 경우에는 면접과정에서 원하는 지원자 선발이 어렵게 된다.

### 2) 면접자

면접을 진행할 면접자로는 많은 경우 자원봉사관리자가 활동하게 되지만 기관의 상황에 따라서는 그렇지 않은 경우도 있다. 기관의 상급직원, 자원봉사자의 활동 해당 직무를 담당하는 직원, 기존의 자원봉사자가 면접자가 될 수도 있다. 또 면접자는 혼자가 되기도 하고 복수의 면접자가 면접을 실행하기도 한다. 이상적으로는 유급직원과 관리자가 함께 면접을 진행하는 것이 좋다. 따라서 자원봉사관리자는 초기 기획에서 면접을 기존 직원과 함께 진행할 수 있도록 협조관계를 구축하는 것이 중요하다.

면접은 단순한 대화와는 다른 체계적이고 목적의식이 있는 과정이며, 지원자와의 상호작용으로 이루어진다. 따라서 면접에 임하는 면접자에게는 다음과 같은 자질이 요구된다(McCurley & Lynch, 1989: 64).

첫째, 기관과 기관의 목적에 대해서 그리고 이와 관련되어 수행하게 될 자원봉사활동 업무에 대한 충분한 지식을 가지고 이를 설명할 수 있는 능력을 갖추고 있어야 한다. 면접은 상호작용이므로 자원봉사활동 지원자로부터 기관과 자원봉사활동 업무에 대해 많은 질문이 나올 수 있으며 면접자는 이에 대해 명확히 설명할 수 있어야 한다.

둘째, 융통성을 가지면서도 면접의 조직적 절차와 내용을 견지할 수 있어야 하며 자원봉사자와 협상할 수 있는 능력을 갖추어야 한다. 면접은 단순한 대화가 아니므로 자원봉사자와 융통성 있는 대화 속에서도 필요한 내용들을 명확히 주고받는 초점 있는 과정이 되도록 해야 하며 이 과정에서 기관과 자원봉사자 사이의 기대와 욕구를 협상하고 조절할 수 있는 능력이 필요하다.

셋째, 정중하게 거절할 수 있는 능력을 가져야 한다. 지원자가 기관에 맞지 않는다고 판단될 경우 거절할 수 있어야 하는데 자칫하면 이 과정에서 서로 감정을 상하게 하는 일이 발생할 수 있다. 그런 상황이 발생하지 않도록 대화를 명확하면서도 우호적으로 이끌어갈 수 있어야 한다.

한편 맥컬리(McCurley)와 빈야드(Vineyard)는 이와 유사하게 자원봉사관리에서 유능한 면접자가 되기 위한 15가지의 조건을 다음과 같이 제시하고 있다(이강현 역, 1997: 42).

① 기관과 자원봉사업무에 대한 폭넓은 지식
② 직원과 그들의 독특한 사고와 행동에 대한 지식
③ 다양한 사람들과 유대를 맺는 능력

④ 처음 만난 사람과 자연스럽게 대화하는 능력
⑤ 주의 깊게 듣고 내용을 분별하는 능력
⑥ 후속 질문을 할 수 있는 능력
⑦ 간단명료하게 말하는 능력
⑧ 면접시 상대방에게 좌우한다는 느낌 없이 합의사항에 따르도록 하는 능력
⑨ 비지시적 방법으로 면접하는 기술
⑩ 면접시에 자원봉사활동에 대한 동기를 부여하는 능력
⑪ 동기화와 감정이입의 능력
⑫ 기관과 프로그램에 대한 사명감
⑬ 정중하게 거절할 수도, 자진해서 일을 할 수도 있는 능력
⑭ 상대방의 입장에서 이해하는 능력
⑮ 때로는 '모른다'고 솔직하게 말하는 태도

### 3) 면접의 환경

자원봉사자 선발을 위한 면접을 수행하는 장소는 여러 가지이다. 면접장소는 프라이버시가 존중되고 편안한 느낌을 주는 곳이어야 한다. 적어도 면접만큼은 공개된 장소나 다른 사람들이 있는 곳에서 이루어져서는 안 된다(McCurley & Lynch, 1989: 63).

자원봉사자 선발을 위한 면접 장소나 시간 등 환경요소의 적절성은 사회복지실천 일반에서 면접에 대한 환경을 구비하는 것과 비슷한 원칙에 따르는 것으로 볼 수 있다.

면접이 이루어지는 장소에 따라 면접의 전체적 인상이 큰 영향을 받는다. 조용하면서 프라이버시가 보장되고 면접시간 동안은 다른 업무나 외부환경에 방해받지 않을 수 있도록 집중할 수 있는 환경이 필요하다. 면접실은 딱딱한 느낌은 최대한 피하고 안락하고 마음의

여유를 느낄 수 있게 구성해야 한다. 문을 열었을 때 정면에 책상이 있고 그 뒤에 면접자가 앉아있다면 매우 권위적 느낌이 들어 적절치 못할 것이다. 편안한 의자에서 낮은 탁자를 사이에 두고 마주 앉거나 책상이나 테이블이라면 서로 90도 정도의 각도로 앉을 수 있는 자리 배치가 부담을 덜어줄 것이다. 조명도 강하지 않은 간접조명이 좋다(엄명용 외, 2000: 192).

면접이 이루어지는 방식은 반드시 대면방식이 아니라 전화를 통한 방법도 있을 수 있다. 그러나 가급적이면 직접 접촉하여 일대일 대면 면접을 수행하는 것이 권장되고 있다. 이는 상호작용과정과 관찰을 통해 지원자에 대해 더 많은 것을 정확히 파악할 수 있기 때문이다.

## 3. 면접의 기술과 내용

면접은 사회복지실천 전반에서 가장 많이 사용되는 방법이다. 자원봉사관리에서 자원봉사자 선발을 위한 면접은 클라이언트와 접촉하는 면접은 아니라는 점에서 일반 사회복지실천에서의 면접과는 큰 차이가 있다. 그러나 비록 클라이언트와의 치료지향적 혹은 변화지향적 면접은 아니라고 해도 면접과 면접관계 속에서 통용되는 원칙과 기술은 기본적으로 동일한 것으로 볼 수 있다.

따라서 개별화, 의도적 감정표현, 통제된 정서적 관여, 수용, 비심판적 태도, 자기결정, 비밀보장이라는 일반 면접관계에서의 기본원리가 가지는 내용은 자원봉사자 면접에서도 역시 중요성을 가진다. 또한 언어적 비언어적 의사소통을 통해 면접을 원활히 하는 일반 사회복지실천에서의 기본기술도 유사하게 적용된다.

면접은 자원봉사활동을 하려는 지원자와 자원봉사관리자가 처음으로 대면하는 계기가 되곤 한다. 따라서 무엇보다도 면접자와 피면접자 사이에는 공동의 목표를 가진 인격적 만남으로서 라포르(*rapport*)가 형성되어야 한다. 라포르가 형성되지 않을 경우 면접자와 피면접자의 관계는 단순한 정보를 주고받는 관계에 지나지 않지만, 라포르가 형성되었을 경우에는 인격적 만남으로서 피면접자의 정서나 성격 등에 대해서도 충분히 알 수 있게 된다.

물론 행정적 측면에서 지원자와 충분한 개별면접을 실행할 수 있는 시간적 여유가 없을 수도 있다. 그러나 이는 자원봉사 프로그램 기획에서 선발과 면접을 위한 충분한 여유를 확보함으로써 해결해야 할 문제이고 면접을 소홀히 혹은 사무적으로 진행하고 면접시간을 절약하는 방식으로 해결을 도모해서는 곤란하다.[3)]

성공적 면접을 위한 전략을 일련의 단계로 표현하여 〈표 6-1〉과 같이 제시하기도 한다(류기형 외, 1999: 195).

면접기술의 다양한 측면 중에서도 자원봉사자 관리에서의 면접기술에서 가장 중요한 요소로는 적절하게 질문하는 질문기술과 정확하게 들을 수 있는 경청기술을 꼽을 수 있다(이성록, 1995: 206).

### 1) 질 문

질문은 선발을 위해 면접자가 지원자로부터 얻어야 할 정보를 얻는 수단으로 가장 중요하게 활용되는 것이다. 그러나 중요한 것은 단지

---

3) 이와 관련하여 McCurley와 Vineyard는 잘못된 자원봉사 선발면접의 경우에 나타날 수 있는 전형적 현상으로 유도질문, 면접초기에 곧장 이루어지는 의사결정, 피면접자보다 말을 더 많이 하는 면접자, 개인적 차이 없이 이루어지는 상투적(*stereotype*)인 면접, 면접시간을 짧게 하려는 의무의 압박, 대화가 화제에서 벗어나는 것을 내버려두는 것, 충분한 세부항목에 따른 조직과 직무소개의 실패, 면접이 업무배치와 연결되지 못하는 것, 질문에 대한 대답을 듣기보다는 다음 질문을 생각하는 것, 면접이 중간중간 단절되는 것 등을 예시하고 있다.

일방적으로 정보를 얻는 것뿐만 아니라 상호작용과 의사소통을 통해 서로간의 욕구와 이해를 조절하고 관계를 증진시키는 기능도 동시에 한다는 점이다. 면접은 일방적인 것이 아니라 상호 교환과정이고 협상과정이기 때문에 질문도 이에 부합하는 것이어야 한다. 즉, 면접은 자원봉사활동 지원자에 대한 등록양식을 채우기 위해서 필요한 것이 아니라, 자원봉사활동 지원자와 관리자의 목표를 맞추고 자원봉사의 동기를 높여주기 위해 필요한 것이라는 점을 명확히 인식해야 한다. 따라서 형식적이고 쉬운 질문을 중심으로 면접이 진행되어서는 안 된

〈표 6-1〉 성공적 면접을 위한 전략

| 구 분 | 바른 지침 | 유의해야 할 점 |
| --- | --- | --- |
| 면접을 위한 단계설정 | · 정직하고 개방된 마음을 갖도록 안정된 분위기를 만들어라<br>· 대화를 하는 동안 경험의 형태, 비언어적 신체적 동작을 주의 깊게 관찰할 수 있는 여건을 만들어라 | · 피면접자로 하여금 신경 쓰이게 하거나 방해받는다고 느낄 수 있는 바쁜 환경을 피하라<br>· 끈질긴 질문, 오만한 질문을 함으로써 피면접자가 방어적 태도를 나타낼 수 있는 여건을 피하라. |
| 질문을 위한 전략 | · 개방형 질문을 활용하고 피면접자가 답변의 선택을 가질 수 있도록 하라<br>· 자원봉사활동의 개인적 철학이나 동기 등에 대한 정보를 얻을 수 있는 질문을 하라 | · 예-아니오의 대답이나 특정 응답을 유도하는 질문을 피하라<br>· 더 많은 정보를 얻기 위해 무례한 행동은 피하라 |
| 면접과정 | · 특정한 업무에 대한 설명과 프로그램의 목적을 설명하라<br>· 자원봉사자들과 빠른 라포르를 형성하도록 이해와 관심을 보여라<br>· 당신이 찾는 정보가 무엇인지를 명확히 하라 | · 면접과정에서 서두르지 마라<br>· 거칠거나 위협적이거나 강압적이라고 느낄 수 있는 자세를 피하라<br>· 무계획적이거나 융통성 없는 것을 피하라 |

자료: 류기형 외, 1999, pp. 195.

다.[4)]

맥컬리(McCurley)와 린치(Lynch)는 면접에 들어가기 전에 다음과 같은 두 가지 영역의 질문이 준비되어야 한다고 보았다(McCurley & Lynch, 1989: 65).

그 첫 번째는 구조상으로 개방형 질문이며 자원봉사활동 지원자가 가지는 흥미와 동기가 무엇인가에 초점을 두는 질문에 해당한다. 이는 "당신이 과거에 해보았던 활동들 중에서 가장 즐겁고 보람 있었던 일은 어떤 것이었습니까?", "당신은 어떤 경우에 가장 성공적으로 일을 해냈다고 생각하게 됩니까?" 등의 질문과 같은 방식이다.

두 번째 질문은 특정한 일을 수행하는 데 필요한 기술이나 자격에 관련되는 질문으로 이는 각각의 활동영역에 따라 질문이 달라진다.

이성록은 자원봉사관리의 면접에서 두 가지 유형의 질문이 있다고 보고 〈표 6-2〉와 같이 상이한 두 가지 질문유형을 비교했다(이성록, 1995: 207~208).

이 중 유형 I 의 질문을 '지시적 접근'이라고 보아 초기면접에서 사용하는 것은 바람직하지 못하다고 하고 있다. 실제 자원봉사 등록양식은 대개 이러한 질문에 적합하도록 구성되어 있기 때문에 이러한 질문은 면접 후에 자원봉사자로 받아들인 후 등록양식을 나누어주고 자원봉사자에게 직접 작성하게 하는 것이 좋다.

---

4) 맥컬리(McCurley)와 빈야드(Vineyard)는 면접 중에 묻지 않아도 될 질문들로 출생지, 국적, 친척들의 이름들과 주소, 나이, 결혼여부, 자녀수 및 임신여부, 종교, 전과, 영어실력, 군복무, 신용카드 소유, 주거형태, 현 지역 거주기간, 키, 몸무게 등 사실상 고려되는 특정업무를 수행하는 데 직접적으로 연관되지 않는 모든 것들에 대한 질문을 들고 있다. 물론 이와 관련된 정보가 특정 활동에 중요한 의미를 가지는 경우는 예외가 되겠지만, 그렇지 않은 일반적 상황에서는 이런 유형의 정보는 면접의 질문이 아니라 오리엔테이션 과정 등에서 조사할 자료를 수집하라고 충고하고 있다(이강현 역, 1997: 45).

〈표 6-2〉 면접에서의 두 가지 질문 유형

| | |
|---|---|
| 유형 I | ▪ 나이는 몇 살인가? 그리고 결혼 여부는?<br>▪ 직업은 무엇이며 교육정도는 어떻게 되는가?<br>▪ 특기는 무엇이며 자격증은 어떤 것을 가지고 있는가?<br>▪ 종교는 무엇인가? |
| 유형 II | ▪ 당신 가족에 대해서 말해 줄 수 있는가?<br>▪ 당신이 가장 좋아하는 것은 무엇인가?<br>▪ 당신의 개인적 목적은 무엇이며 자원봉사 직무를 선택하는 데 있어 중요하게 고려되는 활동의 목적은 무엇인가?<br>▪ 당신이 가장 좋아하는 일은 어떤 것인가? 그 일을 하는 데 어려움은 없었는가? |

유형 II의 질문은 '비지시적 접근'으로서 기술적 촉매의 성격으로 면접자에게 기여하며, 지원자는 관리자가 이야기한 내용에 자발적으로 호응하게 된다. 이러한 질문방식은 초기면접에서 자원봉사자 자신의 생각을 말하게 하는 데 가치가 있다. 물론 필요시에는 첫 번째 유형의 일부 질문을 통해 그 항목의 정보를 보완해야 한다. 비지시적 질문을 던질 경우 질문은 가능하면 자원봉사 신청자가 자신의 생각을 충분히 말할 수 있는 질문을 선택하는 것이 좋다. 이러한 질문을 개방형 질문(*open-ended*)이라고도 한다. 특히, 유도질문을 하거나 너무 여러 가지 질문을 한꺼번에 중첩시켜 던지는 것, 폐쇄형 질문을 여러 번 연속해서 하는 것 등은 효과적이고 관계를 증진시키는 면접을 어렵게 만드는 질문방식이므로 주의를 요한다.

### 2) 경 청

효과적 면접에서 전형적으로 나타나는 양상은 면접자의 격려 속에서 피면접자가 많은 이야기를 하는 것이다. 그렇게 하기 위해서는 면접자의 경청하는 태도와 경청하고 있음을 피면접자에게 전달하는 것이 중요하다. 면접을 통해서 지원자에 대한 많은 것을 파악하고 서로의 욕구를 조절하기 위해서는 피면접자가 많은 이야기를 하도록 격려하는 것이 중요하다.

경청이란 단순한 듣기(*hearing*)가 아니라 상대방의 사고와 감정을 이해하기 위한 적극적 청취활동(*active listening*)이다. 주의 깊고 정중한 경청은 상대를 이해하기 위한 가장 중요한 활동이다(엄명용 외, 2000: 201). 자원봉사활동 지원자 역시 관리자나 면접자가 자신의 말을 얼마나 성의 있게 열심히 경청하는가를 평가하면서 그 정도에 따라 마음을 열고 자신에 대한 정보를 기꺼이 공유하게 된다.

제이콥슨(Jacobson)은 카이스(Keith)를 인용하여 면접자가 자원봉사 지원자의 말을 경청하는 것의 중요성을 강조하면서 좋은 경청자가 되기 위한 10가지 방안을 다음과 같이 제시하고 있다(Jacobson, 1990: 15).

① 면접자는 경청을 위해 말하는 것을 멈추어야 한다. 말하는 동안에는 잘 들을 수 없다.
② 말하는 사람이 편안히 이야기하도록 허용적 분위기를 만들어야 한다.
③ 면접자가 듣고 싶어한다는 것을 피면접자에게 보여주어야 한다.
④ 면접을 산만하게 하는 것들을 제거해야 한다.
⑤ 감정이입을 통해 피면접자의 입장과 관점을 경험해야 한다.
⑥ 인내심을 가져야 한다.
⑦ 감정을 조절하여 흥분하지 말고 정확하게 들어야 한다.
⑧ 논쟁과 비난을 가급적 삼가야 한다.
⑨ 적절한 질문을 통해 잘 듣고 있음을 전달하고 앞으로 이야기 방향을 잡아나가야 한다.
⑩ 말하는 것을 멈추어야 한다. 이는 처음이며 마지막의 원칙이다.

경청에서 가장 중요한 것은 피면접자가 이야기를 자유스럽게 할 수 있도록 끊지 않고 격려하는 것이다. 자원봉사자 선발과정에서 면접을 활용하는 한 지원자가 허용적 분위기에서 이야기할 수 있도록 여유를 갖추어야 한다. 피면접자가 어떤 이야기라도 할 수 있는 분위기라고 느끼도록 해주어야 하며, 아주 수용적임을 보여주어야 한다. 재촉하거나 이야기를 많이 하는 면접자는 결코 훌륭한 면접자가 될 수 없다.

면접자는 면접자가 피면접자의 이야기를 듣고 싶어한다는 것을 보여주어야 한다. 그러기 위해서는 피면접자의 이야기 도중에 격려의 말을 사용하는 것이 좋다. 또한 면접분위기를 산만하게 만들어서는 안 된다. 면접도중 면접자가 낙서를 한다든지, 전화를 받게 된다든지, 서류를 뒤적인다든지, 문이 열려 있어 소음이 크게 난다든지 하는 등의 상황은 면접 분위기를 산만하게 만든다.

그리고 피면접자의 이야기를 가능하면 공감해 보려고 노력해야 한다. 피면접자의 감정을 충분히 이해해야 하고 피면접자의 입장을 면접자 자신의 입장으로 생각해 볼 필요가 있다.

### 3) 종결면접

종결면접은 자원봉사자가 기관의 자원봉사 프로그램의 참여를 마칠 때 실시하는 것으로 이는 프로그램의 향상과 조절에 이용될 만한 정보와 제안을 얻을 수 있고, 자원봉사자들의 불만·실망·문제점 등을 논하는 계기가 된다.

자원봉사자들은 배치 후에 여러 가지 이유로 자원봉사 프로그램을 이탈한다. 이 중에는 프로그램의 완결로 인한 것도 있지만 중도 탈락으로 활동을 조기 종결하는 경우도 수시로 나타나고 있다. 이 경우에도 관리자가 자원봉사자의 탈락에 대해 개별적 면접을 해야 한다.[5]

만약 조기탈락 상황이 발생했을 경우 특히 자원봉사자가 프로그램으로부터 떠나게 된 이유가 무엇인지, 그리고 추가적 탈락이 발생하지 않기 위해 필요한 것은 무엇인지에 대한 정보를 얻기 위해 면접이 이루어져야 한다. 면접이 불가능할 경우 설문 등을 이용할 수도 있지만 이 경우에는 얻을 수 있는 유용한 정보가 훨씬 더 줄어든다는 점을 인식해야 한다. 주로 다음과 같은 질문과 정보수집이 이루어져야 한다(McCurley & Lynch, 1989: 66; Jacobson, 1990: 16).

① 당신이 자원봉사를 그만두기로 결정한 이유는?
② 자원봉사자의 경험이 좀더 만족스러우려면 기관이 어떻게 해야 했는가?
③ 전반적으로 자원봉사자 프로그램 향상을 위해 어떻게 해야 하는가?
④ 업무의 긍정적 측면은 무엇인가?
⑤ 업무의 부정적 측면은 무엇인가?

5) 경우에 따라서는 자원봉사자를 해고함으로써 종결이 나타나기도 한다. 이때 면접에서는 ① 신속하고, 직접적으로 명확히 이야기할 것, ② 논쟁하지 말고 해고를 통보할 것, ③ 불필요한 상담을 시도하지 말 것, ④ 이후 후속조치를 실시할 것 등의 지침이 제시되고 있다(McCurley & Lynch, 1989: 104).

## 4. 배치와 계약

모집에 응한 지원자 혹은 잠재적 자원봉사자들은 선발과정을 거쳐 활동에 배치되면서 활동에 임하는 '자원봉사자'가 된다. 물론 경우에 따라서는 교육과 훈련 이후에 자원봉사활동 업무가 결정되기도 하지만 선발된 후부터는 기관에 소속된 자원봉사자로서의 권한, 그리고 책임과 의무를 가지게 된다.

### 1) 배치와 후속조치

자원봉사자에 대한 선발과 면접과정은 자원봉사자의 배치가 이루어짐으로써 종결된다. 이때의 배치는 직접적·물리적 형태는 아닐 수도 있다. 즉, 면접한 자원봉사자들이 면접한 기관에서 함께 일할 수 있는지 여부를 알려주든지, 아니면 다음에 관련된 업무를 정리한 후 연락을 주겠다든지, 아니면 해당기관에서 자원봉사활동을 하기가 힘들겠다든지 등 자원봉사활동 가능여부에 대해서 알려주거나, 며칠 내로 결정해서 알려주겠다는 식으로 연기된 배치의 대답을 하는 형태가 될 수도 있다. 그리고 통상 면접의 종결과 실제적 배치의 확정은 시간적으로 간격이 있기 마련이다.[6]

---

6) 면접과정에서 바로 자원봉사자를 선발·배치할 수도 있지만 면접이 끝난 후 자원봉사활동 관련 상황을 확인해서 배치할 수도 있다. 두 가지 방법 중 하나를 선택하는 것은 기관의 상황에 따라 달라질 수 있다. 다만, 전자의 경우 신속하기 때문에 자원봉사자를 놓치지 않을 수는 있지만 실수할 가능성도 높다는 점을 유의해야 하며, 후자의 경우 실수할 가능성은 낮지만 자원봉사 신청자의 감정을 상하게 할 수도 있다는 점을 유의해야 한다. 중요한 것은 배치가 끝나면 즉시 자원봉사 신청자에게 연락해야 한다. 이는 자원봉사자가 중요하고 잊혀진 것이 아니라는 점을 분명하게 전달하는 것이다.

〈그림 6-2〉 자원봉사자 모집 · 선발 · 배치

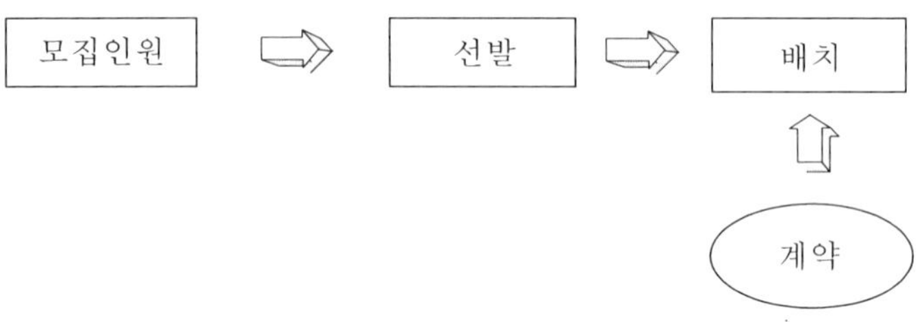


특히 이 과정에서 중요한 것은 면접과 실제 배치 사이에 시간간격을 최대한 줄이는 것이다. 시간이 길어지면 자원봉사자의 흥미나 동기는 줄어들고 중도탈락 가능성도 높아진다. 특히 면접 종결시 다음에 결과에 대해서 연락해주기로 한 경우에는 가능하면 짧은 기간 내에 연락하는 것이 좋다. 그리고 예정보다 긴 시간적 지체가 나타난다면 반드시 중간에 연락을 취해 자원봉사자가 기관에서 중요하게 취급되고 있음을 각인시켜야 한다. 연락기간이 너무 길어지면 신청자들은 신속하지 않은 기관의 태도에 대해 실망하게 되거나, 자신에 대한 관심부족으로 해석할 수 있다.

자원봉사자를 적재적소에 배치하는 것은 매우 중요하다. 일반적 측면에서 아무리 의미 있는 직무라고 할지라도 그 직무에 부적합한 사람을 배치하는 것은 직무와 사람 모두에게 불만족스런 결과를 야기할 것이며, 아무리 능력이 뛰어난 자원봉사 지원자라고 할지라도 그 능력을 충분히 활용할 수 있는 업무가 없이 단순한 업무에 그 사람을 배치하면, 자원봉사활동의 지속성을 보장받을 수 없게 된다.

적재적소의 원칙이 지켜지기 위해서는 면접과정에서 자원봉사자에 대한 충분한 정보를 얻는 것이 필요하다. 정보 중에서도 자원봉사 신청자를 움직이게 하는 동기요인이 가장 중요한 정보이다. 사람들은 자신에게 주어진 일이 그들 자신의 개인적 동기에 부합될 때 긍정적으로 반응하기 때문이다. 그런데 이러한 정보는 직접적으로 표현되지 않을 가능성이 높은 것이다. 따라서 면접 중에 이러한 정보를 얻고자 하는 의식적 노력을 할 필요가 있다.

맥클랜드(McClelland)와 앳킨슨(Atkinson)은 사람을 움직이게 만드는 동기를 중심으로 사람을 성취 지향적 사람, 권력 지향적 사람, 친교 지향적 사람의 세 부류로 나누었다. 이들의 특징과 이들에 맞는 자원봉사의 업무는 〈표 6-3〉과 같다(이성록, 1995: 281~285).

다만, 이러한 분류방식에서 다음의 다섯 가지를 유의해야 한다.

〈표 6-3〉 동기요인에 따른 사람의 성향과 선호 직무

| 분류 | 성취 지향적 | 권력 지향적 | 친교 지향적 |
|---|---|---|---|
| 성향 | ▪ 목표를 향해 일함으로써 동기를 부여받는다<br>▪ 수시로 그들의 업적을 알 수 있는 평가기준이 있어야 한다<br>▪ 도전하는 것과 이전의 기록을 깨뜨리는 것을 좋아한다<br>▪ 조직적이다<br>▪ 문제 해결을 좋아한다<br>▪ 혼자 잘 일할 수 있다 | ▪ 충격과 영향을 주기를 원한다<br>▪ 오랜 기간 생각한다<br>▪ 혼자 또는 다른 사람과 위계관계를 갖추어 일할 수 있다<br>▪ 일의 정치적 측면을 이해한다<br>▪ 사람들을 잘 읽는다<br>▪ 자원으로서 이용되는 것을 좋아한다<br>▪ 정보가 성공에 중요하다는 것을 안다 | ▪ 관계로 인해 동기를 부여받는다<br>▪ 모든 사람이 행복하기를 바란다<br>▪ 집단적 일을 좋아한다<br>▪ 주위 사람들이 어떻게 느끼는가에 주의한다<br>▪ 정답고 개인적 관계를 좋아하는 사람들 밑에서 일을 잘한다<br>▪ 클라이언트와의 직접적 업무를 좋아한다 |
| 적합한 자원 봉사 활동 | ▪ 기금증진<br>▪ 모집 캠페인<br>▪ 이벤트 기획·추진<br>▪ 조사 및 분석<br>▪ 보고서 작성<br>▪ 책임 있는 관리업무<br>▪ 어렵고 도전적인 일 | ▪ 공공연설<br>▪ 일대일 기금모금<br>▪ 신문에 논단기고<br>▪ 활동그룹 회장·리더<br>▪ 행사 사회자<br>▪ 다수의 사람관리<br>▪ 대중적 문제의 사회화 | ▪ 행사 안내담당<br>▪ 연회준비위원<br>▪ 친교행사준비<br>▪ 데이케어센터 보조활동<br>▪ 대인서비스 활동<br>▪ 우애방문<br>▪ 회원유대 |

첫째, 모든 사람은 세 가지 유형의 동기요인을 모두 지니고 있으며, 단지 그중 하나의 유형이 지배적일 뿐이다. 둘째, 한 사람이 2년 전의 일에서 똑같이 만족하지 않을 정도로 사람들은 끊임없이 변한다. 셋째, 사람은 자신이 처한 환경에 따라 동기요인이 변할 수 있다. 넷째, 모든 사람들은 그들의 힘이 성공으로 이끌어지길 원한다. 다섯째, 세 가지 유형은 모두 긍정적 또는 부정적 측면을 가질 수 있다. 따라서 이 분류는 절대적인 것이 아니라 하나의 경향으로서 자원봉사자를 배치하기 위해 활용되어야 하는 지식의 배경이 될 수 있다.

### 2) 자원봉사활동계약

자원봉사 프로그램의 기획과 직무설계 과정은 자원봉사 직무기술서가 만들어짐으로써 완결되는 것과 마찬가지로 자원봉사 선발과 면접, 배치 과정은 자원봉사활동 계약이 만들어지는 것으로 완결된다.

계약은 실제로는 법적이고 공식적 문서행위는 아닐 수도 있다. 그러나 자원봉사자와 기관 사이에 상호간의 책임과 의무를 명확히 규정하고 전달하는 것은 중요하다. 자원봉사활동 계약에는 수행하기로 한 업무, 시간일정, 기관으로부터 받는 혜택 등의 내용을 모두 포함하는 것이 좋다.

계약은 기관과 자원봉사자가 자원봉사활동이라는 관계 속에서 책임성을 가지고 활동한다는 진지하고 성실한 원칙을 전달하는 것이지 법적 책임을 전달하는 것이 목적은 아니다.

자원봉사계약은 가급적 서면으로 작성되는 계약서의 형태를 띠는 것이 좋으며, 이는 자원봉사자와 기관 스스로에게 상호간의 책임과 수행에 대한 명확한 지침을 주는 것으로서 다음 내용이 포함되어 작성되어야 한다(Jacobson, 1990: 16).

① 자원봉사자의 이름과 소속 및 생년월일 등 인적사항
② 자원봉사자의 과업과 책임
③ 활동의 기간과 스케줄
④ 기관이 자원봉사자에게 제공해야 할 책임
⑤ 조건사항
⑥ 슈퍼바이저의 이름
⑦ 계약의 종결과 갱신조건
⑧ 상호 서명란

이러한 내용을 포함하는 자원봉사계약서는 이후 평가 기준을 제공한다는 측면에서도 유용하다.

우리나라에서는 계약서를 작성한다는 사실에 대해 관계의 측면에서 부정적으로 생각하거나 부담스러워 하는 정서가 많아 아직까지 자원봉사활동 계약서 활용은 제한적이었다. 그러나 최근 들어 그 활용은 점점 늘어가고 있는 추세이다.

# 교육훈련 제7장

## 1. 자원봉사자 교육훈련

자원봉사자가 적절한 활동을 전개할 수 있도록 하기 위해서는 그에 부합하는 교육과 훈련이 필수적이다. 필요한 교육과 훈련의 내용은 자원봉사활동 일반에 대한 기본적 소양, 자원봉사활동 기관과 현장에 대한 오리엔테이션, 활동의 구체적 내용에 대한 교육과 훈련 등 다양하다. 이에 따라 교육훈련의 방법도 다양하게 나타난다.

현대적 모든 자원봉사 프로그램에는 필요한 교육훈련의 내용이 반드시 포함되어 있다. 과거에는 자원봉사활동을 선행(善行)으로만 여겨 이에 대한 교육훈련의 중요성을 간과하기도 하였지만 현재는 자원봉사활동 시간에 교육훈련 시간이 포함되어 있는 것이 일반적이다.

대개 자원봉사자에 대한 교육 훈련은 그 내용적 측면에서 세 가지로 나누어볼 수 있다.

① 자원봉사에 대한 일반 소양 교육
② 오리엔테이션

③ 구체적 자원봉사직무에 관한 교육훈련

교육훈련 과정과 자원봉사자 배치에 대해서 전자를 먼저 시행하는 것으로 보기도 하지만 대개는 선발과 면접을 통해 배치가 이루어지고 그 이후에 교육훈련이 이루어진다.

또 한편으로는 일반적 소양교육이나 오리엔테이션은 구체적 배치 이전에 이루어지고 구체적 업무의 교육훈련은 활동 배치 이후에 이루어지는 경우도 있다. 그러나 이 경우에도 사실상 이미 업무배치는 이루어진 상태에서 자원봉사자들이 실제적 업무로 서로 나누어지기 이전에 함께 교육을 받고 있는 것이라 볼 수 있다. 따라서 교육훈련은 배치 이후에 이루어지는 것이 일반적이다.

대부분의 자원봉사 현장기관에서는 자원봉사자들의 훈련을 위해 주로 기관 내에서의 세미나, 워크숍, 교육과정 또는 현직훈련 참석을 통해 이루어지는 공식적 학습과정을 마련하고 있다. 그리고 이와 같은 교육훈련에 참여해야 하는 요구 또는 기대가 자원봉사자에게 전달되는 것이 보통이다.

원래 자원봉사 교육훈련은 자원봉사자 교육훈련 외에도 직원교육훈련, 자원봉사관리자교육훈련 등이 관련되어 있다. 기관의 직원들에게 제공되는 훈련 내용이 자원봉사자들의 업무와 관련이 있다면 자원봉사자들과 함께 교육하는 방법도 고려될 수 있다. 〈그림 7-1〉에서도 사회복지협의회의 자원봉사관련 교육에 자원봉사자 교육만이 아니라 자원봉사관리자 교육까지 함께 나타나고 있음을 볼 수 있다.

최근에는 일부 자원봉사 추진체계나 관리체계에 해당하는 관련 조직에서 자원봉사자 혹은 자원봉사자관리자에 대한 교육과 훈련을 별도로 프로그램화하거나 위탁교육 등을 통해 실행하는 경우도 많이 나타나고 있다. 〈그림 7-2〉는 자원봉사추진체계에 해당하는 한 민간조직이 실행하는 자원봉사 관련 교육을 보여주고 있다. 그러나 사회복

〈그림 7-1〉 서울시 사회복지협의회 자원봉사자 교육

지 관련 조직체나 시설 등에서는 대개 자체적으로 자원봉사자에 대한 교육 프로그램을 가지고 있어 이를 중심으로 운영하는 것이 일반적이다.

자원봉사자 교육훈련은 단지 정보와 지식의 제공에 머무르는 것이 아니라 실천적 기술 및 능력을 습득하는 것이 필요하다. 이러한 의미에서 조휘일(1996)은 교육훈련에 대해 첫째로 특정한 업무를 시작하기 전에 기관의 목적, 정책, 구조, 절차 그리고 클라이언트에 대한 이해를 증진시키기 위한 오리엔테이션 혹은 사전훈련, 둘째, 특정한 업무에 대한 이해를 도와주는 준비훈련(강의 및 관찰), 셋째, 현직에서 업무수행에 필요한 지식 및 기술을 습득하게 하는 현직훈련, 넷째, 각 개인의 최대한의 잠재력 개발과 실현을 도와줄 수 있는 계속교육 및 훈련 등으로 구분하여 설명하고 있다(조휘일, 1996: 38).

자원봉사자에 대한 교육훈련이 가지는 일반적 교육과의 차이점에 주목하여 이를 현상학적 방법으로 개념화하기도 한다. 이에서는 소집단의 활성화 등 의사소통(*communication*)에 초점을 두며 궁극적으로 복지교육적 측면의 내면화를 강조한다(김영호, 1997: 388~394).

동시에 자원봉사자에 대한 교육은 이론적 지식습득에 머무르는 것이 아니라 실제 행동을 위한 경험교육이기도 하다. 이에 대해서 자원봉사활동을 시작하고자 하는 자원봉사자를 대상으로 하는 기초교육훈련의 5단계 과정을 다음과 같이 제시하곤 한다(김영호, 1996: 75~77).

### 1) 1단계 교육훈련과정

1단계 교육훈련과정에서는 자원봉사자들이 불안한 상태에 있으므로 먼저 기관에서는 활동자와 모든 직원과의 인간관계에서 친밀감, 안정감, 신뢰감을 형성하기 위해 노력하여야 한다. 우선 자원봉사활

〈그림 7-2〉 민간 추진체계인 볼런티어21의 자원봉사 교육안내

볼런티어21

볼런티어21 소개 | 자원봉사리더십센터 | 어린이청소년자원봉사 | 기업자원봉사 | 자료실 | 게시판

HOME > 자원봉사리더십센터 > 주요 교육 실적

자원봉사리더십센터

- 자원봉사리더십센터는
- 주요 교육 실적
- 교육의 특징
- 교육 프로그램 안내
- 교육일정
- 위탁교육
- 강사파견

주요 교육 실적

"연간 18,000여명을 교육합니다."

기업자원봉사 관리자 교육

- SK Telecom 자원봉사 코디네이터 교육 (2004~현재, SK Telecom)
- SK 그룹 자원봉사 코디네이터 교육 (2004~현재, SK 그룹)
- KT 사회공헌 담당자 교육 (2004~현재, KT)

자원봉사 관리자 교육

- 자원봉사관리자교육 광주광역시 자원봉사관리자 아카데미 (2003~2004, 광주광역시)
- 국립공원관리공단활성화를 위한 직원교육 (2003, 국립공원관리공단)
- 자원봉사관리자 전국 순회교육 (2002, 행정자치부)
- 여성자원봉사관리자교육 (2000~2004, 여성부)
- 자원봉사관리자 아카데미 (1998~현재, 볼런티어21)

자원봉사 지도자 교육

- 자원봉사지도자교육 (2000~현재, 광주광역시, 부산여성문화센터, 하동군, 경상남도 등)
- 자원봉사대학 (2003~현재, 영월군, 고성군, 양양군, 태백시, 삼척시 등)
- 분야별(풀뿌리조직, 노인, 청소년) 자원봉사리더 양성교육(2003, 사회복지공동모금회)
- 청소년자원봉사지도자 워크샵 (2000~현재)
- 여성자원봉사 코디네이터 교육 (2000, 여성부)
- 풀뿌리 자원봉사지도자교육 (2000, 국정홍보처)

자원봉사 강사 양성 교육

- 자원봉사 강사양성과정 (2003~현재, 인천광역시, 충청북도, 광주광역시, 서울특별시 등)
- 기초교육 강사양성과정 (2001~현재, 볼런티어21)

자원봉사자 교육

- 문화유산안내 자원봉사자 양성교육 (2002, 국정홍보처)

강사뱅크

나와 사회를 변화시키는 힘, 신나는 자원봉사

회원가입 | 관련사이트 | 찾아오시는길

지부/협력단체 | 바로가기

볼런티어21

동과 관련된 시청각 자료 등을 시청하게 하거나, 기관의 설립목적과 사업내용 등을 간략하게 설명하거나 하여 가볍고 편안한 분위기 속에서 쉽게 교육받을 수 있도록 해야 한다.

### 2) 2단계 교육훈련과정

2단계 교육훈련과정에서는 기관의 각 부서의 사업 및 프로그램 내용을 소개한다. 또한 각 부서에서의 다양한 실천체험의 기회를 제공하여 일의 내용을 파악하고 자신감을 심어주도록 하고 앞으로 자신이 할 수 있는 과제를 선택하거나 아이디어를 개발할 수 있는 기회를 제공한다. 이러한 과정을 통해 기관 직원과의 친밀한 인간관계가 형성될 수 있는 것이다.

### 3) 3단계 교육훈련과정

3단계 교육훈련과정에서는 기존의 자원봉사자와 함께 기관에서 시행하는 기관 외부의 프로그램 활동을 위주로 한다. 실천체험을 위한 현장방문활동에 참여하여 실제로 자원봉사활동 경험을 할 수 있도록 한다.

다양한 현장체험과정과 교육과정을 통해 각 소집단 및 개인이 장차 자신들이 실천할 프로그램이나 대상에 대해 충분히 숙지하도록 하기 위하여 담당자나 지도자와 상의하는 기회를 만든다.

### 4) 4단계 교육훈련과정

4단계 교육훈련과정에서는 활동자 혹은 소집단이 자신들이 하게 될 업무내용에 관한 구체적 실천내용과 목표를 재확인하고 실천방법에 대한 내용을 민주적 방법에 의하여 기관의 담당지도자의 지도 하에 구체적 실천방법을 확인한다.

5) 5단계 교육훈련과정

5단계의 과정은 앞의 4단계까지의 과정에서 이루어진 내용들을 현실화하기 위한 과정으로 각종 행정적 준비나 세부사항들을 확인하는 단계이다.

## 2. 기본교육 : 일반소양교육과 오리엔테이션

자원봉사활동 업무의 구체적 내용에 구애받지 않는 보편적 교육으로 일반소양교육과 오리엔테이션을 들 수 있다. 전자가 자원봉사활동 전반에서 통용될 수 있는 보편적 내용에 대한 교육이고 후자는 활동하게 될 현장 혹은 기관에 대한 소개와 안내를 말한다. 이는 구체적 직무와 관련된 교육훈련이라기보다는 기본교육의 범주에 해당하는 것이다.

1) 일반소양교육

일반소양교육의 범주에 포함되는 것은 자원봉사활동의 기본적 수칙이나 유의점에 대한 것들이다. 이는 자칫 식상한 것으로 여겨질 우려가 있으나 자원봉사활동 중에 발생할 수 있는 주요한 '잘못된 실천'(*malpractice*)의 위험성이 기본적으로 이 기본소양교육에서 차단되어야 하기 때문에 중요한 의미를 갖는다. 특히 처음 자원봉사활동 현장에 참여하는 초보자나 클라이언트를 직접 대면하는 직접 자원봉사활동의 경우 이 소양교육은 필수적이다.

### (1) 기본적 인권존중에 대한 내용

자원봉사활동 대상자들은 사회적 소수자이거나 취약계층인 경우가 많다. 이에 따라 자원봉사활동에서는 기본적으로 인권을 옹호해야 한다는 원칙이 가지는 중요성이 크게 부각된다.

인권은 특권의 대응개념으로 인간이라면 누구나 가지는 고유한 권리로 차별 없이 존중되어야 할 핵심적인 것이다. 자칫 자원봉사자가 활동 대상자에 대한 자선적 관점으로 '내려다보는' 자세를 취하게 될 경우 나타날 수 있는 부작용에 대해 유의하도록 해야 한다.

사회적 소수자이고 취약계층인 대상자도 삶의 방식에 대한 선택권, 비난받지 않을 권리, 사적 내용에 대한 비밀을 간직할 권리와 책임을 가지고 있다. 이는 자원봉사자 자신의 경우와 마찬가지로 존중받아야 함을 인식하는 것이 활동의 기본전제가 되어야 한다.

자원봉사자가 선의에 기반하여 활동하였다고 해도 인권옹호의 기본전제를 지키지 못한다면 활동의 의미가 없다. 따라서 인권에 대한 옹호는 자원봉사자의 가장 기본적 소양이다.

### (2) 자원봉사활동의 기본원칙

자원봉사의 기본원칙은 다양하게 표현되고 있으나 IAVE에서 발표한 세계자원봉사활동선언(*Universal Declaration on Volunteering*)의 내용이 자주 인용된다. 이 선언에서는 UN의 인권선언을 참조하여 자원봉사의 기본원칙과 자원봉사자나 관련 조직의 책임으로 다음의 것들을 강조하고 있다(IAVE, 2006).

- 자원봉사자는 모든 인간의 존엄함이 존중되는 건강하고 지속가능한 지역사회를 구축하고자 노력해야 한다.

· 자원봉사자는 사람들이 인간으로서 자신의 권리를 증진하고 자신의 삶을 향상시키도록 지원해야 한다.
· 자원봉사자는 사회적, 문화적, 경제적, 환경적 문제를 개선하기 위해 노력해야 한다.
· 자원봉사자는 전 세계적 협력을 통해 보다 인간적이고 정의로운 사회를 만들고자 노력해야 한다.
· 모든 사회단위는 자원봉사활동의 지도적 조직으로서 효과적 자원봉사센터를 만들고자 협력하여야 한다.
· 정부는 모든 사람들의 자원봉사활동 참여를 증진하고 이에 대한 장애요소를 제거하며, 자원봉사자의 효과적 모집과 관리를 위해 노력하여야 한다.
· 기업은 자원봉사활동 지원에 필요한 체계를 개발하고자 노력하며 자신의 직원들이 지역사회에 참여하는 것을 증진하여야 한다.
· 언론매체는 자원봉사활동을 격려하고 지원하는 홍보활동을 수행하고자 노력하여야 한다.

결국 자원봉사자가 구체적으로 어떤 업무를 맡느냐와 관계없이 이러한 기본적 원칙들은 자원봉사자의 일반 소양으로 숙지되어야 할 것으로 볼 수 있다.

### (3) 대면적 접촉의 기본원리

많은 자원봉사활동은 사람을 대상으로 활동이 이루어진다. 따라서 자원봉사활동을 위해서는 대면적 접촉을 위해 필요한 적절한 상호작용 방식에 대한 교육이 필요하다.

이는 바이스텍(Biestek)의 관계론 원칙이나, 언어적 · 비언어적 의사소통에 대한 기본적 방법과 관련되는 것으로 사회복지실천에서 활용되는 기본적 상호작용 방식에 해당한다. 자원봉사활동 전반에서 특히, 대면적 자원봉사활동의 경우에는 수용이나 비심판적 태도, 개방적 의사소통, 비언어적 의사소통의 의미에 대한 탐색 등 의사소통을 효과적으로 하는 방식에 대한 개괄적 소개와 습득이 필수적이다.

### 2) 오리엔테이션 (*Orientation*)

기본교육의 일환으로 자원봉사자가 활동하게 될 대상 기관에 대한 오리엔테이션이 이루어져야 한다.

기관 오리엔테이션이란 기관의 목적, 연혁, 활동분야, 재정상태, 주요 서비스 대상자, 직원들의 고유 업무 등과 같이 기관에 관한 기초적 정보를 기관 담당자로부터 제공받는 것을 말한다. 이는 자원봉사자들이 일할 기관에 대해 이해하고 편안하게 느낄 수 있도록 준비하는 과정이 된다.

기관 오리엔테이션은 봉사처 및 봉사활동 대상에 대한 이해를 위해, 지속적이고 질 높은 봉사활동을 위해 반드시 필요하다. 봉사처에 대한 기초적 내용에 대해 잘 알아야 자신의 활동이 그 봉사처의 전체적 활동과 어떤 연관이 있으며 앞으로 자신이 어떤 방향으로 봉사활동을 해나가야 할지를 알 수 있다. 간혹 명확한 활동지침이 없는 예기치 못한 상황이 발생할 수 있다. 이러한 경우 기관 오리엔테이션의 내용이 적절한 판단에 도움이 된다. 또한 기관과 조직에 대해 잘 이해하는 자원봉사자는 지역사회와 기관의 보다 나은 의사소통에 이바지하는 커뮤니케이터가 될 수도 있다.

오리엔테이션의 내용은 기관마다 상이하게 나타나기 마련이다. 그러나 일반적으로 오리엔테이션의 주요내용에 포함되어야 하는 것은 다음과 같다.

① 기관역사와 현황에 대한 개괄
② 주된 클라이언트층과 주요 프로그램에 대한 개괄
③ 주요 직원과 담당 업무에 대한 소개
④ 주요한 기관의 행사와 활동에 대한 설명과 시간계획
⑤ 기관의 주요한 규정
⑥ 기관의 시설과 장비에 대한 사용 오리엔테이션
⑦ 응급시 취해져야 할 절차와 연락처
⑧ 관련 자원봉사 프로그램에 대한 개괄
⑨ 기록, 혜택, 훈련, 슈퍼비전 등 자원봉사 절차에 대한 설명

기관 오리엔테이션에 포함되어야 할 내용

- 기관의 설립목적, 사명, 역사와 연혁, 주요 사업
- 기관에 대한 자원봉사활동의 중요성
- 자원봉사 프로그램과 자원봉사 프로그램 대상자에 대한 설명
- 기관의 조직과 주요 직원, 직원들의 고유 업무에 대한 설명
- 기관 전체 프로그램과 자원봉사 프로그램과의 관계
- 기관이 지역사회 또는 다른 기관과 어떻게 관련을 맺고 있는지에 대한 설명
- 기관의 연간 주요행사 계획
- 시설 이용에 대한 정보제공(전화, 화장실, 주차, 식사, 음료 등)
- 자원봉사활동 과정 설명: 활동기록, 자격, 혜택, 훈련, 교육, 조정, 감독 등
- 구체적 자원봉사활동 내용 및 시간 스케줄(직무설계서 내용) 설명
- 자원봉사자가 지켜야 할 규칙
- 응급상황시 취해야 하는 절차

자료: 교보다솜이사회봉사단(2006), p. 52

오리엔테이션은 다른 교육훈련에 비해서 보다 일반적이라는 점에서 차이가 있다. 현재 오리엔테이션은 관행적으로 이루어지고 있어 그 중요성이 간과되는 경우도 있으나 이에 대해 흥미를 유발하면서도 적절한 정보를 제공하는 것은 중요하다.

이를 위한 방편의 하나로 일반적 오리엔테이션 내용을 담은 안내서를 제작하여 배포하고 자료로 삼곤 한다. 이 안내서의 내용도 대개는 오리엔테이션에 포함되어야 할 것들과 유사하지만 문건화된 자료이기 때문에 약간의 상이성을 가진다. 맥컬리(McCurley)와 빈야드(Vinyard)는 자원봉사 안내서의 일반적 내용으로 다음의 것들을 지적하고 있다(이강현 역, 1997: 52~53).

- 기관설명: 목적, 연혁, 프로그램
- 기관출판물
- 조직표
- 주요 직원 인명록
- 이사 및 위원 명부
- 자원봉사 업무내용 설명
- 기록설명(출퇴근설명표 등)
- 자원봉사에 대한 배상방침과 그 형태
- 종료절차
- 복장
- 활동시간 변경과 결석시 대처방법
- 보험 계약서
- 비상사태 대응절차
- 수행의 재검토 과정
- 고충에 대한 처리 절차
- 자원봉사자의 혜택 목록

- 기관에서 일반적으로 사용하는 모호한 기술상의 용어를 약자와 함께 목록화
- 기관관리자의 위원장에 대한 편지인사
- 수혜대상자의 권리, 비밀보장과 법적 제한에 대한 정보
- 자원봉사활동을 장려하는 기회
- 기관의 시설, 장비, 서비스 이용에 대한 방침
- 기관시설 안내도와 지역에 관한 약도

오리엔테이션은 간단한 집체교육, 안내서 배포, 시청각자료 시청 등의 방법이 결합되어 활용되는 것이 좋다. 또한 자원봉사자의 활동 시간과 기간이 비교적 적게 계약되어 있는 경우에는 전체적 효율성을 생각하여 오리엔테이션과 일반 교육을 묶어 실행하기도 한다.

자원봉사자 오리엔테이션에는 전체적 통일성을 해치지 않는 범위 내에서 기관의 장이나 상급직원들이 참여하도록 하는 것이 좋다. 자원봉사관리자 혼자서 모든 교육 프로그램을 운영하는 것보다는 여러 직원들과 이전 자원봉사자 등이 함께 실행하는 것이 효과적이다.

## 3. 자원봉사 직무관련 교육훈련

### 1) 직무교육훈련의 준비와 과정

자원봉사자의 직무에 대한 훈련을 준비하면서 다음 요소에 대해 반드시 고려해야 함을 지적하고 있다(Jacobson, 1990: 18).

첫째, 자원봉사자에게 할당될 구체적 직무과제를 명확히 확인해야 한다. 이를 위해서는 세부적으로 몇 가지 확인해야 한다.

① 이 과제를 수행하는 데 필요한 기술의 목록을 작성
② 이 과제를 적절히 수행하는 데 필요한 특정한 행동과 태도의 목록을 작성
③ 자원봉사자의 경험과 배경을 검토하고 자원봉사자에게 필요한 기술과 행동, 태도가 어떤 것인지를 결정

둘째, 훈련 프로그램이 끝날 때, 자원봉사자가 필요한 기술과 태도를 가질 수 있게끔 하는 프로그램을 설계하여야 한다. 이를 위해서는 다음과 같은 것이 중요하다.

① 훈련 프로그램을 평가할 방식을 개발
② 해당되는 기술과 태도를 가르치기 위해 필요한 콘텐츠를 결정(예를 들어 배경과 역사, 참고문헌, 성문화된 규칙과 절차 등)
③ 훈련 목표를 달성하기 위해 사용될 수 있는 방법을 결정(강의, 역할극, 영상물, 집단토의 등)

셋째, 훈련 프로그램을 실행하는 데 필요한 시간의 양을 추산하여야 한다. 자원봉사 직무교육훈련은 생략할 수 없는 중요한 것이지만 그 소요시간은 현실적으로 편성해야 한다.

넷째, 훈련이 있어야 하는 부분(초기교육, 활동중 교육, OJT, 혼합 등)이 어떤 것인지를 결정하여야 한다.

다섯째, 훈련 프로그램을 실행한다.

여섯째, 교육훈련을 평가하여 피드백 자료로 삼는다. 이는 다시 두 가지 측면이 있다. 그 하나는 사전에 설정된 학습목표에 기초하여 교육을 받은 해당 자원봉사자에게 얼마나 효과가 있었는지를 평가하는 것이고 다른 하나는 훈련 프로그램의 효과성을 평가하는 것이다.

## 2) 성인 교육과 자원봉사 직무훈련의 지침

### (1) 성인교육과 자원봉사 직무훈련

자원봉사자에 대한 교육훈련 모형을 성인에 대한 평생교육과 유사한 맥락에서 파악하여 생활중심의 지향성을 강조하는 논의도 있다. 커리큘럼이 아닌 생활과 관련된 부분과 실제상황과의 관련성을 통해서 행해진다는 것이다. 이를 안드라고지(*andragogy*)라 하여 다음과 같은 주요한 내용에 기반한다고 본다(이성록 편역, 1996: 230~231).

① 성인은 학습이 자신의 욕구와 관심을 충족시켜준다고 느낄 때 학습동기가 유발된다.
② 성인의 학습지향성 설정은 생활 중심적(*life-centered*)이며 학습의 조직화는 커리큘럼이 아닌 생활과 관련된 실제 상황과 관련성을 통해 이루어진다. 즉, 상황에 따른 접근 방식을 취한다.
③ 경험은 성인학습에 있어 가장 풍부한 자원이다.
④ 성인은 학습에 있어 자기 지향적(*self-directed*)이어야 한다는 욕구가 강하다.
⑤ 성인기는 아동청소년기에서 빠른 속도로 습득한 기본적 기능과 능력들을 보다 공고하게 개발하고 새로운 기능과 능력을 학습하는 시기이다.

### (2) 자원봉사 직무훈련의 가정과 지침

자원봉사 직무훈련은 학령기 아동이나 청소년에 대한 주입교육이 아니다. 따라서 그 교육과 훈련에서는 성인교육 혹은 경험교육의 특징에 기반한 것들을 고려해야 한다. 이와 관련하여 자원봉사자 훈련에 중요한 의미를 가지는 가정과 관리조정자의 지침을 다음과 같이 제시하고 있다(Stenzel & Feeney, 1976: 17~18, 이성록 편역, 1996:

250~252 재인용).

① 가정: 자원봉사자는 광범위한 경험과 지식 및 기술을 가지고 있다.
지침: 성인학습은 과거의 경험을 발견하고 미래의 경험을 개발하는 것이다. 자원봉사자가 가지고 있는 경험과 기술을 이해하는 것이 중요하다. 관리자는 자원봉사자의 경험과 지식, 기술을 토대로 훈련방법을 계획하여야 한다.

② 가정: 자원봉사자는 대부분 자발적이며 분명한 동기와 흥미를 가지고 있다.
지침: 자원봉사자들이 소극적으로 훈련프로그램에 따라오도록 할 것이 아니라 적극적 동반자와 참여자로서 학습경험을 스스로 설계하고 실천하도록 협력해야 한다.

③ 가정: 자원봉사자가 훈련에 참여하는 것은 자원봉사활동에 필요한 실질적 방법을 배우고 싶어서이다.
지침: 학습을 통해 과업수행에 필요한 바람직한 기술과 방법을 분명히 제시할 수 있어야 한다.

④ 가정: 많은 자원봉사자에게 주입식 교육과 같은 딱딱한 학습상황은 도움이 되지 않으며 흥미를 잃을 것이다.
지침: 주입식이 아닌 실제로 시험해 볼 수 있는 분위기 속에서 훈련이 이루어져야 한다. 현재의 실용적 문제해결을 위한 상황과 관련되는 내용 중심으로 구성되어야 한다.

⑤ 가정: 자원봉사자는 여러 가지 기존의 역할을 가지고 있어 시간적 제약을 받는다.
지침: 훈련 프로그램에 요구되는 시간이나 과제는 현실적이어야 하고 자원봉사자가 다른 많은 일에 관련되어 있다는 사실을 고려하여야 한다.

⑥ 가정: 자원봉사활동과 관련하여 훈련 프로그램에 참여하는 것을 지원하고 보상하기 위한 절차가 마련되어 있지 않다.
지침: 자원봉사자의 훈련은 책임 있는 활동을 위한 준비이지만 동시에 교육훈련에의 참여 자체가 인정·보상으로서 가치 있는 기회가 될 수 있도록 흥미 있게 구성되어야 한다.

⑦ 가정: 대개의 경우 기존의 훈련방식은 수년간 반복되어 왔지만 개선되어 있지 않은 것이 보통이다.
지침: 자원봉사자 훈련을 계획할 때마다 현재의 자원봉사자 욕구에 적합한 훈련방안의 시안을 모색해야 한다.

⑧ 가정: 훈련은 자원봉사자에게 지속적 지원기회를 주지 못하고 일회로 끝나버리는 경우가 있다.
지침: 자원봉사자에게는 현직훈련이나 후속교육(*follow-up*)이 중요하게 다루어져야 한다.

⑨ 가정: 자원봉사자 훈련은 흔히 특정 조직이 주관하는 일로 치부되고 있다.
지침: 자원봉사자 훈련 프로그램은 가능한 모든 인적·물적 자원을 활용하기 위해 여러 조직이나 기관이 상호협력을 도모하여야 한다. 집단 상호작용 및 팀의 상호관계와 관련지어 생각할 수 있다.

### 3) 계속교육과 신입 자원봉사자 교육

자원봉사 활동을 시작하기 전, 기본적 자원봉사자의 마음가짐이나 자세, 활동시 지켜야 할 규칙, 업무에 필요한 기술 등에 대해 이미 교육을 받았더라도, 자원봉사를 수행하는 과정에서 지속적 교육이 필요하다. 교육은 기관이나 자원봉사 슈퍼바이저, 팀의 리더, 동료 팀원들 등 여러 경로를 통해 이루어질 수 있다. 중요한 것은 교육은 활동 전에만 이루어지는 것이 아니라 활동 중에도 지속적으로 필요하다는 것이다.

또한 활동을 예전부터 해오고 있는 자원봉사자에 대한 계속교육과 새로 추가된 신입 자원봉사자에 대한 직무교육은 구별하여야 한다. 오리엔테이션이나 소양교육에서의 중복을 피하는 등 차등을 두는 것은 당연하고 이외에도 직무교육에서도 차이를 가져오게 된다. 특히 자원봉사자가 개인단위로 현장에서 활동하는 것이 아니라 팀으로 활동하는 경우에는 팀 내에서 성원마다 기존의 자원봉사활동 참여에 대한 경험이나 지식 등에서 차이가 날 수 있으므로 교육을 모든 자원봉사자에 대해 동일하게 집체식으로 실행하는 것보다는 가능한 선에서 개별화하는 것이 바람직하다.

### (1) 계속교육

기존의 자원봉사자에 대한 계속교육과 훈련은 크게 초기훈련(*start-up training*)과 활동중 훈련(*inservice training*)이 있다.

#### ① 초기훈련

자원봉사자가 활동에 앞서 교육을 받았다고 하더라도 직접 활동에 참여하는 데는 아직 미숙한 상태이므로 많은 지원이 필요하다. 초기훈련은 여러 형태를 통해 이루어질 수 있다. 이는 활동 후 자원봉사자가 슈퍼바이저와 직접 만나거나 전화통화를 하는 형태일 수도 있고, 활동에 참여한 자원봉사자들이 그룹별로 모여 토의하는 형태일 수도 있다.

자원봉사관리자가 팀을 지속적으로 관리해주기 어려운 상황인 경우, 팀의 구성원들이 자원봉사 후 함께 자원봉사 경험을 나누는 시간을 갖는 것이 매우 중요하다.

특히 초기에 이러한 모임을 통해 자원봉사에 대해 갖고 있던 기대와 실제 경험간의 간격을 메워나가는 것이 자원봉사의 지속에 큰 도움이 될 것이다.

② 활동중 훈련

활동중 훈련은 자원봉사자의 활동이 진행되는 중에 지속적으로 이루어진다. 자원봉사자의 지식, 기술, 태도를 강화하고, 새로운 기술, 지식, 태도를 소개하는 데 초점이 두어진다. 즉, 자원봉사자의 기술을 향상시키고, 매너리즘에 빠지지 않도록 함으로써 자원봉사자 활동의 계속성과 서비스 질의 고양에 이바지하는 것이다.

활동중 훈련은 자원봉사자에게 자기성장의 기회를 제공하고, 팀에 대한 연대감과 팀워크를 증가시키는 기능을 한다. 활동중 훈련은 꾸준히, 정기적으로 이루어져야 하나, 실제 봉사활동이 진행되는 중에는 활동시간 외에 교육 및 훈련을 위한 시간을 따로 마련하기 어려운 경우가 많다. 이런 경우에는 자원봉사활동 계획시 봉사활동 시간 중 일부를 미리 교육시간으로 지정하고, 이 시간을 교육시간으로 활용할 수 있다.

이때 필요한 교육을 봉사활동 현장직원에게 의뢰하거나 현장의 시설, 자원 등을 사용할 수 있도록 활동내용의 담당직원에게 요청할 수 있다.

(2) 신입 자원봉사자 교육

봉사활동을 진행하는 중에 새로 합류하는 신입 자원봉사자들에 대해서는 이들이 기존의 자원봉사활동자들과 다른 수준에 있다는 점을 고려하여 별도의 교육이 이루어져야 한다.

이들에 대한 교육은 주로 초기훈련의 형태로 이루어져야 할 것이며, 특히 기존의 봉사자들이 신입 자원봉사자들에게 봉사활동 경험과 관련된 노하우를 전수해주는 시간을 가질 수 있도록 별도의 모임을 주선하는 것도 유용하다. 신입 자원봉사자를 일정기간 동안 기존 자원봉사자와 매칭하여, 일대일 교육이 이루어지도록 멘토링 체계를 활용할 수도 있다.

## 4. 자원봉사 직무교육훈련의 유형

자원봉사 직무교육훈련의 양상은 여러 가지로 구분이 가능하다. 맥컬리(McCurley)와 린치(Lynch)는 특히 교육훈련이 주어지는 방법의 측면에 주목하여 자원봉사자에게 제공되는 훈련방식을 다음과 같이 공식적 훈련(*formal training*), 코칭(*coaching*), 상담(*counselling*)의 세 가지 형태로 구분하였다(McCurley & Lynch, 1989: 70).

### 1) 공식적 훈련

공식적 훈련은 특정한 업무에 자원봉사자들을 준비시키기 위한 것이다. 이는 기본적으로 특정한 업무를 하게 될 자원봉사자들을 정해진 시간 정해진 장소에 모아 한꺼번에 집체식 교육훈련 세션을 운영하는 방식이다. 이 훈련도 여러 가지 형태로 이루어질 수 있는데 강의, 토론, 세미나, 역할극, 사례회의, 시청각자료, 관찰 등이다. 가장 흔히 사용되는 방식은 시청각 매체나 질의응답 혹은 토론을 부수적으로 활용하면서 이루어지는 강의기반의 방법이다.

공식적 훈련에는 두 가지 주요한 영역이 있다. 첫 번째 영역은 자원봉사자 업무기능에 대한 묘사이다. 이는 그 일에서 달성해야 할 것, 하지 말아야 할 것, 특정한 상황이나 조건이 발생할 경우 해야 할 것 등의 내용을 포함하게 된다. 이러한 의미에서 이를 do, don't, if에 대한 묘사와 전달이라고 표현하곤 한다. 기본적으로 이전의 자원봉사자나 직원의 경험을 통해 성공적이었던 경험의 자료와 실패의 자료들을 제공해주는 것이 유용할 수 있다.

두 번째 영역은 해당 업무에서 각 자원봉사자 역할과 책임에 대한 설명이다. 이는 누구와 함께 일할 것이고 그 과제에서 해당 자원봉사자가 맡아야 할 책임이 무엇인지에 대한 것이다. 단, 이는 추상적 일반론을 의미하는 것이 아니라 구체적 업무에서의 활동에 대한 경험적 설명이다.

공식적 훈련으로 표현되는 이 직무별 집체교육 혹은 강의세션의 방식은 코칭이나 상담에 비해서는 효율적 방법이다. 그러나 상대적으로 구체적 학습의 효과는 적은 편이라고 할 수 있다.

### 2) 코 칭 (*coaching*)

코칭은 자원봉사자가 구체적 업무기술을 습득하도록 도와주는 훈련방법이다. 이는 행동주의적 학습원리에 기초하고 있는 것이다. 스포츠나 체육활동에서 흔히 코칭이라는 용어를 사용하는 것처럼 이는 특정 직무기술에 대해 구체적으로 습득하도록 실제 행동적 연습과 체득에 초점을 두는 방식이다. 코칭방식의 교육훈련에서는 세 가지 구성요소가 필요하다.

- 배워야 할 기술이나 행동의 시연
- 자원봉사자가 그 기술을 실행하게 하고 이를 관찰
- 피드백과 분석

즉, 배워야 할 기술이나 행동에 대해 시범적으로 보여주고 이를 피교육자인 자원봉사자가 해보도록 한 후, 이것이 적절한 것이 되도록 하는 피드백을 통해 교정과 진전을 이루어가는 것이다.

코칭은 자원봉사자의 자율성과 능력을 보다 향상시키기 위한 것이다. 이것이 적절히 활용될 수 있는 상황인지에 대해 검토하고 활용해야 한다.

코칭의 과정과 원칙에 대해서는 흔히 EIAG라는 약자를 활용하여 표현하곤 한다.

(1) E (*Experience*)

코칭은 사람이 경험에서 배운다는 원리에 기초한 것이므로 가장 우선적 과정은 경험의 국면이다. 배워야 할 기술이나 훈련내용에 대해 직접 보거나 접촉하도록 하는 경험을 의도적으로 훈련실행자가 구성하여 제시하는 것이다.

(2) I (*Identify*)

훈련받는 자원봉사자들이 경험과정을 통해 보거나 들은 것에 대해 그것이 무엇을 의미하는지를 명확히 확인하는 국면을 말한다. 사람의 감각기관을 통한 경험은 무한한 것이므로 해당 상황에서 경험한 바 중 의미 있는 부분을 확인하고 공유하는 것이 중요하다. 이 확인과정을 촉진하기 위해 훈련을 실행하는 사람은 수단적 질문 등을 활용할 수 있다.

(3) A (*Analysis*)

명확히 확인된 경험으로부터 배우려면 이를 통해 얻은 것이 무엇인지에 대해 분석해야 한다. 이는 확인된 경험내용의 인과적 맥락일 수도 있고, 상황적 요소와의 부합성에 대한 탐색일 수도 있다. 한편으로는 시범적 시연과 자원봉사자의 행동기술과의 차이점에 대한 분석일 수도 있다. 역시 질문이나 피드백을 통해 경험내용을 만들어낸 상황의 요소들을 탐색하고 그 의미를 적절히 파악해야 한다.

(4) G (*Generalize*)

경험으로부터 배웠다면 그 특정한 상황적 요소를 넘어 어느 정도까지는 일반화된 확장을 할 수 있어야 한다. 모든 면에서 시연상황과 동일한 상황이 자원봉사활동 현장에서 반복되는 것은 아니다. 따라서 의미 있는 훈련을 통해 활동의 수준을 높인다는 것은 교육훈련 과정에서 반드시 다른 유사한 상황에서도 적용할 수 있는 일반화된 원리와 규칙이 형성되어야 한다는 것이다. 이는 코칭에서도 마찬가지의 것이다.

코칭은 상당히 구체적이고 행동적인 활동기술을 익히기 위해 유용한 방법이다. 흔히 동기화된 훈련자에게서도 코칭의 효과가 잘 나타나지 않는 경우는 EIAG의 과정이 제대로 견지되지 않고 '시연 후 따라하기를 주문'하는 행태에서 비롯된다. 따라서 코칭은 면밀히 계획되고 과정에서의 질문과 피드백을 통해 경험, 확인, 분석, 일반화가 적절히 나타날 수 있도록 과정을 지원해야 할 것이다.

### 3) 상 담 (*counselling*)

자원봉사자 교육훈련 방법으로서의 상담은 일반적으로 이야기되는 상담의 치료적 의미와는 다른 것이다. 자원봉사자가 문제를 해결하고 자신의 기술이나 방법을 증진하는 데 있어 그 개선의 책임성을 자원봉사자 스스로가 주체적으로 담당하도록 하려는 것이다. 코칭의 방법이 어떻게 개선될 수 있는지를 보여주고 익히도록 돕는 것이었다면 상담은 어떻게 개선될 수 있는지를 스스로 발견하도록 돕는 것이다. 따라서 다른 방법에 비해 시간과 노력 등 자원이 많이 투자되어야 하므로 효율성은 상대적으로 낮지만 그 효과의 심도나 지속성의 측면에서는 높은 효과성을 나타내는 방법이다.

(1) 상담의 과정

자원봉사자 교육을 위한 상담과정은 일반상담과는 달라 구체적 양상에 초점화된 것이므로 다음과 같이 표현되곤 한다. 이는 코칭의 방법과 과정의 측면에서는 유사하지만 구체적 시연이나 행동적 습득에만 초점을 두지 않고 질문과 응답의 논의와 피드백 과정을 통한 보다 일반적 성과에 초점을 둔다는 면에서 상이하다.

① 문제의 규명

이는 현재 개선되어야 할 자원봉사활동의 기술이나 행동적 측면의 양상을 알고자 하는 것이다("무엇이 잘못되어 있는가?").

② 문제원인의 규명

개선되어야 할 문제는 어떠한 맥락에서 파생된 것인지 확인하는 것으로 이는 근본적 원인을 탐색한다기보다는 가까운 근인을 규명하는 의미이다("그 문제가 발생하도록 만드는 것은 무엇인가?").

③ 대안의 규명

문제의 맥락과 관련하여 지금까지와는 다르게 할 수 있는 대안을 모색하고 나열한다("이 상황에서 다르게 할 수 있는 것은 무엇인가?").

④ 더 나은 활동방법의 규명

각 대안의 장단점을 비교하고 그중 최적의 행동 대안을 선택하여 결정하도록 한다("우리가 선택할 수 있는 최선의 방법은 이 중 어떤 것인가?").

⑤ 경험으로부터의 학습

논의과정을 통해 이후의 활동을 보다 효과적으로 진행할 수 있는 일반적 방법을 찾아낸다("이러한 문제의 재발을 피하기 위해 어떻게 다르게 할 수 있는가?").

(2) 질문의 활용

자원봉사자 교육방법으로서 상담에서 효과적 방법으로 주로 사용되는 수단은 질문(*question*)이다. 해답을 주는 것이 아니라 적절한 질문을 통해 자원봉사자 스스로 개선책을 모색하게끔 격려하는 것이다. 질문을 이용해서 상담을 진행한다는 것은 훈련과정에 대해 훈련자가 진행의 통제력을 유지하면서 동시에 자원봉사자의 능력을 고취할 수 있는 방안이 된다. 따라서 다양한 관리질문(*Management Question*)이 활용될 수 있다. 관리질문은 기획질문, 동기화질문, 평가질문으로 구별해 볼 수 있다.

① 기획질문(*Planning Question*)

기획질문은 자원봉사 프로그램의 맥락과 사항에 대한 질문을 통해 함께 계획하는 과정을 촉진하는 것이다. "현 상황에서 우리가 달성해야 할 목표가 무엇인가?", "이 일의 시간계획은 어떻게 잡아야 하겠는가?", "우리의 활동이 성공했는지 여부를 어떻게 판단하면 적절하겠는가?"와 같은 질문이 이에 해당한다.

② 동기화질문(*Motivational Question*)

이는 자원봉사자의 직무수행이나 동기화 이슈와 관련된 질문을 하는 것이다. 특히 자원봉사자가 잘 수행한 일이 그들의 경력과 연관될 수 있도록 하는 질문이 중요하다. "하게 될 임에 대해서 어떻게 느끼는가?", "좀더 책임성이 높아지는 것에 대해서 만족하는가?", "우리 팀이 달성하고자 하는 일이 가지는 의미가 어떤 것이라고 생각하는가?" 등과 같은 질문이 동기와 관련된다.

③ 평가질문 (*Evaluation Question*)

이는 자원봉사자들이 자신의 표적이나 목표에 도달하고 있는지를 분석하도록 돕는 질문을 하는 것이다. "우리가 잘 하고 있는지를 어떻게 확인하면 좋겠는가?", "예전의 경험들로부터 어떤 것들을 배울 수 있겠는가?" 등의 질문이 이에 해당할 수 있다.

# 슈퍼비전과 활동관리 제8장

## 1. 자원봉사활동의 유지와 슈퍼비전

자원봉사자가 교육훈련과 배치과정을 마치고 나면 실제활동을 진행하게 된다. 사실상 전체 자원봉사 프로그램의 진행과정에서 이 국면이 가장 긴 시간을 차지하고 있으며 본질적 과정이다. 그러나 관리자 활동에서 이 시기의 핵심적 중요성이 간과되기도 한다.

자원봉사자가 계약된 활동기간 동안 적절한 동기화 수준을 유지하며 효과적 활동을 전개하도록 하는 것은 본질적으로 관리자의 책임이다. 물론 이 과정에서 자원봉사자와 주로 접촉하는 것은 자원봉사관리자가 아니라 해당 업무를 담당하는 다른 유급직원일 수도 있다. 그러나 이 경우에도 유급직원이 자원봉사자를 적절히 관리할 수 있도록 지원하는 것은 역시 자원봉사관리자의 책임이 된다.

### 1) 업무의 위임과 슈퍼비전

#### (1) 업무의 위임

자원봉사자가 활동하도록 한다는 것은 궁극적으로는 업무의 위임(*delegation*)이라고 할 수 있다. 자원봉사자에게 업무를 위임할 때 관리자는 다음의 요소들을 지침으로 삼아야 한다(McCurley & Lynch, 1989: 97~98). 경우에 따라서는 이러한 관리요소를 직원에게 교육하는 것도 필요하다.

첫째, 결과의 개념으로 일을 부과하여야 한다. 단순히 어떤 일을 하라는 식으로 활동을 부과할 것이 아니라 '어떤 것이 달성되어야 한다'는 목적이 있는 결과의 개념으로 일을 부과하는 것이 좋다. 이는 자원봉사자의 창의성과 자주성을 고취하는 방안이 되며 한편으로는 만족도 제고의 요인이 된다.

둘째, 자원봉사자에게 일하는 과정에서의 통제력 수준을 규정해주어야 한다. 이에 대한 명확한 합의가 있어야 적절한 자주성과 아울러 활동의 적절성을 유지할 수 있다.

셋째, 지침에 대해 의사소통해야 한다. 자원봉사자의 활동에 대해 관리자가 판단하고 결정하는 지침이나 척도에 대해 자원봉사자에게 알려주어야 한다.

넷째, 자원이 활용 가능하도록 지원해야 한다. 자원봉사자들이 과업을 달성하기 위해 필요한 자원이나 도움들이 이용할 수 있는 것이 되도록 준비해야 한다.

다섯째, 성공의 기준을 설정하라. 자원봉사자의 활동이 적절한 결과를 낳았는지를 판단할 수 있는 기준에 대해 관리자와 자원봉사자가 합의해야 한다.

여섯째, 체크포인트(*check-point*)를 설정하라. 보고하고 점검할 수 있는 시점을 정기적으로 설정하고 자원봉사자가 알게끔 해야 한다.

### (2) 슈퍼비전과 슈퍼바이저(*supervisor*)

슈퍼비전(*supervision*)은 상급자 혹은 보다 더 많은 경험과 지식을 가지고 있는 사람이 업무향상을 위해 실행하는 다양한 관리활동을 말한다. 슈퍼비전은 사회복지실천 일반에서 흔히 이야기되는 것처럼 지지 · 행정 · 교육적 측면에서 그 목적과 효과를 가진다. 이는 자원봉사자에 대한 슈퍼비전의 경우에도 마찬가지이다.

자원봉사자들도 직원들과 마찬가지로 기관 내 상황을 잘 알고, 필요한 활동을 명확하게 판단할 수 있는 상급직원으로부터 지지받기를 원한다. 따라서 자원봉사관리에서 자원봉사자들이 활동하고 있는 동안 책임과 정보를 함께 나눌 수 있는 사람과 접근할 수 있는 통로를 만들어 주어야 한다.

슈퍼비전은 누가 누구에게 지시를 내리고 감시하는 일이 아니라, 자원봉사자들이 각 봉사처에서 담당하고 있는 역할을 잘 수행할 수 있도록 정보와 피드백 및 필요한 도움을 제공하는 것을 말한다. 자원봉사자에 대한 슈퍼비전은 자원봉사자들이 봉사처에서 담당하고 있는 역할을 잘 수행할 수 있도록 돕는다는 의미에서 자원봉사활동의 지속과 유지에 매우 중요한 요소이다.

슈퍼비전을 수행하는 슈퍼바이저(*supervisor*)의 역할은 자원봉사관리자에 의해 이루어지는 경우도 많지만 경험이 많은 동료 자원봉사자, 봉사처의 실무담당 직원, 상급직원 등에 의해서 이루어질 수 있다. 중요한 것은 실질적으로 이루어지는 자원봉사활동에 대한 슈퍼비전과 관리에 책임이 있는 사람이 누구인지를 명확히 하는 것이다.

사회복지기관이나 시설에서는 전반적 자원봉사관리자보다는 자원봉사자와 직접 일하는 봉사처의 직원이 슈퍼비전을 담당하도록 하는 경우가 권장되기도 한다. 이는 자원봉사관리자는 전체적 자원봉사 프로그램을 총괄하지만 실제 자원봉사자의 활동 업무에 대해서는 관리자가 아닌 담당직원이 구체적으로 전문성을 가지고 있기 때문이다.

그러나 현재 자원봉사활동의 주기와 빈도를 고려했을 때, 자주 활동하지 않고 월 1회 정도 접촉하는 자원봉사처의 실무담당자로부터 효과적 슈퍼비전을 기대하기에는 어려움이 있으므로 상황에 맞는 슈퍼바이저를 설정하는 것이 중요하다.

이런 경우, 지역사회의 전문가를 슈퍼바이저로 위촉한 후 정기적으로 활동을 보고하고 피드백을 제공받는 형태의 슈퍼비전 체계를 활용할 수도 있다. 주의할 것은 문제가 생길 때 자원봉사자(혹은 팀)가 슈퍼바이저를 만나 적극적으로 문제를 해결할 수 있도록 반드시 접촉이 용이한 전문가를 슈퍼바이저로 삼아야 한다는 것이다.

좋은 슈퍼비전의 첫째 조건은 각 자원봉사자를 책임지고 지도할 수 있는 직원을 지정하는 것이다. 그리고 이는 업무분장에도 명시되어야 한다. 슈퍼비전을 맡은 직원은 자원봉사자의 업무수행 활성화를 위해 시간과 노력이 필요하다는 점을 이해하고 이를 실천에 옮겨야 한다.

효과적 슈퍼비전을 위해서는 첫째, 업무에 대해서는 정확한 지시를 하고 어떤 질문에도 응답할 준비를 하고 있어야 한다. 둘째, 기관이 기대하는 것을 명확히 전달해야 한다. 셋째, 자원봉사자의 활동에 대해 반드시 인정과 감사를 표시해야 한다. 넷째, 부적절한 행동은 바로 볼 수 있게 도와주어야 한다. 다섯째, 자원봉사자의 욕구동기를 충족시키는 데 융통성을 발휘하여야 한다(조휘일, 1998: 40~41).

현재 우리나라의 자원봉사활동 현장에서는 자원봉사자에 대한 훈련과 배치 이후에 자원봉사자를 방치하거나 획일적으로 관리하는 사례들이 많이 나타나고 있으며 이는 여러 가지 문제를 야기할 수 있다. 자원봉사관리자는 기관의 목적과 욕구는 잘 관리하지만 자원봉사자 개개인의 목적과 욕구는 잘 모르거나 무관심하기 쉽다. 만약 구체적 자원봉사자의 활동을 감독하고 자원봉사자 유지를 담당하는 슈퍼바이저의 책임과 활동이 불명확하다면 클라이언트는 물론 직원들과의 갈등이나 문제를 일으키는 원인이 될 수 있다. 자원봉사자는 자신의 일은 주의를 기울일 가치가 없는 일이라는 인상을 받게 되어 중도탈락으로 귀결될 수도 있다.

업무를 일단 위임한 후 이 위임된 업무가 자원봉사활동으로 잘 실천될 수 있도록 하기 위해서 다음과 같은 슈퍼비전 활동이 중요하다.

첫째, 슈퍼바이저는 자원봉사자에게 언제나 활용 가능해야 한다. 자원봉사자가 원할 경우 슈퍼바이저를 만날 수 있고, 사안을 보고할 수 있고, 이야기를 나눌 수 있어야 한다. 이는 정기적 스케줄을 통해서 혹은 자원봉사자가 택한 시간에 임의로 이루어질 수도 있다. 원하는 자원봉사자가 약속을 신청할 수 있도록 누구나 활용할 수 있는 개방적 시간(*open time*)을 설정해 두는 것이 하나의 방법이 될 수 있다. 또한 자원봉사자와 식사하는 시간을 정기적으로 편성해 둔다거나 가벼운 활동(산책, 현장방문 등)을 자원봉사자와 함께 하도록 준비하는 것도 방안이 될 수 있다.

둘째, 자원봉사자의 참여와 동등한 지위를 최대한 보장한다. 자원봉사자들이 기관현장에서 자신의 자원봉사활동과 관련된 여러 가지 사안에 대해 동등한 지위와 참여를 보장받고 있다고 느끼면 활동에서 더 책임감을 느끼고 그에 따른 보다 큰 효과를 보게 될 것이다. 물론 모든 면에서 직원과 자원봉사자를 동일하게 취급할 수는 없다. 하지만 자원봉사활동과 관련된 부분에서 자원봉사자가 의사결정과정에 참고인으로 참석하게 하고, 관련된 일상행동에서 참여가 보장되도록 지원하는 방안을 활용할 수 있다. 특히 이러한 최대 참여(*full participation*)의 정책방향을 자원봉사자가 느낄 수 있도록 해야 한다. 예를 들면 자원봉사활동 관련 내용의 이메일을 받아보는 수신인에 함께 포함되도록 하는 것 등이다.

셋째, 자원봉사자의 책임성을 보장하고 지지한다. 자원봉사자에게 업무를 위임했다는 것은 단지 작업을 위임한 것이 아니라 일의 책임성과 결과에 대해서도 부분적으로 위임한 것이다. 따라서 관리자 혹은 슈퍼바이저는 자원봉사자에게 상황에 맞는 통제력과 책임성을 부여하고 이에 대해 지지하고 원조해야 한다.

### 2) 동기화의 증진과 자원봉사관리

맥컬리(McCurley)와 린치(Lynch)는 자원봉사자의 다양한 동기에 대해 설명하면서 그 욕구와 관련하여 인정, 성취, 통제, 다양성, 성장, 연계성, 영향력, 즐거움, 독특성의 욕구가 기본적인 것이라고 하였다. 하지만 모든 자원봉사자가 모든 기본적 욕구로 동기화되는 것이 아니라 사람마다 고유한 욕구의 조합이 나타난다고 보았다. 그 중에서도 자원봉사자가 계속적으로 높은 동기화의 수준을 유지하면서 일하도록 하기 위해서는 특히 중요한 두 가지의 동기적 욕구를 지적하고 있는데 소속감(*belonging*)과 자율성(*autonomy*)의 욕구가 바로 그것이다. 자원봉사활동에 참여하는 사람들은 많은 경우에 타인들과 함께 활동하고 있다는 연계 의식을 가지기를 원하며 또한 자기 자신만의 고유한 가치를 실현한다는 개별성을 고양하고 싶어한다. 이를 위해서 자원봉사관리에서 다음에 유의해야 한다(McCurley & Lynch, 1989: 111~112).

#### (1) 소속감의 욕구 충족

소속감 혹은 연계성의 욕구가 충족되어 있는 활동 분위기를 만들기 위해서는 다음과 같은 일들을 할 수 있다.

① 공동의 목표에 대한 강조
② 유사한 이해관계를 가진 자원봉사자를 모집
③ 유사한 가치를 가진 자원봉사자를 모집

④ 능력고취를 통해 신뢰의 분위기를 창출
⑤ 집단으로서 자원봉사자 팀을 인정하는 것

(2) 자율성의 욕구 충족

자율성 혹은 독특성의 욕구를 충족시키기 위해서는 다음과 같은 일들을 할 수 있다.

① 자원봉사자에게 더 높은 수준의 권위와 통제력 부여
② 자원봉사자의 의견을 묻는 것
③ 결과의 개념으로 직무를 규정
④ 조직에 대한 주요한 기여자로서 자원봉사자를 처우하는 것
⑤ 개인적 성취에 대한 피드백 제공
⑥ 결과달성에서 개인적 수행정도를 측정해주는 것

일견 이 소속감의 욕구와 자율성의 욕구는 자원봉사활동에서 추구하는 가장 핵심적인 동기적 욕구이면서 한편으로는 서로 반대 방향으로 작용하는 역(-)의 관계로 인식되기 쉽다. 소속감의 욕구는 다른 사람들과 상호 연계되어 있다는 연계성과 관련되고 자율성의 욕구는 나는 다른 사람들과 다른 독특성을 가지고 있다는 점과 관련되기 때문이다. 그러나 타인과 함께 연계되어 있다는 소속감이 타인과 내가 무조건 동일하다는 식의 개별성의 무시는 아니기 때문에 소속감과 자율성의 욕구를 동시에 증진할 수도 있다. 그리고 그러한 방법 중에 대표적인 것으로 자원봉사자의 제안을 구하고 이를 실행하는 것이 효과적이다.

### 3) 자원봉사활동의 시기에 따른 관리

자원봉사자를 적절히 유지하고 강화하기 위해서는 자원봉사자와 기관과의 관계에서 세 가지의 중요한 시기에 적절한 관리활동이 중요하다(김범수 외, 2004: 114~115).

#### (1) 첫 6개월

자원봉사자 유지에 관한 연구들에서 자원봉사자의 처음 6개월의 경험이 그 장기적 유지에 있어 중요하다고 지적하고 있다. 자원봉사에 대한 기대와 실제상황 사이에 현격한 거리가 있다면 자원봉사자들은 그만두게 된다. 이는 첫 계약기간 이후의 종결일 수도 있고 더 나쁘게는 중도탈락일 수도 있다. 관리자 혹은 슈퍼바이저는 이런 초기 기간 동안 자원봉사자들이 정상적 적응기간을 잘 보낼 수 있도록 그들에게 주의를 집중하여야만 한다. 또한 자원봉사자들이 적합하지 않은 업무를 수행함으로써 발생하는 문제들이 없도록 해야 한다.

#### (2) 기념일

자원봉사자들은 큰 프로젝트의 종결 또는 자원봉사계약기간의 완료와 같은 기념일에 더 많은 관심을 가져주기를 바란다. 이런 중요한 시점에서 그들은 자신이 하고 있는 일에 대한 관심과 수행에 대하여 재평가를 하게 될 것이다. 이때 그들에게 새로운 흥미와 목적을 찾도록 유도하면서 다시 자원봉사활동을 하도록 돕는 것이 좋다.

#### (3) 업무배정기간

자원봉사자들에게 가능한 신속히 그리고 지속적으로 업무를 주는 것은 매우 중요하다. 그렇지 않으면 심각한 유지문제가 발생한다. 오랜 기간 동안 업무가 없다면 조직에 대한 소속감을 잃게 되기 때문이다. 자원봉사자가 기관에 소속감을 느끼기 위해서는 개인에 따라 다르긴 하지만 최소활동시간이 필요하다. 월 1~2시간 미만 등의 활동을 하게 된다면, 혹은 접촉의 지속성이 없다면 소속감을 잃기 쉽다.

## 2. 자원봉사자의 통제력과 능력고취

### 1) 자원봉사자의 통제력 수준

자원봉사자가 자신이 맡은 일을 하고 싶어하도록 고무하고 격려할 필요가 있다. 이는 자원봉사자를 적절한 업무에 배치하는 것을 통해 달성될 수도 있으나 자원봉사자가 일 자체가 아니라 일의 결과에 대한 책임을 가지는, 만족할 만한 통제력과 책임성을 가지도록 함으로써 달성될 수도 있다. 자원봉사자는 하는 일에 대해 자신이 원하는 만큼의 통제력을 가지고 있을 때 더 만족스러워 하고 보다 좋은 성과를 나타낼 수 있다. 보다 높은 통제력을 가지도록 능력이 고양된 자원봉사자는 의존적 자원봉사자보다 더 좋은 업무성과를 보이는 법이다. 이를 위해서는 적절한 한계 내에서 권한을 위임해 주는 것이 필요하다.

자원봉사자가 자신의 활동에서 가질 수 있는 통제력의 수준(*levels of control*)을 네 가지 수준으로 구분할 수 있다(McCurley & Lynch, 1989: 86~87).

#### (1) 1수준: 자기부과의 권위(*The Authority for Self-assignment*)

첫 번째 수준은 자원봉사자가 자신이 할 일과 방법을 스스로 결정할 수 있는 수준의 통제력을 의미한다. 여기서 '자기할당'(*self-assignment*)이란 필요한 업무와 방법을 할당할 수 있는 권한의 원천이 타인으로부터가 아니라 자기 스스로에게서 온다는 의미이다. 이 수준의 통제력을 가지고 활동하는 자원봉사자는 해야 할 일을 스스로 판단하고, 이를 실행하고 확인한다. 이 과정에서 관리자나 슈퍼바이저에게 보고할 의무가 없다. 반면, 자원봉사관리자 입장에서 본다면 자원봉사자의 판단에 일임하고 있어 부적절한 실천이 나타날 우려나 일이 잘못되었을 경우에 관리자에게 금방 발견되지 않아 혼란이 가중될 수 있다는 불안감이 있다.

(2) 2수준: 정기적 보고를 수반한 자기부과 권위(*The Authority for Self-assignment Provided Regular Progress Reports Are Received*)

두 번째 수준은 첫 번째 수준보다는 조금 낮은 통제력을 가지고 있는 것으로 자원봉사자가 필요한 일을 판단하고 실행하지만 특정한 시점에서 관리자나 슈퍼바이저에게 이를 보고하는 것이다. 관리자나 슈퍼바이저의 입장에서는 정기적 확인을 통해 일이 많이 빗나가지 않도록 통제할 수 있다. 만약 자원봉사자의 통제력이 불안하다면 보고를 받는 정기적 시점을 더 자주 설정하면 된다. 반면 자원봉사자에게 조금씩 더 많은 통제권을 주어도 된다는 판단이 서면 이 정기적 보고 시점을 더 드물게 설정할 수 있다.

(3) 3수준: 자기부과를 추천할 수 있는 권위(*The Authority to Recommend Self-assignment*)

이는 앞선 1수준과 2수준에 비해 자원봉사자의 통제력이 좀더 낮은 수준이다. 이 세 번째 수준에서 자원봉사자는 여전히 자신이 해야 할 일을 판단하고 실행하는 권한의 주요한 원천이 될 수 있지만, 실행하기 전에 관리자나 슈퍼바이저에게 자원봉사자 자신의 행동방향에 대해 승인을 받는 것을 의미한다. 즉, 활동방법에 대해 자원봉사자가 사전에 추천하고 관리자나 슈퍼바이저가 승인하는 것이다. 일단 승인되고 나면 활동진행에 대해서는 두 번째 수준과 마찬가지로 정기적 보고를 하게 된다. 슈퍼바이저의 입장에서는 활동계획이 잘못될 경우 사전에 확인하고 수정할 기회가 있는 셈이다.

(4) 4수준: 자기부과의 권위 없음(*No Authority for Self-assignment*)

이는 자원봉사자에게는 활동에 관한 통제력이 없는 것으로 관리자나 슈퍼바이저가 지시한 일만 수행하는 단계이다. 자원봉사자는 생각하고 판단할 필요 없이 단순히 일만 처리하게 된다. 관리자나 슈퍼바이저의 입장에서는 위임에 따른 불안감이 없다. 하지만 자원봉사자의 활동과 관련된 판단과 과업부과를 일일이 수행해야 하는 과중한 부담을 지게 된다. 가장 유의할 점은 이 네 번째 단계에서는 자원봉사자의 창의성이나 만족감을 기대하기 어렵다는 것이다.[1)]

〈표 8-1〉 자원봉사자 통제력의 네 가지 수준

| 통제의 수준 | 통제의 내용 |
|---|---|
| 1수준 | 자원봉사자가 자신의 업무에 대해 완전한 통제권을 가짐 |
| 2수준 | 스스로 자신의 업무를 부과하고 슈퍼바이저에게 조언을 받는 것으로, 자원봉사자는 슈퍼바이저에게 정기적으로 보고를 할 의무가 있음 |
| 3수준 | 보고 후 자신의 업무를 부과하는 것으로 자원봉사자가 업무에 관한 행동을 하기 전에 자신의 행동에 대해 슈퍼바이저의 승인을 얻어야 함 |
| 4수준 | 자원봉사자가 전혀 권한을 갖지 못함 |

1) 이러한 점 때문에 4수준에서 자원봉사자를 활용하는 것은 권장되지 않는다. 맥컬리(McCurley)와 린치(Lynch)는 자원봉사자로부터 최대한 효과를 얻기 위해서 필요한 결과를 달성하는 방법 결정권한을 자원봉사자에게 가급적 건네주는 것이 좋다고 지적한다. 그러면서 동시에 두 가지의 예외상황을 들고 있는데 이는 첫째, 교육받고 있는 훈련 상황의 자원봉사자는 적절한 방법을 알기 어렵다는 점, 둘째, 긴급 상황의 경우로 이러한 경우에는 통제력 부여의 예외사항이라고 하고 있다.

### 2) 통제력과 능력고취(*empowerment*)

자원봉사자 통제력의 네 가지 수준은 고정된 것이 아니다. 이는 상황에 따라 변화될 수 있고 또 변화를 염두에 두고 있어야 적절한 자원봉사자 관리활동이라 할 수 있다. 예를 들어, 한 자원봉사자가 맡은 과업에서 어느 정도의 전문성과 이론적 능력을 가지고 있다고 판단되지만 아직 자원봉사활동 경험이 없어 적절한 판단을 할 수 있을지 불안하다고 하면, 관리자나 슈퍼바이저는 이들의 활동을 초기에는 3수준에서 시작하도록 할 수 있다. 그리고 3수준에서의 활동과정을 통해 적절한 '추천'이 반복된다면 이를 승인하는 과정에서 일정 시점에 2수준의 통제수준을 부여할 수 있다. 이는 한편으로 '인정'의 의미를 가질 수도 있다. 그리고 종국적으로는 1수준의 통제력까지도 부여할 수 있다. 물론 부적절한 활동이 반복되거나 자원봉사자 활동의 적절성에 대한 관리자의 불안감이 크다면 그 반대로 통제력 수준을 4수준의 방향으로 낮출 수도 있다.

이처럼 통제력의 수준을 이동하며 적절한 것이 되도록 관리하는 것이 중요하며 이러한 의미에서 맥컬리(McCurley)와 린치(Lynch)는 '통제의 사다리 오르기'(*climbing the control ladder*)라고 표현하고 있다(McCurley & Lynch, 1989: 90).

이와 같은 통제력의 네 가지 수준은 자원봉사활동의 관리에서 반드시 염두에 두어야 한다. 아직도 많은 경우 자원봉사자 관리에서 통제력의 부여와 관리가 체계적이지 않고 무의식적, 즉흥적으로 이루어지곤 한다. 자원봉사자를 4수준의 통제력 수준에만 무의식적으로 배치하고 나서 일일이 결정하고 시키려니 관리일이 많다고 힘들어하는 관리자는 부적절한 관리활동을 수행하는 것이다. 자원봉사자의 통제수준 관리는 자원봉사 관리에서 체계적으로 고려되어야 할 항목이다.

과거의 자원봉사관리에서는 자원봉사자의 통제력에 대해 두 단계의 관점, 즉, 통제력을 줄 것인가 주지 않을 것인가의 관점으로만 파악하곤 했다. 그러나 네 단계로 된 통제수준의 척도를 활용하면 활동내용에 대한 관리자와 슈퍼바이저의 통제를 유지하면서도 동시에 자원봉사자에 대해 능력고취활동을 병행할 수 있다. 즉, 두 수준을 가운데에 끼워 넣음으로써 활동이 부적절하게 되지 않도록 하는 관리자 통제와 동시에 자원봉사자가 자신의 통제력을 가지고 있다는 동기증진의 이점을 활용하는 기법이 된다.

## 3. 기록과 위험대책

### 1) 기록의 유지

자원봉사활동에 대한 기록의 유지는 기관에서 업무위임을 위해서도 반드시 필요한 부분이며, 자원봉사자들도 기록의 유지를 기대한다. 자원봉사자의 업무는 현재와 미래 활동기관에서의 업무증진과 유지를 위해 기록되어야 한다. 자원봉사자들은 한편으로 기록을 자신의 경력에 이용하거나 참고자료로서 활용하려 한다. 이는 자원봉사활동에서 학습한 지식이나 기술들의 지표가 될 수 있다. 기록이 관리의 도구로서 활용되려면 다양한 정보들 즉, 개인들의 평가내용, 프로그램의 사전평가, 기관발달을 위한 계획, 그리고 지역사회에 대한 서비스 가치에 대해 자료를 제공할 수 있는 정보들을 포함해야 한다.

기록은 자원봉사자에게는 활동과 별도의 추가적 부담으로 다가오는 경우가 많다. 적지 않은 시간과 노력이 필요한 것이므로 기록의 필요성과 목적 및 그 방법에 대해 충분한 합의가 필요하다.

가장 많이 언급되는 기록필요성의 핵심은 클라이언트, 전문가, 기관과 사회에 대한 책임성을 위해서이다. 기록을 하는 과정에서 자원봉사자는 활동대상자의 상황과 문제에 대한 정확한 이해를 하게 되고 효과적 서비스에 대해 직원이나 자원봉사관리자, 동료로부터 도움을 받을 수 있다. 또한 기록은 자원봉사자의 활동에 대한 객관적 자료를 제공함으로써 자원봉사자 활동의 타당성(때로는 적법성)의 근거가 되기도 한다.

기록은 여러 용도로 사용될 수 있는데, 우선 개별기록은 개별 클라이언트를 위한 서비스를 계획하고 실행하고 평가하는 데 사용되고 집합적으로는 클라이언트집단에 대한 서비스를 계획하고 모니터하고 평가하는 데 사용된다. 또한 기록은 임상적 기능뿐만 아니라 클라이언트를 지속적으로 추적하고 클라이언트의 욕구, 서비스의 유형, 직무관리, 자원봉사자와 직원의 직무수행, 자원의 분배에 관한 행정적 결정을 위한 정보를 제공하는 행정적 기능도 갖는다(홍순혜 · 한인영 역, 1997: 17).

자원봉사자들의 활동을 기록하는 데에는 다음의 네 가지 주요단계를 거쳐야 한다(조휘일, 1996: 43~44).

첫째, 기록되어야 할 것들을 규정한다. 둘째, 어떻게 기록되어야 할지를 계획한다. 셋째, 자료를 수집한다. 넷째, 무엇이 보고될 것인가를 결정하고 그 방법을 결정한다.

자원봉사자의 활동에 대해 무엇을 어떻게 기록하는가 하는 점은 기관마다 그리고 자원봉사 프로그램마다 다르게 나타난다. 하지만 어떤 형태로든 대부분 기록을 유지하고 있다. 일반적으로 사회복지 실천에서 기록은 이야기체 기록, 문제중심기록(POR: *problem-oriented recording*) 등 여러 가지 전문적 방식에 의하지만 자원봉사자의 활동 기록은 현장이나 활동조직마다 활동일지 등과 같은 정해진 서식이 있어 이에 따라 이루어지는 것이 일반적이다.

〈그림 8-1〉 청소년 자원봉사센터의 자원봉사자 활동일지 사례

<table>
<tr><td>봉사단명</td><td colspan="4">(　　　　　) 봉사단　　팀장(진행자) :</td></tr>
<tr><td>활동내용</td><td colspan="4">□ 소모임 □ 활동계획 · 준비 □ 봉사활동 □ 활동평가<br>□ 기타</td></tr>
<tr><td>일시</td><td colspan="2">200 년　　월　　일</td><td>장소</td><td></td></tr>
<tr><td>시간</td><td colspan="2">~</td><td>합계</td><td>(　　　) 시간</td></tr>
<tr><td rowspan="2">참가인원</td><td colspan="4"></td></tr>
<tr><td colspan="2"></td><td>총</td><td>명</td></tr>
<tr><td>구분</td><td colspan="3">내 용</td><td>비 고</td></tr>
<tr><td>활동내용<br>(회의내용)</td><td colspan="3"></td><td></td></tr>
<tr><td>건의사항</td><td colspan="4"></td></tr>
<tr><td rowspan="2">활동평가</td><td colspan="3" rowspan="2"></td><td>기록자</td></tr>
<tr><td></td></tr>
<tr><td rowspan="2">관리자<br>의견</td><td colspan="3" rowspan="2"></td><td>확인자</td></tr>
<tr><td>(인)</td></tr>
</table>

### 2) 위험과 책임 대책

자원봉사활동 도중에 여러 가지 사고와 이에 따른 후유증이 문제가 될 수 있다. 따라서 발생할 수 있는 위험과 그에 대한 대책을 미리 준비하는 것이 필요하다.

자원봉사자들은 자신이 안전하다고 느끼는 상황에 배치되어야 하며 이는 자원봉사자에 대한 혜택(*benefits*)이나 인정(*recognition*)의 한 방법이기도 하지만 활동진행 과정에서의 기본적 관리요소가 된다.

위험과 책임대책에 관한 교육이 중요하다. 교육내용에는 대상자와 사적 공간에 출입하는 것의 유의, 약물이나 알코올과 관련된 유의, 활동내용이 가질 수 있는 잠재적 위험성에 대한 환기, 금품을 제공하지 말 것, 비정규적 활동은 반드시 관리자나 직원에게 보고할 것 등의 내용을 포함하여야 한다.

한편 최근에는 자원봉사자 보험이 도입되는 등 제도적으로 위험과 책임대책을 모색하고 있다. 이는 한편으로는 자원봉사자에 대한 혜택이나 승인 및 보상체계로 활용되기도 한다. 우리나라에서는 2003년부터 인증센터에 등록된 자원봉사자 중 위험 정도가 높은 분야에서 활동하거나 지속적·정기적으로 활동하는 자원봉사자를 상해보험에 가입시킴으로써 봉사활동 도중에 발생하는 위험에 대비하고 이를 통한 활발한 자원봉사활동 참여를 도모하고 있다. 2004년에는 3만 명, 2005년도에는 4만 명, 2006년도에는 5만 명으로 매년 더 많은 인원의 자원봉사자를 상해보험에 가입시키고 있다(보건복지부, 2006). 이는 자원봉사활동 중 발생하는 사고 등에 대비하며 자원봉사자는 대개 무료로 가입되도록 활동현장이나 추진체계, 지원체계 등에서 비용을 부담하고 있다.

## 4. 갈등의 관리

모든 조직에서의 활동은 갈등을 나타낸다. 대개 갈등에 대해 부정적으로 생각하는 것이 일반적이지만 사실상 조직 내에서 갈등은 불가피하며 일정 정도 조직에 도움이 되기도 한다. 그러나 갈등 수준이 지나치게 높거나 그 상황이나 내용에 따라서는 파괴적 결과를 가져올 수도 있다. 특히 자원봉사활동이 이루어지는 현장에서는 동기와 만족이 중요시되는 특성상 갈등이 매우 중요한 이슈가 되며 잘 다루어져야만 한다. 그렇지 않을 경우 자원봉사자의 중도탈락으로 연결되거나 활동대상자에게 피해가 돌아갈 가능성이 크다.

자원봉사현장에서의 갈등은 다음과 같이 자원봉사자와 기관 직원 사이의 갈등, 자원봉사자간의 갈등, 자원봉사자와 활동대상자 사이의 갈등이 가장 일반적이다(이성록, 1996: 402~408). 이외에도 자원봉사자의 역할 내 갈등이나 기타 다른 관련자와의 갈등도 나타날 수 있다.

### 1) 자원봉사자와 직원과의 갈등

자원봉사자와 이들을 활용하는 직원과의 관계는 매우 중요하지만 갈등이 가장 흔하게 발생하는 관계이기도 하다. 이에는 대개 몇 가지 요인이 관련되어 있다.

#### (1) 위치에 대한 불안감

자원봉사자 중 일부는 전문적 지식을 가지고 있으며 유급직원보다도 변화에 유연하며 창조적이고 지역사회에 관한 많은 정보를 가지고 있다. 우수한 자원봉사자의 활동에서 기관의 직원들은 자신의 지위에 불안감을 가질 수 있으며 도전받는다는 의식이나 혹은 피해의식을 가질 수도 있다. 이는 사려 깊은 업무분장과 역할분담을 통하여 극복될 수 있으며 상호경쟁관계가 아님을 인식하고 수용하도록 해야 한다.

(2) 서비스의 질에 대한 우려

자원봉사자는 직무에 대한 전문성이 부족하여 활동대상자인 클라이언트에게 제공되는 서비스의 질이 저하할 것이라는 우려이다. 이러한 우려는 어느 정도 유급직원들에게는 공통적이다. 이러한 우려는 자원봉사자에 대한 불신이나 직무에 대한 불만족으로 이어져 필요한 권한의 위임을 막고 결과적으로 자원봉사자의 불만족으로 이어져 갈등의 소지가 된다.

(3) 역할에 대한 인식 부족

아직도 많은 직원들은 자원봉사자 활용을 일시적 편의와 단순 노동력 지원책 혹은 예산 절감책으로 여기고 있다. 혹은 자원봉사자 활용이 대단히 번거로운 일이지만 상급자의 지시나 기관정책 때문에 마지못해 한다는 태도도 나타난다. 유급직원의 이러한 태도는 자원봉사자의 불쾌감과 갈등을 유발한다.

(4) 이전의 나쁜 경험

이전에 자원봉사자와 일하던 과정에서의 나쁜 경험이 자원봉사자에 대한 거부감으로 나타날 수도 있다. 이른바 '볼런티어 신드롬'이라고도 불리는 이 현상에 대처하기 위해서 다수 자원봉사자들의 장점을 강조하고 부정적 경험은 '자원봉사자이기 때문에' 발생한 것이 아닐 수 있음을 검토하게 한다.

(5) 성취감의 상실

자원봉사자 활용으로 인해 활동대상자와의 직접적 접촉 기회가 줄어들어서 직원들은 대면적 활동에서 나타나는 성취감이 감소될 수 있다. 이는 유급직원이 자원봉사자에 대해 안 좋은 인상을 가지는 원인이 되기도 한다.

### 2) 동료 자원봉사자와의 갈등

자원봉사자 동료간의 관계는 자원봉사자의 헌신과 기여를 고취시키는 요인이 된다. 그리고 이는 경우에 따라서 자원봉사자의 중요한 활동 동기가 되기도 한다. 그러나 반면 동료와 갈등이 발생하거나 관계가 어긋나게 되면 활동을 중단하거나 활동대상자에게 나쁜 영향을 미치게 되기도 한다. 따라서 자원봉사관리자는 활동하고 있는 자원봉사자간의 동료관계에 대해 면밀히 관찰하여야 한다.

업무에서의 상호의존성, 목표와 역할기대에서 차이, 보상 및 인정과 관련된 경쟁심 등이 동료 자원봉사자와 갈등을 유발하는 요인이 되기 쉽다.

### 3) 활동대상자와의 갈등

활동대상자들은 특정기관의 서비스체계나 내용에 대해 잘 알고 있는 경우가 많다. 그리고 이들은 서비스 품질에 대해서도 민감한 편이다. 여러 가지 요인 때문에 자원봉사자의 활동에 대한 저항세력으로 존재하기도 한다. 한편으로 자원봉사자는 무의식적으로 활동대상자로부터의 감사와 인정을 원하고 있어 이것이 어긋나게 되면 갈등을 일으키는 요인이 되기도 한다.

(1) 무지성

활동대상자의 특성이나 자원봉사활동에서의 원칙 등에 대한 무지로 인해 자원봉사자가 활동대상자의 주체성을 침해하거나 생활방식에 잘못 관여하여 기분을 상하게 하는 경우가 있다.

(2) 시혜성

동정심이나 위선적 태도가 대상자에게 전달되면 활동대상자는 자원봉사자에 대해 거부감을 가지게 된다. 베푸는 우월자와 일방적으로 자선을 받는 열등자로 여겨지는 차별적 인식이 있어서는 곤란하다.

(3) 자기도취성

자원봉사자가 자신의 선의나 활동의욕에 도취되어, 자신의 책임영역이 아닌 부분까지 관여함으로써 활동대상자의 부정적 감정을 유발할 수 있다.

(4) 충동성

자원봉사활동은 계획적이고 체계적 활동이 되어야 함에도 불구하고 즉흥적이고 충동적으로 활동이 나타나기도 한다. 이 경우에는 위험한 결과를 낳은 잘못된 실천(*malpractice*)이 발생할 가능성이 높다. 또한 자원봉사자의 일관성이나 신뢰성에 대해 활동대상자가 믿을 수 없게 되고 갈등의 소지가 많다.

(5) 일과성 / 단기성

자원봉사자의 활동이 형식적이고 일회적으로만 이루어진다는 인식 때문에 활동대상자는 자원봉사자에 대해 개방적 태도를 취하지 않게 되고 라포르(*rapport*)가 형성되지 않아 갈등 요인이 된다.

무급을 원칙으로 이루어지는 자원봉사활동의 특성상 이 과정에서 나타나는 갈등은 보다 면밀한 배려 하에 다루어져야 한다. 자원봉사활동에서 갈등을 다루는 방법은 상호간의 욕구충족을 조절하는 것을 근간으로 한다. 즉, 자기 자신의 관심사를 충족시키는 방법(주장)과 상대방의 관심사를 충족시켜주는 방법(양보)이 병행되어야 한다. 이를 위해 대표적 전략을 지배(*dominating*), 회피(*avoiding*), 타협(*compromising*)의 세 가지로 구분하기도 한다(류기형 외, 1999: 234).

맥컬리(McCurley)와 린치(Lynch)는 자원봉사자와 직원과의 관계에서 나타날 수 있는 분쟁을 예방하기 위한 실무적 방안으로 다음을 제시하고 있다(이강현 역, 1997: 93~94).

【직원과 자원봉사자 간의 분쟁 예방】

1. 자원봉사자 활용에 관한 결정에 직원을 참여시킨다. 모든 사람들은 갑작스러운 결정을 좋아하지 않는다.
2. 자원봉사자들을 위한 업무와 지원계획 그리고 감독체계에 대해 미리 계획을 세워야 한다. 이러한 일들이 저절로 이루어질 것으로 기대해서는 안 된다.
3. 많은 사람이 자원봉사에 참여하는 것이 무조건 중요한 것은 아니다. 자질을 고려하여 선발하여야 한다.
4. 자원봉사에 필요한 기술이나 지식을 활동하면서 누구나 배울 수 있을 것이라고 간주해서는 곤란하다. 자원봉사자들에게 훈련이 필요하면 그들과 함께 일할 직원을 포함시켜야 한다.
5. 직원이 적절한 자원봉사자의 활용을 위해 필요한 것을 이미 알고 있다고 간주하지 말아야 한다. 교육이 필요한 경우가 많다.
6. 자원봉사자들이 기관에 기여하는 것에 대해서 감사를 표시하여야 한다.
7. 자원봉사자들과 함께 일을 무난히 잘 수행한 직원들에게 포상과 격려가 이루어져야 한다.
8. 자원봉사자들에 대한 감독활동은 함께 일하는 직원이 할 수도 있다. 자원봉사관리자가 모든 권한을 가지는 것은 좋지 않다.
9. 주의를 끄는 문제가 발견되면 덮어두지 말아야 한다. 이에 대해 이야기하고 이를 경청하는 것이 문제를 더 제고시키지 않는다.
10. 분쟁이 발생했을 경우 한 쪽이 옳고 그르다는 흑백논리를 적용하지 말아야 한다. 타협이 최선의 방책이다.

## 5. 점검과 활동의 교정

### 1) 주기적 점검

자원봉사자 관리에서 점검의 시점(*checkpoint*)을 설정하는 것은 중요하다. 통제력의 수준이 어느 단계에 있든지 간에 자원봉사자 활동 진전에 대해 주기적으로 점검하는 것이 필요하다. 주기적으로 점검하는 것은 자원봉사자에게 점검대상인 활동이 중요하게 여겨지고 있다는 인식을 줄 수 있다. 또한 잘못된 실천이 나타나더라도 활동의 마지막에 알게 되는 것이 아니라 점검주기에 확인할 수 있으므로 자원봉사자의 활동이 많이 빗나가기 전에 교정할 수 있는 단계에서 이를 발견할 수 있다.

주기적 점검을 위해서는 달력을 활용하는 것이 좋은 방법이 된다. 즉, 점검일자와 자원봉사활동의 진전을 일자에 따라 기록하고 관리하는 것이다.

### 2) 점검과 수행평가

흔히 평가는 봉사활동이 모두 종결된 후에만 이루어지는 것으로 한정하여 생각하기 쉬우나 봉사활동이 지속되는 과정에서도 평가는 필요하다. 자원봉사자들은 수행평가를 통해 자신의 활동을 점검할 수 있으며, 이를 통해 자신의 활동을 한층 고양할 수 있는 계기를 마련할 수 있다.

자원봉사활동 프로그램의 평가내용은 크게 프로그램 자체에 대한 평가와 자원봉사자의 개별적 업무수행에 대한 평가로 나눌 수 있으며 이는 자원봉사활동 진행과정에서의 점검에서도 마찬가지이다.

### (1) 프로그램에 대한 과정평가

계획수립단계에서 설정한 목표달성기준과 척도에 따라 목적을 달성하기 위한 목표가 얼마나 성취되는지, 목표를 달성해 가는 데 필요한 과정·수단이 얼마나 합리적인가를 평가하는 것을 말한다.

### (2) 자원봉사자에 대한 평가

자원봉사자가 개인 또는 집단으로 제공한 총 활동시간과 지속성, 참여강도 등을 평가하는 것을 말한다.

평가는 정기적이고 계획적으로 이루어져야 한다. 정기적 평가일정을 가짐으로써, 자원봉사자는 자신이 활동과정에서 문제로 느끼는 점을 자연스럽게 토론하고, 자신이 한 일에 대해 긍정적 피드백을 받을 수 있다. 정기적으로 이러한 기회를 갖지 않으면, 작은 문제가 그대로 방치되어 커지거나 자원봉사자의 소진이 발생할 수 있다.

〈표 8-2〉 자원봉사자 활동점검평가시의 주요 질문

| 질 문 | 전혀 그렇지 않다 | 그렇지 않은 편이다 | 그런 편이다 | 매우 그렇다 |
|---|---|---|---|---|
| 자원봉사활동은 직무설계서에 나와 있는 대로 이루어지고 있는가? | | | | |
| 업무를 효과적으로 수행하는가? | | | | |
| 자원봉사활동 시간을 잘 지키는가? | | | | |
| 다른 직원이나 봉사대상자와의 관계는 원만한가? | | | | |
| 자원봉사활동에 정기적으로 참여하는가? | | | | |
| 공손하고 인내심을 보이는가? | | | | |
| 비밀보장을 준수하는가? | | | | |

* 전혀 그렇지 않다(1점)~매우 그렇다(4점)의 점수를 매겼을 때, 20점 이상이면 자원봉사활동이 비교적 훌륭히 이루어진다고 볼 수 있음.

### 3) 부적절한 실천과 해고

#### (1) 부적절한 실천과 교정

자원봉사자의 활동은 종종 교정을 필요로 하는 부적절한 실천이 되곤 한다. 이러한 부적절한 실천은 간단한 기술적인 것에서부터 더 이상 자원봉사활동을 유지할 수 없는 치명적인 것까지 여러 가지 유형이 있을 수 있다. 이는 비밀보장의 미준수, 활동수칙 위반 등과 같은 것일 수도 있고 활동의 성과가 불만족스러운 점과 연관될 수도 있다.

이에 대해 기술적 조언에서부터 해고에 이르기까지 다양한 노력이 필요한데, 추가적 문제가 발생하지 않도록 하는 것과 자원봉사자 본인이나 함께 일하는 동료 자원봉사자의 사기가 손상되지 않도록 양자 모두를 신경 써야 한다. 특히 해고는 자원봉사자에게 가장 극단적 방법이므로 해고 이전에 다음과 같은 교정의 대안을 모색해 보아야 한다(McCurley & Lynch, 1989: 102).

##### ① 자원봉사자에 대한 슈퍼비전의 재강화(*resupervision*)

자원봉사자의 잘못된 실천이 작은 규정이나 절차의 위반 등일 경우 이를 준수하도록 다시 한번 재강조하는 것이 필요할 수 있다. 특히 10대 자원봉사자의 경우 절차나 규정 위반이 자주 발생하는 문제일 수 있다.

##### ② 자원봉사자에 대한 재교육(*retraining*)

무지나 정보부족으로 인해 잘못된 실천이 나타났을 경우 다시 한번 교육과 훈련을 실행할 필요가 있다.

##### ③ 자원봉사자에 대한 재동기화(*remotivation*)

의욕상실이나 반복활동에서 느끼는 지루함 등으로 인해 활동에 지장을 가져오는 경우 휴식기간을 설정하거나 여타의 방법으로 동기화를 다시 이루어야 한다.

④ 자원봉사자의 재할당(*reassignment*)

특정 활동대상자와 자원봉사자가 잘 맞지 않거나 업무에 잘 적응하지 못하는 경우 활동대상자를 바꾸어 할당하거나 직무배치를 새로 할 수 있다.

⑤ 자원봉사자를 다른 기관으로 의뢰(*refer*)

이 기관에서의 활동이 적절치 않다고 판단될 경우 해당 자원봉사자의 능력과 욕구가 더 잘 반영될 수 있는 다른 기관으로 의뢰를 고려한다.

⑥ 자원봉사자를 명예로운 방식으로 은퇴시킴

다른 대안을 도저히 실행할 수 없는 상황이라면 가급적 자원봉사자를 죄의식 없이 명예롭고 공식적 방법으로 은퇴시킬 수 있도록 한다.

(2) 자원봉사자의 해고

해고에 대해서는 공식적 체계가 필요하다. 관리자나 슈퍼바이저가 개인적으로 자원봉사자와의 관계를 단절하는 것은 쉽지 않은 것이므로 자원봉사자 해고는 기관의 정책적 체계가 필요하다(McCurley & Lynch, 1989: 103).

① 자원봉사자가 처벌 혹은 해고되는 조건을 명시한 공식적 정책체계의 확립
② 문제가 되는 상황과 자원봉사자측의 진술내용을 확인할 수 있는 공식적 조사를 제공

③ 주의, 경고, 해고에 이르는 점진적 처벌체계 구성
④ 자원봉사자측의 이의 내용을 검토하기 위한 절차 구성
⑤ 직원, 클라이언트, 관련된 다른 사람들에게 자원봉사자에 대한 해고나 처벌에 대해 후속적 통보 제공

해고는 기관에서 정책적으로 이루어지는 것이지만 동시에 자원봉사관리자와 자원봉사자 사이에 개인적 접촉을 수반하는 일이 된다. 따라서 해고가 결정되어도 해고면접(*firing interview*)이 이루어지며 이 해고면접에서 지켜야 할 지침은 다음과 같다(McCurley & Lynch, 1989: 104).

① 신속하고 단호하게 할 것: 이미 해고면접에 이르렀다면 신속하고 단호하게 조치하여야 한다.
② 논쟁하지 말고 분명히 통보할 것: 해고면접에서는 정확하게 통보하는 것이지 세부적 잘잘못에 대해 논쟁할 필요는 없다. 이는 불필요한 갈등과 부정적 감정을 다시 격화시키게 될 수 있다.
③ 상담을 시도하지 말 것: 상담은 이미 그 이전 단계에서 이루어졌어야 할 일이다. 해고면접에서 상담을 시도해서는 안 된다.
④ 자원봉사자에 대한 후속조치(*follow-up*): 해고되는 자원봉사자에 대해서도 이후의 과정이나 정보제공, 의뢰 등에 대한 후속조치나 욕구가 어떻게 되는지에 대해 확인하여야 한다.

# 평가와 승인 제9장

## 1. 자원봉사활동의 종결

자원봉사활동은 무한정 진행되는 것이 아니다. 따라서 종결은 언제나 나타나는 것이며 이 종결과정이 긍정적인 것이 되도록 하는 것이 중요하다. 자원봉사활동 종결의 원인은 여러 가지가 있을 수 있지만 그 이유에 관계없이 자원봉사활동이 당사자 모두에게 충분히 예정되어 잘 마무리되는 것은 자원봉사활동을 시작하거나 유지하는 것 못지않게 중요한 것이다.

가장 좋지 않은 것은 계획 없이 우발적으로 나타나는 활동중단이다. 따라서 자원봉사 프로그램 기획에서부터 자원봉사활동의 종결은 미리 계획되어야 한다. 그리고 이는 자원봉사자와 자원봉사활동 현장 혹은 기관과의 계약에 반영되어야 한다. 만약 당분간 종결의 예정 없이 장기적으로 활동하려는 자원봉사자라 할지라도 일단 일정기간의 활동을 종결하고 다시 계약을 통해 활동을 연장하여야 한다. 대개 자원봉사 프로그램은 1년 이상 지속되지 않으며 이 기간을 넘어설 때에는 재계약 형태를 취하는 것이 바람직하다.

자원봉사활동 기간이 지나치게 짧아지는 것도 좋지 않기 때문에 어느 정도의 지속기간이 필요하고, 특히 대면적 자원봉사활동의 경우에는 6개월을 최소단위로 활동이 이루어지곤 한다.

### 1) 종결의 의미와 유형

자원봉사활동의 종결은 특정 자원봉사자나 단체가 진행해오던 활동 기관이나 대상자에 대한 활동을 중지하는 것을 의미한다. 실제 자원봉사자 활용과 관리에서 사람들은 모집과정에 비해 종결에 대해 그 중요성을 간과하곤 한다. 그러나 적절한 형태의 종결은 다시 좋은 모집이 이루어지는 데 중요한 기반이 된다. 종결은 여러 가지 형태와 방식이 있을 수 있으나 모든 자원봉사 프로그램과 자원봉사자에 대한 관리에서 반드시 다루어져야만 하는 영역이다.

#### (1) 활동 계약 기간 만료에 의한 종결

자원봉사 프로그램 계획에 따라 사전 활동계약에서부터 종료시점에 대한 논의가 있어 이에 따라 종결이 이루어지는 것이다. 대개 대면적 자원봉사활동의 경우에는 6개월이나 1년 단위로 종결에 이르는 프로그램이 많다. 학생 자원봉사 프로그램은 학기나 방학기간을 기준으로 종결시점이 설정되는 경우도 많다. 특정 이벤트나 행사중심의 자원봉사활동은 단기간의 활동과 빠른 종결시점을 갖기도 한다.

#### (2) 활동 목적의 달성에 의한 종결

자원봉사활동의 목적이 달성되어 활동이 종결되는 경우이다. 가장 이상적이라 할 수 있지만 흔하지는 않다. 예를 들어 간병자원봉사활동의 경우 활동대상자가 모두 완전히 건강을 되찾아 활동의 필요가 없어지는 경우와 같다.

### (3) 현장과 대상의 여건에 의한 종결

자원봉사활동의 종료시점도 아직 남아있고 목표도 달성되지 않아 활동이 계속되어야 하지만 활동현장이나 대상자의 여건변화로 인해 더는 자원봉사활동이 이루어질 수 없는 상황을 말한다. 활동현장 및 기관의 폐쇄나 정책변화, 활동 대상자의 거주이전, 건강악화나 사망 등의 경우에는 활동이 지속될 수 없다.

### (4) 자원봉사자와 팀의 여건에 의한 종결

자원봉사자측의 여건에 따라 활동이 종결되기도 한다. 주로 자원봉사자의 건강문제, 거주 이전이나 직업상의 문제에 따라 활동이 지속될 수 없는 상황이 발생한다. 자원봉사자가 팀인 경우 활동기간 중에 팀이 해체되는 등의 사유가 발생하기도 한다.

### (5) 중도탈락(*drop-out*)에 의한 종결

사전의 논의나 종결에 대한 충분한 논의와 준비 없이 자원봉사자가 활동에 참여하지 않는 것이다. 활동에 대한 불만족과 적절한 관리의 부재, 활동중단의사를 사전에 표현하지 못하게 하는 죄의식 등의 상황이 복합적으로 작용하곤 한다. 앞에서 설명한 다른 유형과의 차이는 종결이 다루어지지 않는다는 것이다. 자원봉사자의 잦은 결석 등 중도탈락의 징후에 대해 관리자가 적극적으로 개입할 필요가 있다.

### (6) 관리부재에 따른 개방형 종결

자원봉사 프로그램이 잘 기획되어 있지 않거나 관리자의 개입이 취약한 경우, 자원봉사활동의 종결이 예정되어 있지 않은 경우가 있다. 이러한 경우 일정 기간 후에 그 지속과 종결을 구분할 수 없을 정도로 느슨한 활동 모습을 나타내다가 중도탈락으로 이어지곤 한다. 이는 과거에 종결을 전혀 대비하지 않고 다루지 않던 관행의 활동에서 많이 찾아볼 수 있다.

2) 종결의 원칙

자원봉사활동이 적절하게 종결되도록 하기 위해서는 다음의 원칙에 유의해야 한다(교보다솜이사회봉사단, 2006).

(1) 모든 종결은 준비되어야 한다

자원봉사활동의 종결은 활동당사자와 대상자 등 많은 사람에게 큰 영향을 미치는 것이므로 초기에 계획된 것이든 그렇지 않은 것이든 활동종결에 대한 준비가 이루어져야 한다. 관련된 당사자가 인식하지 못하는 갑작스러운 종결은 곤란하다. 충분한 시간을 두어 종결을 준비할 수 있도록 상호간의 고지가 필요하다.

① 봉사자의 준비

봉사활동의 종결 전에 자원봉사자 혹은 활동자 팀은 미리 종결시점에 대해 알고 있어야 한다. 관리자는 종결시점을 공지하고 종결과 관련된 평가와 승인 등을 실행하며 자원봉사자들이 종결에 대해 충분히 준비하고 활동을 정리하여 종결과업을 실행할 수 있도록 지원해야 한다.

② 활동현장의 준비

활동현장도 종결에 대해 준비할 수 있어야 한다. 활동계약 기간의 만료시점 혹은 자원봉사자의 불가피한 사유 때문에 그 이전 시점에 종결이 예상될 경우 봉사현장은 사전에 이 사실을 알아야 한다. 따라서 자원봉사자에게 종결을 사전에 통보하도록 논의가 이루어져야 한다. 특히 자원봉사활동 내용이 특정한 대상자와의 직접 대면접촉을 하는 경우에는 대상자도 활동종결을 사전에 통보받고 대비할 수 있어야 한다.

(2) 봉사 대상자와 자원봉사자 간의 정서적 측면이 다루어져야 한다

자원봉사활동의 종결은 활동당사자와 대상자 등 많은 사람에게 큰 영향을 미치는 것이므로 자원봉사활동종결에 대한 준비에서는 인간적 관계 혹은 정서적 측면에 대해 유의해야 한다. 봉사자와 봉사대상자 간의 관계에서 상실감이나 노여움, 거부되었다는 느낌이 들지 않도록 해야 하며 특히 자원봉사자가 관계 종결에 따라 죄책감을 갖지 않도록 준비할 필요가 있다. 자원봉사자가 봉사 대상자에게 활동 종료에 대한 사정을 설명하고 언제 그만둘 것인지를 정확히 이야기하도록 해야 한다. 이러한 상황에서 비록 선의로라도 다시 온다거나 연락하겠다는 등의 지키지 못할 불분명한 약속을 해서는 곤란하다.

(3) 피해야 할 종결

자원봉사자가 적절한 종결의 과정 없이 활동을 중단하는 것은 자원봉사관리에서 가장 피해야 할 상황이다. 이는 대부분 자원봉사자가 활동에서 만족을 느끼지 못하는 상황에서 자원봉사관리활동이 적절하게 전개되지 못함으로써 나타난다. 관리자는 자원봉사자와 활동 현장 사이에 다음과 같은 종결상황이 나타나지 않도록 유의해야 한다.

① 갑작스런 활동의 중단 (*drop out*)

이는 가장 바람직하지 못한 종결 유형으로 아무런 준비나 사전 예고 없이 혹은 갑작스러운 통보만으로 활동을 중단하는 것이다. 자원봉사자가 활동을 그만두겠다는 이야기를 하기가 부담스러워 예고 없이 활동을 중단하는 경우가 자주 있다. 이는 그 전까지의 활동에 대한 의미도 부정적인 것으로 바뀌는 것이므로 관리자가 이러한 가능성

에 대해서는 민감하게 유의하고 있어야 한다.

② 불분명한 활동중단(*fade away*)

이 역시 실제에서 가장 많이 나타나는 것으로 활동빈도나 강도가 점차 줄어들다가 어느 순간부터 사실상 활동이 중단되어버리는 것이다.

③ 사전 의사소통이 없는 중단

종결시점과 방식에 대해 자원봉사자-활동현장 간에 명확한 협의 없이 활동이 중단되는 것으로 어느 한 쪽의 일방적 통보에 의한 중단도 이에 해당한다.

자원봉사활동의 종결은 일반 사회복지실천의 종결처럼 큰 의미를 가지고 있으면서 동시에 자원봉사자, 자원봉사관리자, 자원봉사활동 대상자(클라이언트), 자원봉사활동현장 실무자라는 복잡한 실천체계가 얽혀있기 때문에 더욱 신중하게 고려되어야 하며 기술적 업무처리가 중요하다.

종결 국면에서는 종결 자체의 처리와 종결에 따르는 이후의 후속관리(*follow-up*) 필요성에 대한 업무가 이루어져야 하며 특히 승인 및 인정 그리고 평가를 적절히 수행하는 것이 필수적이다.

## 2. 승인과 인정

본질적으로 자원봉사활동에 대한 승인과 인정은 자원봉사자의 활동에 대한 보상의 의미를 가지는 것이다. 물론 보상의 의미 이외에도 자원봉사활동 관련정보의 체계적 관리라는 의미도 있다. 하지만 기본적으로 자원봉사활동에 대한 승인과 인정은 자원봉사자에 대한 보상 측면을 가지는 것이므로 승인과 인정의 방식에서 자원봉사자의 욕구를 중요한 요소로 감안해야 한다.

이 때문에 자원봉사자의 활동에 대한 승인과 인정은 사실상 활동의 종결과정에서의 문제만은 아니다. 활동의 진행과정에서 능력고취(*empowerment*)와 관리감독(*supervision*)의 한 방법과 전략으로서도 큰 의미를 가지고 있다. 또한 초기의 자원봉사 프로그램 기획과 계약 등의 과정에서도 면밀히 계획되어야 한다. 하지만 역시 인정활동은, 특히 종결국면에서 반드시 이루어져야 하는 본질적 의미를 가지는 것이다.

### 1) 활동의 인증

자원봉사활동에 대한 기록화와 그 인증은 가장 기본적 승인과 보상이다. 이는 자원봉사활동을 정책적으로 활성화하려고 시도하는 모든 사회에 나타나는 현대적 자원봉사활동의 주요한 특징이기도 하다. 우리나라에서도 마찬가지다.

교육기관의 자원봉사 프로그램도 기본적으로 활동기록과 승인을 전제로 활용이 가능하다. 기업의 자원봉사활동 등도 인사기록 등과의 연계를 통해 보다 적극적으로 활용될 수 있다. 자원봉사자의 개인적 경력관리 측면에서도 마찬가지이다. 외국의 경우에는 이 누적된 기록이 이후 특정한 사회서비스를 우선적으로 받을 수 있는 권리와 연결되는 프로그램도 있다.

인증을 위해서는 자원봉사 프로그램을 활용하는 측에서 목적에 맞는 적절한 승인 관련 기록체계를 필요로 한다.

이와 같은 자원봉사 승인을 위해 우리나라에서도 인증관리사업이 이루어지고 있다. 특히 대표적 자원봉사활동영역인 사회복지영역에서는 사회복지협의회 부설 사회복지정보센터에서 관련사업을 실행하고 있다. 여기서는 자원봉사 인증센터 지정 및 인증요원 양성과 자원봉사인증 DB프로그램 보급 및 교육훈련을 실시하고, 자원봉사단체에서 교육이나 홍보자료로서 활용할 수 있는 교육교재나 각종 홍보물을 다양하게 제작·배포하고 있다. 1995년 11월에 개통된 자원봉사전산망(VT - NET)을 1999년에 사회복지자원관리시스템으로 확충하여 자원봉사의 체계적 관리가 이루어질 수 있도록 하였고, 2001년 11월에는 자원봉사인증관리 DB를 구축하여 전국 사회복지분야 자원봉사활동 실적을 관리하고 있다.

〈표 9-1〉에서 보는 바와 마찬가지로 2004년 12월말 기준으로 1,746개소의 인증센터에 자원봉사자 51만 1,575명이 등록되어 있고 이 중 40만 3,988명이 활동한 바 있다. 인증관리사업에 대한 일반 자원봉사자 및 관련 조직들의 관심이 높아지고 있어 최근 인증관리사업은 더욱 활성화되고 있다. 인증센터에 등록된 자원봉사자는 2005년 말에 83만 5,019명으로 늘어났고, 2006년 5월 기준으로 95만 명가량이 등록되어 있다. 또한 인증센터도 2006년 5월에는 전국 사회복지시설단체 중 2,512개소가 활동 중에 있다.

〈표 9-1〉 사회복지분야 자원봉사 인증관리사업 현황

| 구 분 | 인증센터 | 인증요원 | 2004년도 연간봉사횟수 | 2004년도 연간봉사시간 |
|---|---|---|---|---|
| 자원봉사 인증센터 (16개 시도) | 1,746개소 | 4,307명 | 1,488,754회 | 5,180,231시간 |

자료: 보건복지부, 2004.

〈그림 9-1〉 대학의 자원봉사 프로그램 인증서식 사례

<table>
<tr><td colspan="5">사회봉사활동 평가기록표</td></tr>
<tr><td>인적사항</td><td colspan="4">전공/학과: 학년: 학번:<br>성명:</td></tr>
<tr><td>봉사기간</td><td colspan="4">학년도 제 학기 【 월 일 ~ 월 일 】</td></tr>
<tr><td rowspan="2">봉사현황</td><td>총<br>시<br>간</td><td colspan="3">기관봉사시간 ( )시간 + 학교예비교육시간 6시간<br>총 봉사시간 ( )</td></tr>
<tr><td>출<br>결</td><td colspan="3">출석 ( )회 / 결석 ( )회 / 기타 ( )회<br>【총 ( )회 봉사】</td></tr>
<tr><td rowspan="2">봉사활동<br>내용<br>(프로그램)</td><td colspan="4">1.</td></tr>
<tr><td colspan="4">2.</td></tr>
<tr><td>담당자<br>평가</td><td colspan="4"></td></tr>
<tr><td>비고</td><td colspan="4"></td></tr>
<tr><td>성적<br>평가</td><td colspan="4">우수Ⓐ( ) / 성실Ⓑ( ) / 양호Ⓒ( ) / 보류( ) / 과락( )<br>⬅ 성적평가 상위</td></tr>
<tr><td rowspan="2">봉사<br>기관<br>(확인)</td><td colspan="4">봉사기관명 : 담당자 : ㊞</td></tr>
<tr><td colspan="4">봉사기관장 : ㊞</td></tr>
<tr><td rowspan="2">결정<br>성적<br>(학과장)</td><td colspan="2">평가의견</td><td>평가<br>(상, 중, 하)</td><td>결정<br>성적</td></tr>
<tr><td colspan="2"></td><td></td><td></td></tr>
</table>

〈그림 9-2〉 사회복지협의회의 사회복지분야 자원봉사인증

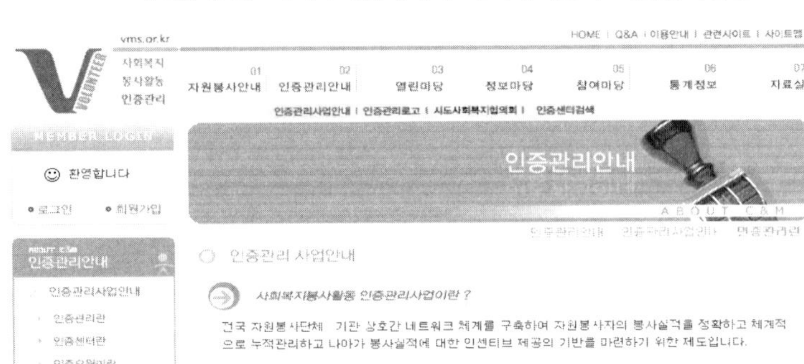


인증관리 사업안내

*사회복지봉사활동 인증관리사업이란 ?*

전국 자원봉사단체 · 기관 상호간 네트워크 체계를 구축하여 자원봉사자의 봉사실적을 정확하고 체계적으로 누적관리하고 나아가 봉사실적에 대한 인센티브 제공의 기반을 마련하기 위한 제도입니다.

◎ 사업목적

사회복지봉사활동의 실적의 인증관리를 통한 신뢰성 구축
사회복지봉사활동 관련단체 상호간 협력체계 구축
사회복지봉사활동의 체계적 · 조직적 관리를 통한 활성화 기반조성

◎ 사업근거

사회복지사업법 제9조, 동법시행령 제25조제2항, 사회복지봉사활동인증관리규정
(2001. 11. 보건복지부장관 승인, 2003. 8. 개정규정 승인)

◎ 사업주체

주관 : 한국사회복지협의회, 시 · 도 사회복지협의회
주체 : 보건복지부, 지방자치단체
사업수행 : 자원봉사자 양성 · 관리 기관 ( 법인 · 단체 · 시설 등 )

◎ 사업연혁

| | |
|---|---|
| 2001. 8. | 사회복지봉사활동 인증관리 DB시스템 구축완료 |
| 2001. 11. | 사회복지봉사활동인증관리규정 승인(보건복지부) 및 사업시행 |
| 2003. 8. | 사회복지봉사활동인증관리규정 개정(보건복지부) |
| 2003. 8. | 사회복지봉사활동 인증관리 DB시스템 개편완료 |
| 2006. 5월 현재 | 사회복지봉사활동 인증센터 2,512개소 지정<br>사회복지봉사활동 인증요원 7,168명 위촉<br>사회복지 자원봉사자 947,683명 |

◎ 사업운영체계

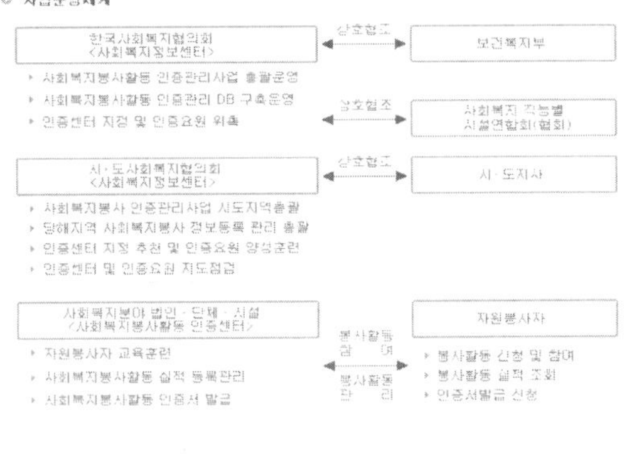



한국사회복지협의회 Tel:02)713-2553~4 Fax:02)713-7297
[121-020] 서울시 마포구 공덕동 456번지 한국사회복지회관 5층

### 2) 인정과 보상

자원봉사자는 격려를 필요로 한다. 인정은 자원봉사자가 동기화와 업무진행에 필요한 사기를 유지하도록 한다. 자원봉사 프로그램은 자신의 프로그램 성격에 맞는 인정행사(*recognition ceremony*)를 갖추고 있어야 한다(Jacobson, 1990: 21). 인정활동은 자원봉사자들의 서비스 활동에 대한 감사를 표시하는 데 사용하는 '화폐'와 같은 역할을 하며, 이는 자원봉사 프로그램 성공에 중요한 요인으로 작용하는 것으로 나타났다. 인정과 감사는 자원봉사활동의 초기국면에서부터 지속적 바탕에서 전달되어야 한다. 자원봉사자들에게 주어지는 관심과 배려는 아주 작은 방법으로 큰 노력 없이 주어지지만 자원봉사자 개개인에게는 커다란 의미로 느껴진다. 어떤 경우에는 이름표 또는 근무 중에 입는 유니폼이 자원봉사자들로 하여금 기관의 구성원이라는 느낌을 갖게 할 수도 있다(조휘일, 1996).

특히 활동의 종결시기에 이루어지는 인정과 보상은 자원봉사활동 프로그램 참여에 대한 전체적 인상과 다음 회기의 자원봉사자 활용에 큰 영향을 미칠 수 있다. 인정과 보상은 여러 가지의 방법으로 행해질 수 있다.

| 자원봉사자를 인정 격려하는 방법 |
| --- |
| • 기관의 회보에 기사를 싣고 알린다.<br>• 손으로 직접 쓴 감사카드 혹은 생일날 개인적으로 카드를 발송한다.<br>• 자원봉사자의 활동결과와 사진을 게시판에 게재한다.<br>• 숙련된 고참 자원봉사자들의 사례를 신입 자원봉사자 교육시 발표하게 한다.<br>• 극장이나 음악회 등의 할인쿠폰을 선물한다.<br>• 우수 자원봉사자들을 시상하며, 연말에 '자원봉사자의 밤' 등을 개최한다.<br>• 자원봉사기관에서 시행하는 교육, 또는 해외연수에 참가기회를 제공한다. |

자료: 삼성생명, 2000, 《자원봉사 프로그램 핸드북》, p. 143.

(1) 공식적 인정과 비공식적 인정

인정방법에 대해 공식적인 것과 비공식적 방법으로 살펴보는 것이 대표적 구분방법이다(McCurley & Lynch, 1989; 113~115).

먼저 공식적 인정은 활동증서(*certification*)가 가장 대표적인 것이다. 그리고 최근 이는 활동기록의 공식적 보관, 마일리지와 같은 누적제 활용과 병행되고 있다. 그 밖에도 시상, 공식적 행사개최, 만찬이나 모임에 초대하는 것, 배지나 상징물의 제공, 심지어는 경제적 의미를 가지는 보상의 활용 등 다양한 방법이 사용된다.

공식적 행사방법은 경우에 따라서는 의도하지 않았던 부작용을 가져올 수도 있다. 따라서 이를 활용하기 위해서는 사전에 다음과 같은 검토가 필요하다.

① 자원봉사자나 직원이 그 행사에 참여하는 것을 즐겁고 영광스럽게 생각할 것인가?
② 지나치게 형식적인 것은 아닌가?
③ 행사를 하는 것이 적절한가? 혹시 자원봉사자들이 이 행사에 드는 비용을 클라이언트를 위한 용도로 써야 한다고 생각하지는 않을 것인가?
④ 이 행사를 통해 축하와 감사, 연대의식을 고취할 수 있을 것인가?

행사와 같은 공식적 인정방법이 적절하다고 판단될 경우 이는 적극적으로 활용될 필요가 있다.

반면 비공식적 형태의 인정과 보상방법도 있다. 대개의 경우 비공식적 인정방법은 자원봉사자와 활동현장 혹은 수요처 사이에서 나타나는 항상 좋은 업무관계 혹은 수시로 감사의 표현을 하는 것과 관련되는 것이다. 이러한 형태의 보상은 이른바 "thank you"라고 진실 되게 말하는 것과 유사하다. 이는 공식적 행사만큼이나 중요한 의미를 가지는 것이다.

① 감사합니다 라는 표현의 전달
② 자원봉사자를 의사결정과정에 참여하게끔 하는 것
③ 자원봉사자에 대한 개인적 관심과 지도
④ 자원봉사자가 직원과 같은 처우를 받는다고 느끼게 하는 것
⑤ 자원봉사자의 가족이나 상관에게 감사하다는 표시 전달
⑥ 자원봉사자의 생일이나 개인적 행사를 기관에서 함께 축하
⑦ 교육훈련 과정에 자원봉사자가 참여할 수 있게 하는 것

통상 공식적 인정과 보상이 종결국면에 집중되어 나타나는 반면, 비공식적 인정과 보상은 그 이전 시기부터 활동 과정에서 지속적으로 이루어지는 것이다.

(2) 물질적 인정과 비물질적 인정

인정방법은 물질적 수단이 활용될 수도 있고 비물질적 수단이 활용될 수도 있다. 또한 물질적 수단의 경우에도 경제적 의미를 지니는 것과 그렇지 않은 상징적 의미를 가지는 것으로 구분할 수 있다.

물질적 방법 중 경제적인 것은 활동에 대한 보상의 의미로 주어지는 금전, 현물(식사, 교통편의 등 포함), 각종 비용에 대한 감면증서, 경제적 의미를 가지는 토큰이나 쿠폰 등이 있다. 비경제적인 것으로는 배지, 핀 등의 상징물과 감사편지, 개인적 사항에 대한 축하카드 등이 활용된다.

비물질적 방법으로는 구두나 행동으로 나타나는 감사 표현, 각종 행사, 교육훈련 참여기회 부여, 초대나 강연요청 등이 있다.

자원봉사 활성화 사업을 위한 카드와 배지의 활용

사회복지분야의 자원봉사관리에서는 인증센터를 중심으로 자원봉사자 카드와 배지라는 상징적 방법을 통해 자원봉사자를 인정하고 있다. 그리고 이를 자원봉사 활성화 사업의 일환으로 활용하고 있다.

• 자원봉사자 카드
자원봉사자들에게 사회참여에 따른 인센티브를 제공하고 보다 효율적 자원봉사활동 관리를 위하여 전국 인증센터 소속 자원봉사자를 대상으로 자원봉사자 카드를 발급하고 있다.

• 자원봉사자 배지 수여
지속적으로 활동하는 자원봉사자들에 대한 인정과 자긍심 고취를 위하여 자원봉사 누적시간에 따라 각각 그린(200시간), 실버(500시간), 골드(1,000시간) 배지를 수여하고 있다.

자원봉사자는 경제적 동기 때문에 활동하지 않기 때문에 통상 경제적 방법보다는 상징적 방법이나 비물질적 보상방법에 더 긍정적으로 반응하기 마련이다. 중요한 것은 프로그램의 성격이나 상황, 자원봉사자의 특성에 맞는 인정과 보상방법이 모색되어야 한다는 것이다.

예를 들어 활동에 대한 감사 편지를 전달하는 상황에서도, 어떤 경우에는 감사의 편지가 자원봉사자의 가족이나 상사에게 전달되는 것이 효과적 인정이 될 수도 있는가 하면 어떤 경우에는 자신의 활동이 철저히 비밀에 부치기를 원하는 자원봉사자도 있다.

종결국면의 인정과 보상에서 유의해야 할 다른 하나의 원칙은 자원봉사자의 적절하지 않았던 활동에 대한 처벌과 활동에 대한 인정은 반드시 분리되어야 한다는 것이다. 처벌의 한 방법으로 인정과 보상을 박탈하는 방법이 사용되어서는 안 된다.

맥컬리(McCurley)와 빈야드(Vinyard)는 자원봉사자들을 인정해 주는 방법으로 다음의 20가지를 들고 있다(이강현 역, 1997: 78~79).

1. 지역신문, 그들의 학교 동창회보, 사무실 기관지, 기관회보 등에 기사를 실음
2. 봉사활동처에 간단한 다과를 마련
3. 걱정이 있는 봉사자를 위로해 줌
4. 손으로 직접 쓴 명절 축하카드를 보냄
5. 목회자가 교회에서 자원봉사자를 알아주도록 요청
6. '이 달의 자원봉사자'와 같은 상을 마련
7. 밸런타인데이 등과 같은 때에 선물을 보냄
8. 생일을 기억하여 개인적으로 카드를 보냄
9. 기관의 여러 훈련에 참가할 수 있는 기회를 제공
10. 자원봉사자가 가까운 친구 또는 사랑하는 사람을 데려와서 프로젝트 수행에 도움을 받도록 '자원봉사자의 친구' 모임을 가짐
11. 자원봉사자에게 무료식사 제공
12. 커피 주전자 등 애착이 있는 물건에 대해 자원봉사자 이름을 따서 부름
13. 자원봉사자에게 찻잔을 주고 그들 이름의 첫 글자를 새겨 넣음
14. 모든 자원봉사자에게 가장 최신의 업무지침을 명확히 적어줌
15. 자원봉사자의 활동결과와 사진을 붙이는 게시판 준비
16. 자원봉사자의 가족(부모, 조부모, 아이들, 배우자 등)에게 "당신의 사랑하는 ○○○와 함께 일하는 기쁨"에 대해 친필 편지를 보냄
17. 숙련된 고참 자원봉사자를 신입 자원봉사자 교육에 활용
18. 극장이나 식당 등에서 자원봉사자를 위한 할인쿠폰을 얻음
19. 기관의 장기계획에 자원봉사자를 참여시킴
20. 항상 친절과 호의를 보여줄 것

자원봉사활동에 대한 승인과 인정은 활동 종료 시점과 밀접하게 연관되기도 하지만 활동의 지속과 유지를 위한 과정에서도 중요한 관리방법이 된다. 인정을 위해 유의해야할 지침은 다음과 같다(McCurley & Lynch, 1989: 115~116).

① 반드시 인정해 주어야 한다. 자원봉사자는 관리자로부터 적절한 인정을 받지 못할 경우 다른 곳에서 부적절하게 인정받고자

할 수 있다. 따라서 격려받아야 할 활동에 대해서는 반드시 인정해 주어야 한다.

② 인정은 자주 하는 것이 좋다. 자원봉사자는 인정받기를 원하고, 자주 인정해주고 칭찬해주는 것은 활동에서 '승리자'가 되었다는 자기존중감 증진방안이 된다.

③ 또래집단이나 주변사람들에게 알려질 만큼 공적으로 인정하라. 인정은 많은 사람들 앞에서 이루어질 때 더 효과적이다. 또래집단이나 동료 자원봉사자, 직원들 앞에서와 같은 상황에서 인정하는 것이 좋다.

④ 적절한 시간에 인정하여야 한다. 인정받을 만한 활동이 나타나면 가능한 빠른 시간 내에 인정해주는 것이 좋다. 너무 시간이 지난 뒤의 인정은 큰 효과를 볼 수 없다.

⑤ 인정방법을 표적에 맞추어야 한다. 인정받을 자원봉사자에게 적절히 부합하는 인정방법을 활용해야 한다. 예를 들어 개인적 경력이 중요한 기업의 자원봉사자에게는 활동의 성취에 대한 칭찬과 감사의 편지를 본인만이 아니라 직장 상사에게 보내는 것이 효과적일 수 있다.

⑥ 일관성 있고 진지하게 인정하여야 한다. 잘못된 활동이 인정받는 일이 발생해서는 안 된다. 개별화 원칙이 적용하겠지만 같은 수준의 활동이라면 일관성을 해치지 않고 공정하게 인정이 이루어져야 한다.

⑦ 활동실적에 대해 인정하고 그 사람에 대해서 칭찬하라. 인정은 자원봉사자의 구체적 활동에 대해 이루어져야 한다. 하지만 이는 해당 활동에 머무르는 것이 아니라 그 자원봉사자 개인에 대한 '칭찬'과 결합될 때 더욱 효과적이 된다.

## 3. 평 가

평가는 자원봉사 프로그램 관리에서 중요한 관리도구이다. 자원봉사자 개개인의 업무수행 및 성과 그리고 자원봉사 프로그램의 전반적 평가는 개별 자원봉사자는 물론 자원봉사 프로그램의 강점과 약점을 나타낸다. 물론 평가 자체로서 충분한 것이 아니고 평가결과에 따라서 행동을 취해야 하고 업무수행과 서비스를 증진시키기 위해 필요한 변화를 시도해야 한다.

자원봉사 프로그램에서 평가유형은 첫째, 각 개별 자원봉사자에 대한 기간별 기관의 평가, 둘째, 자원봉사 서비스에 대한 클라이언트에 의한 평가, 셋째, 직원에 의한 자원봉사 프로그램의 평가, 넷째, 자원봉사 프로그램이 기관의 서비스에 미치는 화폐적 기여도 평가 등이 있다(조휘일, 1996).

이와 같이 자원봉사자도 정규직원과 마찬가지로 그들의 업무에 대한 평가를 받아야 하는바, 이러한 평가는 기관은 물론 자원봉사자 자신에게도 매우 가치 있는 일이다. 따라서 자원봉사자들의 업무수행과 실적은 자원봉사 프로그램 책임자, 업무지도감독자 그리고 자원봉사자 자신들에게 정기적으로 검토되고 평가되어야 한다. 이때에 평가자들은 자원봉사자 개개인의 업무분장과 출석기록 등에 근거하여 성취한 업무실적을 측정평가하고 구체적으로 어떤 문제들이 해결되어야 하는지 또는 훈련의 필요성이 있는지의 여부를 결정할 수 있어야 한다. 또한 평가를 마치기 전에 자원봉사자들은 프로그램상에 변화 또는 조정이 필요한지에 대한 의견을 개진할 수 있는 기회가 주어져야 한다.

평가는 자원봉사 서비스에 대한 감사표시의 기회도 될 수 있다. 그러므로 평가에 대해 부정적으로만 생각하는 것은 적절치 않다.

평가는 상호적인 것이다. 자원봉사 활동평가는 평가자(기관, 관리자)와 피평가자(자원봉사자)가 분리되어 일방적으로 이루어지는 것이 아니다. 자원봉사 프로그램 발전이라는 공동목표를 위해 필요한 환류정보를 수집하고 판단하는 상호적 과정이다. 평가활동을 위해서 관리자는 직원 및 자원봉사자 개개인에 대한 충분한 지식과 협조가 필요하다. 자원봉사자 자신들이 업무수행 능력을 향상시킨다는 긍정적 태도를 가지고 평가활동에 참여할 수 있게 해야 한다. 그리고 지속적 의사소통을 위해서 평가의 필요성이 인식되고 형식이 갖추어져야 한다.

이러한 평가는 최초의 자원봉사 프로그램 기획단계에서부터 준비되어 선발면접과정을 거쳐 상호 계약되고 통보되어야 한다. 자원봉사자 자신들이 업무수행 능력을 향상시킨다는 긍정적 태도를 가지고 평가활동에 참여할 수 있게 해야 한다.

평가를 위한 정보의 주된 수집원은 다음과 같다.

① 자원봉사자
② 자원봉사활동 대상자
③ 자원봉사활동 현장의 직원
④ 자원봉사활동 관리조정자
⑤ 동료 자원봉사자

평가는 이 중에서도 특히 자원봉사자 스스로 자신의 자원봉사활동에 대해 돌아보는 기회를 우선적으로 제공해야 한다. 여기에는 자신의 활동과 아울러 활동 여건, 자원봉사 프로그램, 활동 기관현장 및 슈퍼바이저나 관리조정자 역할의 적절성 등에 대한 정보를 포함하므로 자원봉사활동의 전반적 적절성에 대한 환류(*feedback*)를 제공해 줄 수 있다. 자원봉사자 자신에 의한 평가방식의 한 예시가 되는 평가질문지는 〈그림 9-3〉에서 나타난 바와 같다.

〈그림 9-3〉 자원봉사자 자기평가서의 예

| 자원봉사자의 이름: | |
|---|---|
| 평가일시: | |
| 나의 업무: | |
| 자원봉사활동 기간: | |
| 평가항목 | 낮음-----------높음 |
| 1) 봉사활동에 대한 전반적 만족도는? | 1 - 2 - 3 - 4 - 5 |
| 2) 봉사활동 내용이 내가 수행하기에 적절했는가? | 1 - 2 - 3 - 4 - 5 |
| 3) 봉사활동을 통해 개인적 흥미와 보람을 느꼈는가? | 1 - 2 - 3 - 4 - 5 |
| 4) 봉사활동에 성실히 참여했는가? | 1 - 2 - 3 - 4 - 5 |
| 5) 봉사활동 중에 의사결정에 참여한 정도는? | 1 - 2 - 3 - 4 - 5 |
| 6) 실제 봉사활동 내용이 직무계획서의 내용과 동일했는가? | 1 - 2 - 3 - 4 - 5 |
| 7) 봉사활동을 나가기 전 사전모임은 잘 이루어졌는가? | 1 - 2 - 3 - 4 - 5 |
| 8) 봉사활동을 나간 후 사후모임은 잘 이루어졌는가? | 1 - 2 - 3 - 4 - 5 |
| 9) 팀 내 역할 분담은 잘 이루어졌는가? | 1 - 2 - 3 - 4 - 5 |
| 10) 대상자는 나의 봉사활동에 대해 어느 정도 만족했다고 느껴지는가? | 1 - 2 - 3 - 4 - 5 |
| 11) 대상자는 얼마나 긍정적으로 변화했다고 생각되는가? | 1 - 2 - 3 - 4 - 5 |
| 12) 대상자와 관계가 좋다고 생각하는가? | 1 - 2 - 3 - 4 - 5 |
| 13) 프로그램이 대상자에게 도움이 된다고 생각하는가? | 1 - 2 - 3 - 4 - 5 |
| 14) 프로그램의 내용은 잘 구성되어 있는가? | 1 - 2 - 3 - 4 - 5 |
| 15) 앞으로도 이 프로그램을 계속 하고 싶은가? | 1 - 2 - 3 - 4 - 5 |
| 16) 봉사처 담당자는 봉사활동에 대한 구체적 지침을 제공하였는가? | 1 - 2 - 3 - 4 - 5 |
| 17) 봉사처 담당자는 활동에 관심을 갖고 지지적이었는가? | 1 - 2 - 3 - 4 - 5 |
| 18) 봉사활동 업무에 대한 오리엔테이션 및 교육은 충분히 제공되었는가? | 1 - 2 - 3 - 4 - 5 |
| 19) 본인의 활동내용에 대해 봉사처로부터 충고나 조언을 들었는가? | 1 - 2 - 3 - 4 - 5 |
| 20) 봉사처로부터 충분한 인정과 보상을 받았는가? | 1 - 2 - 3 - 4 - 5 |
| 총 점 | ( )점 |
| 주관식 1) 봉사활동을 하면서 가장 좋았던 경험은? | |
| 주관식 2) 봉사활동을 하면서 가장 나빴던 경험은? | |
| 주관식 3) 프로그램에서 개선되어야 할 점 | |
| 주관식 4) 기타 제안이나 코멘트 | |

자료: 교보다솜이사회봉사단, 2006.

자원봉사 평가는 다음 방식 중 어느 하나 혹은 그 이상의 방식들을 조합하여 이루어지는 것이 일반적이다.

① 표준화된 질문양식을 이용한 필답 평가
② 면접
③ 집단토의
④ 개방형 평가지 작성

자원봉사 프로그램의 평가내용에는 다양한 것들이 포함될 수 있다. 그리고 프로그램의 목적이나 평가목적에 따라 달라진다. 그간 흔히 사용되어온 대표적 평가요소는 〈그림 9-4〉와 같다.

그러나 평가내용이 몇 가지로 국한되는 것은 아니다. 프로그램의 내용에 따라 서로 다른 다양한 평가내용이 도출될 수 있다.

평가는 자원봉사 프로그램 전반에 대한 내용으로 이루어지는 것이 보통이다. 그러나 그렇다고 해도 평가는 초점이 분명해야 한다. 평가하고자 하는 목적과 내용에 부합하는 평가가 진행되어야 한다. 이 평가의 목적과 내용은 자원봉사 프로그램의 목적과 관련된다. 많은 경우 자원봉사활동에 참여하면서 활동의 구체적 목표가 설정되어야 하고 이 목표가 얼마나 달성되었는가 하는 것이 평가의 핵심에 있어야 한다. 〈그림 9-5〉는 구체적 목표에 대한 평가 설문지의 한 예이다.

〈그림 9-4〉 흔히 사용되는 자원봉사 프로그램 평가요소

| 자원봉사 프로그램의 평가 요소 |
|---|
| ① 이직률(*Turnover ratio*)<br>이직률은 기존의 자원봉사자들 가운데 자원봉사관리(또는 선발, 교육, 배치, 평가와 같은 특정한 활동에 있어서) 기간과 그 기간 동안 봉사활동을 그만두었다가 이직한 자원봉사자들을 제외하고 현재 남아있는 자원봉사자들의 수를 비교한다.<br><br>② 자원봉사서비스의 시간당 비용(*Cost per Hour of Volunteer Service*)<br>이는 자원봉사 프로그램에 소요된 비용을 자원봉사자들이 봉사활동으로 소비한 서비스 시간으로 나눈 비율이다.<br><br>③ 자원봉사 서비스의 단위당 비용(*Cost per Unit of Volunteer Service*)<br>효율성과 관련되는 것으로 서비스 제공을 위해 투입되는 비용의 서비스당 비율을 말한다.<br><br>④ 클라이언트 만족도/서비스를 제공받은 클라이언트 수(*Client Satisfied/Clients Served*)<br>프로그램의 효과성을 측정하기 위해 서비스를 제공받은 클라이언트 수와 제공받은 서비스에 대하여 만족하고 있는 클라이언트를 비교한다.<br><br>⑤ 자원봉사 프로그램에 소요된 비용에 대한 가치(*Cost/Value of Volunteer Program*)<br>프로그램의 효율성을 측정하기 위하여 자주 사용되는 방법으로 자원봉사서비스로 인하여 발생한 금전적 가치를 자원봉사서비스를 제공하는 데 소요한 비용으로 나누어 계산한다. 이 수치(비율)의 변화는 자원봉사서비스로 인하여 발생한 금전적 가치로부터 자원봉사 프로그램의 수행에 소요된 비용을 공제함으로써 발생한 순수한 혜택(이익)을 평가한다. |

자료: 유성호 역, 1997; 류기형 외, 1999에서 재인용.

〈그림 9-5〉 구체적 목표에 대한 평가서의 예

| 구 분 | 목표 내용 | 목표달성정도 |
|---|---|---|
| 목표 1 | • 매월 '○○의 집'의 생일을 맞은 아동을 위해 생일잔치를 연다. | 0 50 100(%)<br>\|----------\|----------\| |
| comment | | |
| 목표 2 | • 1년간 '○○의 집' 아동 전원이 생일잔치의 주인공이 된다. | 0 50 100(%)<br>\|----------\|----------\| |
| comment | | |
| 목표 3 | • 봉사팀은 1년간 3회 이상 특별 프로그램을 기획하고 활용한다. | 0 50 100(%)<br>\|----------\|----------\| |
| comment | | |
| 목표 4 | • 봉사팀원들은 1년에 6회 이상 봉사활동에 참여한다. | 0 50 100(%)<br>\|----------\|----------\| |
| comment | | |

자료: 교보다솜이사회봉사단, 2006.

평가는 자원봉사자 개인을 단위로 이루어질 수도 있지만 자원봉사팀을 대상으로 평가가 이루어질 수도 있다. 〈그림 9-6〉은 자원봉사팀에 대한 평가서식의 사례이다.

맥컬리(McCurley)와 빈야드(Vinyard)는 자원봉사자에 대한 평가시에 주의해야 할 사항으로 다음과 같은 지침을 제시하고 있다(이강현 역, 1997).

① 사람 자체 혹은 성격이 아니라 행위로 평가
② 일을 시작할 때부터 평가 설문지를 사전에 제공해주고 평가시기를 설정한다. 3~6개월 후 평가시점에 도달할 때 업무결과에 대한 평가를 자신의 관점에서 작성하도록 하며, 당신도 같은 평가양식을 작성하여 그들과 결과를 비교하라.
③ 정직하고 명확하게 평가
④ 가능한 즉시 평가
⑤ 긍정적 말로 표현
⑥ 다양한 관점으로 평가에 대한 논평을 발전시킴
⑦ 모든 평가를 기록
⑧ 성취해야 할 구체적 지침서
⑨ 업무점검사항
- 목표 자체와 그것을 향하여 진전되어 나가는지를 점검
- 장점을 파악하고 그것을 장차 다시 써먹을 수 있게 하는 방법을 찾음
- 문제점과 피하는 방법을 확인
- 다음 평가에 대한 대강의 구도를 잡아둠
- 성공적 수행과 배움의 발전을 칭찬
- 도중에 도움이 되었던 원조사실들을 기록
⑩ 등급의 명칭에서 긍정적 표현을 사용하여 모두가 승리자가 되도

록 할 것

⑪ 현실적이 될 것

⑫ 위원회 또는 그룹이 끝마친 일에 대해 평가회를 할 때 긍정적 대화를 함. 잘했고 못했고에 치중하지 말고 참가자에게 잘 된 것과 개선될 것을 물어볼 것

평가의 결과는 등급화(*rating*)나 심판의 목적으로 사용되는 것이 아니라 더 나은 자원봉사 프로그램과 활동을 만들기 위한 자료가 되어야 한다. 환류(*feedback*)가 이루어지지 않는 평가는 무의미하다. 따라서 평가결과는 자원봉사자와 기관 양측에 모두 적절한 방법으로 고지되어야 한다.

〈그림 9-6〉 자원봉사 팀에 대한 평가서의 예

| 자원봉사팀의 이름: | |
|---|---|
| 자원봉사팀의 업무: | |
| 봉사활동 기간: | |
| 평가자: | |
| 평가일시: | |
| 평가항목 | 낮음-----------높음 |
| 1) 자원봉사팀은 매회 빠짐없이 참여하였는가? | 1 - 2 - 3 - 4 - 5 |
| 2) 자원봉사팀은 정확한 시간에 도착하였는가? | 1 - 2 - 3 - 4 - 5 |
| 3) 자원봉사팀은 불참 시 담당자에게 사전연락을 했는가? | 1 - 2 - 3 - 4 - 5 |
| 4) 자원봉사팀은 주어진 업무를 성실히 수행하였는가? | 1 - 2 - 3 - 4 - 5 |
| 5) 자원봉사팀은 업무를 수행하는 데 있어 자발적이고 주도적 태도를 취하였는가? | 1 - 2 - 3 - 4 - 5 |
| 6) 자원봉사팀은 긍정적 태도로 기관의 교육 및 피드백을 수용하였는가? | 1 - 2 - 3 - 4 - 5 |
| 7) 자원봉사팀은 기관 담당자와 좋은 관계를 유지하였는가? | 1 - 2 - 3 - 4 - 5 |
| 8) 자원봉사팀은 봉사 대상자와 좋은 관계를 유지하였는가? | 1 - 2 - 3 - 4 - 5 |
| 9) 자원봉사팀은 기관의 다른 자원봉사팀과 좋은 관계를 유지하였는가? | 1 - 2 - 3 - 4 - 5 |
| 10) 자원봉사팀의 특성(봉사시간, 전문기술 등)과 프로그램의 내용이 적합하였는가? | 1 - 2 - 3 - 4 - 5 |
| 총 점 | (　　　)점 |
| 주관식 1) 자원봉사팀의 활동이 봉사 대상자에게 어떤 면에서 도움이 되었는가? | |
| 주관식 2) 자원봉사팀의 활동이 기관에게 어떤 측면에서 도움이 되었는가? | |
| 주관식 3) 프로그램에서 개선되어야 할 점 | |
| 주관식 4) 기타 제안이나 코멘트 | |

자료: 교보다솜이사회봉사단, 2006.

제3부

# 자원봉사관리의 실제

자원봉사관리활동은 여러 현장에서 다양한 자원봉사자에 의해 이루어진다. 참여하는 자원봉사자나 주된 활동현장의 특성에 따라 그 관리방법에서 서로 다른 강조점이 부각된다. 제3부에서는 우리사회 자원봉사의 실제에서 중요한 의미를 가진 것으로 부각되고 있는 학생의 자원봉사활동, 기업의 자원봉사활동, 가족단위 자원봉사활동, 노인의 자원봉사활동, 사회복지기관과 시설에서의 자원봉사활동 등의 현황과 여기에서 이루어지는 자원봉사관리에 대해 살펴본다.

# 학교의 사회봉사 제10장

## 1. 학생 · 청소년자원봉사와 봉사학습

### 1) 학생 · 청소년의 자원봉사

최근 우리나라에서 자원봉사활동 참가율은 매우 높아지고 있고 자원봉사활동에 대한 관심도 고조되고 있다. 가장 우선적 촉발제가 된 사건은 아무래도 지난 1995년 5월의 교육개혁으로 학생자원봉사활동이 제도화된 것이라 할 수 있다. 1990년대 이후 비약적으로 성장한 우리나라의 자원봉사활동 참가율은 2003년 통계청 자료 기준으로 15% 정도를 보이고 있는데, 이 중 15세에서 19세 사이의 청소년이 50%가 넘는 가장 높은 참여율을 보이고 있다. 이 연령대의 청소년들이 대부분 학생이라는 것을 감안해야 한다. 바로 그 위의 연령대인 20대에 비해 몇 배 이상 높은 자원봉사 참가율을 감안하면, 청소년 특히 학생 자원봉사의 활성화가 우리나라의 전반적 자원봉사활동에 미친 영향은 매우 큰 것이다. 자연적으로 자원봉사활동에 대한 관심이 고조되었다기보다는 1995년 5월 31일 교육개혁위원회가 제시한 “신교육체제 수립을 위한 교육개혁 방안”을 통해 학생의 자원봉사활동을 ‘학교생활기록부’에 기록하고 이를 상급학교 진학시 반영하게 한 학생 자원봉사활동의 제도화 조치와 관련된다.

학생의 자원봉사활동은 다른 일반적 자원봉사활동과 비교하여 독특한 특징을 가진다. 우선, 학습과 교육의 측면이 두드러진다. 이에 따라 교육기관의 의도적 계획 하에 학생 자발적으로 혹은 교육과정의 제도와 관련된 ‘유도된 자발성’을 통하여 봉사활동을 체험하는 일련의 교육과정으로 운영되는 경우가 많다. 학생과 청소년들은 자원봉사활동의 체험학습을 통해 개인적 만족감을 증진시킬 뿐만 아니라 사회참여의 기회와 사회적 책임을 실천할 기회를 갖게 된다. 이는 자원봉사활동의 이른바 ‘수요적 효과’에 머무르지 않고 ‘공급적 효과’에 보다 초점을 두게끔 한다. 학교의 사회봉사 프로그램은 자원봉사 관리조정자의 주요한 역할영역의 하나가 되지만, 현재는 학교 사회봉사 프로그램이 본래의 취지를 달성하기 어려운 형식적 활동에 머무르고 있다는 지적도 많다.

청소년은 전체 생애발달과정에서 원가족으로부터의 독립성을 추구하며 동시에 성숙한 사회인으로서의 미래를 준비하는 예비적 단계에 있다. 대개는 이 시기에 교육을 통한 적절한 사회화를 이루어 자아정체성을 확립하는 것을 발달단계의 과업으로 본다. 이러한 청소년기의 사회적·발달적 특성이 자원봉사활동의 교육적 활용에 대한 강조의 근거가 된다.

이처럼 학생·청소년자원봉사활동의 목적과 효과는 기본적으로 교육적 측면에 초점을 두고 있는데, 이는 다시 학생 개인적 측면, 학교 측면, 지역사회 측면으로 나누어 살펴볼 수 있다.

(1) 학생의 기대효과

자원봉사활동을 통해 얻고자 하는 목적과 기대효과는 단지 자원봉사활동을 통해 학생의 덕성을 함양한다는 제한적 의미를 넘어서는 것이다.

첫째, 학생들에게 경험적 학습의 기회가 된다. 학생들이 배우고 접하는 지식은 대부분 전해 듣거나 조사·분석된 것이다. 그러나 자원봉사활동은 학생들 자신이 직접적 경험을 통해 배우게 한다.

둘째, 학생의 소질 및 능력 개발 측면이다. 자원봉사활동을 통해 자신이 가지고 있는 잠재능력과 소질을 실제로 활용할 수 있는 기회를 가질 수 있다. 이러한 기회는 정보나 자료를 수집하고 분석하는 것, 판단하는 것, 타인을 위한 배려심을 개발하는 것, 도구사용법 익히기, 대화기술의 습득 등을 포함한다.

셋째, 지역사회참여의 계기를 통해 사회적 통합을 도모한다. 학생들은 자원봉사활동을 통해 지역사회현실과 문제에 대해서 넓은 이해를 가질 수 있다. 여러 연령층, 다른 가치관 및 배경을 가진 사람들과 관계를 맺고 협동하는 가운데 평소와 다른 사람들과의 상호작용을 가진다. 또한 나와는 다른 이웃의 삶과 환경을 경험할 수 있다.

넷째, 직업세계의 경험이다. 학생들은 봉사활동을 통해 직업의 선택에 영향을 줄 수 있는 통찰력을 얻게 되고, 미래 직업을 탐색하는데 도움이 될 경험을 얻을 수 있다.

다섯째, 사회적 책임감의 함양이다. 자원봉사활동을 통해 학생들은 주도권을 가지고 일을 추진하며 책임을 지도록 기대되는 상황에 놓일 수 있다. 즉, 그들은 문제를 파악하고 결정을 내리고 책임을 지도록 도전받을 수 있다. 이를 통해 학생들은 사회적 책임감을 함양하며 다른 사람들을 통해 자신의 행동의 결과를 관찰하게 된다.

(2) 학교의 기대효과

첫째, 교육과 현실의 통합을 통한 부가적 학습기회의 제공이다. 지역사회자원을 활용한 많은 활동들은 교육과정을 풍부하게 할 수 있다. 각기 다른 연령과 배경을 가진 사람들과 학생을 결합시킴으로써 이들이 지역사회에서 분리되는 것을 막을 수 있다. 학생들의 지식과 기술을 보다 광범위한 지역사회에 혜택이 되도록 활용할 수 있는 기회를 제공한다. 또한 건강교육, 정치적·사회적 교육 및 일과 여가를 위한 교육의 영역 등 다양한 분야에서 문제해결전략을 찾을 수 있는 기회를 준다. 또한 학교도 지역사회에 대한 이해를 확대할 수 있다.

둘째, 부가적 학습자원의 활용을 도모할 수 있다. 봉사활동프로그램은 교실에서의 교사의 전문성을 보완하고 지원하기 위하여 지역사회의 지원을 끌어내기 위한 새로운 기회를 열어 줄 수 있다.

셋째, 학교와 지역사회의 관계증진이다. 학교가 지역사회의 일부라고 생각될 때, 또한 학생들이 문제보다는 적극적이고 가치 있는 자원으로 보일 때 학교에 대한 비판은 줄어들게 된다. 학교를 위해 보다 건강한 환경을 만든다든가 지역사회의 지원을 증가시키는 등 지역사회와의 관계를 증진할 수 있다.

넷째, 학생과 교사의 관계증진이다. 권위적이지 않은 분위기에서 사회문제의 해결책을 구하기 위해 학생과 함께 일하는 과정은 교사들에게 개인으로서 학생에 대한 새로운 이해를 가능하게 한다. 또한 교사들이 리더십을 증진하는 방안이 될 수도 있다. 교사들은 봉사활동프로그램을 통해 창의적 혁신에 대한 도전을 받아들이고 성취업적에 대해 인지하게 된다.

(3) 지역사회의 기대효과

첫째로 인적자원으로서의 청소년개발이다. 학생들은 가치 있고 책임 있는 중요한 인적자원이다. 학생은 지역사회의 요구를 충족시키고 다양한 문제의 해결에 도움을 줄 수 있다. 특히 학생과 청소년은 창의적이고 신선한 접근의 활동을 전개할 수 있는 능력이 있다는 점이 중요하다. 봉사프로젝트에 순수하게 흥미를 갖고 참여하는 학생들은 활동의 전 과정에 상상력·융통성·자발성·기술 등을 발휘할 수 있으며, 성인세계와 최초로 관련을 맺는 일에 진지하고 흥미 있게 접근할 수 있다. 봉사활동프로그램에 관련되어 일하는 교사 및 학생은 지역사회의 자원이 되며, 지역사회는 미래의 인사를 키우는 일과 미래 시민세대의 성장에 투자하게 된다.

둘째, 공공자원의 확보이다. 봉사활동에 관련된 학생들, 교사들, 그리고 학부모까지도 지역사회의 문제에 민감해지고 문제의 해결을 위해 참여할 수 있는 사람이 된다. 기관 자체로서는 획득할 수 없는 새로운 지역사회자원을 확보하게 된다.

셋째, 지역사회의 성인들이 청소년과 상호 작용할 수 있는 기회를 제공한다. 학생들이 성인들과 접촉이 부족한 것과 마찬가지로 성인들도 청소년들과의 상호작용이 부족하다. 공통된 목표를 향하여 청소년들과 협력하여 일함으로써 오늘날의 청소년들에 대한 이해를 높이고 그들을 수용할 수 있게 된다.

넷째, 학교와의 상호작용이다. 교육과정을 도움으로써 학교 및 교사가 지역사회에서 수행하는 역할에 대해 그리고 현재의 학교가 당면하고 있는 현실에 대해 알 수 있는 기회를 갖게 된다.

### 2) 봉사학습

학생자원봉사활동에 대해 논의할 때 자주 거론되는 개념이 봉사학습(*service-learning*)이다. 학교에서 이루어지는 학생의 자원봉사활동은 그 주체가 학생이다. 따라서 봉사활동이 단순히 볼런티어리즘(*volunteerism*), 즉 자원봉사활동으로서만이 아니라 학습과 교육의 과정이 중시된다는 점에서 일반 성인들의 자원봉사활동과 구별되는 특성을 가지고 있다. 학교의 사회봉사 프로그램은 학교의 의도적 계획하에 학생들이 자발적 또는 비자발적으로 다른 사람과 사회를 위하여 일하는 봉사를 체험하는 활동으로서 일련의 교육과정과의 결합 또는 교육적 목적에서의 경험학습의 일환으로 이루어진다.

이러한 맥락에서 학생·청소년의 자원봉사활동과 관련하여 봉사학습이라는 용어가 흔히 사용된다. 봉사학습의 용어는 사람에 따라 조금씩 다른 의미로 사용되기도 한다. 교육계에서는 자원봉사활동 프로그램과의 관계에서 보통 '학교'에서의 통제 혹은 '교육과정의 일환'으로서 활용이라는 측면에 대해 보다 초점을 두는 경향이 있다. 하지만 자원봉사관리의 측면에서는 비체계적이고 우연적으로 발생하는 학생자원봉사활동을 교육적 목적과 전문적 자원봉사관리를 통해 통합하고 교육과 체험을 심화시키는 과정으로서 '학생자원봉사의 관리와 프로그램'의 측면을 강조하곤 한다.

봉사학습은 사회봉사와 학습의 동시적 효과를 거두는 것을 목표로 하고, 행동에 의한 학습(*learning by doing*) 혹은 경험에 의한 학습(*learning through experience*)이라는 경험교육의 철학을 갖고 있다.

이러한 의미에서 카버(Carver)는 봉사학습을 경험적 학습으로 규정하고 그 개념적 틀을 〈그림 10-1〉과 같이 묘사했다(김통원·김혜란, 2001: 153에서 재인용).

경험적 교육의 한 형태인 봉사학습은 학습환경 안에서 창조되고 개발되는데, 이 학습환경은 학생의 경험, 프로그램의 성격, 환경의 성격의 세 부분으로 구성된다. 그 중에서도 학생경험을 구성하는 것은 능력, 지역사회소속감, 변화의 주체 세 가지이다. 다시 말해서, 봉사학습의 기회부여 목적은 학생들이 더 많은 지역사회소속감을 갖게 하고, 학생 스스로 더 효과적 변화의 주체가 되게 하고, 끝으로 학생의 능력을 개발하는 것이다. 이러한 학생의 세 가지 경험은 제공되

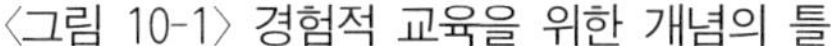
〈그림 10-1〉 경험적 교육을 위한 개념의 틀

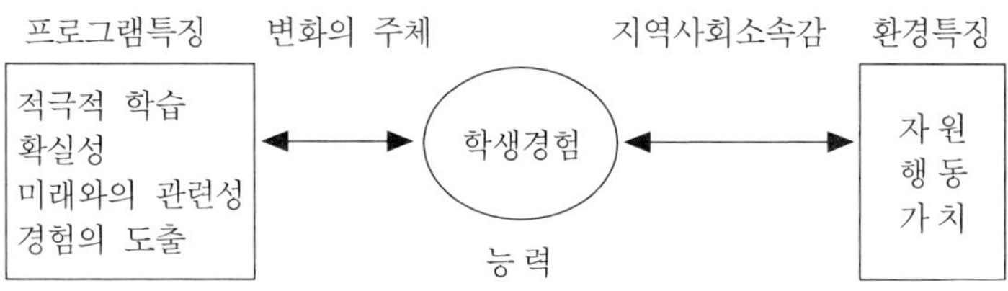


는 프로그램과 세팅의 성격에 따라 영향받게 된다. 프로그램의 성격은 다양한 형태의 활동적 학습내용, 프로그램과 관련한 학생의 반응, 현재의 경험과 미래와의 연계성 정도, 그리고 경험에서 비롯되는 다양한 결과들이다. 환경의 특징은 심리적·물질적 자원들, 자원들을 선택하고 사용하는 행동, 그리고 그러한 행동을 지배하는 가치들을 의미한다.

자원봉사 프로그램 기획에서 중요하게 이야기되는 PAR의 원리 역시 주로 봉사학습과 관련되어 언급되곤 한다. 다시 말해 자원봉사활동의 전체 과정에서 순환적 P(*Preparation*)-A(*Action*)-R(*Reflection*) 과정이 체계적이고 조직적으로 잘 이루어졌을 때 학생의 자원봉사활동은 봉사학습으로서의 효과를 가진다. 이 과정은 다음과 같이 묘사될 수 있다(이창호, 1997: 81~82).

첫째, 준비(*preparation*) 단계에서 학생들은 자신들이 좋아하는 분야와 문제들을 선정하고 실천전략을 짠다. 학생들은 사회복지, 문화, 환경, 예술, 교통, 스포츠 등 각 자원봉사 활동분야 중에서 자신들이 어떤 분야를 원하고 어떤 봉사를 하고 싶은지를 결정한다. 이 과정에서 아이디어를 얻기 위해 각종 자료를 참고할 수 있다. 학생들은 이어 봉사의 대상(문제)을 더욱 구체화하고 목표, 실행방법 등을 검토, 철저한 준비를 한다. 이 문제파악과 준비작업을 위해 학생들은 해당

분야기관을 방문할 수도 있고 전문가를 모셔 이야기를 들을 수도 있다. 이 모든 과정에서 준비의 주도성은 학생들에게 있어야 한다.

둘째 과정은 행동(*action*) 단계이다. 준비단계에서 조직된 전략대로 실천에 나서는 것이다. 이때 무엇보다 중요한 것은 시작과 끝이다. 언제 시작하는지, 언제까지 할 것인지가 불분명한 봉사활동은 중도 탈락되기 쉽고 자칫 대상자나 기관 혹은 봉사자 자신에게 상처가 될 수 있다. 활동은 항상 계획된 대로만 진행되지 않는다. 틈틈이 수정이 가능하고 학생들은 자신들의 활동이 잘 진행되는지 전체를 주의 깊게 관찰해야 한다.

셋째 과정은 반성(*reflection*)이다. 자원봉사가 프로그램으로 진행되는 데 있어 이 반성단계는 아주 중요하다. 과연 당초 계획한 대로 지역사회 문제가 해결되었나, 목표가 달성되었나, 진행과정은 어땠나 등을 평가 검토하는 것이다. 봉사활동이 수익자(활동대상자) 중심, 지역사회 문제해결 중심의 평가가 없이 진행되었다가는 단순히 자기만족을 위한 행동에 지나지 않을 위험이 있다. 이 반성의 결과는 다시 준비단계에 이어져 이후의 프로그램을 수정하고 재실행에 옮겨지는 순환과정을 이룬다.

학생들은 봉사학습의 과정을 통하여 많은 이점들을 얻게 되는데, 그 중에서 몇 가지를 나열하면 다음과 같다(김정배, 1997: 51~52, 류기형 외, 1999: 262에서 재인용).

- 특정 상황에 대한 문제의식과 합리적 문제해결 능력 등 학생들의 지적 발달에 조력한다.
- 자신과 다른 사람들과의 의사소통기술과 같은 생활필수적 기본기술의 습득을 도와준다.
- 직접적 체험을 통한 도덕과 윤리적 가치판단을 자연스럽게 갖추도록 만들어 준다.

- 예비 시민으로서 사회적 연대감과 책임감을 배울 수 있다.
- 사회에 대한 이해와 자신의 미래에 대한 설계를 가능하게 한다.
- 자신의 사회적 배경이나 출신배경과는 다른 사람들과의 접촉으로 다양한 문화를 이해하고 자신과 이질적 집단도 인정할 수 있는 넉넉함을 통해 함께 살아가는 법을 배운다.

청소년의 봉사학습에 의한 효과로 루크(Luchs)는 자원봉사에 참여한 학생들이 그렇지 않은 학생들보다 다른 사람들에 대해서 긍정적 태도를 가지게 되었을 뿐만 아니라 자아존중감이 향상되었다고 보고하고 있으며, 뉴먼(Newmann)과 루터(Rutter)도 정규수업에서보다 자원봉사활동을 통해 학생들이 사회적 책임성과 개인적 유능성에서 보다 긍정적 영향을 받았음을 밝히고 있다(류기형 외, 1999: 263에서 재인용).

한편 김통원과 김혜란은 봉사학습에 참여한 대학생 70명에 대한 조사결과를 통해 참여자들이 봉사학습에 대해 긍정적으로 평가하고 있으며, 사회복지실천에 대한 이해와 전문기술에 대해 학습할 수 있었다고 보고하고 있다(김통원 · 김혜란, 2001: 163~166).

## 2. 학교사회봉사의 현황

학생들은 학생자원봉사 혹은 학교사회봉사의 조직화 이전부터 개인이나 동아리 형태로 중요한 자원봉사인력의 공급자원이었으나 역시 최근에는 제도화된 학교사회봉사 시스템이 큰 의미를 가진다.

### 1) 미국의 학교사회봉사

학생자원봉사 시스템이 잘 갖추어져 봉사학습을 중요하게 취급하고 있는 대표적 나라는 미국이다. 메릴랜드 주에서부터 시작된 봉사학습은 급속히 전국적으로 퍼져나가 체계화되었으며, 특히 대학 중심의 사회봉사체계가 활성화되어 있다. 미국대학의 사회봉사체제는 클린턴 정부가 활성화시킨 미국전국봉사단(CNS)에서 관리하고 있는 청년들의 자원봉사 프로그램, 대학의 총장들이 창설하여 활성화하고 있는 캠퍼스 콤팩트(Campus Compact), 학생자치 사회봉사단체인 COOL(COOL: Campus Outreach Opportunity League), 그리고 대학자치별로 실시하는 사회봉사로 구분하여 살펴볼 수 있다(이재웅, 1999).

#### (1) 캠퍼스 콤팩트

캠퍼스 콤팩트(Campus Compact)는 "지역사회 공공 서비스 프로젝트"(*The Project for Public Community Service*)의 대학총장 및 학장들의 전국적 모임으로, 학생들이 사회봉사를 통하여 대인봉사의 중요성 및 자질을 향상시킬 수 있도록 도와주는 데 그 목적이 있다. 캠퍼스 콤팩트는 1985년 브라운 대학교, 조지타운 대학교, 스탠퍼드 대학교 총장들이 처음 창설한 이후 급속히 증가하여 현재 9백여 개 대학에 이르며, 지역 콤팩트도 20개에 이르고 여기에 가맹한 대학은 전체의

〈그림 10-2〉 Campus Compact의 홈페이지

Educating Citizens.
Building Communities.

Site Map | Search | Contact Us | Network Only | Home

About Us
State Offices
Membership
Initiatives
Resources
Publications
News

Search

Information for:

- Presidents
- Community Service/ Service-Learning Directors
- Faculty
- Students

About Us

Campus Compact is a coalition of more than 1,000 college and university presidents — representing some 5 million students — who are committed to fulfilling the public purposes of higher education. As the only national association dedicated to this mission, Campus Compact is a leader in building civic engagement into campus and academic life. Through our national office and network of 31 state offices, member institutions receive the training, resources, and advocacy they need to build strong surrounding communities and teach students the skills and values of democracy.

Campus Compact's membership includes public, private, two- and four-year institutions across the spectrum of higher education. These institutions put into practice the ideal of civic engagement by sharing knowledge and resources with their communities, creating economic development initiatives, and supporting service and service-learning efforts in key areas such as literacy, health care, hunger, homelessness, the environment, and senior services.

Our Mission

Campus Compact advances the public purposes of colleges and universities by deepening their ability to improve community life and to educate students for civic and social responsibility.

Our Vision

Campus Compact envisions colleges and universities as vital agents and architects of a diverse democracy, committed to educating students for responsible citizenship in ways that both deepen their learning and improve the quality of community life. We challenge all of higher education to make civic and community engagement an institutional priority.

Our Work

Campus Compact's work encompasses a broad range of activities designed to increase the effectiveness of those working to make higher education institutions vital agents of civic renewal:

- Training for faculty, staff, students, administrators, and community partners
- Research on effective programs and practices
- Resources, including print and online books, periodicals, models, and tools
- Leadership development for presidents, students, and others
- Capacity building through VISTAs, infrastructure support, and resources
- Advocacy and policy work on issues relating to higher education at the state and national levels
- Grants, funding, and awards for engaged work
- Partnerships with academic, community, business, and government leaders
- Campus consultation to meet specific needs

How It Works

The result of this work? In the past five years, Campus Compact member schools have reported a 60% increase in service participation. Students working in areas such as literacy, health care, hunger, homelessness, voting, and the environment now contribute more than $5 billion in service to their communities each year. With Campus Compact's help, 98% of our members have established one or more community partnerships, 98% offer service-learning courses, and 86% have a community service/service-learning office.

Why It Matters

When campuses engage with their communities, they create a culture of civic-mindedness that has a lasting impact. Students receive real-world experience that enriches their academic learning and develops leadership skills; campuses create close ties with surrounding communities, which in turn become stronger; and higher education is seen as contributing to the public good. See also: Why Campus Compact? 76K

- History
- Presidents' Principles
- Our Board
- Our Partners
- Our Funders

Available Now: *Raise Your Voice*

*Students as Colleagues*

CELEBRATING 20 YEARS
Campus Compact

자료: http://www.compact.org/

75%에 달한다. 캠퍼스 콤팩트는 로드아일랜드(Rhode Island)에 본부를 두고, 20개 지역 캠퍼스 콤팩트 사무실을 통해 미국 전역에서 활동하고 있다. 회원교 전체로 보아 등록학생의 23%가 지역사회봉사에 관여하고 있다. 그 중에는 전교생이 자원봉사에 참여하는 학교도 있다. 한편 교직원들도 24%가 지역사회봉사에 참여하고 있다. 교직원 전체가 지역사회봉사에 참여하고 있는 학교도 있다.

(2) 대학생 자원봉사 연합체 '쿨'

전국적 비영리단체인 '쿨'(Campus Outreach Opportunity League)은 대학생들이 지역사회봉사에 참여하는 것을 도모하고 지원하는 것을 목표로 하여, 대학생들로 하여금 지역사회봉사를 통해 국가를 강력하게 하도록 교육하고 힘을 강화시키는 것을 사명으로 하고 있다. 이는 기본적으로 학생자치 사회봉사단체로 볼 수 있다. 쿨은 1,200여 대학에 네트워크를 가진 단체로 성장했으며, 최근에 대학을 졸업한 '쿨'의 직원들은 사회의 가장 심각한 문제들에 대하여 그 근원에 접근하기 위해 노력하고 있는 학생지도자들의 네트워크를 중심으로 전국적 서비스 운동을 전개하는 것을 기본적 취지로 삼고 있다.

(3) 대학별 사회봉사

미국대학의 사회봉사는 여러 학교를 망라하는 체계뿐만 아니라 학교 내의 사회봉사센터를 통해 이루어지기도 한다. 미국대학에서 사회봉사센터의 활동은 우리사회에 비해 매우 활발한 프로그램으로 진행되고 있다. 주요대학의 사회봉사센터를 소개하면 다음과 같다(장연진, 2005: 54~55).

① 하버드 대학교의 PBHA

여러 대학의 사회봉사센터 중 특히 유명한 것이 하버드 대학교의 필립스브룩스하우스협회(PBHA: Phillips Brooks House Association)이다.

필립스브룩스하우스는 미국에서 학생들이 운영하는 전통이 가장 깊고 규모가 큰 사회봉사기관이다. 1894년 설립되어 11명의 전문직원이 근무하며 연간 약 170억 원의 예산으로 약 80여 개의 자원봉사 프로그램을 운영하고 있다. 이 프로그램은 1,700여 명의 학생들이 직접 경영한다. 이들로부터 봉사를 받는 인원은 약 13,000명 정도라고 한다. 필요한 재원은 기금의 이자, 졸업생들의 기부금, 학생들의 모금활동, 그리고 정부·비정부·개인 등의 기부금을 받고 현물지원도 활용한다. 자원봉사자의 모집은 1년에 두 번 실시한다. 80개의 프로그램 위원회가 각기 1, 2학년을 대상으로 마치 우리나라의 대학에서 동아리회원을 모집하듯이 활동하는데, 하버드 학생들 6,400명 가운데 25%인 1,700명이 봉사에 참여하고 있다. 학생들은 보스턴 지역이나 그 외 도심지의 빈곤지역 등에서 학문적 일이나 레크리에이션 서비스 등을 실시한다. PBHA는 봉사활동의 매우 세세한 부분에 대해서도 성문화된 규정과 자세한 기록을 보유하고 있다는 특징이 있다.

② 스탠퍼드 대학교의 HASS센터

스탠퍼드 대학교의 Hass센터는 1984년 Hass가족의 기금을 받아 학생들의 지역사회봉사, 국가봉사, 국제봉사활동을 위해서 설립되었다. 가드너(Gardner J. W.) 박사를 석좌교수로 초빙하여 64개 사회봉사학습과목을 개설하였다. 매년 80여 명의 봉사인턴을 워싱턴(Washington D.C.)으로 파견하고 동남아 5개국에도 학생을 파견하여 봉사활동을 하고 있다. Hass센터를 통해 매년 4천 명 이상의 학생들이 전국적, 지역적 혹은 국제적 봉사활동에 참여하고 있으며 약 70%의 학생들이 대학 졸업시까지 봉사학습 경험을 갖는다. 이 센터는 학생들의 다양한 봉사활동을 통해 교육의 질을 높이고 그들의 삶이 사회발전에 이바지하도록 고취하는 역할을 하고 있으며 지방자치단체, 비영리단체, 각종 학교들과 제휴하여 학생들의 봉사활동을 지원하고 있다. 매년 3천 명 이상의 학생이 7만 시간이 넘는 자원봉사활동을 하고 있다.

③ 미시간 주립대학교의 SLC (Service Learning Center)

미시간 주립대학교는 지역사회발전을 위한 자원봉사활동을 향상시키고자 1967년 자원봉사 프로그램 사무소(Office of Volunteer Programs)를 설립하였다. 이 사무소는 1978년 봉사학습센터(SLC: Service Learning Center)로 개명되어 학문 중심 프로그램 및 전문지식발전을 현장학습과 실습을 통한 자원봉사 프로그램과 통합하여 운영하고 있다. 봉사학습센터는 학생처(Divisions of Student Affairs and Services) 산하 경력센터(Career Services and Placement)의 한 부서이다. 실무진은 소장을 비롯하여 10명의 직원과 55명의 자원봉사학생으로 구성되어 있다. 실무진은 학생들을 위한 의미 있는 봉사활동 유형을 개발하고자 노력하여 25개 프로그램, 729개의 봉사유형을 개발하였다. 지역사회를 위한 봉사안내서 제작, 캠퍼스 내 프로그램 홍보 및 전산화 작업을 수행하였다. 평균적으로 실무자는 한 학생과 5회에서 10회의 면담을 수행할 정도로 밀도 있는 자원봉사관리를 시도하고 있다.

④ 브라운 대학교의 Swearer센터

브라운 대학교는 1987년 사회봉사활동과 대학교육을 연계시키기 위해 당시 학교 총장이던 스웨어러(Swearer H. R.)의 이름을 따서 Swearer센터를 설립하였다. Swearer센터는 브라운 대학교의 모든 봉사활동을 조정하고 제도적으로 지원하며, 직접적 봉사를 통해서 지역사회의 요구에 부응하고, 지역사회의 참여와 공공봉사활동을 고취시키고 보상하는 대학정책을 추진하는 것을 목적으로 운영되고 있다. Swearer 센터의 사회봉사활동 내용으로는 성인교육(이민자, 10대 임산부, 신체 및 정신장애인, 정년퇴직한 노인, 홈리스 등), 지역사회개발(HIV/AIDS 교육, 마약 및 약물남용퇴치, 동성애자 교육 등) 및 청소년 교육 프로그램이 운영되고 있으며, 사회봉사활동을 위한 지역사회단체와의 협력사업, 사회봉사활동 관련 사업에 대한 재정지원, 장학금 지급, 포상 등의 사업을 수행하고 있다.

### 2) 우리나라의 학교사회봉사

우리나라에서 학교사회봉사는 1990년대 이후 본격적으로 제도화되었다. 이는 학생의 사회봉사가 양적으로 팽창되는 데 큰 기여를 했으나, 한편으로 그 질적 운영에서 봉사학습의 취지를 살리지 못한 점에 대한 비판이 많이 이루어짐에 따라 대안책이 다양하게 모색되는 상태이다.

#### (1) 대학의 사회봉사

우리나라의 학교사회봉사는 중·고등학교보다 대학에서의 사회봉사가 먼저 제도화되기 시작했다. 물론 그 이전에도 대학 내의 사회복지학 관련 학과 등에서 자원봉사와 관련된 과정을 일부 운영하기도 했지만, 이를 제외하고 대학에서 전체 학생을 대상으로 봉사학습 시스템이 시작된 것은 1990년대 중반부터이다. 한양대가 1994년 사회봉사 교양필수과목을 채택했으며, 이후 동덕여대의 자원봉사 교양필수 채택, 건국대의 교내 자원봉사은행 신설이 이어졌다. 이러한 대학의 자원봉사활동을 지원하고 상호연합 및 교류증진을 위해서 1996년 전국 대학총장들을 중심으로 한국대학사회봉사협의회를 조직하게 되었다.

대학의 사회봉사 관련 교과목의 운영현황은 〈표 10-1〉과 같다. 총 150여 개의 대학에서 운영하고 있으며, 교과목수는 5백여 개에 달한다. 교과목의 수강신청 대상은 전교생인 경우가 절반을 넘는다. 특히 전문대학이 아닌 대학교의 경우에는 70%의 경우가 전교생을 대상으로 한다. 전체의 절반 정도가 교양 선택과목 형태로 운영하고 있으며, 교과목의 이수방법도 실습인 경우가 다수이다. 이수시기는 학기중인 경우가 다수로 나타나고 있다.

〈표 10-1〉 대학의 사회봉사과목 개설현황

(2001년 기준)

| 구 분 | | 대 학 | 전문대 | 전 체 |
|---|---|---|---|---|
| 개설 대학수 | | 98 | 53 | 151 |
| 교과목수 | | 345 | 168 | 513 |
| 이수시기 | 학기 중 | 305 | 164 | 469 |
| | 방학 중 | 40 | 4 | 44 |
| 이수방법 | 이 론 | 67 | 30 | 97 |
| | 실 습 | 155 | 108 | 263 |
| | 이론 + 실습 | 123 | 30 | 153 |
| 이수구분 | 교양필수 | 29 | 18 | 47 |
| | 교양선택 | 210 | 71 | 281 |
| | 일반선택 | 9 | 6 | 15 |
| | 전공필수 | 16 | 10 | 26 |
| | 전공선택 | 63 | 47 | 110 |
| | 공통필수 | 9 | 6 | 15 |
| 수강신청대상 | 전교생 | 241 | 51 | 292 |
| | 기 타 | 104 | 117 | 221 |

자료: 대학사회봉사협의회(http://www.kucss.kcue.or.kr).

이러한 현황은 대학의 사회봉사가 제도화된 지 10년 안팎이라는 짧은 역사를 감안할 때 급격한 양적 팽창이 이루어진 것으로 볼 수 있다. 그러나 한편으로는 많은 대학이 봉사학습의 취지를 살릴 수 있는 관리체계의 세밀한 관리 없이 수강신청 후 일괄적으로 대규모의 소양강의 후 자원봉사활동 현장으로 나가는 방식을 취하고 있다. 이에 따라 대학생으로서 전공과의 유기적 연계나 지역사회문제의 구체적 부분에 대한 통찰 및 학습 등이 이루어지지 못하고, 단지 남을 도와주는 덕성함양의 활동 강조에 그치는 경우가 많다. 활동에 참여하는 대학생들도 졸업과 학점취득을 위해서 어쩔 수 없이 노력 봉사하는 것으로 인식하는 경우도 발생하고 있다. 이에 대한 보완책이 필요한 상황이다.

#### (2) 중 · 고등학교의 사회봉사

1990년대 중반에 이르러 고입 내신에 자원봉사 반영발표, 5 · 31교육개혁조치로 학교생활기록부에 자원봉사기록 등의 조치가 이루어지면서 중 · 고등학교에서의 자원봉사활동 제도화도 이루어졌다.

1994년 대통령의 교육전반에 관한 자문에 응하기 위해 교육개혁위원회가 발족했고, 교육의 현안문제를 진단하고 교육개혁 방안을 수립하게 되었다. 위원회에서 제시한 현안문제로는 암기 위주의 입시교육, 창의성 부재, 과중한 사교육비, 획일적 규제의 교육행정, 입시 위주 교육으로 인한 도덕교육의 상실 등을 지적하면서 이러한 문제의 해결을 위해 1995년 5월 31일 "세계화 · 정보화 시대를 주도하는 신교육체제 수립을 위한 교육개혁방안"을 발표했다. 교육개혁방안에는 9개의 정책과제가 제시되었는데, 그중 봉사활동과 관련된 정책과제가 인성 및 창의성을 함양하는 교육과정이다. 이의 정책과제의 세부내용 중에는 실천 위주의 인성교육 강화를 들면서 주요 추진사항의 하나로 청소년의 봉사활동을 '학교생활기록부'에 반영하는 것을 명시했다.

이에 따라 1995년 이후 제도화된 학생자원봉사제도의 현황을 살펴보면, 먼저 중앙정부 차원에서는 1996학년도부터 〈학생봉사활동 운영지침〉(교육부 장학자료 제112호)을 제정하여 시행하고 있다. 또한 지방자치단체의 수준 혹은 각 시·도교육청의 수준에서는 교육인적자원부의 지침 및 〈봉사활동 이론과 실제〉(교육부 장학자료 제113호)를 자료로 하여 각 지역실정에 맞는 추진계획을 수립·시행하고 있다. 이에 따라 각급 학교에서는 상기 지침 및 계획을 준거로 하여 학생 봉사활동의 유형·방법·운영방안 등을 학교별로 특성에 맞게 정하여 실시하고 그 결과를 학교생활기록부에 기록하고 있으며, 이는 상급학교 진학시에 반영됨으로써 우리나라에서는 커다란 반향을 일으키고 있다.

그러나 중·고등학교의 학생봉사는 대학의 봉사보다도 형식적 활동이라는 문제를 더 크게 낳았다. 진학열이 높은 우리사회의 문화와 맞물려 '진학을 위한 기록되는 봉사실적'을 만드는 데 급급하여 봉사학습으로서의 효과를 도모하거나 자원봉사 관리활동과의 적절한 결합은 거의 이루어지지 못했다. 심지어는 학부모에 의한 대리봉사활동이나 봉사처를 찾지 못하여 조악한 대리봉사활동 프로그램을 편성하는 등의 문제를 낳기도 했다. 이는 자원봉사활동과 그 관리에 대한 지식, 자원봉사활동의 주요현장이 되는 사회복지 영역과의 효과적 연계가 미흡한 교육계의 현실을 반영하는 것으로 볼 수 있다.

### (3) 학생봉사활동 개선지침과 제7차 교육과정에서의 학생봉사

제도화된 학생봉사활동의 운영과정에서 형식적 봉사활동 등의 문제점이 발생하고 이에 대한 지적이 각계에서 나타나자 이를 보완하기 위해 2000년 국무총리로부터 학생봉사활동 개선지시가 내려졌다. 2001년부터 적용되기 시작한 이 개선지침은 학생봉사활동의 형식적 운영을 막고 내실화하기 위해 학생봉사활동정보안내센터를 설치·운영하고 교사 등 운영인력에 대한 교육을 강화하는 등의 내용으로 이루어져 있다. 제도운영 개선지침의 주요 골자는 〈표 10-2〉와 같다.

〈표 10-2〉 학생봉사활동제도 운영 개선지침

학생활동에 대한 인식 제고
- 학생, 학부모, 교사, 봉사대상기관 담당자 등을 대상으로 봉사활동의 취지, 실시요령 등에 대한 사전교육 실시
- 학교장과 봉사활동 담당교사에 대한 전문교육 실시 및 지원
- 학생봉사활동 장학자료 활용 안내

학생봉사활동제도 운영의 내실화
- 학교급별, 학년별 봉사활동 내용·시간 등의 다양화
- 학생 개인계획에 의한 봉사활동보다는 지도자가 함께 참여하는 봉사활동 우선 인정
- 봉사활동 프로그램 DB활용 및 시·도 간 정보교류 활성화

학교봉사활동 교육과정 편성·운영 충실
- 제 7차 교육과정의 특별활동 중 봉사활동시간을 우선 확보
- 봉사활동 관련 학교 교육과정 단계적 지도 권장

'학생봉사활동정보안내센터'의 설치·운영
- 전국 각 지역교육청(180개) 인터넷 홈페이지에 설치
- 지역 자원봉사활동단체와 유기적 협력체계 구축

학생봉사활동의 질적 평가 및 활용도 제고
- 학생봉사활동의 질적 평가제 도입
- 학생봉사활동 결과의 학교생활기록부 입력요령
- 대학입학전형시 대학의 모집단위별 특성에 적합한 봉사활동 반영 권장 계획 안내
- 대학입학전형시 봉사활동 반영사항 대학평가에 반영 대비 안내
- 국민봉사활동인증제 도입 대비
- 시·도교육청 주관 교원연수 실시
- 학생봉사활동제도 운영 개선지침 관련 학부모 연수 실시
- 대지역주민 홍보강화

또한 제 7차 교육과정의 편성에서 학생봉사활동의 내실화가 강조되었다. 제 7차 교육과정은 교육편제에 있어 크게 '국민공통기본교육과정'과 '고등학교선택중심교육과정'으로 구성되어 있다. '국민공통기본교육과정'은 다시 교과, 재량활동, 특별활동으로 나누어져 있는데 여기서 재량활동은 교과 재량활동과 창의적 재량활동으로, 특별활동은 자치활동 · 적응활동 · 계발활동 · 봉사활동 · 행사활동 등 5개 활동영역으로 각각 나누어진다. '고등학교선택중심교육과정'은 교과와 특별활동으로 구분되는데, 여기서의 특별활동 역시 국민공통기본교육과정과 동일하게 5개 영역으로 나누어진다. 봉사활동은 '국민공통기본교육과정' 및 '고등학교선택중심 교육과정'의 특별활동 모두에 포함되어 있으며, 기준 시수가 제시되어 있고, 이 가운데 봉사활동의 기본적 운영은 학교의 특별활동 계획수립과 운영 속에서 이루어진다.

제 7차 교육과정의 편성에 따른 학생봉사활동의 내용을 제 6차 교육과정과 비교해 보면 대략 〈표 10-3〉과 같다.

〈표 10-3〉 제 6차 · 제 7차 교육과정에서의 학생봉사활동지침 주요내용 비교

▪ 제 6차 교육과정

(1) 초 · 중 · 고등학교 전 학년 학생에게 적용 · 시행
(2) '학교계획에 의한 활동'과 '개인계획에 의한 활동'으로 구분
(3) 학교의 정상적 교육과정과 별도의 교육활동으로 계획하여 운영
(4) 봉사활동 영역 8가지로 분류: 일손돕기활동, 위문활동, 지도활동, 캠페인활동, 자선 · 구호활동, 환경 · 시설보전활동, 지역사회개발활동, 기타활동
(5) 상급학교 진학시 봉사활동 반영 시간
  - 중학교: 연간 기준시간 15시간 이상(고입 내신 성적에 8% 반영, 서울특별시)
  - 고등학교: 기준시간 없이 실시. 대학에 따라 대입 내신 성적에 반영

▪ 제 7차 교육과정

제 7차 교육과정에 따른 봉사활동은 초등학교는 2000학년도 1, 2학년부터, 중학교는 2001학년도 1학년부터, 고등학교는 2002학년도 1학년부터 연차적으로 적용
(1) '학교교육과정에 의한 봉사활동'과 '학교교육과정 이외의 봉사활동'으로 구분 실시
(2) 각 학교에 '학생봉사활동추진위원회'를 구성 · 운영
(3) 전국의 지역교육청에 '학생봉사활동정보안내센터'를 설치 · 운영
(4) 영역은 제 6차 교육과정과 같이 8가지로 분류
(5) 제 7차 교육과정의 적용과 함께 초중고등학교 학교급별, 학년별 봉사활동 권장시간 다양화

자료: 김영윤, 2005, 〈학생봉사활동운영실태〉, 교육인적자원부.

최근 이와 같은 교육계의 학생봉사활동에 대한 개선책에서는 그간의 우리나라 학생봉사활동의 문제점을 적절히 인식하고 있으나 아직까지 그 개선의 실효는 별로 나타나지 못하고 있다. 이는 기본적으로 자원봉사관리의 역할이 적절히 자리 잡히지 못한 점에서 문제의 본질을 찾을 수 있다.

### (4) 학생 · 청소년자원봉사 관련 체계

현재 우리나라의 학생 자원봉사활동 혹은 학교 사회봉사 프로그램의 운영을 지원하기 위해 몇 가지 지원 및 운영체계가 운영되고 있다.

#### ① 교육인적자원부 및 청소년 관련 부처[1)]

먼저 교육인적자원부와 문화관광부 혹은 청소년위원회나 여성가족부 등 청소년 관련 부처를 학생자원봉사활동의 대표적 지원체계로 볼

1) 우리나라의 청소년관련 주무부처는 최근 수 년 사이에 문화관광부, 청소년(보호)위원회, 여성가족부 등으로 업무의 이관과 통폐합 등이 계속 발생하고 있어 청소년 봉사활동과 관련해서도 초기정책의 기획과 집행의 담당부처명 등에 혼란이 발생하고 있는 상황이다.

수 있다. 교육인적자원부의 학교정책과에서 학생자원봉사활동을 담당하고 있으며, 각 시·도 교육청이 참고할 수 있도록 〈학생봉사활동 운영지침〉 등과 같은 자료들을 마련하고 있다. 또한 청소년정책 담당부처에서는 청소년자원봉사센터 운영과 관련된 지침을 마련하고 있으며, 청소년자원봉사 이수시간 확대추진 및 자원봉사 마일리지제 도입 등을 추진하고 있다.

교육인적자원부 등 정부부처는 한국중등교장협의회 등이 주최하는 전국청소년자원봉사대회를 후원하고 있다. 이 대회는 자원봉사활동으로 모범을 보인 전국의 중·고생들을 발굴하여 시상하는 대회로, 중·고생들의 자원봉사활동 영역을 확대 및 개발하며 청소년자원봉사활동의 활성화를 위해 매년 한국중등교장협의회 등의 주최로 개최되는 대회이다.[2)]

우리나라의 청소년 관련 업무 재편으로 학생 및 청소년 자원봉사활동 지원체계의 모습도 변화할 것으로 예상된다.

② 청소년자원봉사센터

1995년 5월 교육개혁방안에 청소년자원봉사활동이 인성교육과제로 포함됨에 따라 1996년 2월 당시 문화체육부가 청소년자원봉사센터의 설치운영 및 지원계획을 통보하였다. 이에 따라 1996년 6월 한국청소년자원봉사센터(한국청소년개발원 위탁운영)가 개소되었으며, 국무총리실 산하 한국청소년개발원 직제상의 하나로 운영되고 있다. 청소년자원봉사센터는 중앙센터와 전국 시·도에 16개의 센터가 설치되어 청소년자원봉사활동 진흥을 위한 업무 및 기능을 담당하고 있다.

---

2) 이러한 청소년 자원봉사활동 증진을 위한 대회는 정부부처만이 아니라 최근 일부 기업재단 등에서도 개최하는 경우가 늘고 있어 청소년 자원봉사활동에 대한 지원체계로서 기업과 재단 등 민간조직의 역할도 확대되는 모습을 나타내고 있다.

〈그림 10-3〉 한국 청소년자원봉사센터 홈페이지

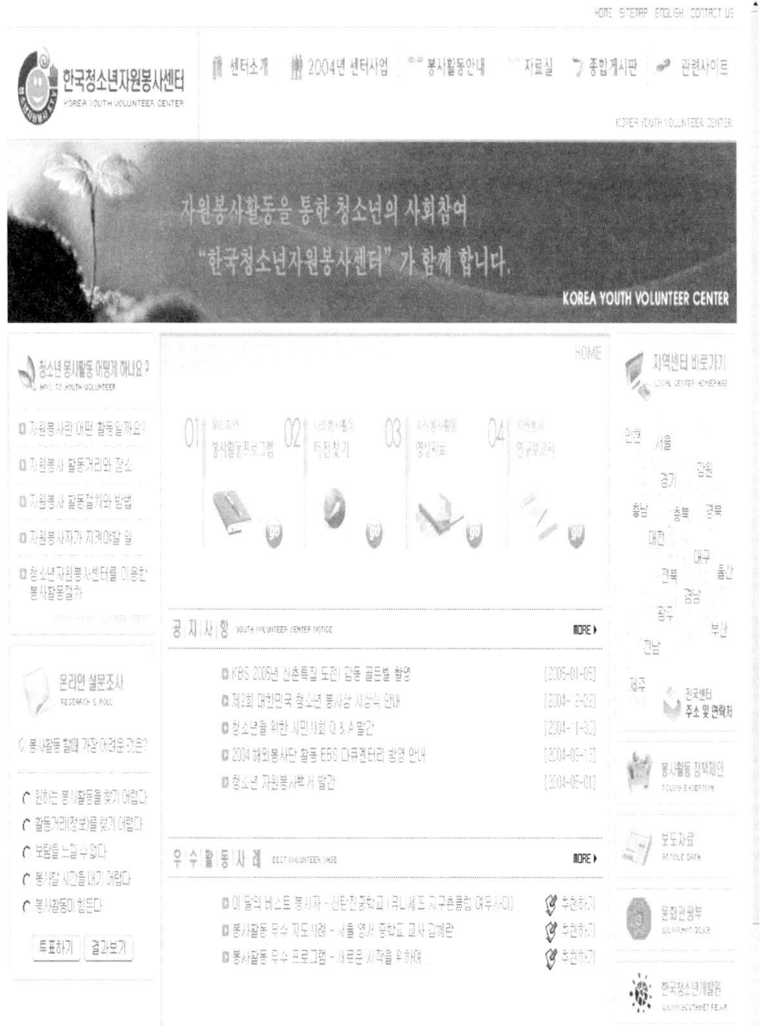


자료: http://www. youthvol. net/

③ 학생봉사활동정보안내센터

국무총리 지시로 마련한 〈학생봉사활동제도 운영 개선지침〉(2000. 11. 21)으로 전국 시·도교육청 산하 각 지역교육청에 학생봉사활동정보안내센터가 설치 및 운영되고 있다. 또한 이는 제7차 교육과정 개편에서 강조된 사항이기도 하다. 이에 따라 학생봉사활동정보안내센터는 전국 182개 지역교육청 인터넷 홈페이지에 설치되어 전담직원을 배치하여 운영되도록 하고 있다. 학교(학생)·지역자원봉사센터·봉사대상기관 등을 인터넷으로 상호연계, 수요기관과 봉사 대상기관을 연계, 학생들의 봉사 희망기관 접수·연결 등의 기능을 담당하고 있다. 그 연계활동은 과거보다 개선되어가고 있으나 아직까지 지역사회 자원봉사활동 현장과의 관계가 취약하며 자원봉사활동 관리체계로서의 역할에는 미흡한 상황이다.

④ 한국대학사회봉사협의회

전국 대학교 및 전문대학이 회원이 되어 대학의 사회봉사 교육과 자원봉사 활동에 관한 상호협조를 도모하는 조직이다. 이는 미국의 캠퍼스 콤팩트와 비슷한 성격으로 출발했다.

한국대학사회봉사협의회는 2006년 기준으로 대학 141개교, 전문대학 56개교를 포함한 전국의 197개 대학으로 구성되어 있다. 대학생 사회봉사활동의 육성발전, 대학의 교육과정과 사회봉사연계에 대한 연구개발, 대학의 사회봉사활동 관련 연수지원, 국내외 사회봉사 관련기관과의 교류 및 제휴, 사회봉사 프로그램 개발 및 보급, 기타 회원대학 상호간에 협의조정 등의 기능을 수행하고 있다.

## 3. 학교사회봉사 관리와 활성화 과제

### 1) 현행 학교사회봉사 관리 과정

현재 이루어지고 있는 우리나라 학교사회봉사의 과정은 대학의 경우 대학마다 큰 차이가 있으며, 중·고등학교의 경우에는 교육인적자원부와 교육청의 학생봉사활동지침에 의거하여 이루어지고 있다. 그리고 이 지침에 의한 최소한의 관리만이 이루어지고 있는 실정이다. 중고등학교의 봉사활동은 특별활동 교육과정의 한 영역으로 실시되는 봉사활동으로서 학교의 연간계획으로 추진되며, 학년단위·학급단위·그룹단위로 이루어질 수 있다. '학교계획에 의한 활동'(혹은 '학교교육과정에 의한 봉사활동')과 '개인계획에 의한 활동'(혹은 '학교교육과정 이외의 봉사활동')으로 구분하고 있는데 대다수를 차지하는 것은 학교계획에 의한 활동의 경우이다.

활동이 성공적으로 실시되기 위해서는 계획단계, 실행단계, 평가단계로 나누어 실시해야 한다고 명시하여 이를 위해 PAR 과정을 기본으로 제시하고 있다(경기도교육청, 2006: 3; 경상북도교육청, 2001: 33~39 등).

#### (1) 계획단계

학교에서 주관하여 실시하는 봉사활동의 계획단계는 활동목록의 작성, 홍보, 계획서 작성 제출의 과정을 거친다.

##### ① 봉사활동목록 작성

학교 여건과 학생의 수준에 따라 실천 가능한 목록을 다음과 같은 사항들을 고려하여 해당지역 교육청과 연계하여 작성한다.

- 사전 조사

- 실행 가능한 봉사활동 선정
- 대상기관 담당자와 협의
- 활동목록 작성

② 홍보활동

작성된 프로그램 목록을 각종 게시판이나, 가정 통신문, 학교 홈페이지 등에 공고한다.

③ 계획서 작성

계획서는 학교단위, 학년단위, 학급 및 그룹단위 또는 개인단위 봉사활동 계획서를 작성한다. 이때 담임교사는 계획서를 검토하여 학생 능력에 알맞게 조정해야 하며 학급 전체 학생의 봉사활동 상황을 파악할 수 있도록 상황 표를 작성해야 한다.

(2) 실행단계

봉사활동의 실행은 사전계획단계에서 수립된 계획에 따라 봉사활동을 실행하되, 활동과정에서 다음 사항을 고려해야 한다.

- 유의사항 숙지
- 안전사고 예방
- 계획대로의 실행 여부
- 활동과정에서 상황변화에 따른 대처
- 활동과정에서 인간관계 유지
- 지도자의 지시에 잘 따르는지 여부
- 봉사자 상호간의 협조

(3) 평가단계

봉사활동이 끝난 후에는 반드시 평가를 실시하여 차후에 실시하는 봉사활동에 참고해야 하며, 평가방법은 여건이나 상황을 고려하여 선택적으로 실시한다.

- 소감문 작성
- 면접
- 설문조사
- 우수사례 발표회 등

(4) 개인 계획에 의한 봉사활동

학교의 계획에 의한 것뿐만 아니라 학생 개인의 계획에 의한 봉사활동도 명시하고 있으며, 이는 〈그림 10-4〉와 같은 과정을 거치는 것으로 이야기하고 있다.

〈그림 10-4〉 개인계획에 의한 봉사활동 절차

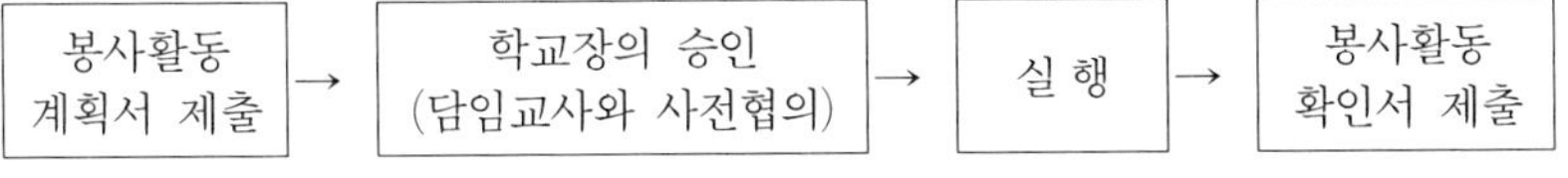


① 개인 계획에 의한 봉사활동 계획서 제출

봉사활동 대상기관 및 지도교사와 협의를 거친 후 학교장의 승인을 받는다.

② 봉사활동 실행

계획된 봉사활동을 실행한다.

③ 평가 및 반성

활동 후 봉사활동 일지, 카드, 확인서 등을 작성하여 학교에 제출한다.

④ 봉사활동 누가기록부 작성

제출된 양식에 따라 담임교사는 학급봉사활동상황 누가기록부에 기재하고 추후 지도한다.

⑤ 개인계획에 의한 봉사활동 지도사항

- 가정과 연계하여 가족 동반으로 봉사활동이 이루어질 수 있도록 지도한다.
- 개인계획에 의한 봉사활동 계획서, 확인서, 평가서 등 필요한 서식은 학교차원에서 준비해야 한다.
- 개인차원에서 이루어지는 봉사활동에 대한 절차, 유의사항 등에 대한 사전교육을 반드시 실시해야 한다.
- 개인계획에 의한 봉사활동은 가급적 종교나 봉사 관련 등 단체에서 실시하는 활동에 참여하도록 한다.
- 개인계획에 의한 봉사활동은 가급적 심화과정으로 활동하도록 지도한다.

### (5) 학생봉사활동 영역 및 활동내용

현재 학교의 사회봉사 과정에서 가장 여러 가지로 논란이 되는 것 중 하나가 '어디에서', '어떤' 봉사활동을 해야 하는가와 관련된다. 현재 각급 학교에서 활용하고 있는 봉사처나 봉사활동 내용은 교육인적자원부에서 일손돕기, 위문활동, 캠페인활동, 자선구호활동, 환경시설보전활동, 지도활동, 지역사회 개발활동, 기타활동의 8가지로 나누어 지침을 제시하고 있다. 이 각각의 주요 활동내용은 〈표 10-4〉와 같다.

〈표 10-4〉 학생봉사활동 영역 및 내용

| | 영역별 활동내용 | 주요 활동내용 |
|---|---|---|
| 봉사활동 | 일손돕기활동 | ▪ 복지시설 일손돕기활동<br>▪ 공공시설 일손돕기활동<br>▪ 병원 일손돕기활동<br>▪ 농·어촌 일손돕기활동<br>▪ 학교 내 일손돕기활동 |
| | 위문활동 | ▪ 고아원 위문<br>▪ 양로원 위문<br>▪ 장애인 위문<br>▪ 병약자 위문<br>▪ 군부대 위문 등 |
| | 캠페인 활동 | ▪ 공공질서 확립 캠페인<br>▪ 교통안전 캠페인<br>▪ 학교주변 정화 캠페인<br>▪ 환경보전 캠페인 |
| | 자선구호활동 | ▪ 재해구호<br>▪ 불우이웃 돕기<br>▪ 국제협력과 난민구호 활동 |
| | 환경·시설보전활동 | ▪ 깨끗한 환경 만들기<br>▪ 자연보호<br>▪ 문화재보호 |
| | 지도활동 | ▪ 동급생 지도<br>▪ 하급생 지도<br>▪ 복지시설아동 지도<br>▪ 교통안전 지도 |
| | 지역사회 개발활동 | ▪ 지역사회 조사<br>▪ 지역사회 가꾸기<br>▪ 지역사회 정보화 등 |
| | 기타 활동 | ▪ 위 세부 내용으로 구별하기 어려운 활동 |

자료: 교육인적자원부(http://www.moe.go.kr).

## 2) 현행 학교사회봉사의 문제점

1995년 학생봉사활동의 제도화에서부터 2000년 학생봉사활동 개선지침 마련까지 학교사회봉사 관리과정상의 취약점을 보완하며 제도개선을 위한 다양한 방책을 강구했으나, 아직도 학생봉사활동의 관리 및 운영상의 기본적 문제점은 해결되지 못하고 있다.

### (1) 형식적 봉사활동의 문제점

학생봉사활동이 제도화된 취지는 입시위주로 운영되는 교육에 익숙한 학생들의 관심을 지역사회로 환기시키며, 개인이 아닌 사회구성원으로서의 역할경험 및 사회로의 환원과정을 통한 자아실현의 기회를 제공하기 위함이다. 하지만 이 취지와는 다르게 당사자인 학생 및 학부모, 학교, 관련 기관 등의 봉사활동에 대한 교육적 의의 및 가치에 대한 인식은 여전히 부족한 상황이다.

사회봉사과정 자체가 경험학습으로서 유용한 교육적 효과를 거두게 하기보다는 상급학교 진학을 위한 실적으로 간주하여 형식적으로 봉사활동에 임하는 문제가 지속되고 있다. 이는 자원봉사활동이 가지는 개척성과 창의성마저도 왜곡하여 다분히 획일적 활동만이 이루어지게 하고 있다. 한편으로는 학교사회봉사만이 아니라 입시와 진학 중심의 우리나라 교육체계 전반의 문제와 관련되는 것이라 하겠다.

### (2) 전문적 자원봉사관리의 부재

전문적 관리의 부재는 다른 모든 문제의 근원이라고 할 수 있다. 현재 중·고등학교의 사회봉사과정은 기본적으로 자원봉사관리자 없이 교사가 운영하고 있다. 그러나 일선 교사는 자원봉사관리 이전에 과도한 업무부담을 가지고 있어 자원봉사관리를 위한 시간과 노력을 적절히 투입하지 못하고 있다. 또한 많은 대학이 전문적 교육이나 능력을 갖춘 관리자가 있는 것이 아니라 교직원이 자신의 업무 중 하나로 겸직하는 활동으로 진행되곤 한다. 이는 교육기관에서 자원봉사활동은 수요처와 공급자만 있다면 자동적으로 이루어지는 것이라는 '자동창출'(*spontaneous creation*)이라는 환상을 가지고 있는 현실과 관련된다. 적절한 자원봉사관리자와 자원봉사관리활동을 확보하기 위한 노력이 이루어지지 않는다면, 학교사회봉사는 지속적으로 형식적이고 분절적 실적 쌓기로 귀결될 가능성이 높다.

(3) 학생봉사활동 관련 기관간의 연계 및 협력체계 부족

학생봉사활동을 주관하는 학교와 관련 지역사회조직들과의 체계적 인프라가 구축되어 있지 않아 학생이 원하는 봉사활동 기관에 대한 정보를 수집하거나 연계시키는 데 제약이 따른다. 연계단계에서의 봉사활동현장에 대한 충분한 이해 결여로 학생과 기관의 욕구나 특성을 고려한 적절한 배치가 이루어지지 못하고 있으며, 기관 또한 현장에서 봉사활동을 하고 있는 학생들에게 교육적 분위기를 제공하지 못하고 있는 실정이다.

학교와 자원봉사센터와의 연계가 미비한 것이 학생봉사활동의 효과성 제고에 큰 취약요인이 되고 있다. 특히 센터의 입장에서는 자원봉사활동 교육여건 마련의 어려움과 대규모 봉사의뢰를 가장 큰 문제로 지적하고 있는 상황이다(송승현 · 김보린, 2005: 42). 이는 학교와 자원봉사센터가 서로간의 상황과 기대에 대해 충분히 조율하지 못해 생기는 부작용이라 할 수 있다.

(4) 봉사활동 영역과 내용의 빈곤

앞의 〈표 10-4〉에서 학생봉사활동의 영역과 내용이 제시되고 있지만, 기본적으로 우리나라의 학생봉사활동에서 이루어지는 활동내용은 다양성이 제약되어 있다. 대부분의 활동이 단순 노력봉사 활동에

집중되고 있다. 이는 대학에서의 사회봉사 프로그램에서도 마찬가지로 학교가 주관하고 있는 사회봉사 프로그램에서는 모두 유사하게 나타나고 있는 현상이다.

학교의 사회봉사 프로그램에 의한 봉사자를 활동 참여자나 관리자, 활동 현장 모두에서 극히 일회적 단기 자원봉사자로 간주하기 때문에 이러한 현상은 더욱 두드러지게 나타난다.

(5) 봉사활동 평가의 미흡

학생이 교육 프로그램의 일환으로 수행하는 프로그램이기 때문에 평가과정이 매우 중요하다. 현재는 단순히 주어진 봉사시간 이수 여부만을 확인하며, 봉사횟수 및 시간 등 수치만을 평가하고 있다. 대학에서의 평가도 기본적으로는 이와 유사하며 일부에서 '만족도' 평가 정도가 병행될 뿐이다. 평가는 교육적 프로그램이 그 목적을 얼마나 달성했는가를 측정하는 것이어야 한다. 성적이나 상급학교 진학자료 반영 여부와는 무관하게라도 사회봉사 프로그램이 개별 학생들에 대해 소기의 목적에 접근하고 있는가에 대한 평가가 필요하다.

3) 학생 · 청소년 자원봉사 활성화의 과제

학생 · 청소년은 예비 사회인으로서 성장과 자아정체성 확립의 시기에 있기 때문에, 이 시기에 이루어지는 자원봉사 프로그램은 다른 인구층의 자원봉사활동보다 자원봉사활동의 공급자 효과, 즉 교육적 측면에 대한 고려가 중요하다. 이에 따라 봉사학습이라는 개념이 청소년의 자원봉사활동에서는 중요한 것으로 부각된다.

현재 우리나라에서도 학교에서의 사회봉사 프로그램이 제도화되어 기본적 틀은 갖추었으나 그 운영상에서 전문적 · 체계적 관리가 미흡해 소기의 목적을 달성하지 못하고 있다. 송승현 · 김보린(2005)은 청소년 자원봉사활동의 활성화를 위해서 자원봉사센터체계의 적극적 활용, 교장교감 등 학교 내 의사결정권자의 학생봉사활동 이해 고취, 학생봉사담당교사의 전문성 강화, 학생자원봉사 보험제도 도입 등의 대안을 제시하고 있다. 일반적으로 학생·청소년의 자원봉사활동이 봉사학습의 원래 취지를 살리기 위해서는 다음과 같은 개선과제가 제기될 수 있다.

(1) 자원봉사관리자의 활용

학교사회봉사의 제도화 이후 학생들의 자원봉사활동 참여자수와 그 욕구는 급증했으나 이 욕구와 능력에 맞는 다양한 활동을 발굴하고 관리해줄 전문적 담당자는 절대적으로 부족하다. 이에 따른 자원봉사관리의 부재는 형식적 봉사활동의 폐해와 봉사학습취지를 무색하게 하는 폐단을 낳는 근본적 원인이 되고 있다.

소정의 자원봉사관리교육을 이수한 관리자가 부족하며 또한 학생이나 청소년의 자원봉사활동을 관리하는 데 있어 여러 가지 역할이나 자격도 정립되지 못한 실정이다. 따라서 관리자에 대한 집중적 연수나 교육 프로그램을 개발해야 한다. 현재와 같이 교사들의 개인적 소양에 의존하는 방식은 적절치 않다.

한편으로는 사회복지사 혹은 학교에 배치되는 학교사회복지사를 활용하는 방안도 모색해볼 수 있다. 각급 학교 내에서 자원봉사관리를 적절히 수행할 수 없는 여건이라고 판단될 때에는 지역사회 내에서 사회복지나 자원봉사관리에 대한 기본적 지식을 갖춘 인력을 보유한 사회복지조직과의 통합적 활동을 기획할 수 있다. 자원봉사관리자가 학교 내에서 역할을 적절히 수행할 수 없는 여건일 경우에는 지역사회에 존재하는 여러 자원봉사센터의 관리지원을 의뢰하는 것도 필요하다.

(2) 학생 봉사활동에 대한 인식의 제고

현재 학생봉사활동에 대해 그 본래의 취지인 봉사학습에 대한 인식이 취약한 상태이다. 이는 진학을 위한 실적 중심 활동양상의 원인이 되고 있다. 따라서 학생 및 학부모, 학교, 관련 기관 등이 봉사활동에 대한 바른 인식을 형성할 수 있도록 하는 교육과 홍보 프로그램이 필요하다. 교원 및 학부모 등 관련자를 위한 연수 및 사전교육 등을 지속적으로 실시하여 단위학교의 관리자에서부터 일선교사와 지역사회의 실무자까지도 학생봉사활동의 중요성 및 그 현실을 인식할 수 있도록 해야 한다.

특히, 학생들을 급하게 활동현장으로 내보내는 데 주력할 것이 아니라 사전교육의 단계에서 자원봉사활동에 대한 바른 인식을 가지며, 활동과 관련된 계획을 스스로 수립할 수 있도록 지도해야 할 것이다.

(3) 봉사활동 영역 및 내용의 다양화

제한적이고 정형화된 활동영역 및 내용에서 벗어나 봉사활동 영역을 보다 넓은 범위로 확장시켜 학생들에게 다양한 활동경험을 제공할 수 있어야 한다. 또한 활동영역 및 내용을 선정할 때 학생들의 발달단계 및 교육수준 등이 적절히 고려되어야 한다. 선정단계에 학생들이 직접 참여하여 활동영역과 내용에 본인들의 관심 및 의견을 적극 반영할 수 있어야 할 것이다. 학교계획에 의한 봉사활동 이외에 학생 개인계획에 의한 봉사활동을 인정하며 적절한 자체계획수립을 할 수 있도록 다양한 정보를 제공하며 지역사회의 봉사단체와의 연계를 지원한다. 이를 위해서는 특히 전문적 자원봉사관리자의 활동이 전제될 필요가 있다.

(4) 지역사회 협력체계 구축

학교의 사회봉사는 기본적으로는 학교라는 장을 벗어난 지역사회에서의 활동이 된다. 따라서 사회봉사 프로그램의 운영은 지역사회와의 협조체계 속에서만 이루어질 수 있다. 특히 학교의 입장에서 '지역사회기관이 학생이라는 유용한 무급 인력을 활용할 기회를 얻었기 때문에 학교의 프로그램에 대해 감사하고 그 절차에 잘 협조하는 것이 당연하다'고 생각하는 것은 극히 위험하다. 오히려 학교에서는 학생교육을 위해 교내에서 보유하지 못한 프로그램의 자원을 지역사회를 통해 보충하고 있는 것이라고 보아야 한다.

실제로 현재까지 많은 지역사회의 현장에서는 학교사회봉사 프로그램에 의한 학생자원봉사자가 그다지 반가운 존재가 아닌 경우가 많다. 형식적 활동, 단기간의 일회성 활동, 무책임성과 잘못된 실천, 클라이언트에 대한 나쁜 영향 등의 문제가 제기되기 일쑤이다.

따라서 학교사회봉사 프로그램이 봉사학습의 취지에 따라 학생과 학교에 도움이 되고, 지역사회기관에게는 기관의 개방성과 인력의 활용 및 교육기회가 되기 위해서는 서로 다른 전문성을 보유한 조직들로서 학교와 관련 기관들이 지역사회수준에서 협력체계를 구축하는 것이 중요하다. 지금까지 학교 등 교육기관은 교육부와 교육청 체계로 연결되며 여타의 지역 및 사회복지체계 등과 연계가 미흡하였으므로 이에 대한 개방적 개선이 중요하다.

### (5) 적절한 학생자원봉사 평가와 승인

학생봉사활동의 평가는 단순히 주어진 시간이수 여부 및 봉사활동 횟수만을 평가할 것이 아니라, 학생 · 학교 · 봉사활동기관 · 지역사회 등 활동과 관련된 다양한 측면을 고려한 질적 평가가 이뤄져야 한다. 이에 각 측면에서 평가되어야 할 사항을 살펴보면, 우선 학생은 봉사활동의 준비과정과 활동과정이 스스로가 계획했던 대로 진행되었는지 여부를 따져보며, 봉사활동을 통해 얻고자 했던 기대를 달성했는지도 평가해보아야 할 것이다. 또한 봉사활동 전과 후를 비교해 보았을 때, 변화되었거나 발전된 점이 있는지의 여부 등을 본인 스스로가 체크해 본 후, 추후 봉사활동 기회가 주어졌을 때 현재의 평가들을 참고하여 보다 발전적 방향으로 활동할 수 있는 자료가 되어야 한다.

다음으로 학교는 지역사회 안에서의 집단활동, 봉사활동 등이 참여한 학생에게 미친 영향 등을 살펴보며, 봉사활동과 관련된 준비단계에서 사전교육, 정보제공 및 기관분석 등은 적절했는지도 평가해 보아야 한다. 또한 학생과 기관과의 연계는 적합했는지, 지역사회 내 다양한 유기체들을 연계하여 활용했는지, 봉사활동이 진행되는 과정상의 중간점검이나, 봉사대상기관과의 유기적 협조가 있었는지 등도 평가해 보아야 할 것이다. 학교는 봉사횟수 및 시간, 간단한 코멘트만을 기입하거나, 봉사활동 과정에 초점이 맞춰진 표면적 언급만을 할 것이 아니라 관리과정상의 문제점이나 주어진 역할을 적절하게 소화했는지 등을 평가할 수 있어야한다.

지역사회 내의 봉사대상기관은 학생봉사활동의 취지 및 필요성 등에 대해 제대로 이해하고 있었는지, 학생의 요구나 특성에 적합한 활동들을 제시했는지 등을 자체적으로 점검해 보아야 하며 봉사활동이 진행되는 동안 활동과 관련된 학생의 만족정도를 확인했는지, 적절한 현장지도 및 교육을 실시했는지도 자체적으로 평가해 보아야 할 것이다.

(6) 청소년자원봉사활동의 지원

모든 청소년과 학생의 자원봉사활동이 학교사회봉사 프로그램으로 이루어지는 것은 아니다. 물론 대다수의 청소년이 학교생활을 통해 교육과정을 밟고 있다고 하더라도 학교사회봉사 프로그램 이외에 개인적으로나 가족단위로 혹은 동아리 등을 통해 자원봉사활동에 참여하는 청소년들을 위한 적절한 관리와 지원체계가 구축되어야 한다.

현재 학교의 사회봉사관리가 다른 영역의 자원봉사관리와 여러 가지 측면에서 분리되어 있는 성격이 강하다. 기본적으로 학생자원봉사, 여성자원봉사, 노인자원봉사 등이 모두 별도의 관리나 운영체계를 독립적으로 갖추는 것은 적절하지 않다. 적어도 유기적 관련을 가져야 한다. 학교사회봉사의 관리체계가 일반 자원봉사 관리체계나 지원체계와 유기적으로 협조관계를 맺어야 할 필요가 있다.

# 기업의 자원봉사 제11장

## 1. 기업 사회공헌과 자원봉사의 의미

최근 기업의 사회봉사에 대한 사회적 관심이 높아지고 있다. 기업은 1990년대 이후 자원봉사활동의 활성화에 중요한 역할을 한 주체이다. 기업의 사원 자원봉사활동 조직화는 기본적으로 기업 사회공헌 프로그램의 일환으로 이루어져 오고 있다.

### 1) 기업의 사회공헌

현대 자본주의 사회에서는 기업의 역할과 영향력이 점차 증대함에 따라 기업이 영리를 추구하는 동시에 국민복지 향상에 힘써야 한다는 딜레마를 안고 있다. 따라서 사회적 책임(*Corporate Responsibility*) 문제는 기업의 입장에서 영리추구와 국민전체의 복지증진이라는 상충되는 두 가지 명제를 어떻게 하면 적절히 조화시킬 수 있는가에 대한 고민으로부터 출발한다.

기업은 사회의 핵심적 구성 주체로서 그 사회적 책임에 대한 논의는 여러 가지로 있어 왔다. 이에 따라 기업은 이익을 사회로 환수하는 것만이 아니라 사회공동체를 구현하는 한 주체로서 다양한 사회공헌활동을 전개하고 있는 것이 현실이다.

기업에게 있어 사회로부터의 신뢰는 물질적으로 환산되기는 어렵지만 그 값어치를 따지기 힘든 중요한 사회적 자본이다. 기업의 사회공헌활동은 사회로부터의 신뢰를 획득하는 하나의 수단이다.

메논(Menon)은 아시아 기업들의 기업 사회공헌 유형을 다음 〈표 11-1〉과 같이 세 가지로 구분하고 있다(한화, 2003).

통상적으로 A→B→C의 순서로 발전해간다고 보기도 하지만 세 가지 수준은 혼재되기도 하고 상황에 따라서는 일시적으로 역방향으로 진행되기도 한다.

기업의 사회적 책임에 대한 개념은 경제사회의 환경변화와 함께 변천되어 왔다. 과거의 사회적 책임이 재화와 용역을 공급하는 경제적 공급자의 역할, 그리고 이윤의 사회적 환원을 위한 자선적 책임론에

〈표 11-1〉 기업의 사회공헌 유형

| 유형 | 특징 |
|---|---|
| A 낭만적 이타주의적 접근 | 기업의 최고 의사결정권자인 경영자의 이타주의적 동정심이나 선행에 대한 욕구가 기업 사회공헌의 주요한 동기가 된다. 따라서 개인의 성향이나 욕구에 따라 기업의 사회공헌활동이 좌우될 수 있다. |
| B 경영 전략적 접근 | 사회공헌활동이 기업의 마케팅이나 직원의 사기증진 등의 경영전략상의 이유로 사회공헌활동을 한다는 것이다. 눈에 보이는 매출신장이나 소득공제뿐만 아니라 마케팅상의 효과에 초점을 맞출 수 있다. |
| C 지역공동체 참여적 접근 | 기업본연의 사업성격과 함께 직원과 지역사회 주민이 새로운 공동체를 만들어 가는 과정에 참여하는 것을 주요한 매개로 삼는다. |

입각했었다면 현 시점에서 기업에게 요구되는 사회적 책임은 경제적 공급자로서의 역할 이외에 수요자들의 요구에 적극적으로 부응하는 기업시민(*Corporate Citizenship*)의 모습이다(이상민, 2002: 78).

영리조직인 기업이 즉각적 이윤으로 환수될 가능성이 거의 없는 사회공헌활동에 참여하는 이유에 대해서는 여러 가지 설명이 있는데 대체로 다음의 세 가지로 정리할 수 있다(사회복지공동모금회, 2003).

**① 이타주의 모델**(*The Altruistic Model*)

이 모델에서는 기업의 기부를 비전략적 차원에서 설명한다. 기업은 다른 사람을 돕고자 하는 목표를 위해 이타적 사회공헌활동을 한다. 이러한 이타주의적이고 자선적 동기에 의한 사회참여활동은 초기에 기업차원에서 행해지기보다 기업가의 개인적 차원에서 이루어졌다. 그러나 이타주의 모델만으로 기업의 사회공헌활동을 설명하기에는 부족하다는 것이 최근의 평가이다.

**② 전략적 모델: 이윤극대화모델**

기업의 사회공헌활동은 기업의 다른 기능이나 활동들과 마찬가지로 직접적 금전적 이득을 얻기 위해 이루어진다. 기업이 사회공헌활동을 통해 아무런 이득도 얻을 수 없다면 사회공헌활동은 해도 그만 하지 않아도 그만일 것이다. 그러나 사회공헌활동을 통해 얻을 수 있는 것들이 많고 그것이 단기적 혹은 장기적으로 기업의 이윤창출에 도움이 되기 때문에 기업들은 좋은 기업시민의 역할 등을 참여이유로 들면서 사회공헌활동에 참여하게 된다.

**③ 전략적 모델: 정치적·제도적 권력 모델**

이 모델은 기업의 사회공헌활동이 전략적 차원에서 동기화된다는 점에서는 이윤극대화모델과 유사하다. 기업은 혜택을 극대화하기 위해 사회공헌활동에 참여하지만, 이는 투자에 대한 반대급부를 형성하기 위해서가 아니라 정치와 제도적 관점에서 권력을 잡고 정통성을 얻기 위해서 사회공헌활동에 참여한다. 이 모델에 따르면 기업의 사회공헌활동의 목표는 정치적 환경에서 문제가 있는 행위자들을 포섭하여 기업 편으로 끌어들일 뿐 아니라, 정부의 간섭이 증가하는 데 대한 대안으로서 사적 주도력을 세움으로써 기업의 자율성을 보호하는 데 있다.

이러한 동기의 모델 중 최근에는 주로 이타적 관점에서 전략적 관점으로 이전하였다는 것이 일반적 평가인데 이에는 기업의 사회적 책임에 대한 대중들의 인식 증대, 사회공헌활동에 대한 기업내부의 인식개선, NGO의 급속한 성장과 기업-NGO의 협력적 관계 모색 등의 요인이 작용한 것으로 볼 수 있다.

기업의 사회공헌활동에는 기부, 공익재단의 설립 등 다양한 종류가 있다. 그 중에서도 물질적 지원을 넘어 사원들의 자원봉사활동을 지원하여 전개하는 것이 가장 적극적 형태의 기업 사회공헌활동이다.

### 2) 기업 자원봉사의 개념과 특징

기업 자원봉사 혹은 기업 사회봉사란 기업이 임직원들의 자원봉사활동을 정책적으로 유도하며, 임직원과 퇴직자들의 시간과 기술을 지역사회에 제공하도록 공식적으로 지원하는 활동을 말한다(송애리, 2002; 박윤애, 2003b 등). 이러한 의미에서 기업 자원봉사는 사회적 책임의 구체적이고 적극적 참여형태라 할 수 있다.

우리나라에서도 상당수의 기업이 이러한 활동을 하고 있으며 이는 사원들의 긍지를 높이고 협동심을 길러주고 나아가서는 기업의 사회적 이미지 제고에 결정적으로 중요한 역할을 한다. 특히 기업이 지역사회나 해외현장에서 새로운 사업을 전개할 때는 현지 지역사회와 지속적 신뢰관계를 구축하는 것이 중요하다. 이러한 사원참여형 공헌활동은 단순한 재정적 지원보다 훨씬 더 창의적 아이디어와 치밀한 준비를 요구하며 그 성과는 더 크고 지속적이다(전경련, 2000: 23~24).

기업 자원봉사활동의 참여목적과 그 유익성에 대해 조휘일(1995)은 다음과 같이 설명하였다.

첫째, 임직원 측면에서는 건전한 가치관 형성과 사회성 증진, 개인의 보람추구 등 개인의 성장과 삶의 질 향상에 크게 도움이 될 수 있다.

둘째, 기업 측면에서는 건강한 조직문화 형성 및 기업의 이미지 제고, 사회와의 연대성 제고 등 미래지향적 기업의 장기전략으로 인식되고 있다.

셋째, 사회 측면에서는 최근 우리나라에 만연하고 있는 물질만능주의, 개인 및 집단 이기주의를 극복하고 서로 나누며 공동체 문제에 주인의식을 가지고 그 해결에 참여하기 위해서는 봉사활동이 필수적으로 요구된다고 할 수 있다.

뿐만 아니라 기업의 자원봉사활동은 임직원간의 업무 외에 또 다른 공동 커뮤니케이션과 활동이 되는 것이다. 이를 통해 조직력 활성화에도 기여함은 물론 임직원들의 자질 개발을 통해 지역사회에 대한 대처능력을 강화하는 데 기여하고 있다. 따라서 기업의 자원봉사 정책은 회사의 장기적 경영상의 이득 증대, 임직원의 관심 및 욕구충족과 지역사회 발전의 목표를 가지고 추진되어야 한다.

기업의 자원봉사활동은 기업 사회공헌의 일환으로 조망할 수도 있지만 다른 한편에서는 일반적 자원봉사활동의 한 종류라는 측면에서 살펴볼 필요도 있다.

기업 자원봉사는 기업조직의 활동이므로 자원봉사활동 주체의 측

〈표 11-2〉 기업의 자원봉사와 일반 자원봉사의 비교

| 구 분 | 기업의 자원봉사 | 개인적 자원봉사 |
|---|---|---|
| 장 점 | - 우수한 인력의 활용<br>- 조직적 활동의 효과성<br>- 기술과 전문성의 활용<br>- 기업의 물적 자원과 자원봉사활동의 결합 | - 개인의 자발성 극대화<br>- 개인의 선호도 반영<br>- 활동시간의 융통성<br>- 헌신성에 대한 주변의 인식<br>- 장기 자원봉사활동의 가능성 높음 |
| 단 점 | - 활동시간의 제약성<br>- 활동인력의 잦은 교체<br>- 참여자 개인선호 반영의 취약성<br>- 기업홍보수단일 뿐이라는 인식 | - 비조직적 활동<br>- 대규모 활동의 가능성 낮음<br>- 소규모의 영세성으로 인해 물적, 기술적 자원의 결합 가능성 낮음 |
| 비 고 | - 기업에서 조직적으로 참여 | - 대개는 개인적으로 참여 (경우에 따라 동아리 형태 활동) |

면에서 독특성을 가지며 여기서 파생된 여러 가지 속성 때문에 다른 자원봉사활동에서는 찾아보기 힘든 양상을 나타내기도 한다.

기업의 자원봉사는 우리사회에서 가장 우수하고 조직화되어 있는 기업의 인력 활용, 기술과 전문성의 활용, 기업이 가진 상대적으로 풍부한 물질적 자원과 자원봉사활동의 결합이라는 점 등에서 독특한 장점을 가진다. 반면, 활동시간의 제약성, 활동인력의 잦은 교체 등으로 인한 단점도 나타나고 있다. 사실상 형식적 활동 혹은 기업홍보 전략으로만 비춰질 우려도 있으며 일각에서는 기업이 제공하는 물질적 지원에만 신경을 쓰기도 한다.

일반 사회공헌활동이 "기업-비영리단체-지역사회"의 연계구조라면 기업의 사원 자원봉사활동은 여기에 "사원"이라는 체계와 욕구가 결합됨으로써 보다 복잡한 양상이 나타난다. 그리고 이것이 바로 자원봉사 관리의 필요성을 낳는 또 하나의 이유가 된다.

기업이 사원들의 자원봉사 프로그램을 운영하는 것의 이득이나 효

과에 대해 사원들의 만족도와 사기진작, 팀 의식의 고취, 사원들의 능력고취(*empowerment*), 전문성 개발, 훌륭한 사원의 모집, 지역사회 네트워크의 증가 등 여러 측면에서 이야기되고 있다. 촛불재단에서는 기업들에 대한 조사결과를 통해 다음과 같이 사원 자원봉사활동의 이득에 대해 이야기하고 있다.

- 53%의 기업이 사원 자원봉사활동은 회사의 영업목적을 수행하는 방법이 된다고 응답하였다.
- 85%의 기업이 사원 자원봉사활동은 지역사회를 보다 건강하게 만들고 있다고 응답하였다.
- 74%의 기업이 사원 자원봉사활동은 회사의 이미지를 고양시키는 방안이 되고 있다고 응답하였다.
- 56%의 기업이 사원 자원봉사활동은 임직원의 사기 진작에 도움이 된다고 응답하였다.

자료: http://www.pointsoflight.org

## 2. 기업 사회공헌과 자원봉사의 현황

### 1) 우리나라의 기업 사회공헌과 자원봉사 현황

우리나라 기업들의 사회공헌활동이 양적 및 질적으로 모두 확장하고 있고, 그 활동범위 및 기부금도 계속 증가해 왔다. 그러나 사회공헌활동을 수행하고 있는 우리나라 기업의 현황을 살펴보면, 사회공헌활동에 대한 이해를 토대로 한 장기적이고 체계적 실행보다는 상황에 따른 일회성 활동에 그치고 있다.

우리사회는 특히 과거의 개발독재적 성장경험 속에서 기업의 발전과정에 대한 국민들의 인식이 우호적이지 못하다. 그리고 기업의 사회적 책임에 대한 압력도 매우 높은 편이다.

이상민(2002)은 미국과 한국기업들에 대해 비교분석하면서 미국기업들은 기업경영에 사회공헌활동을 집중함으로써 효율성을 극대화하고 있는 것으로 분석하였다. 반면 우리나라는 기업의 사회공헌활동이 사회적 압력에 의한 것으로 인식되어 자발성이 부족하며 기업 소유주의 과시적 자선으로 지속성이 부족하고 그 부침이 심한 것으로 분석하고 있다(이상민, 2002).

이와 관련하여 우리사회 기업의 최근 사회공헌 경향을 다음의 5가지로 정리하기도 한다.

① 경영 전략적 접근(판매, 홍보, 인사와 결합)의 보편화
② 소액다수 지원에서 특정 분야에 대한 소수 집중지원으로 전환
③ 단순 지원에서 참여적 파트너십으로 전환
④ 비영리단체와의 전략적 파트너십 강화
⑤ 공익연계마케팅의 중요성 부각

우리나라의 기업들도 다양한 형태의 사회공헌활동을 전개하고 있으며 특히 최근에는 사원들의 자원봉사활동을 조직화하여 지원하는 기업 자원봉사에도 많이 나서고 있다.

1990년대 중반 이후 기업차원에서의 자원봉사활동이 활발하게 나타났다. 삼성의 경우 1994년 사회봉사단을 창설하였고 1995년에는 자원봉사 코디네이터 제도를 도입하였다. 주식회사 우방은 자원봉사활동 조직인 '사랑으로 사는 사람들'이란 모임을 1996년 5월에 창설하였다. 산업은행은 1996년 3월에 기업 내 자원봉사조직으로 '산은가족자원봉사단'을 조직하였다. 국민은행은 1998년 5월 '국민은행 사회봉사단'을 창설하여 매주 급식과 청소 등 활동을 전개하였다(김범수 외, 2004).

아름다운재단에서는 국내 상장기업 555개에 대한 검토와 150여 개 상위기업에 대한 조사를 통해 기업의 사회공헌활동에 대해 평가하였다(아름다운재단, 2004: 13). 조사대상 기업 중 93.2%가 사회공헌활동 프로그램을 가지고 있었다. 그 프로그램의 전체 내용을 양적 비율로 살펴보면 후원사업이 38.8%로 가장 많게 나타났고 다음으로는 15.9%가 행사지원, 그리고 자원봉사활동이 14.5%이었다.

전국경제인연합회의 1% 클럽이 118개 기업과 49개 기업복지재단을 대상으로 실태 조사한 결과에 따르면, 향후 기업의 사회공헌활동의 추진방법으로 현금 및 현물 직접지원의 비중이 줄어들고, 임직원 자원봉사활동의 비중이 높아질 것으로 예측하고 있다(전경련, 2003. 8.)

사회공헌활동을 추진하는 데 장애요인으로는 예산부족이 15.0%로 가장 높게 나타났고 다음으로 인력 및 전문성 부족, 사회공헌업무에 대한 정보부족, 관련법 제도 및 정부지원책 부족이 14.5%로 나타났다. 이를 통하여 기업들이 사회공헌활동에 대한 투자와 인력투입에 소극적임을 알 수 있다. 또한 정보부족으로 인해 활동추진에 어려움이 있으며 관련법과 정부지원책 보완에 대한 보안이 필요함을 알 수

〈그림 11-1〉 사내 봉사활동 지원내용

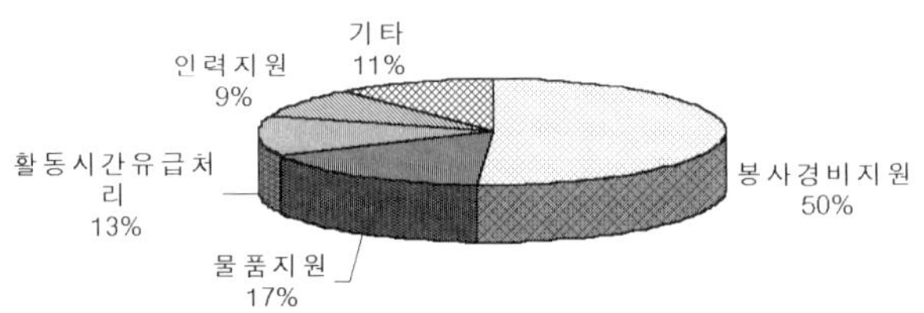


자료: 아름다운재단, 2004, 〈기업의 사회공헌활동 실태조사〉.

있다.

기업 내의 직원 자원봉사활동에 대해 지원하고 있는 경우는 58.5%로 나타났으며 직원 자원봉사활동이 있지만 특별한 지원은 없다는 경우가 14.6% 특별한 직원 자원봉사활동이 없다가 26.8%로 나타났다. 회사의 자원봉사팀의 구성내용은 사내 봉사단이 48%로 가장 높았으며 사업부 단위의 자원봉사가 22%, 사내모임 및 동아리가 10% 등으로 나타났다.

사원 봉사활동에 대한 회사의 지원내용은 봉사활동 경비지원이 52%, 물품지원이 17%, 활동시간 유급처리가 13%, 인력지원이 9%라고 응답하였다. 기타응답 내용으로는 임직원 기금, 매칭기프트 등이 나타났다(아름다운재단, 2004: 16).

국내기업의 사회공헌과 자원봉사활동에서의 문제점으로 자발성 부족(사회적 압력에 따른 활동), 지속성 부족(기업 소유주의 과시적 자선활동), 투자개념의 부족(경영전략과 무관하고 비효율적 경영), 전문성 부족(통합시스템이나 전문성과 네트워크의 부재) 등을 들고 있다(이강현, 2003: 15).

### 2) 외국의 기업 자원봉사 동향

기업 사회공헌과 자원봉사활동이 가장 활발한 나라로는 미국을 들 수 있다. 1970년대 이후 사원 자원봉사활동을 기업들이 제도적으로 뒷받침하는 경향이 두드러지게 나타났다. 이는 주로 근무시간 내 자원봉사활동의 인정, 자원봉사휴가제 도입 등과 관련된다. 1980년대 레이건 행정부 시기에는 기업체 직원들의 자원봉사활동시간을 현금으로 환산하여 세제혜택을 주고 해당 기업에도 세제혜택을 부여하였다. 그 후 기업자원봉사협의회(CVC)의 전국적 조직인 전국기업자원봉사협의회(The National Council on Corporation Volunteering)가 결성되었다(최일섭 외, 1996).

미국의 1990년대 기업 자원봉사의 특징 중 하나는 전문화 경향이다. 예를 들어 IBM은 지역주민들을 대상으로 주민 네트워크를 확산하는 방법으로 기업 자원봉사의 영역을 확대하였고, Time Warner는 문맹퇴치 자원봉사인 '읽을 시간' 프로그램을 전국에 확대하여 직원들과 지역주민이 함께 참여하도록 하였다(최일섭 외, 1996).

미국의 기업 자원봉사에서 특징적으로 나타나는 점 중 하나는 기업자원봉사협의회라고 할 수 있는 CVC(Corporate Volunteer Council)의 활발한 활동이다.

CVC는 종사자나 퇴직자 자원봉사 프로그램을 활발히 실행하고 있거나 적극적 관심을 가진 지역 기업들의 연합체이다. 이는 BVC(Business Volunteer Councils), WVC(Workplace Volunteer Councils), EVC(Employee Volunteer Councils)라고 불리기도 한다. CVC는 1970년대 초반부터 뉴욕에서 사원 자원봉사 프로그램을 운영하는 몇몇의 기업이 비공식적으로 월례모임들을 개최한 데서 비롯되었다. 촛불재단의 설립 이후 보다 활발한 정보교환과 확장이 이루어졌다. 1992년에는 45개 이상의 기업이 뉴욕의 그룹에 합세하였고 현재는 전국적으로 100여 개의 CVC가 있다.

촛불재단에서는 2006년의 조사를 통해 성공적 CVC가 효과적으로 기업자원봉사를 조직한 경험과 관련되어 10가지의 제안을 내놓고 있다(Points of Light, 2006).

① 기업들을 CVC의 멤버로 관여시켜라
② CVC의 리더로 헌신하는 그룹을 구축하라
③ CVC에 인적 자원을 투입하라
④ CVC 프로그램을 질적으로 고양시켜라
⑤ EVP(사원 자원봉사 프로그램) 지식의 리더가 되어라
⑥ CVC 구성원들을 지역사회에 연결하라
⑦ 기업간 동료집단의 연계를 구성하라
⑧ 구성원들에게 이득이 될 수 있는 멤버십을 제공하라
⑨ 구성원들의 피드백을 요청하라
⑩ 해당 자원봉사센터의 성공에 대한 손익에 기여하라

이에서는 CVC가 잘 운영되기 위해서 필요한 현실적 상호 연계의 중요성이 강조되고 있다.

CVC는 사내에서의 자원봉사를 통해 지역사회의 욕구에 대응하고 효과적 활동을 전개하기 위해 기업들이 결합한 지역 네트워크이다. CVC는 보통 공동모금회나 자원봉사센터와 같은 지역의 지역사회 기반 기관이나 조직들과 연계되어 있다.

촛불재단에서는 최근 미국의 기업 자원봉사활동의 7가지 경향으로 다음과 같은 것을 들고 있다(Points of Light, 2006).

① 기술기반의 자원봉사활동: 기업 특유의 기술에 입각한 자원봉사활동을 전개한다.

② 자원봉사활동의 재명명과 재인식: 기존의 자원봉사자나 활동에 대한 선입견을 넘어서는 활동을 전개한다.
③ 재난 대응의 자원봉사활동
④ 다양성에 초점을 둔 자원봉사활동: 기업의 다양성과 광범위성으로 인해 인종적, 문화적 측면 등에서 다양한 활동을 전개한다.
⑤ 근원적 리더십의 자원봉사활동: 기업이 비영리조직의 파트너로서가 아니라 주체적으로 사회문제를 제기하고 대응하는 리더십을 발휘한다.
⑥ 기업경영 연계의 자원봉사활동: 기업경영과 연계되는 활동이 점차 강화되고 있다.
⑦ 면밀하게 측정하는 자원봉사활동: 기업특유의 분명한 효과성 효율성 측정과 평가가 이루어진다.

기업 사회봉사의 확산에 따라 미국과 유럽 등에서는 이들의 활동과 자료에 대한 표준화 작업도 추진하고 있다. Bay Area Corporate Volunteer Council에서는 촛불재단 등 관련 조직들과의 협력을 통해 기업사회봉사 보고에서의 표준화를 위한 Corporate Volunteer Reporting Standards의 버전들을 제시하고 있다.

또한 촛불재단은 AT&T 등 기업들의 후원을 얻어 기업의 사원 자원봉사 프로그램에 대한 시상제도를 만들어 연례적으로 시상 및 평가 행사를 개최하고 있다. 2005년에는 Athena, Cisco System, Federate Department Stores, Georgia Natural Gas, The Home Depot, Washington Trust Company 등이 수상과 함께 효과적 자원봉사 프로그램의 방안에 대해 포럼을 개최하였다. Federated Department Stores의 부사장인 에드워드 골드버그(Edward Goldberg)는 "지금까지 자원봉사 프로그램을 받아들여 실행하는 것은 선택이었지만 이제는 더 이상 선택이 아니다"며 기업사회봉사프로그램의 중요성에 대해 강조하였다.

## 3. 기업 자원봉사의 관리와 활성화

### 1) 기업 자원봉사 관리주체

사원 자원봉사활동 프로그램을 누가 관리할 것인가 하는 점이 기업 자원봉사에서 중요한 관건이 된다.

기업 자원봉사관리자의 역할에 대해서는 일반적 자원봉사관리자의 역할에 준하여 그 업무영역을 설정하곤 한다. 다음이 그 한 예가 될 수 있다(박윤애, 2003a: 71).

① 기업자원봉사의 목적 설정
② 운영조직의 결정
③ 정책의 수립
④ 프로그램 기획과 업무설계
⑤ 자원봉사자 모집 및 홍보
⑥ 자원봉사자 면접 및 배치(업무분장)
⑦ 오리엔테이션 및 업무교육
⑧ 활동관리와 동기부여 및 인정
⑨ 조직간 연계와 협력을 위한 네트워크 만들기
⑩ 평가와 기록유지 활동

자원봉사관리를 위해서는 관리운영을 담당할 구조를 결정해야 한다. 이에 대해서는 대체로 임직원 중에서 담당자를 선발하여 두는 경우, 운영위원회 구조를 채택하는 경우, 외부의 전문가를 고용하는 경우 등으로 구분해 볼 수 있다(박윤애, 2003a: 78~80).

(1) 기업 내 담당자 선발

이는 기존의 임직원 중에서 자원봉사 담당자가 1명 선발되어 관련 업무를 전담하는 형태로 가장 흔한 형태의 운영구조이다. 이때 담당자는 관련 업무내용을 좋아하고 경험이나 지식이 있는 사람으로 선발되어야 한다. 그러나 실제에서 적절한 지식과 준비된 인력을 확보하기 어려운 경우가 많다.

(2) 운영위원회 구조

미국의 경우 운영위원회 중심의 자원봉사 운영조직이 기업 자원봉사활동에서 가장 빠르게 확산되고 많이 이용되고 있다. 정책결정팀이나 운영위원회는 홍보, 충원, 이벤트, 평가, 인정을 계획하거나 실행한다. 자문위원회보다는 더 많은 책임을 가지고 있으며 아래에 하부위원회를 두고 자원봉사활동을 선택한다. 하부위원회는 프로그램별 활동을 조정하기도 한다.

이 형태는 임직원의 주인의식을 보다 고취할 수 있고, 팀워크와 협력작업 고무, 질적 통제 가능성, 활동수준 제고, 아이디어의 형성 등 장점이 있다. 반면 신속한 결정이나 집행, 의견일치를 이루기 어렵다는 약점을 가진다.

(3) 외부 전문가 고용

외부의 자원봉사관련 전문가가 파트타임이나 풀타임으로 고용되어 프로그램을 조정하는 경우로서 흔하지는 않다. 우리나라에서도 일부 기업에서는 풀타임이나 파트타임의 계약직으로 사회복지사를 고용하여 코디네이터나 보조역할을 하도록 하곤 한다.

이 경우 다른 업무에 지장받지 않고 자원봉사 프로그램에 대해서만 집중한다는 점, 외부 전문가의 인맥과 정보를 통해 활동현장과의 접근성이 높아지는 점, 관련 정보와 지식 등 전문성이 높은 점, 회사 내부 사정에 민감하게 영향받지 않는 점 등이 장점이 될 수 있다. 반면, 외부 전문가는 중요한 회사 내의 흐름이나 정보에 민감하지 못하다는 점, 자원봉사활동이 회사의 기본활동 내에 전략적으로 통합되지 못하고 별도의 번외활동으로 흐르기 쉽다는 점 등이 단점이 될 수 있다. 추가적 인건비 부담도 단점이다.

### 2) 기업 자원봉사 관리와 ACT

기업사회봉사의 기본원칙으로 ACT의 원리가 많이 이야기된다.[1] 이는 현재 미국의 가장 대표적 민간자원봉사 기구인 촛불재단이 창설 직후인 1992년부터 지속적으로 강조하고 있는 기업사회봉사 원리이다. 촛불재단에서는 이 기업사회봉사의 기본원리는 계속 유효한 것으로 강조하고 있으며 재단에서 시상하는 우수 기업봉사 프로그램 시상의 기준으로 활용하는 등 기업봉사 관리에서 가장 핵심적 요소로 보고 있다. 단, 최근의 환경에서는 영역간의 파트너십 형성과 구체적 성과 입증에 대해 보다 강조해야 한다는 점을 추가적으로 제시하고 있다(The Points of Light, 2006).

촛불재단에서 강조하고 있는 우수한 기업사회봉사의 원리는 기업 영역에서의 자원봉사 관리에 핵심적 의미를 가지고 있다. 이 우수한 기업사회봉사의 원리를 살펴보면 다음과 같다.

---

1) 이 ACT는 Acknowledgement, Commitment, Target의 머리글자이고 순환성을 가지기 때문에 최근 촛불재단 등의 자료 중에는 이를 CTA의 순서로 기술하고 표현하는 경우도 나타나고 있다.

우수한 기업사회봉사의 원리
(Principles of Excellence for Workplace Volunteering)

1. Acknowledge: 사원의 자원봉사활동이 기업 영업목적을 달성하는 데 기여하는 것임을 인식하라.
2. Commit: 모든 사원이 자원봉사활동에 참여할 수 있도록 사원 자원봉사 프로그램을 설치하고 지지하고 촉진하라. 그리고 기업의 다른 영업활동처럼 자원봉사 프로그램을 관리하라.
3. Target: 자원봉사활동을 지역사회의 심각한 사회적 문제에 초점을 맞추어라.

Acknowledge: 사원의 자원봉사활동이 기업 영업목적을 달성하는 데 기여하는 것임을 인식하라.

자원봉사 프로그램이 기업의 핵심가치에 조응하도록 배치하여 자원봉사 프로그램의 전략적 토대를 구성하여야 한다. 기업의 사회적 비전과 경영비전을 통합하여 이를 명시하고 안팎의 주요 의사결정자들에게 이를 자세히 알리고 의사소통한다.

① 기업에서는 사회와 지역의 이슈가 기업의 미래성공에 직접적 관계가 있다는 것을 인식한다. 이는 미션이나 비전 혹은 가치나 기업의 목적으로 명시한다.
② 사원 자원봉사활동은 기업의 지역사회 참여노력에 핵심적 구성요소이다.
③ 기업은 그 기업의 사회적 비전을 연례보고서나 뉴스레터, 웹사이트 등의 방법을 이용하여 내외부의 주요 의사결정자들에게 지속적으로 의사소통한다.
④ 기업의 고위 관리층은 자원봉사노력의 지도나 지역사회에서의 적극적이고 명시적 역할에 참여한다.
⑤ 사원 자원봉사 프로그램은 기업에 전략적 이득을 가져오고 영업목적에 기여한다.

Commit: 모든 사원이 자원봉사활동에 참여할 수 있도록 사원 자원봉사 프로그램을 설치하고 지지하고 촉진하라. 그리고 기업의 다른 영업활동처럼 자원봉사 프로그램을 관리하라.

성공과 지속을 위해서는 조직적 헌신성을 투입하여야 한다. 사원 자원봉사활동을 개발하고 관리하고 유지하는 데 충분한 자원을 할당한다. 이를 영업계획과 함께 관리한다. 가능한 최적의 사원참여를 위해 정책과 절차, 인센티브를 설정한다. 기업의 독특한 기술을 활용할 프로젝트를 개발한다. 그리고 지역사회의 이슈에 사원을 투입하고 자원봉사 프로그램이 사원, 회사, 지역사회에 미친 영향을 평가한다.

⑥ 사원 자원봉사 프로그램을 목적, 자원, 촉진계획, 인정전략, 평가 등이 포함된 작업계획으로 설계한다.
⑦ 사원 자원봉사 프로그램은 사원의 자발적 참여이고, 기업 경영층과 지역사회 구성원의 투입이다.
⑧ 사원 자원봉사 프로그램은 적절한 참여를 고무하는 정책과 실천들을 통해 지원한다. 정책과 절차는 시간의 할애, 자원봉사 행사, 참여목적, 인정, 기금지원 등의 지속적 개선노력을 포함한다.
⑨ 사원 자원봉사 프로그램은 조직에 긍정적 가치를 가져온다. 긍정적 가치는 팀워크, 사원의 지도력 개발, 가족참여행사, 지역사회관계의 증진, 기업적 영업 관계의 강화 등을 통해 얻어진다.
⑩ 사원 자원봉사 프로그램을 회사와 사원, 지역사회에 가져온 성과를 결정하기 위해 평가한다.

Target: 자원봉사활동을 지역사회의 심각한 사회적 문제에 초점을 맞추어라.

지역사회의 문제에 초점을 맞춘 자원봉사활동은 프로그램과 사원, 지역사회에 명백한 효과가 있다. 어떠한 사회문제에 사원들이 관심을 가지고 있는지 조사한다. 프로그램의 초점을 이들이 심각한 사회문제를 제기하는 데 맞춘다. 비영리 조직과의 정규적 평가를 통해 성과를 분석한다. 동의된 목적에 기초하여 현재의 파트너십을 사정한다.

⑪ 사원 자원봉사 프로그램은 심각한 사회문제의 제기에 초점을 둔다.
⑫ 기업은 지역사회의 비영리단체나 다양한 관련체계와의 사원 자원봉사 프로그램 파트너십을 개발한다. 이를 통해 기업과 지역사회는 사원 자원봉사 프로그램을 지역사회의 주요 자원으로 여길 것이다.
⑬ 사원 자원봉사 프로그램은 비영리 파트너의 능력이나 기술, 자원을 높여준다.

자료 : http://www.pointsoflight.org

〈그림 11-2〉 ACT의 프로그램 평가축

Display Background

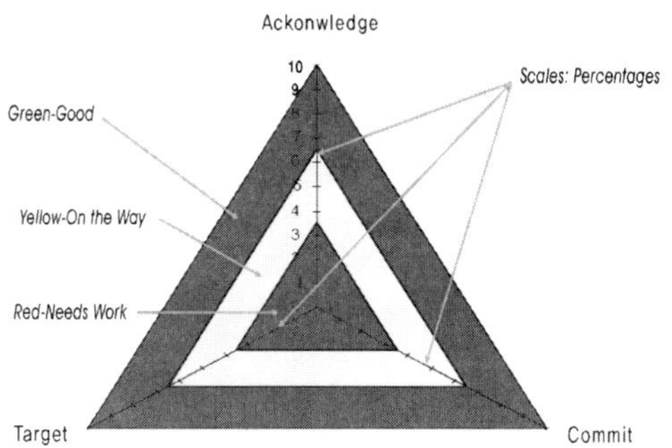


이 ACT의 원리는 〈그림 11-2〉에서 보는 것처럼 개별적 기업의 사원 자원봉사 프로그램의 적절성을 평가하는 기준으로 사용되기도 한다. 그리고 프로그램이 가지는 특징을 손쉽게 비교하여 볼 수 있는 도구가 되기도 한다.

〈그림 11-3〉 실제 프로그램의 ACT 평가

Display Example

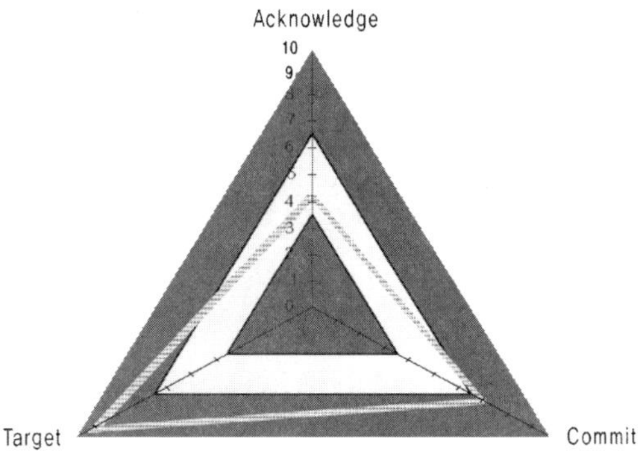

〈그림 11-3〉에 나타난 것은 실제의 사원 자원봉사 프로그램이 Target에서는 90%, Commit에서는 70%, Acknowledge는 40%의 적절성을 가지고 있는 경우를 보여주고 있다.

이처럼 ACT는 기업 자원봉사 프로그램의 사정과 관리를 위한 기본 원리로 꾸준히 활용되고 있다.

### 3) 기업 자원봉사의 주요 정책

기업의 경우 다른 조직체와 비교하여 자원봉사 프로그램과 관련된 주요한 독특한 정책적 결정이 필요한 경우가 많다(박윤애, 2003b: 109~118).

#### (1) 최고 경영자의 지속적 지지

우리나라의 상황에서 가장 먼저 언급될 수 있는 것은 최고경영자의 지속적 지지를 얻어내는 것이다. 최고 경영자는 많은 경우 자원봉사 관리자가 원하는 만큼의 관심을 가질 만큼 한가하지 못하다. 따라서 홍보나 부속실 등 관련 부서와의 협조 하에 지속적 지지를 얻고 이를 기업 내에 충분히 알리는 활동이 중요하다.[2)]

#### (2) 자원봉사 유급휴가제

이는 기업에서 사원들에게 자원봉사활동을 근무시간 중에 할 수 있도록 배려하는 것과 관련된다. 활동시간을 유급휴가로 처리하거나 혹은 근무활동으로 인정하는 것으로 이에는 몇 가지 종류가 있다. 회사 내에서 근무시간 중에 자원봉사활동과 관련된 업무를 볼 수 있도

---

2) 반면 특정한 경우에는 최고경영자의 의지나 지지에 비추어 중간관리자의 부정적 태도가 장애가 되기도 한다. 이때에도 마찬가지로 기업의 자원봉사활동이 기업경영의 본질적 측면임을 충분히 알릴 수 있는 방안을 모색하여야 한다.

록 하는 것, 근무시간 중에 외부의 자원봉사활동에 나갈 수 있도록 하는 것, 자원봉사활동에 참여한 시간을 근무시간으로 인정하여 혜택을 주는 것, 중장기적으로 비영리 단체나 지역사회의 공익 프로젝트에서 일하도록 파견하는 직원 파견 등의 형태가 있을 수 있다.

실행주체가 기업인만큼 자원봉사활동을 근무로 인정하는 정책을 실행하기 위해서는 그 인정의 형태나 범위, 혹은 오남용의 소지가 없도록 하는 분명한 방법이 조작화되어야 하고 사내에서 충분한 합의와 동의가 이루어져야 한다. 특히 이 정책의 관리에는 면밀한 조심성이 요구된다.

### (3) 기부금 및 활동경비 지원

기부금 및 활동경비의 지원은 임직원들의 자원봉사활동에 대한 인정 차원으로 지원되며, 회사의 사회공헌 프로그램의 일환으로서도 활용된다. 이를 Dollars for Doers나 Community Involvement Funds라고도 한다. 이를 운영하는 방식도 여러 가지가 있는데 가장 많은 경우에는 활동에 참여하는 팀에게 활용재량권을 주며 일정 금액 한도 내의 금품을 지원하는 것이다. 직접기부와 매칭기부의 형태구분도 나타난다.

직접기부는 임직원 자신들이 자원봉사활동을 했던 비영리기관이나 프로그램을 기부금을 수령할 곳으로 지목할 수 있도록 하며 회사에서는 기부할 금액을 지불한다. 주로 일정시간 이상의 활동을 한 개인이나 팀에게 신청할

〈그림 11-4〉
기업사회봉사단의 기금마련 바자회

자격이 주어진다.

매칭기부는 임직원들이 자신이 자원봉사하고 있는 기관이나 프로그램에 일정 금액을 기부하거나 지출한다면 회사에서도 이에 대해 역시 일정한 비율의 금액을 보태어 기부 혹은 지출하는 방법이다. 임직원들이 자원봉사활동과 관련된 기금을 조성하는 경우 급여에서 자발적으로 공제하거나 바자회나 이벤트를 열어 수익금을 조성하는 경우가 많다.

역시 금전적 문제와 관련되는 만큼 사용처나 수령자격, 운영방법에 대한 면밀한 고려가 필요하다.

### (4) 인사정책의 반영

회사가 사원의 자원봉사활동을 장려하기 위해 인사정책에 관련사항을 기록하거나 반영하는 것이다. 이는 기업의 적극성을 표명하고 활동이 활성화될 수 있도록 하는 장점이 있으나 반면 강압으로 받아들여질 수 있는 우려도 있다. 최근 이러한 방안을 실행하고 있는 기업들이 늘어나고 있다. 특히 신입사원 채용 등의 경우에 자원봉사활동 경력을 고려하는 경우는 일반화되어 가고 있다.

사내에서 우수 자원봉사자나 팀에 대한 표창이나 인정 행사를 개최하는 것, 자원봉사활동 중의 여러 사안에 대해 보호와 면책을 위한 제도 등을 가지는 것도 자원봉사활동과 관련된 기관의 인사정책 부분이 될 수 있다.

## 4) 기업 자원봉사 활성화의 과제

기업 자원봉사가 가지는 의미나 중요성에 대해서는 논란이 없다. 그만큼 사회적으로 가지는 효과에 대해서는 모두가 인정하는 것이다. 그러나 아직까지 그 현황이 만족스러운 것만은 아니고 그 프로그램의 수준이나 관리에서는 개선의 여지가 많이 남아 있다.

EVP(*Employee Volunteer Program*)에서는 사원 자원봉사활동 프로그램이 효과적으로 이루어지기 위해 다른 기업의 사원 봉사프로그램들의 경험을 공유하는 것을 강조하면서 8개의 단계를 제시하고 있다.

① 사원의 관심사와 지역사회의 욕구에 대해 사정하는 것으로 활동을 시작하라
② 기업의 경영목표와 연계하라
③ 최고 관리층의 지지를 얻어라
④ 기업 주변환경의 다른 조직들과 파트너십을 형성하라
⑤ 재정적 기부활동이나 현물기여와 자원봉사활동을 연계하라
⑥ 프로그램의 성과에 대해 측정하고 효과를 평가하라
⑦ 인정과 보상 프로그램을 설정하라
⑧ 노력과 성과에 대해 내외부에 홍보하라

기업 자원봉사가 활성화되기 위해서는 다음의 몇 가지 측면에 대한 개선과제가 중요한 의미를 가진다.

(1) 경영층의 기업 자원봉사에 대한 인식 개선

현재 우리나라에서는 경영층이 자원봉사 프로그램에 대해 가지고 있는 태도가 프로그램의 실행가능성과 성패에 큰 영향을 미친다. 따라서 경영층이 사원 자원봉사 프로그램이 기업의 경영과 목표를 공유하는 본질적 활동이라는 점을 인식하도록 하는 것이 중요하다. 특히 이를 취약층에 대한 일방적 자선활동으로 인식하지 않게 하는 것이 중요하다.

자원봉사 프로그램에 대해 두 가지의 기업요구가 나타날 수 있다. 첫째는 사원 자원봉사가 기업홍보나 이미지 개선에서 유익한 효과를

낳을 것(간접적 마케팅 기여: 사원 자원봉사의 외형적 구조와 특성에서 독특한 활동)에 대한 요구이다. 둘째는 사원 자원봉사가 직접적 경영 효과 창출(직접적 마케팅 기여: 매출 등에서의 긍정적 기여 외현화)할 것에 대한 요구이다. 이에 대한 현실적이고 적절한 대응이 준비되어야 한다.

### (2) 기업 자원봉사의 책임성 자각

기업 자원봉사활동은 기업의 일원으로서 수행하는 활동이므로 개인이 아닌 소속 기업을 대표한다는 공적 활동으로서의 책임성 인식을 가져야 한다. 이 책임성은 자기만족적 활동이 아니라 보다 효과적이고 활동 대상자의 이득을 먼저 고려할 것을 요구하는 것과 관련된다. 다른 자원봉사활동보다 특히 기업 자원봉사활동은 개인적 활동 이상으로 대상자에게 도움이 되어야 하고 기업을 대표해야 한다는 책임성이 본질이 될 수 있다.

> 기업의 팀에서 활동에 참여하는 자원봉사자가 활동 현장에서 부적절한 태도나 행동을 하게 되는 경우에는 같이 활동하는 팀의 구성원 전체나 혹은 기업의 이미지 전체에 나쁜 영향을 주게 된다. 사려 깊지 않은 형식적 태도, 현장의 규칙을 지키지 않는 자의적 활동, 지나친 동정심 표현이나 무분별한 금품제공 등으로 인해 해당 기업이 자원봉사활동 후에 좋지 않은 이미지를 남기는 경우가 종종 있다. 사회복지시설 등 활동 현장에서 겉으로 표현하지는 않지만 어떤 기업이 좋은 혹은 좋지 않은 활동을 전개하는가에 대한 이미지를 가지고 있으며 또한 이 이미지는 여러 현장에 신속히 퍼져 공유되곤 한다. 결국 기업 자원봉사자도 의식하지 못하는 사이에 자신이 속한 기업의 브랜드 이미지를 만들어 가고 있는 것이다.
>
> 자료: 교보다솜이사회봉사단, 2006.

### (3) 기업의 특징을 반영한 프로그램의 모색

개인이 아니라 기업의 자원봉사활동인 만큼 수동적으로 주어진 활동을 수행하는 것이 아니라 활동내용을 프로젝트화된 프로그램으로 만드는 노력이 필요하다. 즉, 자원봉사활동을 프로젝트화하는 것에 대해서도 적극적으로 고려할 필요가 있다. 이 경우 기업 단독적 프로젝트 수행시 파트너가 될 만한 관련 NGO 등을 물색하는 것이 중요하다. 다른 방안으로는 몇몇 기업이 공동의 프로젝트에 참여하는 것도 가능하다. 네트워킹은 개별 기업이 단독으로 마련하기 어려운 프로그램의 질적 고양을 위해 좋은 방안이 된다.

궁극적으로 '대표 프로젝트'나 '대표 프로그램'의 개발이 중요하다. 기업의 마케팅 포인트, 임직원 특성과 욕구, 지역사회의 문제점과 기업에 바라는 점의 세 가지 측면에 대한 연구와 기획을 통해서 기업의 대표 자원봉사 프로그램을 개발해야 한다. 특히 이는 명확하게 지역사회의 욕구로 표현될 수 있어야 하며 지역의 협동사업으로 수행되는 프로젝트에 참여한다. 협동적 프로젝트에 많은 기업들이 함께 참여함으로써 기업끼리의 연대감을 쌓는 것도 바람직할 것이다(송인주, 2003: 121~122).

### (4) 적절한 관리의 실행

기업 자원봉사는 보통 단위별 부서별 사원의 봉사팀으로 구성되는 경향이 있다. 조애리(2002)는 기업의 봉사팀 리더의 리더십 유형이 자원봉사자의 만족도에 영향을 미치고 있다는 점에 대해 실증적 조사를 통해 분석하였고 설득형 혹은 설득·위임형의 리더십이 상대적으로 높은 만족도를 이끌어내고 있음을 설명하였다.

또한 기업 자원봉사는 근무의 일환으로 주중의 근무시간에 이루어지거나 혹은 주말의 활동으로 이루어진다. 이 경우는 유급으로 보상되거나 그렇지 않은 경우도 있으며 기업 정책에 따라 달라진다. 한편

〈그림 11-5〉 기업 자원봉사관리에서의 욕구체계

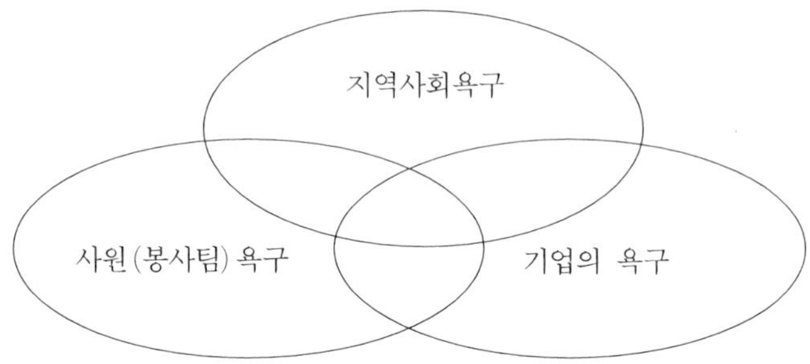


으로 대개의 경우에는 기업이 보유한 물적 지원과 함께 활동이 이루어진다. 반면에 기업이 자원봉사에 대해 가지는 인식이 제한적이어서 사원이나 활동현장에서는 기업의 자원봉사 정책을 부정적으로 여기는 경우도 많다.

이러한 현실을 감안하여 기업의 자원봉사 프로그램을 적절히 기획하고 운영할 관리체계의 역할이 중요하다. 그리고 이 관리자는 봉사팀의 리더, 활동현장, 기업경영층의 욕구 모두에 민감해야 한다.

〈그림 11-5〉에서 보는 바와 같이 기업 자원봉사관리에서의 욕구체계는 일반 자원봉사관리에서 수요와 공급측의 두 원의 공유점에 집중하던 것에 비해 복잡한 양상을 띠게 된다.

기업의 사원 자원봉사관리 분야는 자원봉사관리자의 신규 진출이 많이 예상되는 분야임에 비해 이론적·실천적 준비는 상대적으로 빈약하다. 외국 혹은 국내의 경험에 대한 정보를 활용하고 관련 체계간의 네트워킹을 통한 협력이 중요하다.

# 가족자원봉사 제12장

## 1. 가족자원봉사의 개념과 특성

### 1) 가족자원봉사에 대한 관심의 배경

우리나라의 자원봉사활동과 관련하여 가족 단위 자원봉사활동에 대한 관심이 점점 높아지고 있는 추세이다. 가족자원봉사에 대한 관심은 우리나라의 독특한 교육적 관심과 관련이 있다. 원론적으로 부모가 자녀의 사회적 책임감에 대한 교육 방안으로 가족자원봉사 프로그램을 모색하는 경우도 늘고 있다. 가족이 함께 참여하는 자원봉사활동을 통해 가족간 결속도 다지고 자녀들에게 자신이 누군가에게 필요한 사람이 된다는 책임감도 함양할 수 있다는 것이다.

그러나 다른 한편으로 진학을 위해 필요로 하는 자원봉사활동 이수시간이 규정되고 있어 자녀들이 이를 효과적·효율적으로 이수하도록 부모가 지원하는 방안으로 가족자원봉사에 대한 관심이 나타나기도 한다.

여기에 최근에는 주 5일 근무제의 상황이 더해지면서 부모와 자녀가 함께 자원봉사활동에 참여하고자 하는 양상이 더 부각되고 있다. 가족이 함께 나누는 여가의 일환으로서 활용되는 것이다. 때문에 '볼런테인먼트'라는 신조어가 만들어지기도 했다. 최근 약해져 가는 가족간 유대와 의사소통을 지원하는 여가활용 방안으로서 자원봉사활동을 하는 것이다.

이러한 측면에서 가족자원봉사활동의 논의는 주로 자원봉사활동의 공급자 욕구, 그 중에서도 특히 교육적 효과의 욕구에 기반한 참여유형의 이슈로 볼 수 있다.

다른 한편으로는 기업자원봉사의 참여형태 면에서 가족단위 자원봉사 참여에 대한 논의가 부각되기도 한다. 이는 기업이 사회공헌 프로그램의 하나로 진행되는 사원 자원봉사 프로그램을 사원들이 가족과 함께 참여할 수 있도록 하는 형태이다. 이는 사원들이 가족과 함께 하는 활동을 통해 일반 사원봉사활동보다 높은 만족도를 가져올 수 있고 혹은 자녀들에 대한 교육적 효과(혹은 자녀들이 필요한 봉사 이수시간)를 충족할 수도 있다는 점과도 관련된다. 이 역시 자원봉사활동 공급자의 욕구에 기반한 가족자원봉사활동의 이슈라고 할 수 있다.

> … 회사 차원에서도 가족끼리 자원봉사할 수 있는 장을 마련해 주기도 한다. S화재는 지난해 6월부터 8월까지 매달 서울 맹학교나 교통사고 유자녀 단체 등 결연단체들을 초청해 농촌견학과 타조타기 등 행사를 가졌다. 올해에는 각 지방 사업부까지 결연단체 초청행사를 확대할 계획이다. D제약 직원들은 지난해 여름 장애우들과 회사가족직원들이 함께 등산하는 한 텔레비전 프로그램에 출현했던 것을 계기로 해당 장애인 복지시설을 꾸준히 찾고 있다. (2006. 5. 16 경향신문).

한편으로 가족자원봉사활동은 자원봉사활동 수요처인 기관과 현장에서 다수의 자원봉사자를 안정적으로 확보할 수 있는 좋은 방안이 된다. 가족자원봉사활동은 기본적으로 한 단위의 자원봉사자 모집시 복수의 자원봉사자를 확보하게 된다. 그리고 가족단위 활동 특성이 가지는 독특한 안정성과 책임성 고양의 장점도 있다. 따라서 수요처의 측면에서도 가족자원봉사활동의 활성화는 양적으로나 질적으로 자원봉사자원의 확보에 도움이 되는 긍정적 양상으로 간주되고 있다.

기본적으로 가족자원봉사활동 자체의 유용성이나 긍정성에 대해서는 아무도 이의를 제기하지 않고 있다. 가족자원봉사활동에 대한 긍정적 가치부여는 '가족자원봉사'에 대한 수요자측이나 공급자측에서의 기대에 의한 것이다. 그리고 이 기대는 가족자원봉사가 두 명 이상의 자원봉사자가 함께 와서 일한다는 것 이상의 의미를 가진다는 전제에 기반한다.

가족성원 중 두 명 이상이 자원봉사활동에 함께 참여할 때, 이른바 '가족자원봉사'가 가지고 있을 것이라고 생각되는 독특한 장점은 저절로 나타나는 것이 아니다. 의식적 기획과 관리를 통해 얻어지는 것이다.

가족자원봉사에 대한 사회적 욕구와 관심에도 불구하고 이에 대한 연구나 지침은 우리나라에서는 초보적 상태이다. 자원봉사 전반이 마찬가지이기도 하지만 특히 가족자원봉사 영역에서는 몇 편의 논문 외에는 본격적 연구를 찾아보기 힘든 상황이다. 그나마 청소년 봉사학습과 관련해서는 PAR, 기업자원봉사와 관련해서는 ACT라는 자원봉사관리에서의 특징적 용어가 상식화되는데 가족자원봉사에 대해서는 그렇지도 못한 상황이다.

### 2) 가족자원봉사의 개념

가족자원봉사란 2명 이상의 가족 구성원이 함께 자원봉사활동에 참여하는 것을 말한다. 이 중에서도 부모-자녀나 조부모-자녀 등과

〈그림 12-1〉
부모와 자녀가 함께 참여한 생태 봉사활동

같이 2세대 이상이 동시에 참여했을 때만을 가족자원봉사로 부르기도 한다.

예컨대 형제가 자원봉사활동에 참여했을 때 통상 이것만으로는 가족자원봉사라고 부르기 어렵다는 것이다.

그렇지만 최근 가족형태의 다양성에 대한 인식이 높아지면서 특정한 가족 형태만을 가족자원봉사라고 한정하기보다는 참여자들이 가지고 있는 '가족이라는 공동체 의식'을 보다 중요한 정체성의 요소로 이야기하기도 한다.

즉, 스스로 같은 가족이라고 생각하고 있는 두 명 이상으로 구성된 그룹의 자원봉사활동 참여인 것이다. 그 구체적 형태는 가족 전체일 수도 있고 부모 중 한 명과 그 자녀, 형제자매, 또는 조부모, 삼촌, 고모, 사촌형제자매까지 포함할 수 있는 다양한 것이다. 물론 전형적 형태는 부모(양자 혹은 한 명)와 자녀(전부 혹은 일부)의 참여이겠지만 중요한 것은 가족자원봉사에 참여하는 '가족'의 구성요소를 참여자들 스스로 정의해야 한다는 것이다.

가족자원봉사는 몇 가지 유형으로 분류될 수 있다. 그중 가장 대표적인 것은 참여하는 가족구성원의 유형을 기준으로 한 분류이다. 촛불재단에서는 다음과 같이 가족자원봉사활동의 참여형태를 구별하고 있다(Points of Light, 2006).

- 부모와 자녀로 이루어진 핵가족

- 삼촌, 고모, 사촌형제자매를 포함한 확장된 가족
- 성인과 그의 부모
- 부부
- 아이들과 보호자인 성인
- 수양가족
- 보호자가 아닌 별거하는 부모와 자녀
- 한부모와 자녀
- 성인 형제자매
- 조부모와 손녀
- 혈연관계는 아니지만 함께 살고 있는 사람들
- 가족 안에서 여러 명의 자녀들

또한 가족자원봉사활동은 그 활동내용을 기준으로 분류할 수도 있다. 실제로 가족자원봉사활동에 대한 미국의 추진체계인 Familycares나 Volunteerfamily에서는 활동영역을 기준으로 가족자원봉사활동을 분류하기도 하였다. 그러나 이러한 분류의 경우에는 가족자원봉사와 그 밖의 자원봉사활동이 잘 구별되지 못하는 단점이 있다.

### 3) 가족자원봉사의 의의와 효과

가족자원봉사활동에 대한 사회적 수요가 많이 나타나는 것은 그 효과에 대한 기대 때문이다. 일반적으로 자원봉사활동 자체가 가지는 의미와 효과성은 자원봉사활동의 공급처와 수요처 양 측면에서 여러 가지로 논의되고 있다. 특히 자원봉사활동 참여자에게 나타나는 심리사회적 혹은 교육적 효과는 여러 경험적 연구를 통해 입증되고 있다. 그러나 아직까지 가족자원봉사활동이 다른 형태의 자원봉사활동에 비해 독특하게 가지는 효과에 대해서 입증해주는 실증연구가 많은 편은 아니다.

하지만 국내외의 문헌들에서 가족자원봉사활동의 긍정적 효과에 대해서는 여러 가지 언급이 나타나고 있다. 그 대표적 양상은 참여하는 가족의 측면에 대해 초점을 두고 있는 것이다. 이 경우의 대략적 양상은 두 가지로 나타난다.

첫째는 가족이 함께 자원봉사활동에 참여함으로 인해 나타나는 가족구성원에 대한 교육적 효과(특히 자녀에 대한 교육적 효과)에 대한 지적이다. 스페이드(Spaid)는 "때때로 조부모 또는 부모나 다른 어른들과 함께 자원봉사를 하는 것은 자녀들의 인생에서 매우 중요한 경험이 될 것이다. 조부모는 경험이나 지혜, 가족의 역사에서 공유할 만한 많은 것을 가지고 있기 때문이다"라고 하며 그 교육적 효과를 강조한 바 있다.

> 가족자원봉사는 자녀들에게 친절과 열정, 관용, 지역사회구성원으로서의 책임감과 올바른 시민의식을 가르칠 수 있는 실천적 방법이다. 가족이 함께 자원봉사를 할 때, 가족구성원은 그들의 재능을 사용할 수 있고 새로운 기술을 익히고 그들의 공헌에 대해 소중함을 느끼게 된다(Familycares, 2006).

다른 하나는 가족자원봉사활동을 통해 가족체계가 보다 건강하게 기능할 수 있게 되고 공동체적 활동경험을 늘리는 기회가 된다는 점에 대한 것이다.

> 또한 가족은 지원봉사활동을 통해 ① 의사소통과 유대가 더욱 강해지고, ② 역할모델을 할 수 있으며, ③ 지역사회와 자원봉사활동에 대한 책임감이 증가되고 ④ 공유할 수 있는 추억이 생기고 ⑤ 질 높은 가족시간을 가지게 된다(Familycares, 2006).

가족자원봉사를 통해 얻어지는 이득을 다음과 같이 관련되는 각 단위체계별로 나누어 살펴본 논의도 있다(Volunteerfamily, 2006)

- 자녀: 타인에 대한 배려심(*compassion*)과 타인을 이해하는 마음을 개발할 수 있다. 또한 자녀들을 자원봉사활동에 대한 제반 의사결정 과정에 참여시킴으로써, 스스로 존중받고 있다고 느끼게 할 뿐 아니라, 실제 봉사활동으로 새로운 기술을 획득할 수도 있다. 자녀들은 물질주의에 반하는 이념(*anti-materialism*)에 대해서도 이해하게 되고, 자신의 가족구성원에게 고마움을 느끼게 된다. 또한 자원봉사활동 현장에서 그들의 부모가 타인을 대하는 모습을 보고 모델을 삼을 수 있으며, 활동을 통해 그들 고유의 재능을 개발하고, 다른 사람을 돕는 것을 적응해감으로써 그들의 남은 생애에 남게 한다.
- 부모: 긍정적 환경에서, 자녀들과 함께 더 많은 시간을 보내고, 중요한 가치를 전하고, 의미 있는 대화를 함께 하면서 동시에 다른 사람을 도울 수 있다.
- 비영리기관: 비영리기관은 종종 인원부족과 업무과중으로 추가인력이 필요하다. 가족자원봉사는 비영리기관의 지역사회 아웃리치를 더 확장시키도록 도와줄 수 있다. 가족들이 자원봉사자로 포함된 사회서비스 기관의 97%는 실제로 이것이 매우 효과적이라는 것을 알았다. 그들(가족)의 관심사에 기초하여, 가족자원봉사자는 홈리스, 병자, 장애인, 노인, 아이들, 동물, 환경 등을 포함한 여러 종류의 비영리기관에 도움을 주길 원할 것이다.
- 사회: 가족자원봉사를 통한 사회의 이익은 자연스럽게 자원봉사자가 증가한다는 것이다. 관련연구들은 자원봉사자인 아이들이 성인이 되어서도 계속 자원봉사를 할 가능성이 높고 그들의 자녀들에게도 이러한 풍습을 전해준다는 것을 보여준다.

위에서 '비영리기관'의 이득이라는 말로 어느 정도 표현되었던 것처럼 가족자원봉사의 활용은 그 수요처인 조직체(*organization*)에도 다음과 같은 이득을 줄 수 있다(Volunteerfamily, 2006).

- 지역사회 아웃리치 범위가 넓어진다.
- 자원봉사인구를 다양화시키고 확장시켜준다.
- 서비스 효과를 강화시킨다.
- 미래세대의 자원봉사자와 서포터를 길러준다.
- 클라이언트에게 역할모델을 제공한다.
- 지역사회의 이미지와 관계를 증진시켜준다.
- 새로운 시각으로 욕구를 발견하고 문제를 해결할 방법을 찾을 수 있다.

최근 가족자원봉사와 관련하여 기업의 관심이 높아지고 있다. 사원의 자원봉사 프로그램을 운영하는 기업체에도 가족자원봉사 프로그램은 다음과 같은 특별한 이득을 주는 것으로 지적되고 있다(Points of Light, 2006).

- 가족자원봉사는 직원들의 사기를 증진시키고 일터에서 긍정적 태도를 가지게 한다.
- 직장 내, 직원들간의 갈등을 허물어주고 팀워크를 강화시키며 책임감을 가지고 헌신하게 한다.
- 직장 내 가족자원봉사는 직원들로 하여금 나눔과 돌봄의 중요성을 더해주고, 지역사회에 대한 자각을 생기게 한다.
- 가족자원봉사는 좋은 기회를 배우게 하고, 자녀들에게 긍정적 역할모델을 보여줌으로써 가족에게 질적 시간을 더해준다.
- 가족자원봉사는 그 조직의 기술이 향상된 만큼, 지역의 리더십, 문제해결, 대중적 연설이나 공공발표의 면에서도 기술발전의 기회를 제공한다.
- 지역사회 내에서 기업의 이미지에 긍정적 영향을 주며, 기업과 직원에게 그들이 일하고 있는 지역사회의 의무, 책임을 지니게 한다.

실제로, 촛불재단의 조사결과 가족자원봉사를 장려하는 기업의 경우, 전체의 70%가 공공기관과 지역사회와의 관계가 증진되었다고 답하였으며, 57%는 직원들의 책임감이 높아졌으며, 15%는 직원들이 더욱 생산적으로 되었으며, 12%는 가족에 대한 책임부담을 덜 수 있었다고 응답했다.

하지만 엄밀히 말해 가족자원봉사활동의 효과를 입증하려면 "다른 일반적 형태의 자원봉사참여에 비해 가족단위 자원봉사 참여가 가지는 비교우위"의 측면을 실증적으로 보여주어야 한다. 아직 이러한 경험적 자료의 축적은 미진한 상태이다.

드물기는 하지만 유사한 시도로 우리나라의 경험적 연구에서 가족자원봉사활동에 참여하는 경우 일반 자원봉사활동에 비해 자원봉사활동의 지속기간이 길었으며, 가족자원봉사활동에 참여한 청소년이 일반자원봉사활동에 참여한 청소년보다 자아존중감, 이타성과 사회적 책임성이 높게 나타난 실증적 결과를 보여주기도 한다(이명희, 2004).

## 2. 가족자원봉사 프로그램의 현황

### 1) 국내의 가족자원봉사 프로그램 현황

국내의 가족자원봉사 프로그램은 최근 들어 급격하게 증가하고 있다. 아직까지 가족자원봉사 프로그램에 대한 공식적 수량적 집계나 범주적 기준 등은 확립된 바 없어 수량적 통계를 파악하기는 어렵다. 하지만 대략적 양상은 언론매체를 통해 확인해볼 수 있다.

최근 각종 언론매체에 등장한 우리사회의 가족자원봉사 프로그램을 살펴보면 주요한 것들만으로도 〈표 12-1〉과 같은 내용을 찾아볼 수 있다.

이러한 내용들을 살펴보면 가족자원봉사 프로그램이 양적으로 늘어나고 다양화하고 있는 것은 고무적인 사실이다. 그러나 그 실제운영의 내용을 보면 '자원봉사자원을 확보하기 위한 아이템'으로 채택하는 곳이 많아 양적으로 늘어나고는 있지만 아직 '가족' 자원봉사로서의 독특성을 증가시키기 위한 관리에는 이르지 못하고 있는 것으로 보인다.

〈표 12-1〉 인터넷 언론매체에 소개된 주요 가족자원봉사 프로그램

| 구 분 | 특 징 |
|---|---|
| 꾸꾸르 가족봉사단<br>(신림복지관) | 주말마다 가족관계를 맺은 몸이 불편한 어르신 방문봉사 ― 12가정, 총 35명 활동 |
| 강남구자원봉사센터<br>가족자원봉사단 | 장애인 아동과 결연 |
| 강남복지관 가족봉사단 | 독거어르신과 함께 주말농장 가꾸기 |
| 홀트가족자원봉사단<br>(대구홀트종합복지관) | 발족 10주년 ― 조리봉사, 농촌봉사활동,<br>장애인생활시설봉사, 반짝장터 등 |

| 구분 | 특징 |
|---|---|
| 서귀포자원봉사센터<br>가족자원봉사단 | 2006년 2월 발대식 — 28가족 107명 참여<br>독거노인, 장애인과의 나들이, 가정방문봉사,<br>복지시설 방문, 아름다운 지역 가꾸기 등의 활동 |
| 영덕군자원봉사센터<br>가족자원봉사단 | 2004년 결성, 무의탁노인 밑반찬사업, 장애인과의 동행 , 농촌일손 돕기 등 지속적 봉사활동 전개 |
| 동해시자원봉사센터<br>가족봉사단 | 주말 봉사활동 |
| 정선군자원봉사센터<br>가족봉사단 | 지역복지, 재가복지, 환경보전, 문화체험 등 |
| 파람이가족봉사단<br>(파주자원봉사센터) | 한 가족과 장애인 1명이 결연하여 지속적 만남 가짐<br>— 현재 22가족이 31명의 장애인들과 결연 맺고 있음 |
| 경상북도 자원봉사센터<br>가족자원봉사단 | 도청직원 및 가족으로 구성된 경상북도 가족봉사단 |
| Co-Family 가족봉사단<br>(본오종합사회복지관<br>/안산건강가정지원센터) | 월 1회 장애아동을 위탁보호하고 활동에 참여하는 비장애 자녀를 둔 가족봉사단 |
| 북구가족자원봉사단<br>(울산북구자원봉사센터) | 2006년 6월 발족, 환경정화활동, 복지시설방문<br>봉사, 자원봉사 홍보캠페인 등 |
| 누키봉사대<br>(한국수력원자력<br>월성원자력본부) | 직원 7명의 가족 28명으로 구성, 장애아동과 하나 되기, 내고장 문화재 지키기, 복지시설 어르신 요리봉사 등 월 1회 자원봉사활동 |
| 한강시민공원<br>가족봉사활동 프로그램 | 시설점검, 공원안내, 노약자 · 장애인나들이지원<br>화초가꾸기 등(2005년 8월 시작) |
| 강원도 자원봉사센터 | 주 5일제 시행에 따른 가족단위 여가시간활용기회 제공을 목적으로 시군자원봉사센터단위의 가족봉사단을 설립, 운영 후 개별가족 단위로 평가하여 시상하는 2006가족자원봉사단 프로그램을 주관 |
| 경상북도 자원봉사센터 | "문화사랑 가족자원봉사 물결운동"은 본격적 주 5일제 근무제 시행에 따라 늘어난 여가시간을 생산적이고 창의적으로 유도하기 위한 가족단위 봉사프로그램으로서, 참여하는 자원봉사자에 대해 상해보험가입과 봉사활동 인증서, 실적에 따른 표창 등 제공 |

### 2) 외국의 가족자원봉사 프로그램 사례

외국에서도 가족자원봉사에 대한 집중적 관심은 1990년대 이후의 비교적 최근의 일이지만 우리나라보다는 조금 더 다양하고 체계적 모습을 나타내고 있다.

#### (1) Family Matters

가족자원봉사 프로그램과 관련하여 가장 대표적으로 소개되는 것은 Family Matters이다. 촛불재단의 Family Matters는 국가적 프로그램으로서 가족자원봉사를 통해 가족기능과 건강성을 강화하고 지역사회의 심각한 사회문제를 해결하는 데 이바지하고자 고안되었다.

1991년 촛불재단과 Kellogg재단에서 가족단위 자원봉사활동에 관한 조사를 시작했다. 이 조사는 비영리기관에서 자원봉사자로서 가족들을 활용하고 있는지 알아보기 위한 것이었다. 그 결과는 자원봉사관리의 측면에서 큰 의미를 지닌 것이었다. 가족들은 여러 다양한 방법으로 자원봉사를 하고 있는 반면 그들이 가족단위로 적절하게 관리되고 있지는 않다는 것이었다. 이러한 조사의 결과로부터 촛불재단과 Kellogg재단은 지역사회의 가족자원봉사를 증가시키고 강화하기 위한 방법으로서 모델을 개발하는 Family Matters의 협력 체계를 구축하게 되었다.

Family Matters 프로그램의 목표는 가족자원봉사자의 수, 가족이 자원봉사할 수 있는 기회, 가족자원봉사활동 공동체들을 증가시키고 지지함으로써 가족자원봉사활동의 규범들을 창출해 가는 것이다. Family Matters는 다양한 유형의 가족을 통해 자원봉사를 장려한다. 한편 Family Matters의 관심은 자원봉사에 참여하는 가족의 수를 늘리는 것에만 국한되지 않고 비영리기관, 교육기관, 종교단체, 그리고 기업이 함께 지역사회 욕구에 대응하는 방법을 발견하는 것에 이르고 있다(Points of Light, 2006).

Family Matters는 다음의 세 가지 프로그램 요소에 기초한다.

첫째, Family Matters 프로그램을 통해 개발된 자료와 지식을 이용하여 가족이 자원봉사에 참여할 수 있는 모집방법이나 혁신적 참여방안 등을 모색한다.

둘째, 국가적 비영리기관과 회사나 조직 등과의 파트너십을 통해 가족자원봉사를 증진하고 관련 자원을 동원한다.

셋째, 가족자원봉사에 대한 자각을 증진하고 여러 의사소통 통로를 통해 이를 확산시킨다.

Family Matters는 함께 자원봉사활동을 하는 가족들이 지역사회의 문제에 대응하는 것뿐만 아니라, 그들 스스로를 강화시킨다는 전제에 기초해 있다. Family Matters는 ① 긍정적 가치를 알려주고, 의사소통할 수 있는 새로운 기회를 주고, 협력의 중요성에 초점을 맞춤으로써 가족을 강화시켜주며, ② 사람들의 참여를 독려하고 지역사회 전체의 환경을 개선함으로써 지역사회를 강화하고, ③ 직원들의 사기를 높여주고 가족과 지역사회의 관계에 대해 더 이해하게 됨으로써 지역사회의 산업(*business*)을 강화시키며, ④ 사회적 욕구의 중요성에 대해 지역사회의 자각을 높이고 자원봉사자의 기초를 확장시킴으로써 비영리기관들을 강화시킨다(Points of Light, 2006)

1990년대 이후 Family Matters는 주도적으로 지역사회의 공동체들은 비영리기관과 기업들, 지역사회사업장들과 함께 국가적 차원의 전통으로 가족자원봉사를 만들기 위해 노력하기 시작했다. 심각한 사회문제에 생산적이고 혁신적 방법으로 대응하기 위해 지역에서 비영리기관과 함께 자원봉사할 중요한 기회를 가족에게 제공하는 것이 중요하다고 보았다. 게다가 가족자원봉사는 지역사회 이슈들을 자각하고 자연스럽게 자원봉사활동가들을 증가시킴으로써 비영리기관에 이익을 가져다준다. 또한 가족자원봉사는 평생자원봉사자가 될 수 있고 다음 세대에 자원봉사의 유산을 남겨준다는 면에서도 탁월한 것으로 볼 수 있다.

(2) TVF (*The Volunteer Family*)

지역의 많은 비영리기관은 인력부족으로 자원봉사자의 도움이 필요하다. 하지만 많은 기관들이 아이들에게 적합한 자원봉사활동을 공급하지 못하고 있다. 때문에 가족들은 그들에게 알맞은 자원봉사활동기관을 찾기 힘든 실정이다. 미국의 TVF는 이렇게 부모와 그들의 자녀가 함께 자원봉사를 할 수 있는 장소를 찾는 것을 도와주기 위하여 설립된 비영리기관이다.

TVF의 사명은 가족들이 지역사회에 공헌하고 지역사회 욕구를 위해 도움을 주는 것을 보다 쉽게 만드는 것이다. TVF가 시작된 이래, 보스턴지역의 100개 이상의 비영리기관들과 함께 연계해 어린 자녀들에게 알맞은 자원봉사활동을 개발해 가족들에게 제공해왔다. 또한 TVF는 고등학교, 교회, 스카우트 등의 조직과도 연계해 가족자원봉사 기회를 제공한다. 가족들은 집이 없는 아이들(*homeless children*)을 위해 옷가지들을 분류하거나, 지역농장에서 일손을 돕거나, 독거노인을 위해 식사를 배달하고, 지역의 해변을 청소하거나, National Family Volunteer Day행사에 참여하는 등의 활동을

**THE VOLUNTEER FAMILY CONNECTION**

Founded by Heather Jack, Framingham, Massachusetts

Selina and her 11-year-old son, Sam, were enjoying a Saturday afternoon visit to Harvard Square in Cambridge, MA, when they passed a homeless person. Sam was saddened and disturbed, but more importantly he wanted to do more than share his spare change. Selina called The Volunteer Family.

Heather Jack founded The Volunteer Family (TVF) just over a year ago. She wanted to get back into volunteering and began looking for projects that she could do with her young daughter. The research alone was a time-consuming and difficult task. She found that many nonprofits are understaffed and in need of volunteers, but many have not developed opportunities that are suitable for children. It was then that she realized that many families find it difficult to find organizations that will accept them. She established a nonprofit organization, The Volunteer Family, which would assist parents and their children as they look for places to volunteer together.

Families clean up the banks of the Charles River in Boston.

The mission of TVF is to make it easy for families to contribute to the community and to help those in need. Since its inception, TVF has worked with over 100 non-profits in the greater Boston area to develop child friendly volunteer opportunities. TVF then connects families with these organizations for fun and rewarding volunteer experiences, both one-time events and ongoing opportunities. TVF has connected with high school students and their families, church groups and Scout groups. Families have sorted clothes for homeless children, gleaned produce at a community farm, delivered meals to the elderly and cleaned up an area beach. On National Family Volunteer Day they will join Cradles to Crayons, a Boston organization that serves homeless families, to sort games, clothes and winter coats.

It was a family affair at the Scimley-Blue Ridge Library in Missouri City, Texas where the Girl Scout Troop 3307 Kids Care Club volunteered to teach others how to eat healthy snacks.

Heather says, "Parents, schools, and all kinds of groups have contacted us and love our service. They find it easy to contribute to their community while teaching their children about giving back to those in need. The Volunteer Family's outreach has exceeded my greatest hopes. The results really are incredible."

For more information on The Volunteer Family visit www.thevolunteerfamily.org or call 508-405-2220. TVF is currently only in Massachusetts, but they hope to partner with Volunteer Centers and expand into other states. To find a local Volunteer Center go to www.1800-Volunteer.org.

YOUNG HEROES

〈그림 12-2〉 TVF의 활동홍보자료

한다.

(3) National Family Volunteer Day

National Family Volunteer Day는 가족이 함께 자원봉사활동을 하는 것이 얼마나 도움이 되는지를 전시, 홍보하고 지역사회서비스에 소개하기 위해 계획되어 활용되는 이벤트이다. 또한 아직 자원봉사에 대한 의무를 깨닫지 못한 사람들에게 가족자원봉사를 시작할 수 있도록 격려해 주기도 한다. National Family Volunteer Day는 전략적으로 추수감사절 직전의 토요일로 설정하고 있다.

2005년의 경우 11월 19일 토요일이 National Family Volunteer Day였는데 이 날은 온나라의 가족들이 밖으로 나와서 그들의 지역사회에서 자원봉사활동을 하도록 장려하는 캠페인이 진행되었고 이 날 참여하였던 가족들은 모두 함께 다양한 이벤트와 활동에 참여하였다.

〈그림 12-3〉
촛불재단의 가족자원봉사의날 지침서

비교적 가족자원봉사 프로그램이나 흐름이 잘 소개되는 미국의 경우에도 가족단위의 자원봉사활동은 상대적으로 최근에 부각되는 이슈라는 것은 우리와 유사하다. 하지만 가족자원봉사의 독특성에 대해 '규범적' 이상의 구체적 수준으로 접근하는 양상을 나타낸다는 점을 볼 수 있다. 이는 The Volunteer Family나 Family Cares 등에서 가족자원봉사활동의 유형과 그 방법 등에 대해 제시하고 있는 구체적 자료를 통해서도 볼 수 있다.

활동영역을 기준으로 Family Cares에서는 가족자원봉사활동의 종류를 다음과 같이 분류하고 있으며 각각의 영역 내에서 세부적 활동 지침을 안내하고 있다(Family Cares, 2006).

- 기부금품모집(*caring collection*)
- 노숙인 돕기(*helping the homeless*)
- 환자돕기(*helping the sick*)
- 노인돕기(*helping the elderly*)
- 휴일특별행사(*holiday specific project*)
- 다양한 행사(*miscellaneous projects*)
- 국제활동(*international*)

이와 유사하게 The Volunteer Family에서도 활동영역을 기준으로 하여 가족자원봉사활동의 종류를 다음과 같이 분류하고 있다(The Volunteer Family, 2006).

- 노숙인과 굶주린 사람 돕기(*help the homeless/hungry*)
- 아동지원(*assist children*)
- 노인과 교류(*Befriend the Elderly*)
- 환자 및 장애인 돌봄(*Care for the Sick/Disabled*)
- 환경활동(*Respond to the Environment*)
- 동물보호(*Take Care of the Animals*)
- 예술활동(*Support the Arts*)
- 국제활동(*International Ideas*)
- 가정내활동(*Projects to do at Home*)

▪ 가족봉사기회표(*Calendar of Family Volunteering Opportunities*)

## 3. 가족자원봉사의 쟁점

### 1) 가족체계와 자원봉사의 논의

가족자원봉사활동은 '가족'체계 혹은 가족 구성원에 독특한 긍정적 효과를 가질 것이라는 점에 가장 초점화된 기대가 있다. 따라서 가족자원봉사에 관한 연구(이금룡, 2002; 이경은, 2003 등)에서도 가족체계의 건강성 등에 대한 언급이 많이 나타난다.

가족자원봉사와 관련하여 가족건강성의 개념 구성요소로 이론적으로 지적되는 부분은 다음과 같다(이경은, 2003).

① 가족의 결속력
② 가족원간의 의사소통
③ 가족의 문제해결능력
④ 가족원간의 가치체계 공유
⑤ 가족구성원의 역할 유연성

또한 이금룡의 연구(2002)에서는 가족체계의 특성 범주 중 하나인 개방성과 폐쇄성을 언급하면서 가족체계의 적절한 개방성과 의사소통을 활성화하는 방향으로 가족자원봉사활동이 기획되어야 함을 강조하고 있다.

즉, 가족자원봉사는 가족체계 건강성에 기여하는 쪽으로 기획되고 활용되어야 최대한의 효과를 볼 수 있다는 것이다. 이는 활동에 참여하는 가족 '구성원'의 욕구를 충족한다는 것과 조금은 다른 각도에서 가족체계 전체에 대한 관점을 지향하는 것이다. 물론 가족구성원의 욕구(예를 들어 '자녀'에 대한 교육 프로그램으로서의 충실한 기능)에 대한 고려도 동시에 이루어져야겠지만, 전체 가족체계에 대한 효과증진의 모색이 필요하다는 지적이다.

현재 많은 경우의 가족자원봉사는 '체계로서의 가족'과 자원봉사의 목적의식적 결합이 아니라 한 가족에서 복수의 사람이 동일한 자원봉사활동에 동시에 참여하게 되는 우연성에 기초하고 있다는 현실을 감안해야 한다. 즉, 가족자원봉사에 대한 자각과 체계적 관리 이전에 가족은 자원봉사에 이미 참여해 온 것이 현실이다. 이 때문에 현재 가족성원들이 참여하고 있는 자원봉사는 아직 가족자원봉사 프로그램으로서의 속성을 갖추고 있지 못한 것으로 이야기되기도 한다. 가족체계의 건강성을 지원하는 관리 요소가 필수적 이유이다.

### 2) 가족자원봉사활동의 대상 쟁점

가족자원봉사의 효과에 대한 논의에서는 가족자원봉사활동은 일반 자원봉사활동에 비해 서비스공급자(자원봉사자인 "가족" 또는 가족참여를 제공하는 기업이나 학교 등 조직체)에 초점이 맞추어져 있다. 국·내외 논문 등 관련 자료에서도 봉사활동을 통해 "가족"이 얻는 것이 무엇인지에 대한 언급이 주를 이룬다. 이는 수요자 측면에서는 자원봉사자원의 확충, 지역사회와의 소통 증대 등 일반 자원봉사활동과의 차별성이 크게 부각되지 않기 때문이다.

가족자원봉사활동의 초점을 서비스대상자에게 전환시킨다면, 대상자 입장에서 개인 또는 개인으로 구성된 자원봉사팀이 오는 것보다, "가족"이 올 때 더 좋은 점은 무엇일까? 어떤 대상자에게 가족자원봉사가 찾아가는 것이 바람직한가? 가족이 자원봉사를 하러 갔을 때, 오히려 악영향을 주는 경우는 없을까? 등의 질문에 대해 생각해 볼 필요가 있다.

국내에서 가족자원봉사의 활동내용을 살펴보면, 환경 가꾸기, 농촌일손 돕기, 사회복지시설방문(청소, 일손 돕기 등), 각종 행사기획 등이 많으며, 대상자와 대면하는 활동은 일반 자원봉사활동에 비해 그 종류가 제한적으로 나타난다. 대개 독거노인과 장애아동 결연 정도만 언급된다. 대면적 활동에서 가족자원봉사활동은 대상자에게 미칠 수 있는 특정한 요소에 대한 우려가 있을 수 있다. 예를 들어, 시설의 일반아동이 자원봉사 대상자가 될 경우 비슷한 연령의 자녀가 있는 한 가족과 만나는 것은 시설에서 생활하는 아동에게 부정적 영향을 미칠 수도 있다는 것이다.

결국 가족자원봉사가 대상자에게 가지는 효과가 일반 자원봉사와 다른 독특한 점이 있는가? 이에 대해서는 쉽게 단언하기 어려우며 한편으로는 부정적 영향에 대한 유의점도 있다. 실제로 가족자원봉사활동 중에 가족의 미해결된 과제나 갈등이 표면화되는 부작용이 발생하기도 한다.

가족자원봉사가 봉사자와 대상자 모두에게 보다 큰 효과를 가지기 위해서는 적절한 활동영역의 선정과 과정상에서의 관리요소가 강조되어야 한다. 그렇지 못할 경우 지금까지처럼 복수의 자원봉사자가 함께 일한다는 것 그리고 부모가 자녀에 대한 교육을 위해 함께 일하려한다는 우연적 참여방식을 벗어나기 어려울 것이다.

## 4. 가족자원봉사 프로그램의 활성화와 관리

### 1) 효과적 가족자원봉사를 위한 관리

가족자원봉사 프로그램은 현실적으로 운영에서 어려운 점도 여러 가지가 있다. 복수의 참여자가 동시에 활동하기 때문에 가장 대표적

장애물로는 가족 구성원들의 스케줄을 조정하여 함께 참여할 수 있도록 관리하는 것이 있다. 이는 미국의 Family Matters 경험과 평가에서도 지속적으로 제기된 것이다. 또한 성인의 자원봉사활동과 미성년자의 활동이 자주 결합되어야 한다는 점, 많은 프로그램들이 가족 자체보다는 개인 자원봉사자의 수 증가에 더 노력을 기울인다는 점, 그리고 다양한 나이의 사람들에게 모두 적절한 프로젝트를 찾아야 한다는 점 등도 마찬가지의 어려움에 해당한다.

이와 아울러 가족 자체가 다양하다는 점과 관련된 이슈도 있다. 다양한 형태의 가족이 있으므로 가족자원봉사에 참여하는 형태도 다양해지며 이는 '가족자원봉사'라고 부를 수 있는 전형성이 모호해지는 결과를 낳을 수 있다. 즉, 활성화와 관리 방안을 모색함에 있어 어떤 참여에 초점을 둘 것인가 하는 점이다.

가장 전형적 참여형태는 학령기 아동이나 청소년 자녀와 부모세대가 함께 참여하는 자원봉사활동이라고 볼 수 있다. 학령기 자녀를 둔 가족의 자원봉사활동을 활성화하기 위해서는 '지원체계'나 '추진체계'의 다소 거시적이고 정책적 활동과 '관리체계'의 구체적 관리활동이 모두 필요하다. 그렇지 못할 경우 부모가 자신의 자녀를 돌보느라 정작 자원봉사활동에서 주어진 임무에 소홀하게 되는 등의 부작용이 발생하기도 한다. 혹은 자원봉사활동 과정에서 가족의 미해결된 역동성 문제가 부각되면서 부작용을 낳기도 한다. 이는 자칫하면 가족뿐만 아니라 활동대상자에게 나쁜 영향을 미칠 수도 있다. 이러한 부작용을 최소화하면서 가족자원봉사 본래의 효과를 거두기 위해서는 봉사과정에서의 적절한 관리가 필수적이다.

먼저 가족자원봉사 추진 및 관리체계로서 Family Cares를 창시한 스페이드(Spaide)가 "성공적 가족자원봉사를 위한 제언"을 제시한 바 있다. 이는 주로 자녀와 함께 활동하는 부모가 숙지해야 하는 사항으로 제시되고 있다.

성공적 가족자원봉사를 위한 제언

- 자녀들로 하여금 자기에게 소유된 무엇인가를 타인에게 준다고 느낄 수 있는 실제적 활동을 골라라: 활동대상자에게 선물이나 기념카드를 보낸다고 할 때, 부모가 사거나 부모에게 소유권이 있는 것을 단지 자녀들의 손을 빌려 전달하게 하는 것보다, 자녀들에게 우선적으로 소유권을 준 것을 자녀가 직접 전달하게 하는 것이 좋다.
- 간단하고, 단기간에 할 수 있는 활동을 선택함으로 활동의 성공을 보장하도록 하라: 오랜 기간을 요하는 복잡한 활동은 때때로 자녀들의 열정을 빨리 식게 할 수 있다. 짧은 기간 내에 성취할 수 있고, 자녀들이 스스로 관리할 수 있는 활동을 선택하라.
- 자녀들이 봉사하고 싶어하는 관심을 따라가면서 교육적 순간을 극대화시켜라: 대부분의 성공적 가족자원봉사활동은 자녀들의 관심사에 기초된 것이다. 아이들과 함께 뉴스를 보고 요즘 사건들에 대한 의견을 물어보아라. 홈리스, 기근 등 현재 이슈가 되는 사회문제 이야기들을 쉽게 읽을 수 있는 방법을 찾아라.
- 일생의 남은 부분을 위해 봉사기억을 만들어 놓음으로써 자존감을 세워라: 가족의 활동사진, 고마운 사람들, 자녀들의 귀여운 글, 각각의 활동에 대한 당신의 감흥들이 포함된 '활동스크랩북'을 만들어라. 그 책은 자녀들이 성장하여 어른이 될 때, 자존감을 키워줄 수 있는 좋은 자료가 될 것이다.
- 재미있는 분위기: 베푸는 활동이 자녀들에게 재미있고 기분 좋은 경험을 가져다주어야 한다. 함께 자원봉사활동을 하면서 농담하고, 칭찬해주고, 자주 웃어라. 자녀들은 '일'(노동) 자체보다는 그때의 '분위기'를 더 기억할 것이다.
- 자원봉사를 함께 하길 원하는 다른 가족들과 함께 힘을 합쳐라: 좀더 명랑해져라. 봉사활동은 당신 가족의 친구들과 함께 할 때, 더욱 높은 성취를 가져올 수 있다. 당신은 자원봉사활동 파티를 개최할 수도 있고 지역사회에서 가족자원봉사의 날을 가질 수도 있다.
- 봉사하는 모습의 좋은 사례가 되어라: 자녀들로 하여금 당신(부모)이 자원봉사하는 모습을 보게끔 하라. 자녀가 있는 곳에서 어른들과 함께 타인을 돕는 방법에 대해 이야기하라. 당신(부모)의 자원봉사활동에 대한 불평을 하는 것을 피해라. 자녀들에게 봉사하는 것이 얼마나 기분 좋은 활동인지 말해주어라.

- 봉사는 결과가 아니라 과정임을 기억해라: 봉사활동에서 자녀들의 의지와 노력을 빛나게 하라. 봉사의 최종결과물이 완벽하지 않다 해도 그것은 애써 무시해라. 필요하다면, 당신은 자녀가 알기 전에 비밀스럽게 결과를 고칠 수 있을 것이다.
- 각각의 활동 후 자녀의 열정을 강화시켜라: 비공식적 가족모임을 통해 활동에 대해 논의하고, 무엇을 배웠는지, 무엇을 느꼈는지, 다음에는 어떻게 할 것이지 논의해라. 활동에 대해 이야기하는 것은 느낀 점에 대해 글로 적게 할 것이고 좀더 효과적 경험을 안겨줄 것이다.

자료: http://www.familycares.org

특히 가족체계의 건강성을 지원하는 방향에서 자원봉사관리활동을 전개해야 할 필요가 있다. 가족들에게는 봉사활동을 통한 보람과 자존감을 공동으로 느끼게 하는 것 이외에도 가족 구성원들간, 특히 부모-자녀세대 간의 의사소통 능력을 향상시킴으로써 상호이해의 폭을 넓히고, 세대갈등을 완화시킬 수 있는 프로그램으로 개발될 필요가 있다.

### 2) 사전 기획 과정에서의 유의사항

기본적으로 모든 자원봉사 프로그램 기획에서 가족자원봉사 프로그램으로의 활용성을 타진할 필요가 있다. 가족자원봉사 프로그램만을 별도로 기획하거나 별도로 모집하는 것은 바람직하지 않다.

가족을 모집하기 이전에 참여할 가족이 함께 할 수 있는 적절한 활동내용이 확보되어야 한다. '가족이기 때문에 할 수 있는', 또는 가족이 잘 할 수 있는 것이 무엇인지 파악하는 것이 필요하다. 예를 들어 독거노인의 집을 방문해 생신 상을 차려드리는 등의 활동은 개인단위로 했을 때보다 가족이 함께 방문하여 참여할 때 효과가 더 클 수 있다. 즉 가족봉사단이 필요한 곳에 가족이 찾아가서 봉사를 하는 형태가 가장 이상적이다.

현재 가족자원봉사는 단지 개인 대신 가족이 참여한다는 것 외에 봉사활동 영역과 내용면에서는 일반자원봉사와 구분 없이 진행되는 것이 많다. 때문에 가족이 할 수 있는 자원봉사업무에 대한 개발이 필요하고 지침을 세울 필요가 있다.

가족자원봉사활동 직무는 단지 가족구성원이 '함께' 할 수 있다고 해서 모두 적절한 것은 아니다. 가족자원봉사활동 내용으로서 일반적으로 갖추어져야 할 사항은 다음과 같다(Point of Lights, 2006).

- 재미있고 활동적이고 눈에 보이는 실천적 활동
- 경험, 재능, 능력범위 안에서 가능한 활동
- 분배해서 할 수 있는 활동
- 가족들에게 새로운 경험과 환경을 소개시킬 수 있는 활동
- 가족들로 하여금 느끼고 배운 것을 반성할 수 있도록 하는 활동
- 계획과 장소의 유연성이 있는 활동
- 어린 자녀들에게 교육적 측면을 가지는 활동
- 다른 가족들과 상호작용할 수 있는 활동
- 직접적 효과를 확인할 수 있는 곳에서의 활동

기본적으로 가족자원봉사활동은 가족구성원이 함께 협력하여 성취할 수 있는 팀워크와 관련된 일을 기획하는 것이 좋다. 참여하는 가족구성원마다 잘 할 수 있는 일이 다르고, 각자 맡은 일이 결정되지 않는다면 가족 중 어느 한 명(특히 부모)이 모든 것을 다 하는 식으로 될 우려가 있다. 이러한 측면에서 볼 때, 가족자원봉사는 분업, 즉 각자 맡은 일이 반드시 있어야 하고 특히 자녀의 일이 분명하여

〈그림 12-4〉
Family Cares에서의 노인대상봉사활동 안내

야 한다.

가급적이면 이러한 활동 내용들의 개발은 사전에 이루어지고 기획내용들의 정보가 자원봉사활동 현장이나 추진체계, 관리체계 등에서 공유되는 것이 바람직하다. 아직까지 우리나라에서는 가족자원봉사 프로그램의 개발이 산발적이고 관련된 정보가 수집되지 않고 있다. 따라서 많은 사람들의 활용이 어렵고 정보접근이 어려운 상황이다.

Family Cares나 The Volunteer Family 등에서는 가족자원봉사활동의 내용이 될 수 있는 사항들에 대한 정보를 공유하고 있다. 〈그림 12-4〉와 〈그림 12-5〉는 이 중 노인에 대한 자원봉사활동의 내용들로 소개되는 것들이다.

이 과정에서 또 하나 유의해야 할 사항은 효과적 가족 자원봉사 프로그램의 구성은 가족의 발달단계에 따라 달라진다는 것이다.

여기서 자녀의 연령이 중요하게 부각될 수 있는데 초등학생, 중학생, 고등학생, 성인 등에 따라 자원봉사영역 안에서의 세부 활동이 각각 다르게 제시될 수 있다. 초중등학교 학생들의 경우에 대해서 살펴본다면 먼저 초등학생의 경우 열정과 사랑이 많아 활동이 적극적이다. 또한 초등학생 그룹일 때 자원봉사 경험이 큰 이득이 된다고 알려져 있다.

〈그림 12-5〉 The Volunteer Family에서의 노인대상봉사활동 안내

반면, 중·고등학생으로 갈수록 본인의 흥미분야 및 잘 할 수 있는 것에 대한 인식이 분명해지고 자원봉사 행동의 계획을 직접 세울 수 있다. 예를 들어, 장애인 올림픽에서 장애인을 보조하여 같이 달리거나, 발달장애를 가진 청소년과 함께 스포츠를 하는 경우, 와상환자 또는 그 가족들에게 식사를 배달하거나 식사 보조를 할 경우, 학업, 미술 등을 누군가에게 가르치는 활동과 같은 경우, 초등학생보다는 중·고등학생에게 더 적합할 것이다.

관리자나 사회복지사 혹은 교사가 가족자원봉사활동에 적절한 것이 되도록 각각의 프로그램을 개발할 수도 있으나 우리나라의 상황을 감안한다면 관련 체계 등에서 활용 가능한 프로그램과 유의점에 대해 정보들을 공유하고 쉽게 검색할 수 있는 체계를 구축하는 것도 긴요한 과제가 될 것이다.

### 3) 참여 가족의 모집과 선발

가족자원봉사활동에 참여할 가족을 모집하기 위해서는 새로운 프로그램을 지역사회에 제안하고 홍보하여 신청가족을 모집하는 것이 일반적이지만 한편으로는 기존의 자원봉사자들이 가족과 함께 참여하도록 요청하는 경우도 많이 있다. 촛불재단에서는 가족자원봉사자를 모집하는 간단한 방법으로 다음과 같은 것들을 제시하고 있다(Point of Lights, 2006).

- 유망한 자원봉사자에게 그들의 가족과 함께 자원봉사를 하는 것에 흥미를 가지고 있는 물어보라.
- "Family Involvement Day" 등의 이벤트를 만들어 광고하라.
- 광고지에 가족자원봉사의 기회에 대해 눈에 띄도록 싣고, 가족들의 자원봉사활동을 보여줘라.
- 가족의 참여를 위해 홍보할 수 있도록 가족자원봉사 멤버들의 사무국을 만들어라.
- 직원 자원봉사 프로그램에 가족의 참여까지 확장시키기 위한 프로그램을 권유하라.
- 지역 자원봉사센터에 가족자원봉사의 기회에 대해 홍보하라.

모집에 응한 가족자원봉사자가 모두 곧장 자원봉사활동에 투입되는 것은 아니고 참여의 적절성에 대한 선발의 절차가 있어야 한다. 이 선발과정에서는 다른 참여가족이나 활동내용과의 적합성을 고려하면서 탐색이 필요할 수 있다.

가족유형별로 봉사단을 운영할 것인지, 아니면, 여러 유형의 가족들을 통합하여 운영할 것인지는 프로그램 개발뿐 아니라 모집과정에서도 중요한 이슈가 된다. 단순한 봉사 프로그램에 행위주체만 가족단위로 하는 평면적 기획에 머무르는 것을 방지해 줄 수 있다(이금룡, 2002). 전형적 핵가족으로만 구성할 것인지, 아니면 다양한 유형의 가족(예, 한부모 가족 등)들을 대상으로 할 것인지, 혹은 모든 유형의 가족들을 모두 통합하여 실행할 것인지를 고려해야 한다. 만약, 다른 유형의 가족형태들(전형적 핵가족과 한부모 가족 등)이 함께 봉사활동을 전개하는 경우, 단지 프로그램 내용뿐 아니라, 진행과정에서 개별 가족들간의 상호작용에 대해 신경을 써야 한다. 만약 전형적 핵가족들만을 대상으로 선발한다면, 가족봉사단의 활동자체가 한부모가족을 배려하지 못하고, 이들에게 또 다른 낙인을 주는 상황이 될 것이다. 또 한부모 가족만을 대상으로 한다면, 이들 가족들에게 보다 더 많은 혜택이 돌아갈 수 있도록 봉사활동 프로그램 개발에 주의를 기울여야 할 것이다.

현실적으로 가족자원봉사가 주로 자녀들에게 초점이 맞추어져 있는 것이 사실이다. 자녀 세대들의 봉사활동에 부모세대가 함께 참여하는 형태로 이루어지는 것이 일반적 봉사 프로그램이라면, 자녀들의 발달단계 혹은 연령대(유치원, 초등학교, 중학교, 고등학교 등)를 가족봉사단 모집 기준으로 설정해야 할 것이다.

### 4) 활동 시작 전 가족과 논의할 사항

가족자원봉사를 시작하기 전, 관리자 혹은 가족단위 참여를 원하는 부모는 다음 내용에 대해 가족(자녀)과 이야기를 나눌 필요가 있다. 특히 논의 과정에 자녀를 반드시 포함시키도록 하며, 자녀에게 질문하고 그들이 대답하는 것을 경청하여야 한다. 자녀를 논의 과정에 참여시키는 것만으로도 자녀의 관심사에 대해 알 수 있다.

- 당신(당신의 가족)은 자원봉사에 흥미를 가지고 있습니까?
- 당신은 어떠한 사회적 이슈에 열정적입니까?
- 당신 자녀의 연령은 어떻게 됩니까?
- 남을 도와주는 것을 좋아합니까?
- 당신 가족이 함께 즐기는 것은 무엇입니까?
- 일회적 이벤트를 원합니까? 계속 활동하기를 원합니까?
- 얼마나 자주 자원봉사활동을 할 수 있습니까?

- 다른 가족과 함께 자원봉사활동을 하는 건 어떻습니까?
- 가족이 가지고 있는(그래서 제공할 수 있는) 재능과 기술은 무엇입니까?
- 자원봉사경험을 통해 당신의 가족이 얻고자 하는 것은 무엇입니까?
- 자원봉사가 가능한 요일과 시간은 언제입니까?

### 5) 부모의 우선적 고양

평소에 부모가 아이들에게 보여주는 자원봉사에 대한 올바른 태도가 중요하고 이렇게 부모에게 영향을 받은 아이들의 경우 제대로 된 자원봉사활동을 지속적으로 할 수 있다. 하지만 현실에서 부모들은 자원봉사 경험이나 정보가 충분하지 못하다.

가족자원봉사는 '부모'의 욕구, 우리나라에서는 특히 '어머니'로부터 시작되는 경우가 많다. 그리고 이를 감안한다면 가족자원봉사를 통해, 부모가 자녀에게 올바른 자원봉사모습을 보여줌으로써 그 자체가 교육적 측면을 지닐 수 있다. 특히 초등학생의 경우 교육적 측면이 더 크다.

자녀에게는 지역사회의 실태를 보여주고, 지역사회의 사회복지현장에 접촉하게 하는 것만으로 의미가 있을 수 있다. 그러나 이 과정에서 부모는 자녀와 같은 수준에서 현장에 접촉하는 것이 아니라 어느 정도 '지도자'로서의 소양과 지식을 가지고 있는 것이 좋다. 즉, 부모는 초보가 아니어야 한다는 말이다.

이를 위해서는 실제 활동 전에, 부모와 자녀 모두에게 자원봉사에 대한 교육을 해야 하지만, 특히 부모는 사전교육을 받고 자원봉사에 대한 많은 정보를 가지고 있음으로써 실제 자원봉사시 자녀에게 본보기가 되고 자녀를 이끌 준비가 되어 있어야 한다. 즉 부모는 자녀에 비해 업그레이드(*upgrade*) 되어 있어야 한다. 그렇지 않을 경우 자원봉사활동이 제대로 이루어지지 않고 부모의 '자기 아이 챙기기'가 될 우려가 있다. 활동현장에서 부모와 자녀가 함께 활동하는 경우 부모가 본인의 자녀를 신경 쓰느라 자원봉사가 잘 이루어지지 않는다는 불만이 상당수 있다.

### 6) 충실한 오리엔테이션

새로운 자원봉사자를 위해 오리엔테이션은 언제나 필요하다. 오리엔테이션은 자원봉사자들을 편안하게 해주면서 기관의 배경과 실천적 지식을 알려준다. 또한 오리엔테이션은 자원봉사자에게 기관의 규칙과 자원봉사자에게 거는 기대를 알려줄 수 있는 효과적 방법이다. 자원봉사자가 기관의 시스템과 운영, 절차 등에 대해 이해하게 되면 그들은 더욱 생산적으로 기여할 수 있을 것이다.

가족자원봉사자 역시 예외가 아니므로 기관의 오리엔테이션이 필요하다. 각각의 가족자원봉사자들은 그들이 이곳에서 일하는 이유가 무엇이며, 개인적으로, 집단적으로, 그들에게 기대되어지는 것이 무엇인지 알아야 할 필요가 있다. 가족자원봉사자의 오리엔테이션은 연령을 고려해 편성되어야 하며 특히 어린이와 청소년에 주의를 기울여야 한다. 그리고 동시에 기관의 욕구와도 맞아야 한다.

오리엔테이션은 너무 길지 않게 구성하는 것이 바람직하다. 다양한 연령을 감안하여 참가자들의 질문시간과 시각적 자료들, 자원봉사자들이 상호 작용할 수 있는 시간 등이 포함되어야 한다. 주된 내용은 기관의 미션과 가치에 대한 간략한 자료, 기관의 역사, 기관의 프로그램과 서비스 내용, 기관의 미래계획에 대한 묘사 등이다.

가족들이 세션 후에 들은 내용을 재고하고 간직할 수 있도록 시간과 기회를 제공해야 한다. 특히 부모는 실제 자원봉사 활동이 시작되기 전, 자녀들과 함께 제반 정보들을 재검토하길 원할 것이다.

| 오리엔테이션을 위해 가족에게 포함되어야 할 과제들 |
|---|
| • 자원봉사지역 견학<br>• 상호작용해야 할(함께 일하게 될) 다른 자원봉사자 또는 관련된 사람들의 이름 및 맡은 일<br>• 자원봉사자 각자의 활동 스케줄과 궁금한 사항에 대해 물어볼 수 있는 시간<br>• 자원봉사자가 자신의 짐을 맡겨놓을 수 있는 장소<br>• 자원봉사자가 일하게 될 장소<br>• 자원봉사자가 사용할 수 있는 장비와 공급품이 있는 장소<br>• 자원봉사자가 도착하고 떠날 때 통보할 수 있는 직원의 이름<br>• 자원봉사 수행 중 문제에 대응하기 위한 방법의 재검토 |

### 7) 활동관리와 가족체계 강화

가족자원봉사가 단지 복수의 활동자 이상의 의미를 가진다는 것은 '건강한 가족 체계로의 지원'과 관련된다. 이를 위해서는 활동 진행 중의 관리에서 가족기능 강화에 대한 지원요소를 포함하여야 한다.

먼저 가족의 경계와 구조와 관련하여 '개방형' 체계가 성립될 수 있도록 하는 지원이 필요하다. 가족봉사단의 궁극적 목적은 가족자원봉사활동을 통해 개방적 유형의 가족을 지향하는 것이라고도 할 수 있기 때문이다(이금룡, 2002).

다음으로 가족의 의사소통을 격려하는 방식으로 활동이 진행되어야 한다. 가족 모두가 참여하는 일로 활동을 구성하는 것도 중요하지만 각자가 일만 하는 것이 아니라 함께 논의하고 개방적 피드백과 의사소통이 많이 일어나도록 설계하고 관리해야 한다.

가족 전체의 측면에서 문제해결능력을 고양할 수 있도록 하는 것도 중요하다. 이는 활동이 단지 행위의 개념으로서가 아니라 성과의 개념으로 부과되고 이를 주체적으로 해결하려는 노력을 통해 이루어질 수 있다.

마지막으로 가족 구성원 전체가 동일한 가치와 유사한 경험을 통해 결속력을 고취할 수 있도록 하는 적절한 이벤트나 행사의 마련도 중요하다.

이러한 것들은 가족이 구성원의 단순 합계 이상인 것처럼 자원봉사활동이 구성원 각자와 아울러 전체 가족의 기능을 향상시키는 욕구에 이바지할 수 있을 것이다.

〈그림 12-6〉
봉사참여 가족의 능력고취를 위한 토론

### 8) 가족자원봉사의 인정·보상과 평가

가족자원봉사활동에의 참여에 대해서 한 단위로서 가족에게 그리고 가족구성원 개개인에 대해서 모두 각자의 공헌을 확인하고 감사함을 느낄 수 있도록 종결과정을 이끌어야 한다.

가족자원봉사활동에 대해 인정하고 보상해주는 일은 매우 중요하다. 프로그램에 대한 인식도를 제고하고, 참가하는 가족들 사이에 긍정적 집단정체성을 강화시켜준다. 또한 가족들에게 이후의 활동에 대해서도 동기를 유발하고, 신입회원을 모집하는 데도 도움이 된다.

자원봉사자의 성취를 인정할 때 몇 가지 원칙이 있다. 인정은 정직하게 해야 한다. 활동이 끝날 때 한 번보다는 계속해서 개인에게 인정의 메시지를 주는 것이 좋다. 큰돈이 들지 않더라도, 필요할 때 자원봉사자에게 물을 사준다거나, 기념일이나 생일날 카드를 보낸다거나, 미소를 짓거나, 감사하다는 말을 건네는 등의 간단한 방법들도 사용될 수 있다. 가족 개개인에 대해 알맞은 방법으로 "인정"해주고 가족이나 문화의 다양성을 고려해야 한다. 감사카드, 감사장, 인증서 등 사용 가능한 아이디어는 많다.

평가의 경우에도 전체로서의 가족, 그리고 각 구성원이 모두 평가의 단위가 되어야 한다. 특히 자녀의 견해가 충분히 중요하게 취급될 수 있어야 한다.

우리나라에서 가족자원봉사가 활성화되기 위해서는 자원봉사 전반의 저변이 아직 취약하다는 점 자체가 개선되어야 하기 때문에 제도적 차원이나 시스템 차원에서 해결되어야 할 과제가 많다. 그러나 거시적 과제와 동시에 가족자원봉사를 다른 형태의 자원봉사활동에 비해 독특한 의미를 분명하게 살려서 기획하고 관리하는 미시적 노력으로도 많은 변화를 가져올 수 있다.

# 노인의 자원봉사 제13장

## 1. 노인자원봉사활동의 의미

### 1) 노인인구[1]의 증가와 노인자원봉사활동

우리나라의 노인인구 비중이 급격히 증가하고 있다. 2000년에 이미 노인인구가 차지하는 비율이 7%를 넘어 고령화사회(*aging society*)에 진입했고, 2020년이면 고령사회(*aged society*)가 될 것으로 전망된다. 보건의료 영역의 기술발전 등으로 평균수명이 연장되고 있으나, 한편으로는 조기퇴직 등으로 인해 사회적 활동의 기회를 상실하는 것

1) 노인에 대한 연령적 기준은 다양하게 나타나고 있다. 전통적 관점에서 60세를 기준으로 이야기하는 경우도 많으나 65세를 기준으로 삼기도 하고 최근의 조기퇴직상황 등을 반영하여 55세를 기준으로 삼기도 한다. 우리나라에서도 중고령층 노인일자리 사업 등은 50대를 기준으로 이루어지는 경우도 많다. 이는 노인자원봉사활동과 관련해서도 마찬가지이다. 미국의 촛불재단에서는 노인자원봉사자의 개념에 대해 "Baby Boomer"(1946년에서 1964년 사이 출생), "Older Adults"(65세 이상), "Seniors"(65세 이상), "50+ Volunteer" 등의 개념을 복합적으로 활용하고 있다.

과 같은 문제를 낳고 있다.

1905년에 남자 22.6세, 여자 24.4세이던 평균수명은 1945년에는 남자 45.6세, 여자 50.7세가 되었고, 2000년에는 남자 72.1세, 여자 79.5세가 되었다. 물론 이와 같은 평균수명의 연장은 유아사망률의 저하와 큰 관련이 있지만 기본적으로 노령기의 연장이라는 속성을 가진다. 우리 사회의 고령화 현상은 이른바 노인문제라고 표현되는 사회문제 양상을 나타낸다. 이는 통상 다음과 같은 다섯 가지의 문제로 집약해 볼 수 있다(최성재·장인협, 2002: 27~32).

먼저, 노인의 경제력 약화에 따른 빈곤문제이다. 과거와 달리 산업화사회에서 노인은 퇴직에 따라 고정된 수입이 없어지고 빈곤에 시달리게 된다. 두 번째로 역할상실 문제이다. 현대사회의 노인은 노년기에 접어들면서 사회생활의 축소와 이에 따른 역할의 상실을 경험하고 있다. 세 번째는 긴 여가시간의 문제이다. 다른 연령층에 비해 노인은 상대적으로 긴 여가시간을 가지고 있으나 사회적으로 노인의 여가활동 프로그램은 매우 빈약한 상태이다. 네 번째는 건강 문제이다. 노인은 다른 연령층에 비해 크고 작은 만성질환이나 노화에 따른 신체적 기능 약화 등으로 인해 건강문제가 심각하며 보건의료 욕구가 크다. 마지막으로 고립과 소외 문제이다. 노년기에 사회적 역할이 축소되고 관계망과 교류가 취약해지면서 노인은 심리적·사회적으로 고립감과 소외감을 느끼게 된다.

이와 같은 노인문제에 대해 여러 가지 형태의 사회복지정책과 서비스가 사회적 대책으로 이루어지고 있다. 그러나 한편으로는 노인을 사회적 부양의 대상으로 조망하는 패러다임에 대한 재검토가 요청되고 있다. 기존 관점에서는 노인을 사회적 생산력의 주체로 고려하지 않고 있다. IMF에서는 노인인구 1% 증가시 실질 GDP는 0.041% 감소한다고 본다. 노인을 부양대상으로 볼 때, 2005년에는 생산가능인구 8.2명이 노인 1명을 부양하였지만 2020년에는 4.6명이 노인 1

명을, 2050년에는 1.4명이 노인 1명을 부양해야 하는 부담이 생긴다. 따라서 노인의 삶의 질을 높이기 위한 방안은 사회적 부양방안과 서비스를 고양시킨다는 측면도 있으나 이것은 사회적 한계에 부딪치게 되므로 노인인력을 생산적으로 활용하는 방안을 모색해야만 한다. 때문에 우리나라의 저출산고령사회기본계획에서도 그 추진과제의 하나로 고령인력의 활용을 중요하게 제기하고 있다.

노인자원봉사활동이 가지는 의미 역시 노인에 대한 일방적 부양의 관점에서 벗어나 노인인력을 적극적으로 활용하는 관점과 밀접하게 관련된다. 노인층의 자원봉사활동은 다른 연령층의 활동과는 또 다른 독특한 의미와 중요성이 있다. 노인문제의 상황에서 볼 수 있듯이, 우선 노인들은 경제활동이나 양육과 같은 의무로부터 상대적으로 자유로운 위치에 있다는 점이고, 반대의 측면에서는 퇴직이나 주요한 사회적 역할 상실로 인해 역할 없는 역할(*roleless role*), 그리고 심리적 고립감과 소외감 등으로 인해 고통받기도 한다. 이는 노인이 자원봉사활동에 참여할 수 있는 여건과 동기가 되며, 그 필요성의 근거가 되기도 한다.

최근 자원봉사활동의 중요한 주체로서 노인을 고려할 수 있게 된 사회적 배경을 다음과 같이 지적하곤 한다(류기형 외, 1999: 292).

① 비교적 경제적으로 안정된 노인층이 증가하고 있다. 따라서 이들은 보수와 관련 없는 사회적 활동인 자원봉사활동에 참여할 수 있는 여건이 된다.
② 노인이 활용할 수 있는 여가시간이 증대하고 있다. 여가시간의 증대는 적절한 여가활동으로서 자원봉사활동에 참여할 수 있는 가능성을 높이고 있다.
③ 보건의료 기술의 발달로 노인들의 건강 수준이 향상되어 활동이 가능한 건강한 노인이 늘고 있다.

④ 사회에 유익한 역할을 통해 삶의 보람을 찾으려고 하는 노인이 증가하고 있다. 사회활동의 주체로서 기여하고자 하는 노인이 많아지는 것은 노인자원봉사활동 활성화의 중요한 전제조건이 된다.

⑤ 고령화 사회를 맞이하여 복지서비스를 제공하기 위해서는 민간부문의 협력이 필요한데, 이는 노인인력의 활용을 통해 해결하려는 시도와 부합한다. 노인의 경험과 능력을 사장시키지 않고 사회적으로 활용하는 것은 부족한 복지자원의 확충에 큰 의미를 가진다.

### 2) 노인자원봉사활동의 효과

노인자원봉사활동은 지역사회의 구성원으로서 자신의 참여와 역할을 통해 지역사회의 통합성을 증진시킨다는 자원봉사활동의 본래적 필요성을 공유한다. 그러나 이뿐만 아니라 노인이 많은 경륜과 사회적 경험을 갖춘 자로서 지역사회의 복지증진을 위해 자원봉사활동에 참여할 때, 현대사회에서 노인에 대한 존중과 역할재정립을 통해 새로운 노인상을 노인 스스로와 지역사회에 자리 잡게 할 수 있다.

노인자원봉사활동은 자원봉사활동의 당사자성이라는 면에서 큰 특성을 갖는다(김범수 외, 2004: 246). 노인은 흔히 자원봉사활동의 대상자가 되기 때문에 자원봉사활동의 주체로서 노인이 활동하는 노인자원봉사활동은 자원봉사활동의 일방성이 가지는 단점을 극복하고 상호작용적인 것으로 인식하게 하는 데 큰 도움이 된다. 즉, 자원봉사자와 자원봉사활동의 대상자 간에 나타날 수 있는 비대등적 관계의 인식을 대등한 관계로 이어지게 하고, 서비스를 제공하는 자와 제공받는 자 간의 전환이 자연스럽게 이루어지도록 한다.

자원봉사활동에의 참여는 사회의 경제적 활동과 역할에서 물러나 상실하기 쉬운 자신의 사회적 가치성을 회복하거나 유지할 수 있게 함으로써 자신이 예전과 마찬가지로 사회에 유용하고 주요한 존재가 되고 있다는 가치를 갖게 해준다. 자원봉사활동은 활동에 참여한 노인 개인에게 다음과 같은 이득을 주는 것으로 이야기된다(최성재 · 장인협, 2002: 290~291).

① 퇴직으로 상실했던 사회적 지위와 역할을 보충해 준다.
② 자원봉사활동에의 참여는 사회의 일선에서 물러나 자칫하면 상실하기 쉬운 자신의 사회적 가치성을 회복하거나 유지할 수 있게 함으로써 아직도 자신이 사회에 유용하고 중요한 존재라는 생각을 가지게 한다.
③ 노년기의 자아상을 긍정적으로 유지하고 자존심을 유지 · 향상시켜 줄 수 있다.
④ 자원봉사활동에의 참여는 소외감을 극복하는 데 유익하다.
⑤ 자원봉사활동 참여는 노인의 자기성장과 자아실현을 돕고 창의성과 책임성을 발휘할 수 있는 기회를 제공해 준다.

다른 한편으로 노인의 자원봉사활동 참여는 다음과 같은 측면에서 지역사회에 이익을 준다(최성재 · 장인협, 2002: 292~293).

① 노인의 자원봉사활동 참여는 노화 또는 노인에 대한 인상을 긍정적으로 바꾸어 놓는다. 노인의 사회적 기여는 노인에 대한 사회적 평가를 높이고 노인에 대한 사회적 존중을 과거사회와는 다른 형태로 새롭게 재정립하게 한다.
② 노인들 스스로가 노인을 보는 시각을 긍정적인 것으로 바꾸어 놓는다. 노인의 활발한 사회적 활동은 노인 스스로 노년기를 보다 바람직한 인생주기로 인식하는 데 일조할 수 있다.

③ 자원봉사활동에의 참여는 무엇보다도 사회에 봉사하고 사회를 발전시키는 데 공헌하게 된다. 노인의 사회적 경험과 능력이 사장되지 않고 지역사회를 위해 발휘되는 것은 사회 전체적으로 엄청난 복지자원의 확충으로 볼 수 있다.

### 3) 노인자원봉사활동에 대한 이론적 접근

노인자원봉사활동의 의미와 중요성에 대한 논의에서 많이 활용되는 이론에는 활동이론, 지속이론, 교환이론 등이 있다(류기형 외, 1999: 293~294; 김미혜·정진경, 2003: 223~224; 최성재·장인협, 2002: 132).

#### (1) 활동이론의 의미

활동이론(*activity theory*)은 노인이 중년기 이후의 활동수준을 계속 유지함으로써 노년기의 행복감을 증진시킬 수 있다고 본다. 따라서 노년기 이전의 역할 중 노인이 되어 상실 혹은 감소된 역할을 대체하면서 이전의 활동수준을 유지할 만한 다른 새로운 역할을 모색해야 한다고 본다. 이를 통해 노인의 복지수준을 증가할 수 있다는 것이다. 이 과정에서 노년기의 대체적 역할로서 자원봉사활동은 상실한 과거의 역할과 활동을 보상해 줄 수 있는 매우 유효한 수단이 될 수 있다.

#### (2) 지속이론의 의미

지속이론(*continuity theory*)은 전 생애를 통한 인간의 연속적 발달에 초점을 두는 시각이다. 사람은 생애과정에서 일관성 있는 태도와 행동유형을 유지함으로써 자신에 대한 긍정적 자아상과 만족도를 지켜간다는 것이다. 활동이론이 노년기에 이르러 새로운 대체적 역할 확립을 통한 계속적 활동을 강조한 반면, 지속이론은 전 생애를 통한 성장발달의 내용 연속성에 초점을 맞추면서 개인의 인성적 특징에 의한 노년기 대처 및 적응과정을 설명하고 있다. 사람들은 누구나 평생을 두고 일관성 있는 태도와 행동유형을 지켜 나감으로써 자아존중감과 생활만족도를 지속적으로 확보하고자 한다는 것이다. 그리고 노인의 자원봉사활동은 이러한 맥락에서 이전의 사회활동 혹은 봉사활동을 지속적으로 유지하거나 노년기에 와서 더 확장한 것으로 설명할 수 있다.

이처럼 활동이론은 노년기에 이르러서 대체적 역할로서의 자원봉사활동을, 지속이론은 노년기 이전부터 지속되어온 사회활동의 연속으로서 자원봉사활동을 강조하고 있다.

(3) 교환이론의 의미

교환이론(*exchange theory*)은 인간관계에서 핵심적 교환활동을 위해 자원이 필요하다고 본다. 그런데 노인이 가지고 있는 자원의 빈약성이 노인을 의존과 종속관계에 빠뜨려 노인문제를 파생시킨다고 보고 있다. 따라서 노인이 가진 자원의 가치를 높이는 것이 중요하다고 보고 이를 위한 의미 있는 대책의 하나가 자원봉사활동이라고 본다. 즉, 교환이론에 입각해 볼 때, 노인에게 새로운 자격이나 지위를 획득시켜 자원을 강화하는 방법으로서 자원봉사활동 프로그램을 개발하는 것이다(류기형 외, 1999).

현실적·이론적 면에서 살펴볼 때, 우리나라는 고령화 사회를 맞이하여 노인자원봉사활동의 필요성과 욕구가 높아지고 있다. 그러나 아직까지 노인자원봉사활동이 활성화되어 있다고 보기는 어렵다. 관건은 이러한 사회적 욕구를 어떻게 조직화하여 실제 노인자원봉사활동의 활성화로 이끌어낼 수 있는가 하는 점이다. 그리고 이는 현장에서 노인 대상의 적절한 자원봉사 프로그램을 개발하고 관리하는 과제를 제기하고 있다.

## 2. 노인자원봉사활동의 현황

### 1) 노인자원봉사활동 현황

아직까지 우리나라의 노인 자원봉사활동 참여는 그다지 활성화되지 못한 상황이다. 우리나라에서 다른 연령대의 자원봉사활동 참여에 비해서도 활발하지 못하다. 2003년 통계청의 조사에 따르면 60세 이상 노인의 자원봉사활동 참여율은 6.7%로 전 연령대의 평균인 14.6%에 크게 못 미친다.

그리고 같은 조사결과에서 노인의 자원봉사활동 내용 중 지역환경보전활동이 전체 활동의 3분의 2에 달하는 61%로 압도적 다수의 경우를 나타내고 있다. 이는 노인의 자원봉사활동 참여에 대해 다양한 프로그램의 개발이 이루어지지 못하고 있다는 현실을 보여주는 것이다.

미국의 경우 2003년 조사결과, 55세에서 64세 사이의 자원봉사활동 참가율은 43%, 65세에서 74세는 41%, 심지어 75세 이상의 인구에서도 39%의 자원봉사활동 참가율을 나타내고 있어 젊은층의 자원봉사활동 참여현황과의 차이가 우리나라보다는 훨씬 적게 나타나고 있다(Harvard School of Public Health · MetLife Foundation, 2003: 19).

우리나라에서 노인의 자원봉사활동 참여는 어떠한 조직적 맥락도 없이 개인적 활동으로 이루어지는 경우도 적지 않으나 대개는 다음의 세 가지 유형의 형태로 활동에 참여하는 것으로 볼 수 있다. 첫째는 자신이 속한 노인단체 등을 통해 자원봉사활동에 참여하게 되는 경우이다. 둘째는 노인복지증진을 위해 만들어진 노인종합복지관이나 노인복지회관 등의 기관을 통해 자원봉사활동에 참여하는 경우이다. 셋째는 중앙정부나 지방자치단체의 예산 혹은 프로그램 지원에 따라 만들어지는 자원봉사 프로그램이다.

(1) 노인단체를 통한 자원봉사활동

대한노인회, 각 지역의 노인단체, 삼락회 등 각종 노인단체를 통해 자원봉사활동이 이루어지는 경우가 있다. 이 중 대표적 노인단체로서 200만 명에 가까운 회원을 확보하고 있는 대한노인회는 전국의 각 지회 혹은 경로당 단위로 자원봉사활동에 참여하고 있다. 대한노인회의 2001년도 기준 회원자원봉사활동 실적은 〈표 13-1〉과 같다.

〈표 13-1〉 대한노인회 자원봉사활동실적

(2001년 기준)

| 구분<br>연합회 | 교통<br>봉사대 | 방범순찰 | 청소년<br>선도 | 자연보호<br>캠페인 | 환경정화 | 계 |
|---|---|---|---|---|---|---|
| 서 울 | 114,357 | 37,737 | 76,180 | 60,298 | 122,051 | 410,623 |
| 부 산 | 5,880 | — | 4,298 | 7,118 | 14,608 | 31,904 |
| 대 구 | 5,596 | 3,142 | 7,353 | 15,527 | 19,550 | 51,168 |
| 인 천 | 57,286 | 9,655 | 12,180 | 31,191 | 80,747 | 191,059 |
| 광 주 | 1,697 | 403 | 1,070 | 2,009 | 4,045 | 9,224 |
| 대 전 | 1,990 | 296 | 2,154 | 2,244 | 15,407 | 22,091 |
| 울 산 | 36 | 22 | 80 | 51 | 159 | 348 |
| 경 기 | 25,868 | 5,256 | 18,567 | 42,734 | 158,140 | 250,565 |
| 강 원 | 4,198 | 2,437 | 7,941 | 18,803 | 18,376 | 51,755 |
| 충 북 | 3,215 | 2,801 | 5,660 | 9,885 | 22,351 | 43,912 |
| 충 남 | 2,533 | 2,055 | 6,617 | 14,559 | 14,246 | 40,010 |
| 전 북 | 25,140 | 10,156 | 20,859 | 43,177 | 46,108 | 145,440 |
| 전 남 | 840 | 526 | 2,615 | 3,874 | 3,526 | 11,381 |
| 경 북 | 5,665 | 11,416 | 13,442 | 7,632 | 26,534 | 64,689 |
| 경 남 | 24,445 | 7,976 | 28,701 | 37,404 | 201,389 | 299,915 |
| 제 주 | 734 | 143 | 245 | 1,555 | 3,274 | 5,951 |
| 계 | 279,480 | 94,021 | 207,962 | 298,061 | 750,511 | 1,630,035 |
| 2000년도 | 209,531 | 72,175 | 128,402 | 18,359 | 463,262 | 1,091,729 |
| 증 감 | 69,949 | 21,846 | 79,560 | 279,702 | 287,249 | 538,306 |

〈표 13-1〉에서 보듯이 전국적으로 연 인원 160만 명이 넘는 노인이 대한노인회를 통해 자원봉사활동에 참여했으며, 이는 해마다 증가하는 양상을 보이고 있다. 활동내용 측면에서는 환경정화나 자연보호, 교통봉사대 등의 활동이 많으며, 그 밖에도 방범순찰, 청소년 선도 등의 활동이 나타나고 있다. 또한 대한노인회에서는 보다 조직적 활동구조화를 위해 2001년도 기준으로 소속회원(10,294명)과 일반노인(2,842명) 등 도합 13,136명의 노인에게 지역봉사지도원을 위촉했다.

이처럼 매우 많은 노인이 대한노인회를 통해 자원봉사활동에 참여하는 것으로 나타나고 있으나 한편으로는 그 활동내용 측면에서는 취약성이 지적되고 있다. 노인의 청소나 교통봉사 자원봉사활동이 중요한 의미를 가지기는 하지만, 대부분이 지나치게 단순하고 획일적 형태의 자원봉사내용만으로 구성되고 있어 참여하는 노인들의 만족감이나 참여욕구를 충족하는 데에는 적절치 못한 실정이다. 이는 일반 노인단체의 경우 자원봉사활동 관리에 대한 이해가 높지 않아 적절한 자원봉사 프로그램 기획이나 관리활동이 나타나기 어렵다는 점과도 관련된다.

최근에는 기업의 퇴직준비 프로그램과 관련되거나 자원봉사활동을 위한 노인단체 등이 조직되어 시니어봉사단이 나타나고 있다. 이 경우에는 일반 노인단체보다는 자원봉사활동의 내용과 프로그램에 대한 보다 폭넓은 모색이 나타나고 있으나 아직 파편적이고 소규모의 조직화 모습을 보이고 있다.

미국의 경우 자원봉사활동을 위한 노인조직으로 전국노인봉사단(Senior Corps; Senior Service Corps) 등의 조직이 전국적 차원에서 노인의 자원봉사활동을 활성화하는 데 기여하고 있다. 특히 이는 매우 다양한 자원봉사활동 프로그램과 관리의 모습을 보이고 있어 우리나라의 노인자원봉사활동 활성화를 위해 시사하는 바가 크다.

Senior Corps

미국의 전국노인봉사단에 해당하는 Senior Corps는 지역사회가 직면하는 문제들에 대처하기 위해 노인들의 경험과 기술 및 재능을 활용하는 프로그램의 총체로 가장 대표적 노인자원봉사 프로그램이다. 이는 미국자유봉사단(USA Freedom Corps)의 한 부분이며, 50만 명 이상의 노인이 이 전국노인봉사단 활동을 통해 지역의 비영리조직·공공기관·종교기관 등에서 활동하고 있다. 주로 다음과 같은 세 가지 프로그램을 통해 노인봉사단은 활동하고 있다.

① 은퇴자 및 노인자원봉사 프로그램(*Retired and Senior Volunteer Program*)
가장 규모가 크고 대표적 프로그램으로 55세 이상의 노인들이 지역사회감시, 이민자 대상 영어교습, 아동교육, 자연재해 피해자 원조 등 다양한 활동을 조직화하고 있다. 2001년 한 해 동안 48만 명의 자원봉사자가 평균적으로 1주일에 4시간 동안 6만 5천 개의 지역조직에서 766개의 RSVP프로젝트를 통해 활동했다. 이들은 통상 음식과 교통수단을 제공받을 수 있다.

② 위탁조부모 프로그램(*Foster Grandparents*)
60세 이상인 노인이 참여하며, 일주일에 20시간 학교·병원·교정시설·주간보호시설·Head Start Center 등에서 학대아동·방임아동·장애미숙아 원조·10대 미혼모 지원 등의 활동을 벌인다. 2001년 기준으로 3만 명의 노인이 27만 5천 명에게 도움을 주었으며, 활동에 대해 시간당 2.65달러의 보수를 받는 유급자원봉사활동이다.

③ 노인동반 프로그램(*Senior Companion Program*)
60세 이상의 노인이 수행하는 프로그램으로 일상생활 활동에 어려움을 겪는 성인을 지원하는 것이다. 보통 자신의 집에서 거주하고 있는 2명 내지 4명의 성인 클라이언트에게 일주일에 20시간가량 지원활동을 하며 노인동반 프로그램의 활동자들은 월별 교육을 받아야 한다. 2001년 기준으로 1만 5천 명의 노인이 6만 1천명 이상의 성인에게 도움을 주고 있으며 시간당 2.65달러의 보수를 받는다.

자료: http://www.pointsoflight.org

(2) 노인복지기관을 통한 자원봉사활동

노인종합복지관이나 노인복지회관 등 노인복지증진을 위해 설립된 지역사회의 노인복지기관은 원래 노인을 대상으로 한 사회복지서비스를 제공하는 것을 초점으로 한다. 그러나 노인의 생활상 욕구 중 상당부분은 오히려 자원봉사활동의 주체로서 충족될 수 있기 때문에 노인복지기관에서 지역사회의 노인들을 자원봉사활동의 주체로서 활용하거나 자원봉사활동을 조직화하는 경우가 많이 나타나고 있다.

노인복지기관은 사회복지서비스를 주 업무 대상으로 하는 조직이기 때문에 자원봉사 프로그램에 대한 인식 정도도 상대적으로 높고, 노인자원봉사활동에 대한 프로그램도 보다 다양한 내용을 기획하는 편이다. 노인단체에서의 자원봉사활동에서 보편적으로 나타나는 활동내용 외에도 복지기관 내에서의 자원봉사활동, 강사로서의 활동, 외국어 통역이나 번역 봉사, 공연, 상담 등의 자원봉사활동을 하고 있다.

〈그림 13-1〉은 서울지역 노인복지기관의 하나인 서울노인복지센터에서 홍보와 모집을 하고 있는 노인자원봉사활동의 안내이다.

〈그림 13-1〉 서울노인복지센터의 노인자원봉사활동 안내

자료: http://www.seoulnoin.or.kr

### (3) 국가 · 지방자치단체 지원 프로그램을 통한 자원봉사활동

정부와 지방자치단체에서도 노인자원봉사활동을 지원하기 위한 여러 프로그램들을 시행하고 있다. 그리고 이러한 프로그램에 따라 자원봉사활동에 참여하고 있는 노인도 있다. 보건복지부는 지방자치단체를 통해 노인자원봉사활동에 대해 실비의 수당을 지원하고 있다. 또한 지방자치단체들도 노인을 대상으로 자원봉사활동을 지원하는 프로그램을 진행하고 있다. 서울시에서 유료봉사활동 형태로 지원했던 '할아버지 봉사대'나 경기도의 노인자원봉사학교 과정 등이 예가 될 수 있다.

또한 얼마 전까지 지역사회 시니어클럽(CSC: Community Senior Club)으로 불렸던 시니어클럽은 보건복지부의 시범사업으로 시작되었는데, 여기에서도 정부가 위탁사업을 통해 노인의 자원봉사활동을 조직화하는 역할을 수행하고 있다. 물론 시니어클럽은 노인자원봉사활동을 조직화하는 것을 주목적으로 하는 프로그램은 아니고 소득 및 경제활동과 관련된 노인 자활프로그램의 성격을 많이 가지고 있으나, 여기에서도 노인의 사회참여와 자원봉사활동 프로그램을 중요한 것으로 포함하고 있다. 2006년까지 전국적으로 38개소의 시니어클럽이 활동하고 있다. 이곳에서의 노인활동은 시장참여형 사업 · 사회참여형 사업 · 공공참여형 사업 · 자원봉사 등 기타형 사업 등으로 구분되는데, 자원봉사형 사업뿐만 아니라 다른 유형의 사업도 노인자원봉사활동과 많이 연관되고 있다.

## 2) 노인자원봉사활동의 문제점

노인은 사회복지서비스나 자원봉사활동의 대상자로서만이 아니라 다양한 형태로 자원봉사활동의 주체가 되고 있다. 그러나 노인의 자원봉사활동은 아직 참여율도 높지 않고 활동내용도 빈약한 것이 사실이다. 실제로 길거리나 현장에서 흔히 눈에 띄는 노인자원봉사자는 대부분 단순한 활동에 종사하고 있을 뿐이며, 노인의 활동욕구를 전혀 충족시키지 못하는 경우가 많다. 활동내용의 획일성이나 관리의 부재는 결국 노인의 자원봉사 의욕을 떨어뜨리고 참여율을 낮추는 결과를 낳곤 한다. 노인의 자원봉사활동 활성화를 저해하고 있는 문제점으로 다음의 것들을 들 수 있다(류기형 외, 1999: 302~302).

첫째, 노인의 자원봉사활동과 관련하여 중요한 틀이 되는 교환이론적 관점에서 볼 때, 현재 노인의 자원봉사활동 참여는 노인에게 득이 되는 부분이 적다는 점을 지적할 수 있다. 자원봉사활동을 통해 무언가 이득이 되거나 노인의 보유자원이나 교환에서 힘을 강화시켜 주는 부분이 있어야 함에도 불구하고 별다른 보상이 없고, 스스로의 위치를 강화시켜 주는 것으로 생각되지도 않는다는 것이다. 즉, 매우 단순한 내용의 노인자원봉사활동 내용으로는 활동에 참여한 노인들이 스스로의 자존감을 높이거나 영향력을 증진시키는 등의 효과를 기대하기 어렵다. 오히려 경우에 따라서는 활동에 참여했던 노인들에게 좌절감과 같은 부정적 정서를 경험하게 할 우려도 있다.

둘째, 노인들이 자원봉사활동에 참여할 경로를 잘 모르는 경우가 많다. 활동에 참여할 의향을 가지고 있다 해도 참여경로의 접근성이 떨어지면 자원봉사활동에 참여할 수 없다. 이는 노인 연령층의 특성상 다른 연령대보다 새로운 활동에의 접근이 어려우므로 접근성을 더 좋게 해야 함에도 불구하고 현재는 노인의 자원봉사활동 참여방법에 대한 홍보가 거의 실효성을 갖지 못한 실정이다. 예를 들어, 인터넷을 통한 노인자원봉사자 모집은 다른 연령대에 비해 효과성이 떨어지는 모집방법이 될 것이다.

셋째, 노인은 심신의 기능이 젊은 층에 비해 뒤떨어진다. 따라서 노인의 상황에 맞추어 참여할 수 있는 프로그램이 개발되어 있어야 함에도 불구하고 그렇지 못하다. 노인들은 지금까지의 생활에서 축적한 많은 경험과 지식, 기술 등이 있지만 이러한 중요한 자원을 충분히 활용하여 삶의 보람을 느낄 수 있게 해줄 수 있는 프로그램은 극히 부족하다. 따라서 젊고 건강한 사람에게 적절한 무리한 활동이 요구된다든지, 수준에 맞지 않는 단순한 작업만을 부과하여 노인의 참여의욕을 없애버리는 결과가 초래되는 경우도 있다.

고령화 사회에서 노인은 매우 유용한 인적자원이다. 이러한 자원을 충분히 활용하기 위해서는 노인자원봉사 관리가 적절히 이루어져야 할 필요가 있다.

## 3. 노인에 대한 자원봉사관리

노인에게 있어 자원봉사활동은 다른 연령층과는 달리 활동에 참여하는 자신의 복지욕구 충족에도 큰 의미를 지닌다. 따라서 노인의 자원봉사활동 참여를 활성화하는 것은 대단히 중요하지만 아직까지 우리사회의 현실은 그렇지 못하다. 노인의 자원봉사활동 참여를 촉진하는 요인과 저해하는 요인은 〈표 13-2〉에서 보는 바와 같다.

노인은 상대적으로 긴 여가시간을 가지고 있으며 사회활동에 참여하고자 하는 욕구가 많다. 많은 경륜과 경험을 쌓았고 이웃과 지역사회에 대한 관심도 높은 편이다. 그리고 존경과 인정을 추구한다. 이

〈표 13-2〉 노인자원봉사 참여촉진요인과 저해요인

| 참여촉진요인 | 참여저해요인 |
|---|---|
| 긴 여가시간<br>높은 사회활동 참여 욕구<br>다양한 사회활동경험<br>이웃과 지역사회에 대한 관심<br>존경과 인정 추구 | 상대적으로 취약한 신체적 능력<br>역할에 대한 전통적 보수성<br>교류에서의 경직성<br>원거리 이동에 대한 부담<br>새로운 지식습득 경로의 취약성 |

는 노인의 자원봉사활동을 촉진하는 요소가 된다. 그러나 반대로 건강의 취약성과 신체적 능력이 떨어지는 점, 역할에 대한 전통적 보수성이나 대인교류에서의 경직성, 이동성이 떨어지는 점, 새로운 정보통신 기술에 대한 접근성이 떨어지고 새로운 기술이나 정보를 획득하는 데 있어서의 상대적 취약성 등은 노인의 자원봉사활동에 장애요소가 된다. 노인의 자원봉사활동 참여가 부진하다는 것은 참여의 촉진요인보다 저해요인이 더 크게 작용하고 있다는 것과 관련된다.

노인자원봉사 관리는 노인의 자원봉사활동 참여 촉진요인을 강화하고 저해요인을 통제하는 것이 되어야 한다. 그리고 이를 통해 노인의 자원봉사활동을 활성화하고 노인이 자원봉사활동을 통해 욕구충족과 좋은 경험을 얻을 수 있도록 지원하는 것이어야 한다.

노인자원봉사 관리에서는 노인의 자원봉사활동 영역과 프로그램을 적절하게 선택하는 것이 큰 중요성을 가진다.

### 1) 적절한 자원봉사활동 영역과 프로그램 모색

노인의 자원봉사 참여 활성화와 자원봉사 관리는 먼저 적절한 활동영역과 내용을 모색하는 것에서 출발해야 한다. 노인에게 적절한 자원봉사활동 영역과 내용은 다음과 같은 원칙 하에서 모색되어야 한다.

첫째, 이론적 측면에서 노인자원봉사활동의 의의를 고양시키는 것이어야 한다. 교환이론적 측면에서 노인의 자원을 증진시키는 것인지, 지속이론이나 활동이론 측면에서 노인의 과거 활동내용을 계승하거나 혹은 과거 활동성을 충분히 반영하는지 등을 각 개별 노인의 상황에 비추어 사정해야 한다.

둘째, 활동영역과 내용은 앞에서 제기한 노인자원봉사활동 참여 촉진요인을 강화하고 저해요인을 통제하는 것이어야 한다.

셋째, 노인이 나타내는 심신의 노화에 따른 기능저하에 크게 민감하지 않은 활동영역과 내용으로 구성되어야 한다. 일반적으로 노인은 체력과 순발력과 같은 기능이 다른 연령대에 비해 뒤떨어진다. 따라서 과도한 체력이나 집중력을 요구하는 활동보다는 그간의 경험과 기술을 발휘할 수 있는 활동이 더 적절하다.

넷째, 최근 증가하고 있는 고학력·중산층 노인의 과거 사회활동 수준을 감안한 활동영역과 내용을 찾아야 한다.

마지막으로 모든 노인의 상황이 다르므로 획일적으로 모든 노인에게 적합한 활동내용에 집착할 것이 아니라 각 노인에게 적합한 활동내용을 개별화하여 모색해야 한다.

RTV (*Retired Technology Volunteer*)

미국의 RTV프로그램은 2005년에 창시된 것이다. 이는 정보화 기술을 가진 퇴직인력이 나타남에 따라 이 기술자원을 필요로 하는 비영리단체나 조직들에게 은퇴인력의 지원을 연결하는 프로그램이다. RTV 참여자들은 50세 이상으로 구성되고 있다.
이 프로젝트의 내용은 데이터트랙킹(*data tracking*), 웹사이트의 구축과 최적화, 직원교육 등 매우 다양하다. 활동의 목적으로 봉사대상인 비영리기관의 정보화 기술능력을 증진시켜주는 것을 공통적으로 지향하고 있다. 특히 정보기술 분야가 아닌 자원봉사활동을 통해 활동하고 있는 자원봉사자들의 활동경험을 통해 해당 비영리기관에 필요한 정보화의 내용을 파악하고 지원하기 위해 현재 활동하는 노인자원봉사자들을 적극적으로 RTV 회원으로 포함하고자 노력하고 있다.

자료: http://www.seniorsnet.org

노인에게 적합한 구체적 자원봉사활동 내용으로 다음과 같은 것들을 소개하곤 한다(류기형 외, 1999: 300~302).

① 교육수준이 높은 노인의 경우: 아동이나 유학생에 대한 말하기, 쓰기의 지도, 명소나 사적 안내, 민간복지단체 재정을 위한 경리실무 등
② 전통문화 전수를 위한 활동: 한자지도, 연 만들기와 날리기, 시조지도, 짚신 만들기 등
③ 장애인을 위한 활동: 장애인자립작업장에서의 보조 활동, 점역활동 및 낭독활동, 시각장애아의 장난감 만들기, 장애인청년생활학급 지도, 맹인의 가이드, 수화통역 등
④ 아동을 위한 활동: 보육원 아동과의 교류, 장난감 병원 운영, 장난감 도서관 운영, 아동문고 운영 등
⑤ 특기나 취미를 살린 활동: 인형극 상영, 장애인시설에서의 그림지도, 우표수집과 정리, 시설에서의 미용이나 위생지도, 전기기구 수리
⑥ 기타 지역사회 등을 위한 활동: 병원 자원봉사, 부자가정에의 원조활동, 급식 서비스, 버스 정류장 등에서의 보조와 청소활동, 가두모금, 전화상담, 국제적 활동으로서 개발도상국 지원, 외국인 노동자의 우리말 교사

그러나 이뿐만 아니라 훨씬 더 다양한 활동내용을 개발할 수 있다. 정부에서는 〈표 13-3〉과 같이 고령자 우선고용직종을 선정하여 발표한 바 있다. 이는 과거 고령자 적합 직종을 개편한 것이다. 이 직종들은 취업의 의미에서만이 아니라 자원봉사활동의 영역과 내용으로서도 의미를 가진다. 또한, 노인인력지원기관에서 이루어지고 있는 프로그램 중 노인의 숲생태 해설, 간병인, 베이비시터, 문화예술단,

가사도우미, 주례 및 전통행사 주관, 문화해설사, 1·3세대 연계 프로그램, 노인지킴이, 공원 등 관리, 소식지 발간, 각종 소양교육 및 전통문화 교육 등 역시 노인자원봉사 프로그램의 활동내용으로 함의를 가진다.

〈표 13-3〉 고령자 우선고용직종

공공부문: 70개 직종

| 구 분 | 직종명 |
|---|---|
| 기술·기능 (6개) | 공학기술자문가, 전기시설관리원, 냉장기수리조작원, 운전원, 보일러조작원, 건물보수원 |
| 경영·사무(10개) | 인사노무관리자, 경영컨설턴트, 법률 및 세무회계관련자문가, 채권추심원, 사무보조원, 컴퓨터자료입력원, 우편물접수원, 설문조사원, 교통량조사원, 지가조사원 |
| 교육·문화(4개) | 사회교육강사, 기숙사사감, 도서정리원, 문화재보존원 |
| 의료·복지(3개) | 사회복지보조요원, 상담사, 시설보육사 |
| 서비스·판매(13개) | 데스크안내원, 시설 및 견학안내원, 화랑 및 박물관안내원, 관광안내원, 주차안내원, 접수예약사무원, 민원상담원, 매표·검표원, 주차요금정산원, 통행료정산원, 주방보조원, 조리사, 구내매점원 |
| 농림·어업(3개) | 농림어업관련자문가, 조경관리원, 식물재배원 |
| 단순노무(31개) | 경비원, 공원관리인, 주차장관리인, 건물관리인, 운동장관리인, 묘지관리인, 식물원관리인, 쓰레기매립장관리인, 문화재관리인, 배수지관리인, 건널목관리인, 환경미화원, 노견정리원, 재활용품분류원, 소독방역원, 계기검침원, 안전점검원, 수금원, 화물접수원, 물품보관 및 정리원, 교통정리원, 주정차위반단속원, 버스전용차선단속원, 포장원, 상표부착원, 제품단순검사원, 산림보호원, 수렵감시원, 조류보호구역감시원, 하천감시원, 안전순찰감시원 |

민간부문: 90개 직종

| 구 분 | 직종명 |
|---|---|
| 기술 · 기능(19개) | 공학기술자문가, 가전제품수리원, 전기시설관리원, 재단사, 재봉사, 의복 및 관련제품수선원, 운전원, 전통건물건축원, 도배원, 배관공, 미장공, 생산관리기술자, 품질관리기술자, 주택관리사, 기계설비 및 설비관리원, 냉장기수리조작원, 리프트조작원, 보일러조작원, 건물보수원 |
| 경영 · 사무(16개) | 인사노무관리자, 경영컨설턴트, 창업지원컨설턴트, 법률 및 세무회계관련자문가, ISO인증심사원, 채권추심원, 해외영업원, 무역사무원, 부동산대리인, 분양 및 임대사무원, 배차사무원, 사무보조원, 설문조사원, 영업관리사무원, 기술영업원, 일반영업원 |
| 교육 · 문화(6개) | 사회교육강사, 기숙사사감, 도서정리원, 기록관리사, 문화재보존원, 번역가 |
| 의료 · 복지(5개) | 간병인, 산후조리종사원, 사회복지보조용원, 상담사, 시설보육사 |
| 서비스 · 판매(19개) | 데스크안내원, 시설 및 견학안내원, 화랑 및 박물관안내원, 관광안내원, 주차안내원, 질서유지원, 계산대수납원, 접수예약사무원, 매표 · 검표원, 주차요금정산원, 통행료정산원, 장례지도사, 결혼상담원, 주방보조원, 홀써빙원, 조리사, 텔레마케터, 구내매점원, 매장감시원 |
| 농림 · 어업(3개) | 농림어업관련자문가, 조경관리원, 식물재배원 |
| 단순노무(22개) | 음식료품가공원, 창고관리인, 검수원, 경비원, 교구관리인, 공원관리인, 주차장관리인, 건물관리인, 가정도우미, 세차원, 환경미화원, 배달원, 계기검침원, 안전점검원, 수금원, 화물접수원, 물품보관 및 정리원, 전단지배포 및 벽보원, 주유원 및 가스충전원, 포장원, 상표부착원, 제품단순조립원 |

### 2) 노인자원봉사 관리활동

노인에 대한 자원봉사관리도 기본적으로는 일반적 자원봉사관리와 같은 원칙과 절차를 거친다. 먼저 노인의 특성에 맞는 적절한 프로그램을 기획한 다음, 모집·선발·교육과정을 거쳐 자원봉사활동을 시작하도록 지원해야 한다. 이 과정에서 노인 각자의 특성 및 희망하는 활동장소, 활동대상, 활동분야, 관심영역, 생활하고 있는 상황 등을 면밀히 고려해야 한다.

노인자원봉사관리자가 유의해야 할 사항은 다음과 같다(김범수 외, 2004: 256).

① 노인의 성격이나 습관을 파악한다.
② 자원봉사활동을 인생설계의 가운데 둔다.
③ 건강과 안전에 만전을 기한다.
④ 요보호자라도 자원봉사활동을 할 수 있다는 것을 유념한다.
⑤ 부부관계나 가족관계를 배려한다.
⑥ 노인은 활동자가 동시에 자원봉사활동의 대상자가 되기도 한다는 점에 유의한다.
⑦ 다양한 활동의 종류를 준비해서 활동의 계기를 만든다.
⑧ 활동에 들어가기 전에 충분한 교육을 한다.

노인자원봉사자를 모집하기 위한 홍보수단을 선택하는 데 있어 노인이 익숙한 매체를 선택해야 한다. 기존의 노인 자원봉사자를 모집원으로 활용하는 것은 유용한 수단이 될 수 있다. 선발과 면접과정에서 노인의 특성을 감안해야 하며, 특히 노인자원봉사자는 단기 자원봉사자보다는 전통적으로 장기 자원봉사자의 특성을 많이 가지고 있음에 유의해야 한다. 따라서 부분적이고 기계적 업무분담보다는 활동영역의 전반적 동료의식을 나누는 업무배치가 더 효과적인 경우가 많다.

교육과 훈련과정에서는 필요한 교육을 한 번의 강의로 수행하는 것보다는 반복과 경험의 이해를 충분히 활용하는 코칭(*coaching*) 등의 유형을 활용하는 것이 좋다. 노인은 '정답을 말하기보다는 오답을 말하지 않으려 하는' 특유의 심리사회적 특징을 가지기 쉬우므로 교육과 훈련과정에서 이를 감안해야 한다.

슈퍼비전과 평가 및 승인과정 전반에 걸쳐 참여 노인의 자존감을 증진하고 충분히 존중하는 태도를 전달하는 것에 유의해야 한다. 그리고 장기 자원봉사자로서의 특징이 많은 인구층인 만큼 활동 참여가 장기화되도록 격려하고 점점 더 많은 책임과 중요한 지위와 역할을 부여하는 관리를 실행해야 한다. 만약 단기 자원봉사활동으로 종결하는 노인자원봉사자가 있다면 프로그램 기획이나 관리활동에 부적절한 점이 무엇이었는지를 빨리 확인해야 한다.

### 3) 노인자원봉사활동 활성화 과제

노인의 자원봉사활동을 활성화하기 위해서는 자원봉사 관리활동이 매우 중요한 의미를 가지지만, 이외에도 보다 환경적이고 제도적 측면에서 보완해야 할 과제가 있다.

첫째, 노인자원봉사 프로그램을 확충해야 한다. 아직도 많은 경우에 단순한 몇 가지 활동내용이 지배적 상황을 시급히 개선해야 할 필요가 있다. 이는 특히 주요한 노인단체의 사회복지나 자원봉사관리의 이해가 부족하다는 점과 관련된다. 노인의 다양한 경력과 지식을 활용할 수 있는 프로그램을 보급해야 한다.

둘째, 노인자원봉사관리자의 활동이 보편화되어야 한다. 노인단체에 노인자원봉사관리자가 배치되어 활동할 수 있어야 한다. 이를 위해서는 일단 노인자원봉사관리자가 많이 양성되어야 하고 교육 프로그램과 체계도 만들어져야 한다.

셋째, 노인자원봉사 관리체계와 추진체계의 접근성이 개선되어야 한다. 아직도 활동 욕구를 가진 많은 노인들이 어떻게 자원봉사활동에 참여할 수 있는지에 대해 적절한 정보를 가지지 못하는 경우가 많다. 따라서 관리체계나 추진체계의 홍보를 강화해야 한다.

넷째, 노인의 자원봉사활동에 대한 승인과 보상체계를 확충해야 한다. 특히 현재의 노인세대는 자원봉사활동이 보편화되지 않았던 사회 분위기에서 생활해왔으므로 이들을 유인하기 위한 유인체계로서 적절한 승인과 보상방법을 활용하는 것이 필요하다. 이와 아울러 노인의 자원봉사활동을 전반적으로 지원하기 위한 지원체계를 제도적으로 강화해야 할 것이다.

마지막으로 노인의 사회참여활동 특히 자원봉사활동에 대해 긍정적으로 인식하고 장려하는 사회적 분위기를 확산시키는 것이 중요하다. 노인에 대해 '역할 없는 역할'을 암묵적으로 강요하고 노인을 주변화하여 소극적 태도를 유발하는 사회 분위기는 노인의 자원봉사활동 활성화에 결정적 장애가 된다.

# 사회복지기관 · 시설과 자원봉사 제14장

## 1. 사회복지기관과 시설의 이해

사회복지기관과 시설은 지역사회에서 충족되지 않은 사회복지적 욕구에 접근하기 위해 만들어진 조직체이다. 지역사회에 존재하는 사회복지기관과 시설은 ① 주로 사용하는 전문적 사회복지실천의 방법유형, ② 클라이언트에게 직접적 서비스를 제공하느냐의 여부, ③ 활동을 전개하는 지리적 단위, ④ 다루고자 하는 문제의 형태, ⑤ 설립주체 등에 따라 다양한 종류가 존재한다(최일섭 · 류진석, 1997: 305).

사회복지기관(*agency*)과 시설(*institution*)은 명확히 구별되기 어려운 점이 있다. 그러나 통상적으로는 복지서비스 대상자인 클라이언트를 직접적으로 접촉하여 활동하는 경우에는 시설, 그렇지 않은 간접적 활동을 수행하는 경우에는 기관의 용어를 사용하는 것이 일반적이다.[1)]

1) 이를 던햄(Dunham) 등과 같은 학자는 직접서비스기관(소비자서비스기관)과

사회복지기관과 시설은 그 종류와 수가 매우 많고, 지역사회 구성원 전체 혹은 일부 특정 집단의 기본적 욕구 미충족 문제나 사회문제로 인한 각종 비복지문제를 직접적으로 다루는 조직이다. 게다가 사회복지기관과 시설은 지역사회에서 사회복지서비스를 제공하는 핵심적 거점이 되므로 그 중요성은 매우 크다. 이러한 점에서 자원봉사활동의 일차적 관심의 표적이 되기 때문에 가장 대표적 자원봉사활동 현장으로 활용되곤 한다.

과거 종종 사회복지시설에서 처우의 부적절성이나 인권문제가 불거진다던가, 혹은 님비(NIMBY) 현상으로 인해 사회복지기관이나 시설이 지역사회와의 교류가 활성화되지 못하는 문제들도 있었다. 그러나 최근에는 사회복지시설과 기관의 입장에서 지역사회와의 교류와 개방화 방편으로 자원봉사자의 적절한 활용이 강조되고 있다.

우리나라의 사회복지시설은 사회복지사업법 제2조와 관련 법령의 적용을 받는 것으로 규정되고 있다.

사회복지시설은 대상 인구층에 따라 아동복지시설 · 노인복지시설 · 장애인복지시설 · 모부자복지시설 · 정신요양시설 · 부랑인 및 노숙인 보호시설 등으로 나눌 수 있고, 이 각각에서도 시설 고유의 성격에 따라 다양한 모습을 가진다.

노인복지시설 중 생활시설은 주거복지시설과 의료복지시설로 나눌 수 있다. 주거복지시설은 무의탁 노인들에게 시설에 거처를 제공하며 기본생활지원 서비스를 주는 시설이고 의료복지시설은 상대적으로 심각한 건강문제가 있는 노인들에게 주거지원과 함께 요양보호를 제공하는 시설서비스이다. 이용시설로는 노인 대상의 여가복지시설과 재가노인복지시설이 있다.

---

간접서비스기관(비소비자서비스기관)으로 지칭하기도 하지만, 보통 직접서비스기관은 사회복지시설을 의미하며 이를 생활시설과 이용시설로 구별하곤 한다(최일섭 · 류진석, 1997: 306 참조).

**【사회복지사업법】**

제 2조 (정의) 이 법에서 사용하는 용어의 정의는 다음과 같다.

1. "사회복지사업"이라 함은 다음 각목의 법률에 의한 보호 · 선도 또는 복지에 관한 사업과 사회복지상담 · 부랑인 및 노숙인 보호 · 직업보도 · 무료숙박 · 지역사회복지 · 의료복지 · 재가복지 · 사회복지관운영 · 정신질환자 및 한센병력자 사회복귀에 관한 사업 등 각종 복지사업과 이와 관련된 자원봉사활동 및 복지시설의 운영 또는 지원을 목적으로 하는 사업을 말한다.

가. 국민기초생활보장법
나. 아동복지법
다. 노인복지법
라. 장애인복지법
마. 모부자복지법
바. 영유아보육법
사. 윤락행위등방지법
아. 정신보건법
자. 성폭력범죄의처벌및피해자보호등에관한법률
차. 입양촉진및절차에관한특례법
카. 일제하일본군위안부피해자에대한생활안정지원및기념사업등에관한법률
타. 사회복지공동모금회법
파. 장애인 · 노인 · 임산부등의편의증진보장에관한법률
하. 가정폭력방지및피해자보호등에관한법률
거. 농어촌주민의복지증진을위한특별법
너. 식품기부활성화에관한법률

2. "사회복지법인"이라 함은 사회복지사업을 행할 목적으로 설립된 법인을 말한다.

3. "사회복지시설"이라 함은 사회복지사업을 행할 목적으로 설치된 시설을 말한다.

4. "사회복지서비스"라 함은 국가 · 지방자치단체 및 민간부문의 도움을 필요로 하는 모든 국민에게 상담 · 재활 · 직업소개 및 지도, 사회복지시설의 이용 등을 제공하여 정상적 사회생활이 가능하도록 제도적으로 지원하는 것을 말한다.

5. "보건의료서비스"라 함은 국민의 건강을 보호 · 증진하기 위하여 보건의료인이 행하는 모든 활동을 말한다.

자료: 법제처 종합법령정보센터(http://www.klaw.go.kr).

아동복지시설 중에서 생활시설은 아동양육시설, 아동일시보호시설, 아동보호치료시설, 아동직업훈련시설, 아동단기보호시설이 있다. 아동생활시설의 대부분은 정상적 가정양육과 보호를 받을 수 없는 상황에 놓인 아동들에게 보호와 생활지원서비스를 제공하는 것이다. 또한 아동상담소, 아동전용시설, 아동복지관 등 이용시설도 있다.

장애인 대상의 사회복지시설은 장애인을 대상으로 수용 보호하는 장애유형별의 장애인생활시설과 이용시설로서 장애인지역사회재활시설과 장애인직업재활시설이 있다. 정신장애인이나 정신질환자를 대상으로 하는 사회복지시설로는 정신요양시설과 정신질환자 사회복귀시설이 있다.

그 밖에도 사회경제적으로 취약한 상태인 한부모가정을 지원하기 위한 모부자복지시설과 노숙인·부랑인을 위한 노숙인쉼터, 그리고 부랑인복지시설, 결핵시설, 한센시설 등이 있다.

이상의 사회복지시설은 대부분 보건복지부가 관리감독의 주무부처가 되고 있다. 그러나 여성복지 관련 영역과 보육시설은 여성부의 소관이다. 한편, 자립지원시설, 직업보도시설, 교호시설, 청소년 쉼터와 회관, 청소년상담소 등 청소년복지 관련 시설도 주무부처가 달라 사회복지시설의 법적 범주 내에 포함되어 있지 않지만 사실상 사회복지시설로서의 서비스를 제공하고 있다.

우리나라 사회복지시설의 종류는 대체적으로 〈표 14-1〉과 같이 구분하여 살펴볼 수 있다.

〈표 14-1〉 사회복지시설의 종류

| 구 분 | 사회복지생활시설 | 사회복지이용시설 |
|---|---|---|
| 노인복지시설 | ▪ 노인주거복지시설:<br>-양로시설<br>-실비양로시설<br>- 유료양로시설<br>▪ 노인의료복지시설:<br>-노인요양시설<br>-실비노인요양시설<br>-유료노인요양시설<br>-노인전문요양시설<br>-유료노인전문요양시설 | ▪ 재가노인복지시설:<br>-가정봉사원파견시설<br>-주간보호시설<br>-단기보호시설<br>▪ 노인여가복지시설:<br>-노인복지회관<br>-경로당<br>-노인교실<br>-노인휴양소<br>▪ 노인보호전문기관 |
| 아동복지시설 | ▪ 아동양육시설<br>▪ 아동일시보호시설<br>▪ 아동보호치료시설<br>▪ 아동직업훈련시설<br>▪ 자립지원시설<br>▪ 아동단기보호시설<br>▪ 공동생활가정 | ▪ 아동상담소<br>▪ 아동전용시설<br>▪ 아동복지관<br>▪ 지역아동센터 |
| 장애인복지시설 | ▪ 장애인생활시설<br>▪ 장애인유료복지시설 | ▪ 장애인지역사회재활시설<br>▪ 장애인직업재활시설 |
| 모부자복지시설 | ▪ 모자보호시설<br>▪ 모자자립시설<br>▪ 부자보호시설<br>▪ 부자자립시설<br>▪ 미혼모시설<br>▪ 일시보호시설 | ▪ 여성복지관<br>▪ 모부자가정상담소 |
| 부랑인복지시설 | ▪ 부랑인복지시설 | ▪ 노숙인쉼터 ▪ 상담보호센터 |
| 정신보건시설 | ▪ 정신요양시설<br>▪ 정신질환자사회복귀생활시설 | ▪ 정신질환자사회복귀이용시설 |
| 기타시설 | ▪ 결핵시설<br>▪ 한센시설 | ▪ 종합사회복지관<br>▪ 자활후견기관 |
| 여성부소관시설 | ▪ 여성선도보호시설<br>▪ 성폭력피해자보호시설<br>▪ 가정폭력피해자보호시설 | ▪ 보육시설 |

자료: 보건복지부, 2006, 〈2006 사회복지시설 관리안내〉, pp. 4~5.

### 1) 사회복지생활시설

사회복지시설은 자원봉사활동 현장으로 가장 많이 활용되고 있다. 사회복지시설은 다시 생활시설과 이용시설로 크게 나눌 수 있는데, 생활시설은 특정 대상자가 사회복지시설에서 숙식하며 서비스를 받는 곳이고 이용시설은 대상자들이 자신의 집에서 기거하면서 특정 프로그램이나 서비스를 받기 위해 방문하여 이용하는 곳이다. 일반적으로 사회복지시설이라고 할 때 사회복지생활시설을 의미하는 것이 보통이다. 사회복지생활시설은 입소자의 가정을 대신해 기본적 보호를 제공하는 '가정 대체적 기능'과 전문적 서비스를 제공하는 '전문적 보호의 기능'을 통합적으로 수행하게 된다.

대체적으로 우리나라 사회복지시설, 특히 생활시설 현황은 〈표 14-2〉에서 보는 바와 같다. 2005년 말을 기준으로 공식적 사회복지

〈표 14-2〉 사회복지생활시설의 현황

(2005년 12월 기준)

| 구 분 | 시설수 | 정 원 | 현재인원 | 종사자 |
|---|---|---|---|---|
| 아 동 | 536 | 27,699 | 20,716 | 5,360 |
| 노 인 | 1,133 | 48,380 | 37,919 | 15,147 |
| 장애인 | 426 | 24,654 | 22,202 | 9,772 |
| 정신보건 | 113 | 14,953 | 13,258 | 1,920 |
| 부랑인 | 49 | 11,091 | 8,749 | 825 |
| 결핵한센장애 | 5 | 1,015 | 654 | 101 |
| 법인계 | 1,642 | 115,788 | 93,721 | 30,075 |
| 개인계 | 620 | 12,004 | 9,777 | 3,050 |
| 총 계 | 2,262 | 127,792 | 103,498 | 33,125 |

* 여성복지시설 등은 소관부처가 보건복지부가 아니라 통계에서 제외됨.

자료: 보건복지부, 2006, 〈2006 사회복지시설관리안내〉, pp. 6~8.

생활시설 총 2,262개소에 약 10만여 명이 입소생활하고 있다. 여기에는 3만3천여 명의 종사자가 근무하고 있다. 생활시설 서비스의 특성상 24시간 무휴로 서비스가 제공되어야 하기 때문에 종사자의 교대근무 등을 감안한다면 적절한 서비스 제공을 위한 충분한 인력지원이 되지 못하고 있다. 이러한 예산상의 문제 등은 아직도 우리나라의 사회복지생활시설이 대규모화되고 개별적 서비스에 취약성을 가지는 구조적 원인이 되곤 한다.

수년 전까지 우리나라 사회복지 생활시설 중에는 미신고시설이 상당수 존재하였다. 그러나 이에서 발생하는 잦은 인권침해 문제나 서비스의 질적 수준에 대한 논란 등 사회문제에 따라 미신고시설에 대한 양성화 정책을 통해 많은 수를 신고시설로 흡수하였다. 2004년 3월 기준으로 전국에 약 1천여 개의 공식적 사회복지생활시설이 있었는데 미신고 사회복지시설에 대한 신고등록 기간을 거치면서 불과 1~2년 사이에 사회복지생활시설의 수가 두 배 이상 증가하였다.

사회복지생활시설은 역사적으로 과거에는 요보호대상자를 사회일반으로부터 격리수용하거나 혹은 최저생활보장을 위해 수용 보호하는 모습을 나타내기도 했다. 그러나 최근에는 단지 입소자들을 수용보호하는 것이 아니라 이들에게 적절한 재활과 자활프로그램 및 개입을 제공하여 지역사회 일반의 사람들과 같이 생활할 수 있게 하는 목적을 가지고 있다. 이에 따라 사회복지시설보호의 발전과정과 이념형을 〈표 14-3〉과 같이 정리할 수 있다.

〈표 14-3〉 사회복지시설보호의 변천과정

| 구 분 | 보호수준 | 보호목표 | 보호형태 | 지역사회와의 관계 |
|---|---|---|---|---|
| 사회방위적 단계 | 열등처우 | 사회적 방위 | 격리 | 단절 |
| 사회보장적 단계 | 최저생활 | 발달가능성 | 수용 | 수동적·일방적 |
| 사회복지적 단계 | 최적생활 | 정상화 | 생활·육성 | 능동적·상호적 |

자료: 박태영, 2000, 《사회복지시설론》, 양서원, p. 17.

우리나라의 사회복지시설도 일부를 제외하고는 사회방위적 단계를 넘어 사회보장적 단계에서 사회복지적 단계로의 발전을 도모하고 있다고 할 수 있다. 이에 따라 사회복지시설보호의 기본적 원리로 개별화, 가정과의 관계조정, 집단활용, 일관성, 지역사회와의 관계강화 등을 들고 있다.

최근 우리나라의 사회복지시설은 시설평가제도나 미신고사회복지시설의 양성화 등을 통해 사회복지시설의 개방화와 투명성 및 전문성 제고를 도모하여, 입소 생활하는 서비스 대상자뿐만 아니라 지역사회와의 교류를 강화하고 사회적 승인을 확고히 하고자 노력하고 있다.

### 2) 사회복지이용시설과 지역사회복지관

사회복지이용시설은 생활시설과 달리 일정한 거처가 있는 지역주민들이 필요한 시간에 사회복지시설을 방문하여 원하는 사회복지서비스나 프로그램을 활용할 수 있게 하는 것이다. 이 현황은 〈표 14-4〉에서 보는 바와 같다.

전체적으로 5만 8천여 개의 이용시설이 있는 것으로 나타나고 있다. 그러나 이에는 전국적으로 52,786개소의 경로당이 포함되는데, 사실상 경로당은 장소제공 외에는 사회복지이용시설이라고 할 만한 서비스나 프로그램이 제공되는 바가 전혀 없고 근무자도 없는 상황이다. 따라서 이 수치는 실질적으로는 다소 과장된 것이라 할 수 있다. 이용시설의 종사자 수는 27,580명으로 나타나고 있다. 한편으로 몇 년 전까지는 가장 많은 숫자를 차지하였던 사회복지이용시설인 보육시설 역시 전국적으로 수만 개소에 달하고 있다. 그러나 최근에는 소관부처가 여성가족부로 이전되면서 사회복지 이용시설의 통계치에 포함되지 않고 있다.

〈표 14-4〉 사회복지이용시설의 현황

(2005년 12월 기준)

| 구분 | | 시설수 | 종사자수 |
|---|---|---|---|
| 사회복지관 | | 391 | 7,650 |
| 노인복지시설 | | 54,803 | 5,495 |
| 장애인 | 지역사회재활시설 | 1,049 | 7,108 |
| | 직업재활시설 | 244 | 1,015 |
| 정신질환사회복귀시설 | | 86 | 332 |
| 아동시설 | | 1,422 | 4,191 |
| 부랑인, 노숙인 시설 | | 108 | 397 |
| 자활후견기관 | | 242 | 1,392 |
| 계 | | 58,345 | 27,580 |

자료: 보건복지부, 2006, 〈2006 사회복지시설관리안내〉, p. 8.

사회복지이용시설 중 가장 대표적인 것으로 자원봉사자의 활용도 활발한 곳은 사회복지관이라 할 수 있다. 전국적으로 391개소가 있으며 7,650명의 종사자가 근무하고 있다. 사회복지관은 특정 인구층만을 대상으로 하는 단종복지관과 지역사회복지관이 있다. 지역사회복지관은 각종 복지프로그램을 통해 생활이 어려운 주민들에게 사회복지서비스를 제공하거나, 자립능력 배양을 위한 교육훈련의 기회제공 등 각종 복지서비스를 제공하며 지역사회문제의 예방치료 및 지역주민의 연대감을 조성하는 사회복지시설로 지역주민의 복지증진을 위한 종합복지센터의 역할을 수행하는 곳이다.

지역사회복지관은 사회복지 대상자들을 수용 보호하는 곳이 아니라는 점에서 사회복지생활시설과는 구별되는 이용시설이다. 또한 장애인복지관이나 노인복지관 등 다른 사회복지이용시설과는 달리 특수한 인구층을 대상으로 하여 서비스가 편성되기보다는 지역을 단위로 하여 지역주민에게 종합적 사회복지 서비스를 제공하기 위한 곳이라는 특성을 가지고 있다. 지역사회복지관은 1980년대 후반부터 그

숫자가 급격히 늘어났다. 인구 10만 명당 1개소를 기본 원칙으로 하고 저소득층 밀집지역 등에는 추가로 설치되고 있다.

지역사회복지관은 지역인구 중 저소득층과 인구학적 측면에서의 취약계층을 우선 대상으로 하여 사업을 진행하도록 되어 있다. 사업 내용의 기획과 집행에서 지역성, 전문성, 책임성, 자율성, 통합성, 자원 활용, 중립성, 투명성을 사업 원칙으로 하고 있다.

지역사회복지관의 프로그램 내용은 과거 가정복지사업, 아동복지

〈표 14-5〉 지역사회복지관 주요사업

| 분 야 | 단위사업 | 우선사업 대상 프로그램 |
|---|---|---|
| 가족복지사업 | 가족관계증진<br>가족기능 보완<br>가정문제 해결 · 치료<br>부양가족지원 | 개인 및 가정문제 등 상담<br>방과후 아동보호 프로그램 |
| 지역사회보호사업 | 급식서비스<br>보건의료서비스<br>경제적 지원<br>일상생활 지원<br>정서서비스<br>일시보호서비스 | 급식서비스(식사배달, 밑반찬 배달, 무료급식 등)<br>주간보호소 · 단기보호소운영 |
| 지역사회조직사업 | 주민조직화 및 교육<br>복지네트워크 구축<br>주민복지 증진<br>자원봉사자 양성 및 후원자 개발 · 조직 | 주민조직체 형성 및 운영<br>복지네트워크 구축 |
| 교육 · 문화사업 | 아동 · 청소년 기능교육<br>성인 기능교실<br>노인 여가문화<br>문화복지 | 노인 여가 · 문화 프로그램<br>아동 · 청소년 사회교육 프로그램 |
| 자활사업 | 직업기능 훈련<br>취업알선<br>직업능력 개발<br>자활공동체 육성 | 취업 · 부업 안내 및 알선<br>취업 · 부업 기능훈련 및 공동 작업장 운영 |

자료: 보건복지부, 2006, 〈2006년도 사회복지관 및 재가복지봉사센터 운영안내〉.

사업, 청소년복지사업, 노인복지사업, 장애인복지사업, 지역복지사업의 6개로 주로 사업대상 단위 범주화로 구분되어왔다. 그러나 최근에는 〈표 14-5〉와 같이 가정복지사업, 지역사회보호사업, 지역사회조직사업, 교육문화사업, 자활사업으로 프로그램의 내용영역 중심으로 구분되고 있다.

지역사회복지관은 각 지역사회의 실정에 맞도록 규정된 프로그램 중에 필요하고 적절한 사업을 선정하여 진행하도록 되어 있다. 단 취약계층 등 우선사업 대상자들에게 각 분야별 우선사업을 반드시 1개 이상씩 포함하도록 하고 있다. 자원봉사자들도 이 중의 어느 한 프로그램에서 활동하게 되는 것이 일반적이다. 지역사회복지관은 현재 우리나라에서 가장 대표적 자원봉사활동 현장이라고 할 수 있다.

또한 최근에는 '재가복지봉사센터'가 지역사회복지관에 부설로 설립되어 운영되는데, 자원봉사자들이 매우 많이 활동하는 영역이다. 재가복지봉사센터는 사회복지관과 같은 이용시설을 이용하기 어렵고 가정에서 보호를 요하는 장애인 · 노인 · 소년소녀가장 · 결손가정 등 가족기능이 취약한 주민과 지역사회 내에서 재가복지서비스를 원하는 가정에 자원봉사자들이 방문하여 가사 · 간병 · 정서 · 의료 · 결연 등의 서비스를 제공하는 역할을 수행하는 것이다. 재가복지봉사센터의 사업내용은 주로 다음과 같다(보건복지부 2006: 57).

① 가사 서비스: 집안청소 도와주기, 식사준비 및 취사, 세탁서비스 등

② 간병 서비스: 안마, 병간호수발, 병원안내 및 통원시 차량지원, 병원수속대행, 보건소안내, 약품구입, 집안소독 등

③ 정서 서비스: 말벗, 상담, 학업지도, 책 읽어주기, 여가지도, 취미활동제공 등

④ 결연 서비스: 생활용품 및 용돈 등의 재정적 지원알선, 의부모

의형제 맺어주기 등

⑤ 의료 서비스: 지역의료기관 및 보건기관과 연계·결연을 통한 정기 또는 수시방문 진료

⑥ 자립지원 서비스: 탁아, 직업보도, 기능훈련, 취업알선 등

⑦ 주민교육 서비스: 보호대상자의 가족, 이웃, 친지 등을 포함한 지역주민을 위해 재가보호 서비스 요령 및 방법 교육

⑧ 기타 사회복지관내 시설을 이용한 서비스

### 3) 사회복지기관

사회복지생활시설과 이용시설 외에 직접적으로 서비스 대상자를 접촉하지는 않지만 간접적 형태로 서비스를 제공하는 사회복지기관도 여러 종류가 있다. 사회복지협의회, 사회복지시설연합회나 각종 협회, 사회복지공동모금회, 지역사회복지협의체 등이 이에 해당한다. 이러한 사회복지기관에서는 직접적 서비스를 제공하는 사회복지시설에 대한 프로그램 개발 및 지원이나 네트워크사업, 개별 사회복지시설이 수행하기 어려운 각종 조사와 연구업무·홍보활동·옹호활동 등을 통해 복지증진에 노력하고 있으며, 이곳에서도 많은 자원봉사자들이 활동하고 있다.

이상에서 살펴본 각종 사회복지기관이나 시설은 우리나라에서 사회복지관계법의 규정과 보건복지부의 '사업안내' 및 지침에 의거해 사업을 진행하고 있으며, 시설의 종류에 따라 사업이나 프로그램의 내용이 서로 다르고 다양하다. 현재의 사업안내와 지침은 모두 공개되어 있으며 보건복지부 홈페이지 등을 통해 그 내용을 확인할 수 있다. 이에는 시설을 설치할 수 있는 자격, 운영재원, 인력배치, 평가관련 내용이 규정되어 있다. 자원봉사활동이나 혹은 그 적절한 관리

활동을 위해서는 이 내용들을 숙지할 필요가 있다. 또한 최근 사회복지시설에 대한 평가의 중요성이 부각되는 상황이므로, 시설평가의 항목이나 배점 등을 통해서 시설의 어떤 프로그램에 사회적 강조점을 두는지 그리고 이와 관련하여 자원봉사자의 활용이나 역할이 어떤 의미를 가지는지도 파악할 수 있다.

일본의 경우 얼마 전부터 사회복지시설에 대한 '지원제도'가 실시되면서 사회복지시설의 극적 경쟁과 선택 시스템으로의 전환을 보여주고 있다. 우리나라도 사회복지사업법 개정에 따라 서비스 신청권이 활성화되고 재정의 지방분권화가 정착되면 사회복지시설의 운영 양상에 많은 변화가 나타날 것으로 예상된다. 한편으로는 자원봉사자의 활용을 포함한 지역사회 자원활용이 가지는 중요성이 더욱 부각될 것이다.

## 2. 사회복지기관 · 시설과 자원봉사활동

사회복지기관과 시설은 자원봉사활동의 대표적 현장으로 활용되고 있다. 이는 자원봉사활동이 지역사회의 이른바 생활이 어려운 사람에 대한 직접적이고 공익적 활동을 일차적으로 떠올리게 된다는 점에 기인하고 있다. 또한 사회복지시설에서의 자원봉사활동은 활동 대상자를 직접적으로 접촉하여 서비스를 제공하는 직접적 활동의 주된 배경이 된다는 점에서도 독특한 의미를 가지게 된다.

### 1) 사회복지시설 자원봉사활동의 의의

자원봉사활동 혹은 자원봉사자 활용은 자원봉사자 개인뿐만 아니라 사회복지시설의 관점에서도 매우 중요한 의미를 가진다.

첫째, 대인적 서비스 욕구에 대한 충족의 필요이다. 사회복지시설은 기본적 보호와 생활유지뿐만 아니라 재활서비스 제공 등을 위해 물질적 서비스와 아울러 다양한 대인적 서비스를 필요로 한다. 이를 위해서는 매우 많은 인력의 참여를 필요로 한다. 그러나 대개 공공의 유급 복지인력은 충분치 않기 때문에 지역사회의 사회복지욕구 충족을 위한 대인적 서비스를 제공하기 위해서는 시민사회의 자원봉사인력이 많이 활용되어야 할 필요가 있다. 예를 들어, 지역사회의 노인이나 장애인에게 최저생계보장을 위한 급여를 제공하는 것은 당연히 정부의 역할이다. 하지만 지역사회의 독거노인 모두에게 말벗 활동을 위한 정서적 서비스 지원이나 지역사회 장애인 모두에게 이동보조서비스를 제공하는 것은 유급의 사회복지인력으로는 불가능한 상황이다. 따라서 사회복지가 최저생활보장의 물질적 측면 이상으로 삶의 질을 증진하기 위한 의미를 가지기 위해서는 지역사회의 사회복지기관과 시설에서 많은 자원봉사자의 활동을 필요로 한다. 이는 〈그림 14-1〉이나 〈그림 14-2〉에서 보는 바와 같이 사회복지생활시설이나 이용시설에서 매우 많은 자원봉사활동을 제시하는 점을 통해서도 나타난다.

둘째, 지역사회통합과 개방화 기능이다. 사회복지기관과 시설은 최근 지역사회 개방화를 중요한 과제로 삼고 있다. 이는 지방화의 흐름 속에서 사회복지시설이 생존하기 위한 중요한 방편이 된다. 이를 위해서 지역사회와 사회복지시설이 인적·물적 자원을 교류하는 것이 필요하고 지역사회로부터 자원봉사자를 받아들이는 것은 사회복지시설이 지역사회와 교류하고 개방성을 증진하는 가장 핵심적 활동이 될 수 있다. 이는 지역사회 입장에서는 사회복지 증진을 위해 지역사회 구성원들이 서로 협력하는 통합성 증진의 활동이 될 수 있다.

셋째, 시민사회에 대한 복지교육의 의미이다. 사회복지서비스에 대한 참여활동은 참여자와 주변의 지역사회에 대해 가장 효과적 복지교육의 수단이 된다. 아직까지 서구국가에 비해 사회복지에 대한 사회적 인식이 높지 못한 우리사회에서는 자원봉사활동 참여자가 활동을 통해 복지서비스에 대한 인식을 제고하고 사회복지 증진의 옹호자가 될 수 있도록 긍정적 경험을 부여하는 것은 중요하다.

넷째, 복지자원 효율적 활용의 의미이다. 사회복지시설과 기관의 유급직원은 대부분 사회복지에 대한 전문성을 보유하고 있다. 그리고 이들이 전문성을 발휘하여 보다 수준 높은 사회복지 프로그램을 기획하고 실행하기 위해서는 기본적이고 일상적 보호(*care*) 활동의 부담을 경감시키는 것이 필요하다. 지역사회의 자원봉사자를 활용함으로써 사회복지전문가와 일반 참여자 사이에 효율적 역할분담이 나타나도록 할 수 있다. 그리고 사회복지사 등 전문가는 자원봉사자에 대한 관리감독 등 지원과 새로운 프로그램 개발에 진력할 수 있다.

〈그림 14-1〉 지역사회복지관 자원봉사활동 안내의 실제

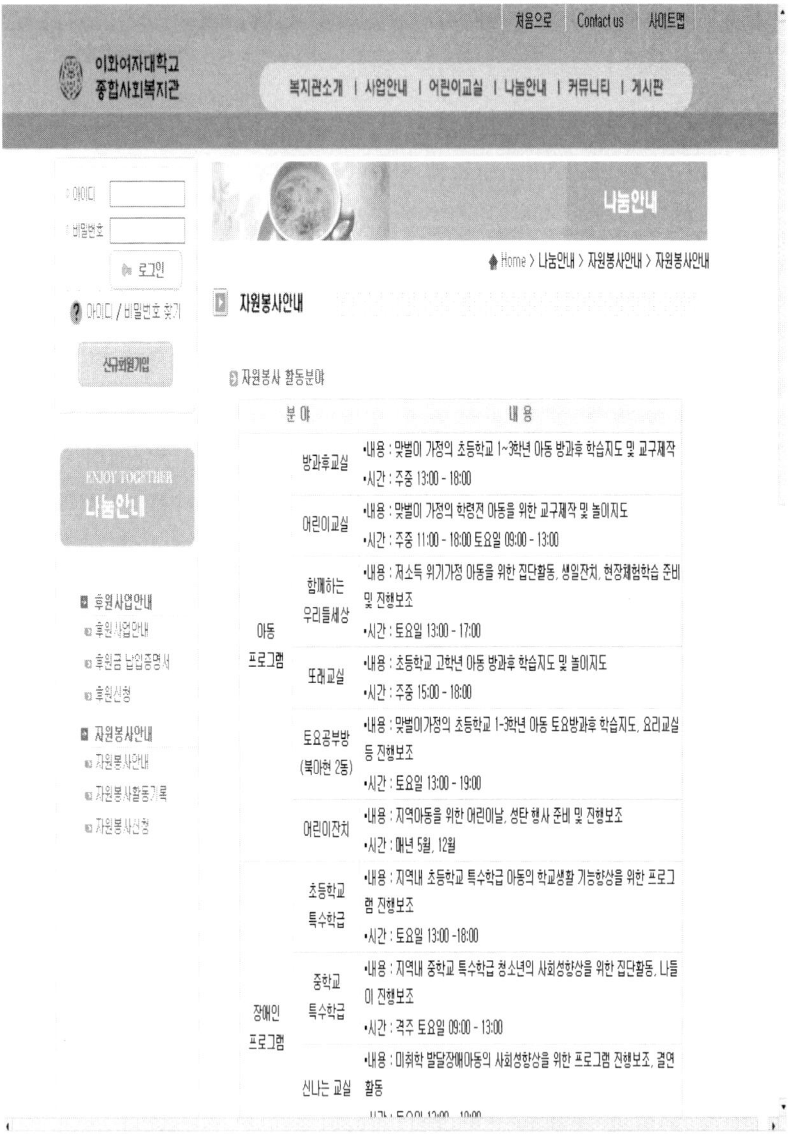

처음으로 | Contact us | 사이트맵

이화여자대학교 종합사회복지관

복지관소개 | 사업안내 | 어린이교실 | 나눔안내 | 커뮤니티 | 게시판

아이디
비밀번호
로그인
아이디 / 비밀번호 찾기
신규회원가입

ENJOY TOGETHER
나눔안내

후원사업안내
후원사업안내
후원금 납입증명서
후원신청
자원봉사안내
자원봉사안내
자원봉사활동기록
자원봉사신청

나눔안내

Home > 나눔안내 > 자원봉사안내 > 자원봉사안내

자원봉사안내

자원봉사 활동분야

| 분야 | | 내용 |
|---|---|---|
| 아동 프로그램 | 방과후교실 | •내용 : 맞벌이 가정의 초등학교 1~3학년 아동 방과후 학습지도 및 교구제작<br>•시간 : 주중 13:00 - 18:00 |
| | 어린이교실 | •내용 : 맞벌이 가정의 학령전 아동을 위한 교구제작 및 놀이지도<br>•시간 : 주중 11:00 - 18:00 토요일 09:00 - 13:00 |
| | 함께하는 우리들세상 | •내용 : 저소득 위기가정 아동을 위한 집단활동, 생일잔치, 현장체험학습 준비 및 진행보조<br>•시간 : 토요일 13:00 - 17:00 |
| | 또래교실 | •내용 : 초등학교 고학년 아동 방과후 학습지도 및 놀이지도<br>•시간 : 주중 15:00 - 18:00 |
| | 토요공부방 (북아현 2동) | •내용 : 맞벌이가정의 초등학교 1-3학년 아동 토요방과후 학습지도, 요리교실 등 진행보조<br>•시간 : 토요일 13:00 - 19:00 |
| | 어린이잔치 | •내용 : 지역아동을 위한 어린이날, 성탄 행사 준비 및 진행보조<br>•시간 : 매년 5월, 12월 |
| 장애인 프로그램 | 초등학교 특수학급 | •내용 : 지역내 초등학교 특수학급 아동의 학교생활 기능향상을 위한 프로그램 진행보조<br>•시간 : 토요일 13:00 -18:00 |
| | 중학교 특수학급 | •내용 : 지역내 중학교 특수학급 청소년의 사회성향상을 위한 집단활동, 나들이 진행보조<br>•시간 : 격주 토요일 09:00 - 13:00 |
| | 신나는 교실 | •내용 : 미취학 발달장애아동의 사회성향상을 위한 프로그램 진행보조, 결연 활동 |

자료: 이화여자대학교 종합사회복지관(http://www.ewhawelfare.or.kr).

〈그림 14-2〉 사회복지생활시설 자원봉사활동 안내의 실제

자료: 장봉혜림원(http://jbhl.or.kr).

### 2) 사회복지시설 자원봉사활동에서의 원칙

사회복지시설에서의 자원봉사활동은 다른 어느 영역에서의 자원봉사활동보다도 활동 대상자와 직접적 접촉 속에서의 활동이 빈번하게 나타난다. 이 활동은 자원봉사활동의 대상자인 사회복지 클라이언트에게 많은 영향을 미치므로 대상자와의 관계에서 각별히 유의해야 할 사항이 있다.

#### (1) 대등한 인격체로서의 존중

자원봉사자가 스스로를 도와주는 자 또는 시혜를 베푸는 자로 인식하고 클라이언트에 대해서는 도움이 필요한 사람으로만 인식한다면, 상대의 자존감을 떨어뜨리고 쉽게 치유될 수 없는 상처를 입힐 수 있다. 활동 대상자를 자신과 대등한 인격체로 존중해야 하고, 특히 상대방의 입장에서 이해하는 자세로 대등한 신뢰관계를 쌓아야 한다. 클라이언트가 무엇을 원하는가와 관계없이 자원봉사자 개인만의 판단으로 임의로 도움을 주고자 하는 것은 바람직하지 못하다. 상대방에 대해 대등하고 겸손한 언동을 통해 활동 대상자의 인격을 존중하고 있음이 전달되어야 한다.

#### (2) 사생활의 존중과 비밀보장

사회복지생활시설은 활동 대상자의 입장에서는 생활하는 가정이 된다. 따라서 이곳에서 자원봉사자의 활동은 타인의 가정을 방문한 것과 같이 활동 대상자의 사생활을 존중한다는 원칙을 견지해야 한다. 또한 활동 중에 알게 되는 대상자의 개인적 사항에 대해서는 철저하게 비밀을 보장해야 한다.

(3) 임의적 금품제공의 금지

사회복지시설에서 자원봉사자가 만나게 되는 대다수의 대상자는 경제적으로 매우 어려운 여건에 있다. 이에 일부 자원봉사자들은 선의로 이들에게 개인적으로 물질적 지원을 행하기도 한다. 그러나 임의적이고 개인적인 물질적 지원은 활동 대상자의 자존감에 상처를 입힐 수도 있고, 의존심을 확대할 수도 있다. 더 나아가 해당 사회복지시설 내의 다른 직원과 자원봉사자를 난처하게 할 수 있다. 따라서 임의적이고 개인적인 물질적 지원은 금지되어야 한다.

(4) 관계의 한계 설정

자원봉사자는 활동 대상자의 생활 모두에 대해 책임질 수 없다. 자신의 자원봉사활동의 책임한계 내에서 성실히 활동에 임할 뿐이지 모든 일에 개입하려 해서는 안 된다. 특히 무분별하게 활동 대상자와의 사적 관계를 발전시키거나 책임질 수 없는 약속을 하는 것은 곤란하므로 극히 신중해야 할 필요가 있다

(5) 대화내용에 대한 판단

활동 대상자가 자원봉사자에게 많은 이야기를 하곤 한다. 이를 자원봉사자가 경청하고 지지해주는 것은 중요한 활동내용이 될 수 있다. 그러나 대화내용이 모두 적절한 한계 내에 있는 것은 아니고, 매우 사적인 것이거나 특별한 부탁 혹은 주변에 대한 불평을 토로하는 경우 등이 있다. 자원봉사자가 경청하고 적절한 반응을 보여야 하지만 모든 내용을 곧이곧대로 받아들이고 조급한 해결을 도모하는 등의 행동을 하는 것은 곤란하다. 대상자의 말이 자원봉사자나 활동에 대한 지나친 기대로 치우치거나 혹은 개인적으로 불평을 토로하거나 타인에 대해 비난하는 식으로 진행될 경우 동조하거나 시인해서는 곤란하다. 만일 이런 경우가 지나치게 많다면 직원이나 담당자 등과 의논

해야 한다. 대상자와의 대화는 원만하고 부드럽게 하지만 그 내용의 적절성에 대해서는 관계설정이 바람직한 쪽으로 이루어지도록 해야 한다.

(6) 적절한 의사소통 기술의 습득과 활용

사회복지시설에서의 자원봉사활동 중에 활동 대상자와 적절한 대화를 나누는 것은 중요하다. 이를 위해 필수적 기술이 되는 의사소통 방법을 익혀두어야 한다.

첫째, 자신이 하고자 하는 말을 구체적으로 정확히 요점을 파악하여 의사를 전달할 수 있어야 한다. 적절하고 흥미 있는 대화내용을 선택해야 하고 상대의 입장에서 적절한 주제의 내용인지 누군가에게 상처를 줄 수 있는 내용은 아닌지 주의해야 한다.

둘째, 대화중 자신의 말을 간결하게 전달하며 일방적이지 않은 주고받는 식의 대화를 선택해야 한다.

셋째, 처음 만났을 때 자연스럽게 대화를 시작할 수 있도록 먼저 인사하고 말을 걸 준비가 되어있어야 한다.

넷째, 용어의 적절한 선택이 중요하다. 가능한 모든 사람들에게 존댓말을 사용하는 것을 원칙으로 하며, 연령차이 등에 의한 반말의 사용 등은 서로 충분히 친해진 다음 합의 하에 이루어져야 한다. 욕설이나 조롱 등은 금물이다. 가급적 긍정적 단어를 많이 사용하며 직접적이고 단순한 표현을 주로 사용한다. 반어적이거나 비꼬는 어휘의 사용은 부적절하다.

마지막으로 활동 대상자가 가진 인구학적 특징이나 사회복지적 욕구를 감안하여 적절한 대화방법을 모색해야 한다. 시각장애인과의 대화에서 지시어를 많이 사용하거나 노인과의 대화에서 눈을 지나치게 오래 응시하는 것 등은 부적절하다.

(7) 관찰과 경청

사회복지시설에서의 자원봉사활동에서 대화보다 더 중요한 것이 관찰과 경청이다. 대상자의 언어적 · 비언어적 표현을 격려하고 장려하는 것이 중요하므로, 잘 듣고 열심히 관찰하는 것만으로도 훌륭한 자원봉사활동이 될 수 있다. 오히려 자원봉사자가 말하기 바빠 활동 대상자의 중요한 말이나 몸짓을 놓치는 일이 없어야 한다.

관찰은 상대의 몸짓이나 태도, 주변의 생활여건에 대해 관심을 가지고 세밀히 지켜본다는 것이며, 상대가 원하고 필요로 하는 것을 파악해야 한다. 몰래 훔쳐본다거나 공격적 시선을 취한다는 인상을 주지 않아야 한다. 그리고 봉사활동 분야에 따라 다르겠지만 상대방의 건강이나 정서상태 등에 위해가 갈 만한 요소는 없는지 잘 살펴서 필요할 때 직원에게 보고할 수 있어야 한다.

경청은 관계형성과 의사소통에서 가장 중요한 기술이자 태도이다. "훌륭한 면접자는 큰 귀와 작은 입을 가지고 있어야 한다"는 말처럼 활동 대상자의 말을 주의 깊게 듣는다는 것은 적절한 말을 하는 것보다도 훨씬 더 사려 깊은 행동이다. 경청의 목적은 존중감의 표현과 아울러 상대의 감정과 생각을 알아내는 것이다. 또한 경청하고 있음을 알리는 반응을 적절하게 전달할 필요가 있다.

(8) 관심과 호의의 전달

활동 대상자에게 관심과 호의를 가지고 있음을 전달하는 것은 중요하다. 이를 위해 상대를 칭찬하며 좋은 점을 지적해 주는 것, 변화에 대해 인식하고 있으며 이를 격려해 주는 것, 필요시에 반드시 감사와 사과의 표현을 하는 것 등이 중요하다.

(9) 시설 직원 및 자원봉사관리자와의 협조

활동 대상자를 직접 접촉하는 활동인 만큼 해당 사회복지시설의 활동 대상자에 대해 잘 알아야 하고 이를 위해서는 시설의 직원이나 자원봉사관리자를 통해 필요한 정보를 얻어야 한다. 그러나 사회복지시설은 주된 대상자층에 따라 매우 다른 속성을 가지고 있으므로 자원봉사자가 단시간 내에 필요한 정보와 기술을 완전히 숙지하기는 어렵다. 따라서 시설의 직원인 사회복지사나 자원봉사관리자와 긴밀하게 접촉하고 협조하는 가운데서 활동하도록 하는 것이 매우 중요하다.

이상에서 살펴본 원칙이나 기술은 전반적 사회복지실천의 원칙이나 기술과 유사한 측면이 있다. 이는 역사적으로나 실질적 측면에서 과거 인보관이나 자선조직화협회(COS)의 전통이 전문화된 것이 사회복지실천이고 대중화된 것이 자원봉사활동이라는 점에서 그 맥락의 유사성에 기인하는 것이라 하겠다.

## 3. 사회복지기관 · 시설에서의 자원봉사관리

사회복지기관과 시설은 다른 조직체보다는 자원봉사자의 투입이 상대적으로 많고 그 역할도 강조되어 왔다. 조직의 성격상 자원봉사 인력의 활용에서 상대적으로 유리한 입장에 있다고 볼 수 있다. 그러나 한편으로 자원봉사자의 활용이 없다면 사회복지기관과 시설은 적절한 역할을 하기 어려운 것이 사실이다. 자원봉사활동이 조직의 생존과 발전에 결정적으로 중요한 역할을 하고 있는 만큼 사회복지기관과 시설에서 자원봉사관리는 더욱 중요한 의미를 가진다.

### 1) 자원봉사자와 활동시설과의 적절한 연계

사회복지시설에서의 자원봉사활동과 관련하여 해당 자원봉사관리자가 사회복지시설의 종사자인 경우가 대부분이지만 그렇지 않은 경우도 있다. 특히 중요한 점은 자원봉사자가 특정 사회복지시설에서 활동을 하게 되는 연결의 선택이 적절해야 하고 이것이 자원봉사자들에게도 충분히 납득이 되어야 하는 것이다. 또한 이 과정에서 자원봉사자의 인식을 반영하면서 동시에 사회복지시설과 서비스에 대한 교육적 측면도 고려되어야 한다. 단지 '어려운 혹은 어려워 보이는 곳을 돕는 것'을 제일로 생각해서는 곤란하다. 이는 자칫 자선적 관점과 아울러 부적절한 사회복지시설을 먼저 지원하는 부작용을 낳기 쉽다.

낙후된 시설환경만을 자원봉사활동의 대상 장소로 선정하는 우선기준으로 판단하는 것은 우리사회에 널리 퍼져있는 인식이기는 하지만 이는 매우 곤란한 것임을 인식시켜야 한다. 만약 자원봉사자들이 낙후된 환경을 보이는 곳만을 우선적으로 도우려고 든다면 이는 환경개선과 서비스 질 향상에 노력하지 않는 사회복지시설에게도 정당성을 부여하는 상황을 조장할 수 있다.

바람직한 사회복지시설이라면 최대한으로 입소자에게 좋은 여건을 만들어주는 곳이어야 한다. 그리고 이러한 곳이 사회적으로 더 많은 지원을 받아야 하는 것이다.

〔어느 시설이 지원과 자원봉사활동의 우선 대상이 되어야 하는가?〕

A 시설: 많은 노력을 기울이고 있으나 재정이 열악하여 시설 환경이 낙후되어 있음

B 시설: 재정이 열악하지만 운영진이 적극적 후원개발과 부채 등을 통해 시설환경을 우선적으로 개선한 곳

C 시설: 재정과 후원이 충분히 여유가 있어서 시설환경이 좋은 곳

D 시설: 재정에 여유가 있거나 혹은 후원을 개발할 수 있음에도 시설개선에 우선적으로 투자하지 않아 현재 시설이 낙후된 곳

* 물론 이는 외부의 자원봉사자가 쉽게 알 수 있는 것은 아님. 그러나 이와 같은 관점에서 면밀히 생각해볼 필요가 있음. 이 중에서 C는 적절한 봉사처가 아니겠지만 다른 유형 중에서는 B가 우선적으로 지원을 받아야 할 곳에 해당함. 특히 D는 봉사처로 선정되는 것이 부적절함

자료: 교보생명다솜이사회봉사단(2006), pp. 19~20.

### 2) 활동의 위임과 관리감독

자원봉사자를 활용하여 대상자에 대한 사회복지서비스의 일부를 제공하는 것은 시설의 사회복지사 및 직원이 자신의 업무영역 중에 일부를 계획적으로 자원봉사자에게 위임(*delegation*)한 것이라 할 수 있다. 따라서 위임에 따른 관리감독과 대리적 책임 문제는 매우 중요한 이슈가 될 수 있다. 사회복지시설은 다른 조직과 달리 가장 핵심적 활동의 목표인 '직접적 서비스 제공'에서 자원봉사자에게 크게 의존하고 있기 때문이다.

사회복지시설에서 기관의 직원 혹은 자원봉사관리자와 자원봉사자의 관계는 부분적으로 사회복지실천에서의 슈퍼비전 관계와 유사할 수 있다. 이는 자원봉사자 관리에서 행정적, 교육적, 정서적 측면에서의 종합적 지원이 필수적임을 의미한다.

(1) 행정적 관리

자원봉사자의 활동은 기관의 직원이나 사회복지사를 대행하는 서비스 전달이다. 따라서 이들의 활동에서 나타나는 적절성과 부적절성은 곧 기관 · 시설 사회복지서비스의 적절성이나 부적절성을 의미하는 것이 되므로, 이에 대한 행정적 측면에서 관리의 책임성이 요구된다. 필요한 사항에 대한 보고나 활동에 대한 행정적 지원, 만일의 경우에 발생할 수 있는 여러 갈등 요소에 대한 해결과정이 모두 체계적으로 구성되어야 하고, 이것이 자원봉사관리자 개인의 임의적 판단에 의한 것이 되지 않도록 해야 한다.

특히 유의해야 할 사항은 만일의 경우 발생할 수 있는 잘못된 실천(*malpractice*)에 대한 대처 및 책임과 활동 중에 발생할 수 있는 자원봉사자의 사고나 피해에 대한 보상 등이다. 보험 등의 방안을 비롯하여 자원봉사자의 지위와 역할 그리고 책임이 시설과의 관계에서 행정적으로 체계화되어 있어야 한다.

(2) 교육적 관리

사회복지시설에서의 자원봉사활동은 사회복지서비스 대상자를 접하는 일이 많은 만큼 초보적 실천기술과 지식이 필히 교육되어야 한다. 이는 특히 클라이언트를 대할 때 필요한 윤리적 원칙의 측면에서는 더욱 중요하다. 다른 종류의 현장에서 나타나는 자원봉사자 활용과는 달리 실수가 매우 큰 영향을 낳을 수 있으므로 교육적 관리는 지속적으로 이루어져야 한다.

다른 한편으로 사회복지시설에서의 자원봉사자는 외적으로는 지역사회에 대해 해당 사회복지시설과 사회복지전반에 대한 옹호자가 되도록 육성되어야 할 필요가 있다. 이를 위해서는 자원봉사자에게 행해지는 사회복지와 그 실천원리에 대한 적절한 교육이 시민사회에 대한 복지교육으로서 큰 의미를 가진다. ‘일손을 덜기 위해 자원봉사자를 쓰는 것'이 아니라 '자원봉사자 활용과 그 교육이 지역사회에서 시설의 생존에 필수적인 또 하나의 과제'라는 생각으로 자원봉사 프로그램을 운영해야 한다.

#### (3) 정서적 관리

사회복지실천현장에서 사회복지사의 소진(*burn-out*) 현상이 자주 발생한다. 마찬가지로 자원봉사자도 활동 중에 소진을 경험하게 된다. 더구나 자원봉사자는 유급직원이 아니기 때문에, 특히 활동의 동기가 충족되지 않고 만족도가 낮으면 즉각적 소진현상이 두드러지게 나타난다. 자원봉사관리의 가장 중요한 역할 중 하나는 이러한 상황 속에서 자원봉사자에게 지지와 능력고취(*empowerment*)를 통해 정서적 지원을 제공하는 것이다.

적절한 자원봉사 프로그램을 통해 소진을 예방하고, 자원봉사활동 기간을 통해 이들에게 대면적 접촉과 지지를 제공하는 것은 사회복지시설에서 필요한 기본적 실천내용이 된다.

### 3) 자원봉사관리의 활성화

사회복지기관과 시설에서는 자원봉사자 활용이 중요한 만큼 다른 영역에 비해 자원봉사자 활용에 유리한 여건이 있듯이, 자원봉사관리 영역에서도 이것이 상대적으로 중요할 뿐만 아니라 이에 대한 관리가 이루어지기 쉬운 조건이 있다. 자원봉사관리자와 자원봉사관리 프로그램에 대한 이해가 상대적으로 높다는 것이 대표적이다. 자원봉사관리활동은 사회복지 영역에서 많이 강조되어온 만큼 사회복지사가 자원봉사관리자로 활동할 수 있는 장점이 크다.

그렇지만 아직까지도 사회복지시설과 기관의 일부에서는 자원봉사자를 단지 모자라는 인력을 외부 사람들의 선의의 자선심에 기초하여 보충하는 방안으로만 여기는 경우도 있어 자원봉사관리의 역할은 여전히 강조되어야 할 필요가 있다. 사회복지시설에서의 자원봉사관리 방법이나 절차도 본질적으로는 기본적 자원봉사관리와 동일하다. 그러나 사회복지시설이나 기관의 특성을 감안할 때 그 자원봉사활동과 관리활동의 활성화를 위해서는 다음의 내용들이 특히 중요하다.

(1) 자원봉사관리자의 활용

많은 시설이나 기관에서 자원봉사관리자가 활동하고 있다. 그러나 자원봉사관리자나 담당을 두고 있어도 겸직을 하거나, 형식적으로만 직함이 주어져 있어 실질적 자원봉사관리역할은 주요 업무에서 제외되는 경우들도 있다. 자원봉사관리 프로그램이 잘 운영될 수 있기 위해서는 기관이나 시설 내에 명실상부한 자원봉사관리자가 선정되어 있어야 하고, 이들이 자신의 주 업무로 자원봉사관리역할을 수행해야 하는 것이 기본적 전제가 된다.

(2) 자원봉사 프로그램의 사전 기획

자원봉사 프로그램이 사전에 기획되고 이에 필요한 자원봉사 직무개발 그리고 이에 의한 자원봉사자 모집이 이루어져야 한다. 그때그때 모자라는 인력을 보충하기 위한 방편으로 자원봉사자 모집부터 진행하다보면 자원봉사 프로그램의 발전이 없고 자원봉사자들이 기피하는 현장이 될 수밖에 없다. 모집은 프로그램의 기획내용에 따라서 이루어져야 한다.

특히, 사회복지기관과 시설은 클라이언트를 대상으로 직접적 서비스를 전개하는 조직이므로 다양한 자원봉사 프로그램을 개발할 수 있다. 이 과정에서 자원봉사 프로그램에 대해 기관이 시설 내 직원 전반의 동의와 이해를 구하는 것이 중요하다.

### (3) 지역사회와의 교류기능 강화

자원봉사자 모집이나 승인 및 평가 등을 비롯한 자원봉사자의 투입과 산출의 전 과정을 통해 지역사회와 그 내부의 의미 있는 하부조직과의 연계와 교류를 강화해야 한다. 잘 알려진 기관이나 시설의 프로그램에 자원봉사자들이 많이 관심을 가지기 마련이다. 홍보와 교류의 일환으로 지역사회에 대한 자원봉사 프로그램을 활용할 수 있다. 자원봉사 관련 행사 개최나 지역사회 주요 하위집단 지도자나 구성원들과의 자원봉사 협력체계 구축 등도 매우 중요한 과제가 된다.

### (4) 자원봉사자에 대한 교육의 중요성

사회복지기관이나 시설의 입장에서는 자원봉사자를 해당 시설과 기관 그리고 사회복지서비스에 대한 옹호자로 만드는 것도 중요하다. 따라서 인력의 보충으로서가 아니라 교육훈련의 대상으로서도 자원봉사자를 인식해야 한다. 또 한편으로는 클라이언트를 직접 접촉하여 위임된 서비스를 제공하는 것이 사회복지시설에서의 자원봉사자이므로, 이들에게 사회복지서비스 전달을 위한 기초적 교육을 충실하게 수행하는 것이 클라이언트에 대한 책임성 강화와 직결된다.

### (5) 장기 자원봉사자로의 육성

최근에는 단기 자원봉사자가 늘어가는 추세이다. 하지만 사회복지기관이나 시설의 입장에서는 클라이언트와 직접 대면하는 활동의 경우에 어느 정도의 지속기간이 필수적일 수 있다. 따라서 자원봉사자를 현재 프로그램에서의 활용에만 초점을 두어 인식할 것이 아니라 자체 내에서 장기 자원봉사자를 육성하기 위한 관리노력을 기울여야 한다.

(6) 지속적 슈퍼비전의 제공

자원봉사활동의 시작과 종료의 국면에서는 많은 관리노력이 나타나다가 막상 활동 중에는 별다른 관리활동이 이루어지지 못하는 경우가 많다. 대면적 활동은 상황마다 다양한 일들이 벌어질 수 있고, 이에 따라 자원봉사자가 사전에 준비되지 못한 경험에 직면하거나 소진을 나타내기 쉽다. 자원봉사활동 진행기간에 지속적이고 정기적 슈퍼비전을 제공하는 것이 필요하다.

(7) 승인과 보상의 제공

자원봉사자들이 활동을 통해 얻고자 하는 동기나 만족을 제공하는 것은 중요하다. 그리고 이를 위해서 적절한 승인과 보상의 방법이 활용되어야 한다. 관행적으로 이수증이나 활동인증을 행하는 것 이상의 노력이 필요하며 특히 개별화되고 상징적 형태의 승인방법을 다양하게 강구해야 한다.

(8) 자원봉사 관련 정보망의 활용

자원봉사 관리체계와 추진체계의 상호연계를 통한 관리 및 지원의 통합화도 필요하다. 각 개별기관이나 시설단위의 자원봉사관리활동으로는 충족시킬 수 없는 승인 및 보상의 연계, 자원봉사활동 프로그램 개발, 자원봉사 관련 조사연구 등의 활동을 위해 시설이나 기관단위를 넘어 사회복지자원봉사 영역 전반을 포괄하는 자원봉사 관리체계들을 활성화하고 이용해야 한다. 사회복지협의회나 다른 관련 조직들의 자원봉사정보망을 활용할 수 있다. 사회복지자원봉사 인증관리 시스템인 VMS와 같은 체계를 충분히 활용하는 것이 중요하다.

# 부록

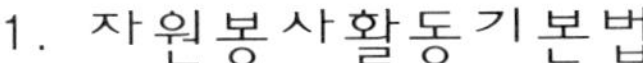

1. 자원봉사활동기본법

2. 주요 자원봉사관련 사이트

부록 1

# 자원봉사활동 기본법
## [제정 2005.8.4 법률 7669호]

제1조 (목적) 이 법은 자원봉사활동에 관한 기본적인 사항을 규정함으로써 자원봉사활동을 진흥하고 행복한 공동체 건설에 기여함을 목적으로 한다.

제2조 (기본방향) 자원봉사활동의 진흥을 위한 정책은 다음 사항을 기본방향으로 하여야 한다.

1. 자원봉사활동은 국민의 협동적인 참여능력을 높일 수 있는 방향으로 추진하여야 한다.
2. 자원봉사활동은 무보수성・자발성・공익성・비영리성・비정파성・비종파성의 원칙 아래 수행 될 수 있도록 하여야 한다.
3. 모든 국민은 연령・성별・장애・지역・학력 등 사회적 배경에 관계없이 누구든지 자원봉사 활동에 참여할 수 있도록 하여야 한다.
4. 자원봉사활동의 진흥을 위한 정책은 민・관 협력의 기본정신을 바탕으로 하여 추진하여 야 한다.

제3조 (용어의 정의) 이 법에서 사용하는 용어의 정의는 다음과 같다.

1. "자원봉사활동"이라 함은 개인 또는 단체가 지역사회・국가 및 인류사회를 위하여 대가 없이 자발적으로 시간과 노력을 제공하는 행위를 말한다.
2. "자원봉사자"라 함은 자원봉사활동을 행하는 자를 말한다.
3. "자원봉사단체"라 함은 자원봉사활동을 주된 사업으로 행하거나 이를 지원하기 위하여 설립된 비영리 법인 또는 단체를 말한다.
4. "자원봉사센터"라 함은 자원봉사활동 개발・장려・연계・협력 등의 사업을 수행하기 위하 여 법령과 조례 등에 의하여 설치된 기관・법

인 · 단체 등을 말한다.

제4조 (국가 및 지방자치단체의 책무) 국가와 지방자치단체는 자원봉사활동의 진흥에 관한 시책을 강구하여 국민의 자원봉사활동을 권장 · 지원하여야 한다.

제5조 (정치활동 등 금지의무) ① 제14조 · 제18조 및 제19조에 근거하여 지원을 받는 자원봉사단체 및 자원봉사센터는 그 명의 또는 그 대표의 명의로 특정정당 또는 특정인의 선거운동을 하여서는 아니 된다.
② "선거운동"이라 함은「공직선거법」제58조 제1항의 규정에 따른 선거운동을 말한다.

제6조 (다른 법률과의 관계) 자원봉사활동의 진흥 등에 관하여는 다른 법률에 특별한 규정이 있는 경우를 제외하고는 이 법이 정하는 바에 따른다.

제7조 (자원봉사활동의 범위) 이 법의 적용을 받는 자원봉사활동의 범위는 다음과 같다.

1. 사회복지 및 보건 증진에 관한 활동
2. 지역사회개발 · 발전에 관한 활동
3. 환경보전 및 자연보호에 관한 활동
4. 사회적 취약계층의 권익증진 및 청소년의 육성보호에 관한 활동
5. 교육 및 상담에 관한 활동
6. 인권옹호 및 평화구현에 관한 활동
7. 범죄예방 및 선도에 관한 활동
8. 교통 및 기초질서계도에 관한 활동
9. 재난관리 및 재해구호에 관한 활동
10. 문화 · 관광 · 예술 및 체육진흥에 관한 활동
11. 부패방지 및 소비자보호에 관한 활동
12. 공명선거에 관한 활동

13. 국제협력 및 해외봉사활동
14. 공공행정분야 사무 지원에 관한 활동
15. 그 밖에 공익사업의 수행 또는 주민복리의 증진에 필요한 활동

제8조 (자원봉사진흥위원회) ① 자원봉사활동에 관한 주요정책을 심의하기 위하여 국무총리 소속 하에 관계부처 및 민간전문가로 구성된 자원봉사진흥위원회를 둔다.

② 자원봉사진흥위원회는 다음 사항을 심의한다.

1. 자원봉사활동의 진흥을 위한 정책방향의 설정 및 협력·조정
2. 자원봉사활동의 진흥을 위한 국가기본계획과 연도별 시행계획에 관한 사항
3. 자원봉사활동의 진흥을 위한 제도개선에 관한 사항
4. 그 밖에 자원봉사활동의 진흥에 관하여 필요한 사항

③ 제2항의 규정에 의한 심의사항을 미리 검토하고 관계 기관간의 협의사항을 정리하기 위하여 자원봉사진흥위원회에 실무위원회를 둘 수 있다.

④ 자원봉사진흥위원회 및 실무위원회의 구성·조직 및 운영에 관하여 필요한 사항은 대통령령으로 정한다.

제9조 (자원봉사활동의 진흥에 관한 국가기본계획의 수립) ① 행정자치부장관은 관계중앙행정기관의 장과 협의하여 자원봉사활동의 진흥을 위한 국가기본계획(이하 "기본계획"이라 한다)을 5년마다 수립하여야 한다.

② 기본계획에는 다음 사항이 포함되어야 한다.

1. 자원봉사활동의 진흥에 관한 기본방향
2. 자원봉사활동의 진흥에 관한 추진일정
3. 관계 중앙행정기관의 자원봉사 활동에 관한 추진시책
4. 자원봉사활동의 진흥을 위하여 필요한 재원의 조달방법
5. 그 밖에 자원봉사활동의 진흥을 위하여 특히 필요하다고 인정되는 사항

제10조 (연도별 시행계획의 수립) 관계 중앙행정기관의 장과 지방자치단체

의 장은 기본계획에 따라 연도별 시행계획을 수립·시행하여야 한다.

제11조 (학교·직장 등의 자원봉사활동 장려) ① 학교는 학생의 자원봉사활동을 권장하고 지도·관리하기 위하여 노력한다.

② 직장은 직장인의 자원봉사활동을 촉진하기 위하여 노력한다.

③ 학교·직장 등의 장은 학생 및 직장인 등의 자원봉사활동에 대하여 그 공헌을 인정하여 줄 수 있다.

제12조 (포상) 국가와 지방자치단체는 국가와 사회에 현저한 공로가 있는 자원봉사활동을 한 자원봉사자, 자원봉사단체, 자원봉사센터 등에 대하여 대통령령이 정하는 바에 따라 포상할 수 있다.

제13조 (자원봉사자의 날 및 자원봉사주간) ① 국가는 국민의 자원봉사활동에 대한 참여를 촉진하고 자원봉사자의 사기를 높이기 위하여 매년 12월 5일을 자원봉사자의 날로 하고 자원봉사자의 날부터 1주간을 자원봉사주간으로 설정한다.

② 자원봉사자의 날 및 자원봉사주간의 행사에 관하여 필요한 사항은 대통령령으로 정한다.

제14조 (자원봉사자의 보호) ① 국가와 지방자치단체는 자원봉사활동이 안전한 환경 속에서 이루어질 수 있도록 노력하여야 한다.

② 자원봉사자에 대한 보험의 가입 등 보호의 종류와 내용에 관하여 필요한 사항은 대통령령으로 정한다.

제15조 (자원봉사활동의 관리) 자원봉사단체 및 자원봉사센터는 자원봉사자에 대한 교육훈련 및 안전대책 등이 체계적으로 관리될 수 있도록 노력하여야 한다.

제16조 (국·공유재산의 사용) 국가와 지방자치단체는 「국유재산법」 또는 「지방재정법」의 규정에 불구하고 자원봉사활동의 진흥을 위하여 자원봉사단체 및 자원봉사센터가 대통령령이 정하는 특정사업을 수

행하기 위하여 국·공유재산을 필요로 한다고 인정하는 때에는 이를 무상으로 대여하거나 사용하게 할 수 있다.

제17조 (한국자원봉사협의회) ① 자원봉사단체는 전국단위의 자원봉사활동을 진흥·촉진하기 위한 다음의 활동을 하기 위하여 한국자원봉사협의회를 설립할 수 있다.

1. 회원단체간의 협력 및 사업지원
2. 자원봉사활동의 진흥을 위한 대국민 홍보 및 국제교류
3. 자원봉사활동과 관련된 정책의 개발 및 조사·연구
4. 자원봉사활동과 관련된 정책의 건의
5. 자원봉사활동과 관련된 정보의 연계 및 지원
6. 그 밖에 자원봉사활동의 진흥과 관련하여 국가 및 지방자치단체로부터 위탁받은 사업

② 제1항의 규정에 의한 한국자원봉사협의회는 법인으로 한다.

③ 한국자원봉사협의회는 정관을 작성하여 행정자치부장관의 인가를 받아 등기함으로써 설립된다.

④ 한국자원봉사협의회의 조직과 운영 등에 관하여 필요한 사항은 대통령령으로 정한다.

제18조 (자원봉사단체에 대한 지원) 국가 및 지방자치단체는 자원봉사단체의 활동에 필요한 행정적 지원을 할 수 있으며 「비영리민간단체지원법」에 의한 사업비를 지원할 수 있다.

제19조 (자원봉사센터의 설치 및 운영) ① 국가기관 및 지방자치단체는 자원봉사센터를 설치할 수 있다. 이 경우 자원봉사센터를 법인으로 하여 운영하거나 비영리 법인에게 위탁하여 운영하여야 한다.

② 제1항 후단의 규정에도 불구하고 자원봉사활동을 효율적으로 추진하기 위하여 필요하다고 인정할 때에는 국가기관 및 지방자치단체가 운영할 수 있다.

③ 국가는 자원봉사센터의 설치·운영이 활성화될 수 있도록 적극

노력하여야 하며, 지방자치단체는 자원봉사센터의 운영에 필요한 경비를 지원할 수 있다.

④ 자원봉사센터 장의 자격요건과 자원봉사센터의 조직 및 운영 등에 관하여 필요한 사항은 대통령령으로 정한다.

제20조 (벌칙) 자원봉사단체 및 자원봉사센터가 제5조의 규정에 따른 정치활동 등 금지의무를 위반한 때에는「공직선거법」제255조 제1항 제11호의 규정에 따른 벌칙을 적용한다.

## 부 칙 〈제07669호, 2005.8.4〉

① (시행일) 이 법은 공포 후 6월이 경과한 날부터 시행한다.

② (사단법인 한국자원봉사협의회에 관한 경과조치) 이 법 시행 당시「민법」제32조의 규정에 의하여 설립된 사단법인 한국자원봉사협의회는 이 법에 의한 한국자원봉사협의회로 본다. 다만, 이 법 시행 후 6월 이내에 정관을 변경하여 행정자치부장관의 인가를 받아야 한다.

# 자원봉사활동 기본법 시행령
## [제정 2006.2.6 대통령령 제 19318호]

제 1조 (목적) 이 영은 「자원봉사활동 기본법」에서 위임된 사항과 그 시행에 필요한 사항을 규정함을 목적으로 한다.

제 2조 (자원봉사진흥위원회의 구성) ① 「자원봉사활동 기본법」 (이하 "법"이라 한다) 제 8조 제 1항의 규정에 의한 자원봉사진흥위원회(이하 "위원회"라 한다)는 위원장 1인과 부위원장 2인을 포함하여 30인 이내의 위원으로 구성하되, 위원은 다음 각 호의 자로 한다.

1. 당연직 위원: 재정경제부장관 · 교육인적자원부장관 · 법무부장관 · 보건복지부장관 · 여성가족부장관 · 기획예산처장관 · 국무조정실장 · 국정홍보처장 및 청소년위원회위원장
2. 민간위원: 자원봉사분야에 관한 학식과 경험이 풍부한 자 중에서 제 13조의 규정에 의한 한국자원봉사협의회와 교육인적자원부장관 · 보건복지부장관 · 여성가족부장관 또는 청소년위원회위원장의 추천을 받아 국무총리가 위촉하는 자

② 위원회의 위원장은 국무총리가 되고, 부위원장은 행정자치부장관과 민간위원 중에서 호선한 자 1인이 된다.

③ 제 1항의 규정에 의한 위원 중 민간위원이 과반수가 되도록 하여야 한다.

④ 민간위원의 임기는 2년으로 한다.

⑤ 위원장은 위원회를 대표하며, 위원회의 업무를 통할한다.

⑥ 부위원장은 위원장을 보좌하며, 위원장이 부득이한 사유로 직무를 수행할 수 없는 경우 그 직무를 대행하되 행정자치부장관, 민간부위원장 순으로 한다.

제 3조 (위원회의 운영 등) ① 위원회의 회의는 위원장이 필요하다고 인정하는 때 또는 재적위원 4분의 1이상의 회의소집 요청이 있는 때에 위

원장이 이를 소집하며, 위원장이 회의를 소집하고자 하는 때에는 회의의 일시·장소 및 부의안건을 회의개최 5일전까지 각 위원에게 서면으로 통지하여야 한다. 다만, 긴급을 요하는 경우에는 그러하지 아니하다.

② 위원회의 회의는 재적위원 과반수의 출석으로 개의하고, 출석위원 과반수의 찬성으로 의결한다.

③ 부의된 안건과 관련하여 필요한 경우 위원장이 지정하는 중앙행정기관의 장은 위원회에 출석하여 발언할 수 있다.

④ 위원회의 사무를 처리하기 위하여 위원회에 간사 1인을 두며, 간사는 자원봉사활동 업무를 담당하는 행정자치부 소속 공무원으로 한다.

⑤ 위원회는 자원봉사진흥 등에 관한 전문적인 사항을 조사·연구하게 하기 위하여 위원회에 5인 이내의 전문위원을 둘 수 있다.

⑥ 제5항의 규정에 의한 전문위원은 자원봉사에 관한 학식과 경험이 풍부한 자 중에서 행정자치부장관이 위촉한다. 이 경우 예산의 범위 안에서 연구비 및 여비를 지급할 수 있다.

⑦ 그 밖에 위원회의 구성·운영에 관하여 필요한 사항은 위원회의 의결을 거쳐 위원장이 정한다.

제4조 (자원봉사진흥 실무위원회의 구성 등) ① 법 제8조제3항의 규정에 의한 자원봉사진흥 실무위원회(이하 "실무위원회"라 한다)는 위원장 1인과 부위원장 2인을 포함하여 25인 이내의 실무위원으로 구성하되, 실무위원은 다음 각 호의 자로 한다.

1. 당연직 실무위원: 재정경제부·교육인적자원부·법무부·보건복지부·여성가족부·기획예산처·경찰청·소방방재청 및 청소년위원회의 자원봉사에 관한 업무를 담당하는 국장
2. 민간실무위원: 자원봉사분야에 관한 학식과 경험이 풍부한 자 중에서 제13조의 규정에 의한 한국자원봉사협의회와 교육인적자원부장관·보건복지부장관·여성가족부장관 또는 청소년위원회위원장의 추천을 받아 행정자치부장관이 위촉하는 자

② 실무위원회의 위원장은 행정자치부 제2차관이 되고, 부위원장은 자원

봉사활동 업무를 담당하는 행정자치부 소속 공무원과 민간실무위원 중에서 호선한 자 1인이 된다.

③ 제1항의 규정에 의한 실무위원 중 민간실무위원이 과반수가 되도록 하여야 한다.

④ 민간실무위원의 임기는 2년으로 한다.

⑤ 부의된 안건과 관련하여 필요한 경우 실무위원회의 위원장이 지정하는 중앙행정기관의 자원봉사 관련 국장은 실무위원회에 출석하여 발언할 수 있다.

⑥ 실무위원회의 사무를 처리하기 위하여 실무위원회에 간사 1인을 두며, 간사는 자원봉사활동 업무를 담당하는 행정자치부 소속 공무원으로 한다.

⑦ 그 밖에 실무위원회의 구성·운영에 관하여 필요한 사항은 위원회의 의결을 거쳐 위원장이 정한다.

제5조 (자원봉사활동의 진흥에 관한 국가기본계획의 수립) ① 행정자치부장관은 법 제9조의 규정에 의한 자원봉사활동의 진흥에 관한 기본계획(이하 "기본계획"이라 한다)을 기본계획 개시연도의 전년도에 수립하여야 한다.

② 행정자치부장관은 기본계획을 수립할 때에는 관계중앙행정기관의 장과 협의하고 위원회의 심의를 거쳐야 한다.

제6조 (연도별 시행계획의 수립·시행) ① 법 제10조의 규정에 의하여 시장·군수·구청장(자치구의 구청장을 말한다. 이하 같다)은 매년 12월말까지 특별시장·광역시장·도시자(이하 "시·도지사"라 한다)에게 다음 연도의 소관 자원봉사활동진흥에 관한 시행계획을 제출하여야 한다.

② 관계 중앙행정기관의 장과 시·도지사는 매년 1월말까지 당해연도의 소관 자원봉사활동 진흥에 관한 시행계획을 행정자치부장관에게 제출하여야 하며, 행정자치부장관은 이를 종합하여 위원회의 심의를 거쳐 확정한 후 이를 3월말까지 중앙행정기관의 장 및 시·도지사에게 알

려야 한다.

③ 시장 · 군수 · 구청장은 매년 1월 15일까지 시 · 도지사에게, 중앙행정기관의 장 및 시 · 도지사는 매년 1월말까지 행정자치부장관에게 각각 전년도 시행계획의 이행결과를 제출하여야 한다.

④ 국무총리는 행정자치부장관으로 하여금 제3항의 규정에 의한 이행결과를 점검 · 평가하고 그 결과를 위원회에 제출하게 할 수 있으며, 행정자치부장관은 이행상황을 점검 · 평가하기 위하여 필요한 경우 전문연구기관에 자문을 구하거나 조사 · 연구를 의뢰할 수 있다.

제7조 (관계기관 등에 대한 협조요청) 국가 및 지방자치단체는 제5조 및 제6조의 규정에 의한 기본계획 및 연도별 시행계획의 수립 · 시행을 위하여 필요한 때에는 공공기관 · 자원봉사단체 그 밖의 민간단체에 대하여 필요한 자료 또는 의견의 제출 등의 협조를 요청할 수 있다.

제8조 (포상) 법 제12조의 규정에 의한 포상 대상자의 선정절차와 훈격은 「상훈법」의 규정에 따른다.

제9조 (자원봉사자의 날 및 자원봉사주간 행사) 법 제13조의 규정에 의한 자원봉사자의 날 및 자원봉사주간을 기념하기 위하여 국가와 지방자치단체 및 자원봉사단체 등은 다음 각 호의 행사를 실시할 수 있다.

1. 기념행사
2. 연구발표 및 국제교류행사
3. 유공자 및 유공단체에 대한 격려
4. 대중매체 등을 통한 홍보
5. 그 밖에 자원봉사 활성화에 대한 범국민적인 관심을 높이기 위한 행사

제10조 (자원봉사자에 대한 보험가입 등) ① 국가와 지방자치단체는 법 제14조 제1항의 규정에 의하여 자원봉사단체 및 자원봉사센터로 하여금 위험이 수반되는 자원봉사활동에 대한 안전교육 등 사전에 필요한 조치를 취하도록 할 수 있다.

② 법 제14조 제2항의 규정에 의한 자원봉사자에 대한 보호의 종류는 다음 각 호와 같다.
1. 자원봉사활동 중인 자원봉사자의 신체적 보호
2. 자원봉사활동 중에 발생한 자원봉사자의 경제적 손실보호
3. 자원봉사활동 중에 발생한 타인의 신체 또는 재물손괴에 대한 보호
③ 국가 및 지방자치단체는 자원봉사센터 또는 「비영리민간단체 지원법」에 의하여 등록된 단체에 소속한 자원봉사자의 보호를 위하여 다음 각 호의 요건을 모두 갖춘 보험 또는 공제에 가입할 수 있다.
1. 자원봉사활동 중에 발생한 자원봉사자의 사망, 후유장애 및 의료·입원·수술비 등에 대한 보상을 할 수 있을 것
2. 자원봉사활동 중에 발생한 타인의 신체 또는 재물손괴에 대한 보상을 할 수 있을 것
④ 지방자치단체는 제3항의 규정에 의한 보험의 가입절차 및 방법 등에 관하여는 조례로 정한다.

제11조 (교육훈련) 자원봉사단체 및 자원봉사센터는 법 제15조의 규정에 의하여 자원봉사자의 안전한 봉사활동을 위한 교육훈련을 관련 교육시설에 위탁할 수 있다.

제12조 (국·공유재산의 사용) ① 법 제16조의 규정에 의하여 국가 또는 지방자치단체가 국·공유재산을 무상으로 대여하거나 사용하게 할 수 있는 자원봉사단체 및 자원봉사센터의 사업은 다음 각 호와 같다.
1. 국제행사에 관한 사업
2. 재난복구 및 구호에 관한 사업
3. 그 밖에 국가 및 지방자치단체가 자원봉사활동의 진흥을 위하여 필요하다고 인정하는 사업. 이 경우 국·공유재산을 사무실 용도로 대여·사용하거나 1년 이상의 기간을 대여·사용하게 할 수 없다.
② 국·공유재산의 무상대여나 사용의 절차 및 방법 등에 관하여는 「국유재산법」 또는 「공유재산 및 물품관리법」의 규정에 따른다.

제 13조 (한국자원봉사협의회의 회원 등) ① 법 제 17조의 규정에 의한 한국자원봉사협의회(이하 "협의회"라 한다)의 회원은 다음 각 호의 어느 하나에 해당하는 자로 한다.

1. 자원봉사를 주된 사업으로 하는 비영리법인 또는 단체의 대표자
2. 그 밖에 자원봉사활동의 진흥을 위하여 필요하다고 인정되어 협의회 이사회의 의결을 거친 자

② 협의회의 임원으로 대표이사 1인을 포함한 20인 이상 50인 이하의 이사와 감사 2인을 둔다.

③ 임원은 정관이 정하는 바에 따라 총회에서 선출한다.

④ 임원의 임기는 2년으로 하되 연임할 수 있다.

⑤ 임원의 자격요건과 선출방법 및 협의회의 운영에 관하여 필요한 사항은 협의회의 정관으로 정한다.

⑥ 협의회에 관하여 이 영에 규정된 것을 제외하고는 「민법」 중 사단법인에 관한 규정을 준용한다.

제 14조 (자원봉사센터 장의 자격요건 등) ① 법 제 19조의 규정에 의한 자원봉사센터 장의 자격요건은 다음과 같다.

1. 대학교의 자원봉사 관련 학과에서 조교수 이상의 직에 3년 이상 재직한 자
2. 자원봉사단체 · 자원봉사센터 또는 사회복지기관 · 시설 · 학교 · 기업에서 자원봉사 관리업무에 5년 이상 종사한 자
3. 5급 이상 퇴직공무원으로서 자원봉사업무 또는 사회복지업무에 3년 이상 종사한 자
4. 국가 및 지방자치단체에 등록된 자원봉사 관련 시민사회단체에서 임원으로 10년 이상 활동한 자

② 자원봉사센터 장은 공개경쟁의 방법에 의하여 선임한다.

③ 지방자치단체는 자원봉사센터 장의 선임방법 및 절차 등에 관하여는 조례로 정한다.

제 15조 (자원봉사센터의 조직 및 운영 등) ① 자원봉사센터의 사무를 처리

하게 하기 위하여 자원봉사센터에 사무국을 둔다.

② 자원봉사센터의 원활한 운영을 위한 정책결정기구로서 운영위원회를 둔다. 다만, 자원봉사센터를 법인으로 하여 운영하는 경우에는 이사회를 둔다.

③ 제 2항의 규정에 의한 운영위원회는 20인 이하로 하되 자원봉사단체 대표를 과반수 이상으로 구성하고 대표는 민간인으로 한다.

④ 특별시 · 광역시 · 도 자원봉사센터는 지역 내 자원봉사 활성화를 위하여 다음 각 호의 사업을 수행한다.

1. 특별시 · 광역시 · 도 지역의 기관 · 단체들과의 상시협력체계 구축
2. 자원봉사 관리자 및 지도자의 교육훈련
3. 자원봉사 프로그램의 개발 및 보급
4. 자원봉사 조사 및 연구
5. 자원봉사 정보자료실 운영
6. 시 · 군 · 자치구 자원봉사센터간의 정보 및 사업의 협력 · 조정 · 지원
7. 그 밖에 특별시 · 광역시 · 도 지역의 자원봉사 진흥에 기여할 수 있는 사업

⑤ 시 · 군 · 자치구 자원봉사센터는 지역 내 자원봉사 활성화를 위하여 다음 각호의 사업을 수행한다.

1. 시 · 군 · 자치구 지역의 기관 · 단체들과의 상시협력체계 구축
2. 자원봉사자의 모집 및 교육 · 홍보
3. 자원봉사 수요기관 및 단체에 자원봉사자 배치
4. 자원봉사 프로그램의 개발 · 보급 및 시범운영
5. 자원봉사 관련 정보의 수집 및 제공
6. 그 밖에 시 · 군 · 자치구 지역의 자원봉사 진흥에 기여할 수 있는 사업

⑥ 지방자치단체는 자원봉사센터의 조직 및 운영 등에 관한 사항은 조례로 정한다.

## 부 칙 〈제 19318호, 2006.2.6〉

① (시행일) 이 영은 공포한 날부터 시행한다.

② (자원봉사센터의 장에 대한 경과조치) 이 영 시행당시 자원봉사센터의 장에 임명된 자는 제 14조의 규정에 의하여 임명된 것으로 본다.

③ (자원봉사활동 관련 조례에 관한 경과조치) 이 영 시행당시 시행 중인 자원봉사활동 관련 조례는 이 영에 의한 조례로 보되, 이 영 시행 후 6월 이내 이 영의 규정에 적합하게 개정하여야 한다.

부 록 2

# 주요 자원봉사관련 사이트

## ▪ 국내 자원봉사관련

곰두리봉사회 http://igomdoori.com
교육인적자원부 http://www.moe.go.kr
국제대학생자원봉사연합회 http://www.daejayon.org
국제시민봉사회(SCI) http://www.sci.or.kr
국제유활봉사단 http://www.yuhwal.com
국제자원봉사협의회 http://www.kiva.or.kr
국제학생봉사단 http://www.vois.net
굿네이버스 http://www.goodneighbors.org
기독교연합봉사회 http://www.ucsc.or.kr
나우리자선사이트 http://www.na-uri.com
대한노인회 http://www.koreapeople.co.kr
따뜻한세상만들기 http://www.ddase.com
문화관광부 http://www.mct.go.kr
보건복지부 http://www.mohw.go.kr
복지넷 http://www.bokji.net
볼런티어 http://www.inews.org/volunteer
볼런티어21 http://www.volunteer21.org
봉사네트 http://www.bongsa.net
사회복지공동모금회 http://www.chest.or.kr
서울노인복지센터 http://www.seoulnoin.or.kr

서울시자원봉사센터(포털시스템) http://www.volunteer.seoul.go.kr
서울여성의전화 http://www.womanrights.org
서울특별시립 청소년자원봉사센터 http://www.sy0404.or.kr
서울특별시사회복지협의회(자원봉사정보안내센터) http://www.s-win.or.kr
세계청년봉사단 http://www.kopion.or.kr
시민운동정보센터 http://www.kngo.net
열린사회시민연합 http://www.openc.or.kr
월드비전 http://www.worldvision.or.kr
유네스코한국위원회 http://youth.unesco.or.kr/volunteer
자원봉사능력개발원 http://vongsa.org/vongsa
전국중고생자원봉사대회 http://www.soc.or.kr
참여연대 http://www.pspd.org
태평양아시아청년해외봉사단 http://www.pas.or.kr
한국국제봉사기구 http://www.kvo.or.kr
한국국제협력단(KOLCA) http://www.koica.or.kr
한국기독교연합봉사단 http://foodshare.or.kr
한국대학사회봉사협의회 http://kucss.kcue.or.kr
한국대학생연합봉사회 http://www.kuusc.net
한국사회복지관협회 http://www.kaswc.or.kr
한국사회복지사협회 http://www.welfare.net
한국사회복지협의회 http://kncsw.bokji.net
한국시민자원봉사회 http://www.civo.net
한국여성개발원 http://www.kw야.re.kr
한국자원봉사센터협희 http://www.kavc.or.kr
한국자원봉사연합회 http://www.volunteer.or.kr
한국자원봉사포럼 http://www.kvf.or.kr
한국자원봉사협의회 http://www.kcv.or.kr
한국청소년단체협의회 http://ncyok.kr.kr

한국청소년자원봉사센터 http://www.youthvol.net
한국해비타트 http://habitat.or.kr
한국해외봉사단원연합회(KOVA) http://www.kova.org
한국해외원조단체협의회 http://www.ngokcoc.or.kr
한국YMCA전국연맹 http://www.ymcakorea.org
한국여성단체연합 http://www.women21.or.kr
한벗장애인이동봉사대 http://www.hanbeot.or.kr
행동하는양심 http://www.actionslove.or.kr
환경운동연합 http://www.kfem.or.kr

## ▪ 국내 주요 기업 사회공헌관련

교보사회공헌 http://www.kyobo.co.kr/sa.sama_main.do
기업은행사회공헌 http://www.ibk.co.kr
매일유업(사랑의도시락) http://www2.maeil.com
삼성사회봉사단 http://www.samsunglove.co.kr
신한은행봉사단 http://www.shinhan.com/company
우리은행 사회공헌팀 http://www.wooribank.com
유한킴벌리 사회공헌(자원봉사) http://www.yuhan-kimberly.co.kr
이랜드 봉사단 http://www.eland.co.kr
포스코봉사단 http://www.posco.co.kr
푸르덴셜생명 사회공헌 http://www.prudential.co.kr
풀무원 사회공헌 http://www.pulmuonelove.co.kr
한화 사회공헌팀 http://welfare.hanwha.co.kr
CJ그룹 사회공헌 http://www.cjwelfare.org
KT&G 복지재단 http://www.ktngwelfare.org
KTF 사회공헌팀 http://www.thinkkorea.ktf.com

SKTelecom 사회공헌팀 http://www.withheart.sktelecom.com
SKTelecom 자원봉사단 http://volunteer.sktelecom.com
SKTelecom sunny 봉사단 http://www.besunny.com

- 외국 주요 자원봉사관련

미국전국봉사단 http://www.cns.gov
미국평화봉사단 http://www.peacecorps.gov
영국자원봉사센터 http://www.volunteering.org.uk
오오사카볼런티어협회 http://cwl.zaq.ne.jp/osakavol
유엔국제봉사단 http://www.unv.org
촛불재단 http://www.pointsoflight.org

2006Family Volunteer Day
http://disneu.go.com/disneyhand/familyvolunteers
AARP(미국은퇴자협회) http://www.aarp.org
Campus Compact http://www.compact.org
Familycares http://www.familycares.org
Habitat for Humanity International http://www.habitat.org
IAVE(International Association for Volunteer Effort)
http://www.iave.org
National Family Week http://www.nationalfamilyweek.org
Seniorcorps http://www.seniorcorps.gov
Seniornet http://www.seniorne.org
The President's Volunteer Service Award
http://www.presidentialserviceawards.gov
VISTA(Volunteer in Service to America)

http://www.friendsofcista.org/

Volunteerfamily http://www.volunteerfamily.org/

VolunteerMatch http://www.volunteermatch.org/

# 참고문헌

## ■ 문헌자료

SK 텔레콤(2003), 《2003 사회공헌 활동 백서》.
경기도 교육청(2005), 《학생봉사활동지침》.
경상북도 교육청(2001), 《학생봉사활동지침》.
관계부처합동(2006), 《사회서비스확충전략》.
교보다솜이사회봉사단(2006), 《교보생명 기업자원봉사활동 매뉴얼》.
교보생명(2004), 《2004년 자원봉사 리더 워크샵》.
______(2005), 《2005년 자원봉사 리더 워크샵》.
교육인적자원부(2000), 《초·중·고등학교 학생봉사활동 제도운영 개선지침》.
권지성(1999), "자원봉사 참여형태에 따른 대학생 자원봉사활동의 만족도", 서울대학교 사회복지학과 석사학위논문.
권지성·남기철(1999), "대학생 자원봉사활동의 만족도", 《학생연구》 33권, 서울대학교 학생생활연구소.
김기원(1997), "자원봉사 참여욕구 활성화 방안에 관한 연구", 《사회복지연구》 10호, 서울대학교 사회복지연구소.
김동배(2005), 《시민사회와 자원봉사》, 학지사.
______·조학래(1997), "청소년 자원봉사활동의 효과성에 관한 연구", 《한국사회복지학》 31권, 한국사회복지학회.
______·최재성·최선희(1998), "한국자원봉사활동의 관리운영 실태평가와 지원욕구", 《한국사회복지학》 35권, 한국사회복지학회.
김명철 외(1995), 《대학생 사회봉사핸드북》, 성공회대학교 출판부.
김명희(2003), "자원보호 가족자원봉사 프로그램이 가족건강성에 미치는 영향", 경운대학교 석사학위 논문.
김미숙(1998), "여성 자원봉사활동의 활성화에 관한 연구", 단국대학교 석사학위논문.
______ 외(1998), 《자원봉사센터의 현황과 효율적 운영방안》, 한국보건사회연구원.
김미혜·정진경(2003), "노인자원봉사자의 봉사활동 헌신과 생활만족에 관한 연구", 《한국사회복지학》 54권, 한국사회복지학회.
김범수 외(2004), 《자원봉사의 이해》, 학지사.
김봉희(2004), "기업자원봉사관리자의 특성 및 업무환경이 자원봉사 참여도에 미치는 영향", 경성대학교 석사학위논문.
김성이(1996), "자원봉사와 관리자의 역할", 《자원봉사의 효율적 관리》, 한국사회복지협의회.
______(1997), 《자원봉사센터 운영 길잡이》, 한국자원봉사단체협의회.
김영윤(2005), "학생봉사활동운영실태", 교육인적자원부.
김영호(1996), "자원봉사 교육훈련의 방법", 《자원봉사의 효율적 관리》, 한국사회복지협의회.
______(1997), 《자원복지활동의 활성화 방법》, 학문사.
______(2003), 《자원복지의 이론과 실천》, 현학사.
김융일·양옥경(2002), 《사회복지 수퍼비전론》, 양서원.
김익균 외(2005), 《자원봉사론》, 교문사.
김정배(1997), 《주요 외국의 청소년 자원봉사》, 한국청소년개발원.
김통원·김혜란(2001), "대학생 봉사학습에 관한 실증적 사례연구", 《한국사회복지학》 47권, 한국사회복지학회.
김한구 외(1997), 《자원봉사론》, 백산출판사.
남기철(1998), "자원봉사활동의 현황과 과제", 한국사회과학연구소 사회복지연구실, 《한국 사회복지의 현황과 쟁점》, 인간과 복지.
______(2003), "대학생 자원봉사활동의 만족도와 관리방안", 《학생지도연구》 22호, 동덕여대 학생생활연구소.
______ 외 역(2005), 《사회복지실천 기법과 지침》, 나남출판.
______·권영혜(2006), "자원봉사활성화를 위한 가족단위 자원봉사와 자원봉사관리", 〈2006년 초·중학교 자원봉사 활성화 방안 보고서〉, 삼미재단.
대구시 사회복지협의회(1993), "자원봉사자의 활용실태와 효율적 활용체계에 관한 조사연구".
대한민국정부(2006), 《제1차 저출산고령사회 기본계획》.
류기형 외(1999), 《자원봉사론》, 양서원.
박용순(2001), "노인자원봉사의 활성화를 위한 실증적인 분석연구", 《한국사회복지학》 46권, 한국사회복지학회.
박윤애(2003a), "기업자원봉사 관리자 역할", 《2003 기업자원봉사 관리자교육교재》, 볼런티어21.

______(2003b), “기업자원봉사 정책수립”, 《2003 기업자원봉사 관리자교육교재》, 볼런티어21.

박태영(2000), 《사회복지시설론》, 양서원.

______(2003), 《지역사회복지론》, 현학사.

______ 역(1993), 《자원봉사활동조정자》, 은익.

보건복지부(2005), 《2004 보건복지백서》.

______(2006), 〈2006년도 사회복지관 및 재가복지 봉사센터운영안내〉.

______(2006), 《사회복지자원봉사통계연보》.

______(2006), 〈2006사회복지시설 관리안내〉.

볼런티어21(2002), 《자원봉사관리자 교육매뉴얼》.

______(2003), 《기업자원봉사 관리자교육교재》.

______(2005), 〈청소년자원봉사 리더십 교육 실천하자! 신나는 자원봉사〉, 서울대학교 대학생활문화원.

______·성공회대학교(2003), 《2003자원봉사 관리자 아카데미 교육교재》.

사회복지공동모금회(2003), 〈기업의 사회공헌활동에 대한 실태조사〉.

삼성사회봉사단(1996), 〈자원봉사 100문 100답〉.

삼성생명(2000), 《자원봉사프로그램핸드북—알기 쉽고 재미있는 자원봉사》.

서울대학교 학생생활연구소(1998), “대학생자원봉사활동안내”, 《자원봉사활동 교육 자료집》.

서울시정개발연구원(1995), “서울시 자원봉사자 활용증진방안에 관한 연구”.

서울특별시사회복지협의회(2004), 《자원봉사관리자교육》.

성공회대학교(1999), 《자원봉사의 길잡이》, 성공회사회복지·선교네트워크.

성민선(1997), “주요국과 한국의 자원봉사 동향”, 《자원봉사프로그램백과2-자원봉사의 기초》, 한국사회복지협의회.

송승현·김보린(2005), “초·중학생 자원봉사 활성화를 위한 자원봉사 센터와 학교의 연계방안”, 《2005 초·중학교 자원봉사 활성화 방안》, 삼미재단.

송애리(2000), “기업 내 봉사팀 리더의 리더십 유형과 직원봉사자들의 성숙도 및 봉사활동 만족도에 관한 연구”, 가톨릭대학교 석사학위논문.

송인주(2003), “기업자원봉사 프로그램개발”, 《2003 기업자원봉사 관리자교육교재》, 볼런티어21.

신철순·신동로·강인재·최원규(1996), “전북지역 개발을 위한 대학생 자원봉사 활동의 모형개발 연구”, 《전북대 학생생활연구》, 전북대학교 학생생활연구소.

신혜섭 · 남기철(2001), 《동덕사회봉사의 길잡이》, 동덕여자대학교 출판부.
아름다운재단(2004), 〈기업의 사회공헌활동 실태조사〉.
양용희(2003), "사회공헌활동 마케팅 전략", 《2003 기업자원봉사 관리자교육교재》, 볼런티어21.
양참삼(1995), "사회봉사의 철학과 기능", 《대학의 사회봉사》, 한양대학교 사회봉사단 편.
엄명용 외(2000), 《사회복지실천의 이해》, 학지사.
와타도이치로 · 오병삼 · 정종우(1997), 《일본의 자원봉사 유래와 현황》, 한국사회복지관협회.
유성호 역(1997), 《자원봉사프로그램의 관리와 리더십》, 아시아미디어리서치.
윤익수(1981), "공무원의 만족도와 관여도에 관한 연구", 서울대학교 석사학위논문.
이강현 역(1997), 《자원봉사 프로그램의 기획과 관리를 위한 101가지 아이디어》, 한국자원봉사단체협의회.
______ 외 역(2002), 《세계의 자원봉사활동》, 볼런티어21.
______(2003), "기업사회공헌의 의미와 필요성, 동향", 《2003 기업자원봉사 관리자교육교재》, 볼런티어21.
이경은(2003), "가족자원봉사경험과 가족의 건강성에 관한 연구", 《한국사회복지학》 52권, 한국사회복지학회.
______ · 장덕희(2000), "가족자원봉사 프로그램 개발에 관한 연구", 경북여성정책개발원.
이금룡(2002), "가족자원봉사활동의 사회적 의의와 발전방향".
이명희(2004), "가족자원봉사활동과 일반자원봉사활동에 참여한 청소년에 관한 비교연구", 숭실대학교 석사학위논문.
이상민(2002), "기업의 사회적 책임", 《한국사회학》 36집 2호, 한국사회학회.
이성록(1993), "자원봉사자의 활동실태와 효율적 활용체계", 대구대학교 석사학위논문.
______ 편역(1996), 《자원봉사활동 관리조정론》, 학문사.
이영철(2003), 《지역사회복지실천론》, 양서원.
이인재(2005), 《고령화시대의 고령자 고용촉진과 노인일자리》, 국회저출산및고령화사회대책특별위원회.
이재웅(1999), "미국 대학의 사회봉사체제와 프로그램 운용에 관한 연구", 《21세기정치학회보》, 9집 1호.
이제훈(1997), "지역사회에 봉사하며 배운다", 《한겨레신문》, 11. 5.

이창호(1996), “자원봉사자 관리사례 및 평가”, 《자원봉사의 효율적 관리》, 한국사회복지협의회.

_____(1997), “자원봉사의 방법과 기술”, 《자원봉사프로그램백과2-자원봉사의 기초》, 한국사회복지협의회.

이태수 외 (2005), 《지역주민통합서비스 제공체계 구축방안》, 저출산고령사회위원회.

이현청(1997), 《대학의 지원체제와 활동방안》, 한국자원봉사포럼, 제6회 정기자원봉사포럼 자료집.

인천광역시 교육청(2001), 《학생봉사활동 지도편람》.

장연진(2005), “대학생자원봉사센터와 자원봉사관리”, 《학생연구》 39권, 서울대학교대학생활문화원.

전경련(2000), 《기업의 사회공헌활동》, 전국경제인연합회 사회공헌팀.

_____(2001), 《사회공헌활동에 관한 기업인 및 국민의식 조사》, 전국경제인연합회 사회공헌팀.

전경련(2003. 8). 《1% 클럽 뉴스레터》, No. 11.

전신현(1999), “지역연결망 및 지역성원으로서의 정체성이 자원봉사 참여에 미치는 영향”, 《한국사회복지학》 38권, 한국사회복지학회.

정민자 외(2001), 《자원봉사 길라잡이》, 양지.

정무 제2장관실(1993), 《자원봉사활동의 실태》.

정무성(1996), “자원봉사자 유형에 따른 효율적인 활용 및 관리방안”, 《자원봉사의 효율적 관리》, 한국사회복지협의회.

정병오(1997), “사회복지조직의 효과적인 자원봉사 관리방안에 관한 연구”, 연세대학교 석사학위논문.

조휘일(1995), “사회복지와 자원봉사”, 남세진 편, 《한국 사회복지의 선택》, 나남출판.

_____(1996), “자원봉사관리자의 구체적 업무”, 《자원봉사의 효율적 관리》, 한국사회복지협의회.

_____(1997), “자원봉사에 대한 이해”, 《자원봉사프로그램백과2-자원봉사의 기초》, 한국사회복지협의회.

_____(1998), 《현대사회와 자원봉사》, 홍익재.

_____ 역(2000), 《사회복지실천과 슈퍼비전》, 학지사.

지은구(2003), 《지역복지론》, 청록출판사.

최성재 · 장인협(2002), 《노인복지론》, 서울대출판부.

최일섭 · 류진석(1997), 《지역사회복지론》, 서울대학교 출판부.

______ · 이강현 · 이창호 · 주성수(1996), 《미국의 자원봉사 유래와 현황》, 한국사회복지관협회.

______ · 임현진 · 김혜란(1997), 《서울대학교 사회봉사활동 추진방안》, 서울대학교 사회복지연구소.

통계청(2004), 《2003 사회통계조사 보고서》.

한국대학사회봉사협의회(1999), 《새천년 새희망을 여는 청소년들》.

한국사회복지협의회(1995), 《자원봉사자 교육교재》.

______(1996), 《자원봉사의 효율적 관리》.

______(1997), 《자원봉사 프로그램 백과》.

한국자원봉사단체협의회 역(1996), 《새롭게 하라》.

한국자원봉사연합회(2002), 《가족자원봉사 프로그램 개발 매뉴얼》.

______(2002), 〈미국의 가족자원봉사〉.

한국해외원조단체협의회(2000), 《더불어 사는 지구촌》.

한기창(2001), 〈가족과 자원봉사〉.

한양대학교 사회봉사단 편(1995), 《대학의 사회봉사》, 한양대학교 출판부.

한화(2003), 《기업사회봉사지침서》.

홍순혜 · 한인영 역(1997), 《사회사업기록-이론과실제》, 학문사.

홍승혜(1995), "재가복지 자원봉사자의 만족과 지속에 관한 연구", 이화여자대학교 석사학위논문.

Anonymous(2005), "Three Steps to Effective Volunteer Management", *Healthcare Executive*: Jan/Feb2005.

Dunn, P. D.(1995), "Volunteer Management", *Encyclopedia of Social Work*, 19th, NASW Press.

Ellis, S. J., & Cravens, J.(2000), *The Virtual Volunteering Guidebook*, www.impactonline.org.

Ellis, S. J.(1989), *Volunteer Centers: Gearing Up for the 1990s*, Washington D.C.: United Way of America.

Gidron, B.(1985), "Predictors of Retention and Turnover among Service Volunteer Workers", *Journal of Social Service Research*, Vol. 8.

Harvard School of Public Health · MetLife Foundation(2003), *Reinventing Aging Baby Boomers and Civic Engagement*.

Jacobson, A.(1990), *Volunteer Management Handbook for Effective Development of Volunteer Programs*, ACSW.

Lammers, J. R. (1991), "Attitudes, Motives, and Demographic Predictors of Volunteer Commitment and Service Duration", *Journal of Social Service Research*, Vol. 14.

McCurley, S. & Lynch, R. (1989), *Essential Volunteer Management*, IL: The Volunteer Management Series of VM Systems.

Milofsky, C. (1988), *Community Organizations*, Oxford University Press.

Morales, A. T. & Sheafor, B. W. (2001), *Social Work*, Allyn and Bacon.

Rosenthal, R. & Rosnow, R. (1975), *The Volunteer Subject*, John Wiley & Sons.

Rothman, J., Erlich, J. L. & Tropman, J. E. (1999), *Community Intervention*, F. E. Peacock Publishers, INC.

Sheafor, B. W. & Horejsi, C. R. (2003), *Social Work Practice*, Allyn and Bacon.

Shulman, L. (1997), *The Skills of Helping*, F. E. Peacock Publishers, INC.

Skidmore, R. A. (1983), *Social Work Administration*, Prentice-Hall.

Stenzel, A. K. & Feeney, H. M. (1976), *Volunteer Training and Development: A Manual*, Seabury Press.

Whittaker, J. K. & Garbarino, J. (1983), *Social Support Networks*, Aldine Publishing Company.

## ■ 웹문서 및 인터넷 자료

"50+ Volunteering: Working for Stronger Communities", http://www.pointsoflight.org/

"Announces National Family Volunteer Award Winners", http://www.pointsoflight.org/

"Award For Excellence in Workplace Volunteer Programs (12th) - Senior Executives at Award-Winning Companies Share Key for Successful Employee Volunteer Programs", http://www.pointsoflight.org/

"Business Membership Survey Report 2005", http://www.pointsoflight.org/

"Corporate Volunteer Council Pathways to Success with top 10 Recommendation", http://www.pointsoflight.org/

"Corporate Volunteer Reporting Standards", http://www.pointsoflight.org/

"Corporate Volunteering Section", http://www.pointsoflight.org/

"Daily Point of Light Award Past Winner", http://www.pointsoflight.org/

"Employee Volunteer Programs: Building Blocks for Success for Small to Medium Size Businesses", http://www.pointsoflight.org/

"Employee Volunteering News-November 2005", http://www.pointsoflight.org/

"Family Care Tip For Successful Volunteering", http://www.familycares.org/

"Family Volunteer Day Guidebook", http://www.pointsoflight.org/

"Family Volunteering Primer", http://www.pointsoflight.org/

"Family Volunteering", http://www.familycares.org/

"Find The Meaning of Family in Volunteering", http://www.pointsoflight.org/

"Helpful Tips All Volunteers Should Know", http://www.volunteerfamily.org/

"How Does Family Volunteering Benefit Businesses?", http://www.pointsoflight.org/

"How Should I Begin", http://www.volunteerfamily.org

"How To Help", http://www.volunteerfamily.org/

"How To Start An Employee Volunteer Program", http://www.pointsoflight.org/

"Human Resources and Workplace Volunteering", http://www.pointsoflight.org/

"IAVE Universal Declaration on Volunteering", http://www.iave.org/

"Invest vrm(volunteer resources management) guide", http://www.pointsoflight.org/

"National and International Award Programs for Business Community Involvement", http://www.pointsoflight.org/

"National Family Volunteer Day 2005", http://www.volunteerfamily.org/

"Older Americans Month 2005", http://www.pointsoflight.org/

"Paving the Way-Volunteer Centers and Baby Boomer Volunteering", http://www. pointsoflight. org/
"Principle of Excellence in Workplace Volunteering", http://www. pointsoflight. org/
"Principles of Excellence for Workplace Volunteering Background", http://www. pointsoflight. org/
"Project Ideas", http://www. familycares. org
"Putting Family First", http://www. pointsoflight. org/
"Recruiting Family Volunteers", http://www. pointsoflight. org/
"Reinventing Aging-Baby Boomers and Civic Engagement", http:// www. pointsoflight. org/
"Starting a Volunteer Program in an Organization", http://www. pointsoflight. org/
"The Principles of Excellence for CVCs", http://www. pointsoflight. org/
"The Role of a Corporate Volunteer Council", http://www. pointsoflight. org/
"The Volunteer Family Connection", http://www. pointsoflight. org/
"Top Seven Trend Affecting Employee Volunteer Programs (EVP)", http://www. pointsoflight. org/
"Using Employee Volunteering to Benefit HR Department", http://www. pointsoflight. org/
"Volunteer Family Groups-College Student", http://www. volunteer family. org/
"Volunteer Family Groups-Corporate Groups", http://www. volunteer family. org/
"Volunteer Family Groups-Elementary School Classrooms", http://www. volunteerfamily. org/
"Volunteer Family Groups-Faith-Based Initiatives", http://www. volunteer family. org/
"Volunteer Family Groups-Girl Scouts & Boy Scouts", http://www. volunteer family. org/
"Volunteer Family Groups-High School Clubs", http://www. volunteer family. org/
"Volunteer Family Groups-Middle School Groups", http://www. volunteer family. org/

"Why Involve Family Volunteers?", http://www.volunteerfamily.org/
http://kncsw.bokji.net/
http://kucss.kcue.or.kr
http://www.csn.gov
http://www.compact.org
http://www.ewhawelfare.or.kr
http://www.jbhl.or.kr
http://www.klaq.go.kr
http://www.kngo.net
http://www.moe.go.kr
http://www.nso.go.kr
http://www.seniorcorps.org
http://www.seniorsnet.org/
http://www.seoulnoin.or.kr
http://www.volunteer21.org/
http://www.youthvol.net/

## ■ 언론보도자료

〈경향신문〉 2006. 5. 16.
〈연합뉴스〉 2006. 7. 24.

# 찾아보기

## ㄱ

ㅈ

ㅊ



ㅋ · ㅌ · ㅍ

ㅎ



기 타

# 나남사회복지학총서 ②

주) 나남 나남의 책은 쉽게 팔리지 않고 오래 팔립니다 2011

### 19 사회복지조사방법론

사회복지연구의 조사, 관찰, 자료분석에 관한 이론적, 실제적 측면에서의 고찰로, 사회복지조사방법론에 관한 갈증을 해소시켜 주기에 충분하다.

A. 루빈, E. 바비 / 성숙진(한신대), 유태균(숭실대), 이선우(인제대) 공역

• 4×6배판 / 676쪽/25,000원

### 20 사회복지실천 기법과 지침(개정2판)

사회복지와 사회복지사에 관심이 있는 사회복지학도와 사회복지사를 위한 이론과 실천의 필독서.

B. 셰퍼·C. 호레이시

남기철(동덕여대), 정선욱(덕성여대), 조성희(순천향대) 공역

• 4×6배판 / 656쪽 / 38,000원

### 21 사회보장론(개정3판)

사회보장의 이론적 고찰과 한국의 사회보장제도를 체계적으로 분석.

이인재(한신대), 류진석(충남대), 권문일(덕성여대), 김진구(협성대) 공저

• 신국판 / 528쪽 / 25,000원

### 22 한국복지국가의 이상과 현실

복지국가의 발전과 특징, 이념적 기초와 함께 우리나라 사회보장제도의 현황과 문제점을 짚어본다.

인경석(국민연금관리공단) 저

• 신국판 / 342쪽 / 16,000원

### 23 시장과 복지정치

스웨덴의 사민주의를 분석을 통해 시장자본주의의 대안을 모색해 본다.

송호근(서울대) 저

• 신국판 / 364쪽 / 10,000원

### 24 영국의 복지정책

구빈법 개혁 이후 제3의 길까지 지난 150년간의 영국 복지정책의 역사와 현황을 체계적으로 정리.

이영찬(보건복지부) 저

• 신국판 / 634쪽 / 22,000원

### 25 한국의 사회복지체제 연구

(한국)국가복지의 현실을 분석하고, 기업복지와 연복지의 가능성을 진단해 본다.

홍경준(성균관대) 저

• 신국판 / 400쪽 / 12,000원

### 26 사회복지실천론(개정4판)

사회복지실천의 이론적 배경과 실천에 대한 이념적·역사적 고찰과 함께 실천이론 및 실천모델을 종합적으로 제시.

양옥경(이화여대), 김정진(나사렛대), 서미경(경상대), 김미옥(전북대), 김소희(숭의여대) 공저

• 신국판 / 576쪽 / 25,000원

### 28 상담의 필수기술

효과적 의사소통을 위한 사례중심의 접근법으로 구체적 상담기술을 담고 있는, 상담자들의 교육과 훈련을 위한 지침서.

에반스 외 / 성숙진(한신대) 역

• 크라운판 / 342쪽 / 15,000원

### 29 여성복지론

여성복지의 개념, 양성평등, 사회복지정책, 여성문제 등 포괄적 여성복지에 대한 체계적 정리.

김인숙(가톨릭대), 김혜선(서울시 북부여성발전센터), 성정현(협성대), 신은주(평택대), 윤영숙(경기도 여성능력개발센터), 이혜경(평택대), 최선화(신라대) 공저

• 신국판 / 490쪽 / 20,000원

### 30 사회통합과 장애인복지정치

사회 제영역·문제들과 혼재되어 나타나는 장애인문제를 사회통합, 직업, 여성장애인, 장애인복지와 관련하여 총체적으로 살펴본다.

이성규(서울시립대) 저

• 신국판 / 354쪽 / 14,000원

### 31 여성운동과 사회복지

학대받는 여성과 이들을 위한 쉼터의 본격적 연구서이다. 쉼터의 역사와 구조, 운영, 사회복지 서비스, 그리고 쉼터의 방향과 대안을 제시.

김인숙(가톨릭대), 김혜선(서울시 북부여성발전센터), 신은주(평택대) 공저

• 신국판 / 196쪽 / 7,0000원

경기도 파주시 교하읍 출판도시 518-4 TEL : 031)955-4600 FAX : 031)955-4555 www.nanam.net

# 나남사회복지학총서 ⑤

주) 나남 　 나남의 책은 쉽게 팔리지 않고 오래 팔립니다 　 2011

### 63 가족복지론
가족복지에 대한 지식과 개입에 필요한 실천기술을 습득하는 데 도움이 될 것이다.

**김연옥**(서울시립대), **유채영**(충남대), **이인정**(덕성여대), **최해경**(충남대) 공저

• 신국판 / 600쪽 / 28,000원

### 64 자원봉사론
자원봉사의 개념과 역사, 현황 및 자원봉사관리의 영역들, 즉 자원봉사 프로그램 기획, 자원봉사자 모집, 선발과 면접, 교육훈련, 슈퍼비전, 평가와 승인 등과 자원봉사관리의 실제를 소개하고 있다.

**남기철**(동덕여대) 저

• 신국판 / 472쪽 / 25,000원

### 65 학교와 사회복지실천
국가의 내일을 짊어질 차세대 인재들의 요람인 학교의 전인교육 및 학교사회사업에 대한 길잡이.

**한인영**(이화여대), **홍순혜**(서울여대), **김혜란**(서울대) 공저

• 신국판 / 328쪽 / 15,000원

### 66 지역사회복지론(개정판)
지역사회에 대한 개념정의 및 지역사회복지실천의 이론과 실천모델, 실천과정 등을 소개하고 있다.

**감정기**(경남대), **백종만**(전북대), **김찬우**(가톨릭대) 공저

• 신국판 / 448쪽 / 24,000원

### 68 청소년복지론
일반적인 청소년복지분야를 일반청소년과 소외청소년 및 문제청소년복지분야로 구분하고, 청소년의 발달을 최적화할 수 있는 방법을 모색하였다.

**이소희**(숙명여대), **도미향**(남서울대), **정익중**(덕성여대), **김민정**(한남대), **변미희**(천안대) 공저

• 신국판 / 624쪽 / 27,000원

### 70 현대복지국가의 변화와 대응
복지국가의 변화, 그 변화의 성격과 내용, 그리고 변화의 방향 등에 대해 소개하고 있다.

**김태성**(서울대), **류진석**(충남대), **안상훈**(서울대) 공저

• 신국판 / 328쪽 / 15,000원

### 71 비교빈곤정책론
고용 없는 성장, 청년실업 등에 따른 양극화 현상, 사회적 배제 등 '신빈곤'에 대한 세계 주요국의 빈곤정책을 일목요연하게 정리.

**김상균 · 조흥식**(서울대) 외 공저

• 신국판 / 624쪽 / 32,000원

### 72 사회복지연구조사방법론
사회복지 연구조사방법론을 쉽게 풀이하여 과학적 진리탐구 방법을 소개하고 있다.

**김환준**(경북대) 저

• 4×6배판 / 304쪽 / 18,000원

### 73 사회복지조사방법론
사회복지조사방법론이 응용사회과학으로서 사회복지학의 실천현장에서도 사회과학적 관점을 충분히 살려 사회조사를 수행하는 데 도움이 되도록 쉽게 소개하고 있다.

**최성재**(서울대) 저

• 4×6배판 / 664쪽 / 28,000원

### 74 수화의 이해와 실제: 고급과정
전문 수화통역사와 일선 사회복지사 및 관련 전공자들의 수화읽기와 수화사용에 깊이를 더하는 길잡이.

**이준우**(강남대), **남기현**(나사렛대) 공저

• 4×6배판 / 216쪽 / 15,000원

### 75 사회복지실천이론의 이해와 적용
사회복지 실천의 다양한 이론을 총망라한 사회복지 실천이론의 베스트 셀러.

**F. 터너 / 연세사회복지실천연구회 역**

• 4×6배판 / 800쪽 / 38,000원

### 76 사회복지자료분석론
독자의 입장에서 사회통계를 보다 근본적으로 이해하는 데 이 정도의 상세한 사회통계 교재는 없다고 믿고, 이 교재가 사회복지학의 이론과 실천에 크게 도움이 될 것으로 기대한다.

**최성재**(서울대) 저

• 4×6배판 / 576쪽 / 29,000원

경기도 파주시 교하읍 출판도시 518-4 TEL : 031)955-4600 FAX : 031)955-4555 www.nanam.net